# 吕荧全集

著作卷/下

许振轩 编

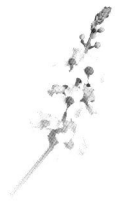

时代出版传媒股份有限公司
安徽教育出版社

(1915—1969)

# 本卷说明

本卷收录吕荧先生1952年至1959年出版的著作，分别为《关于工人文艺》（1952年，新文艺出版社出版），《艺术的理解》*（1958年，作家出版社出版），《美学书怀》（1959年，作家出版社出版）。另辑14篇散佚文章，以年代先后为序，收于卷末《集外文存（一）》。

---

\*《艺术的理解》与"著作卷/上"中《文学的倾向》《人的花朵》有篇目重复，具体是《谈"深广"》《"永恒的主题"》《根本的问题》《诗的气质》《诗的真实》《艺术与政治》《论现实主义》《释"自然主义"》《鲁迅的艺术方法》《论〈战争与和平〉的艺术、历史、哲学》，共10篇。在1958年出版的《艺术的理解》一书《后记》中，吕荧先生写道："第二辑、第三辑是从《文学的倾向》和《人的花朵》里选出来的……这一次，这些文字全部修改了一下。把在反动统治下面不得不隐晦曲折的文字改成明白直达的话，同时把早年的作品里那些冗长枯涩的地方，以及可有可无的字句，也加以删改。"因文章前后有改动，全集在两卷中重复收录是有必要的，特此说明。

# 目录

## 上篇　关于工人文艺

关于工人文艺（序）　004

劳动人民的诗
——评《装卸》　008

关于《装卸》
——谈谈意见（来信）　011

关于《装卸》
——答复刘家富同志　014

从《后悔来不及》谈起　024

工人文艺的成就　028

工人文艺创作的几个问题　033

## 下篇　工人的作品

装卸（剧）　052

后悔来不及（歌剧）　067

"小钢炮"和"老黏儿"（小说） 082

镦管子的新纪录（报告） 091

突击（通讯） 096

一定要撵上我哥哥（散文） 098

毕淑芝提合理化（大鼓） 102

水表的故事（快板） 110

大喜事（秧歌剧） 114

大连海港工会黑嘴子支会和西部装卸区
工人文娱活动的报告 120

## 艺术的理解

### 第一辑

新的课题 130

加强学习《在延安文艺座谈会上的讲话》 133

关于表现新事物 140

读《实践论》 146

列宁的文学思想
——纪念伟大的革命导师列宁逝世三十周年 150

纪念鲁迅先生
——纪念鲁迅先生逝世十八周年 165

评《明朗的天》 168

### 第二辑

艺术散记 175

## 目 录

谈"深广"　189

"永恒的主题"　191

根本的问题　195

坚持现实主义的路　197

诗的气质　200

诗的真实　205

艺术与政治　210

论现实主义　216

释"自然主义"　250

海隅感言　255

## 第三辑

鲁迅的艺术方法　263

论《战争与和平》的艺术、历史、哲学　288

论《奥涅金》　307

莎士比亚的诗　345

后记　361

美学问题
——兼评蔡仪教授的《新美学》　365

美是什么　396

美学论原
——答朱光潜教授　408

再论美学问题
——答蔡仪教授　446

关于国防文学的几个问题　501
谈谈新写实主义文学　506
能另外再找出一些吗　514
从塞维尔到格拉拿达
——西班牙之歌　516
给胡风的信　521
在"鬼不生蛋的地方"
——农村抗战素描　523
北平之夜　529
北中国的炬火　544
退却　562
向着伟大作品的进行　566
给萧白的信（一）　574
给萧白的信（二）　575
米芾的画　577
关于"美"与"好"　591

集外文存（一）

关于工人文艺

上篇　关于工人文艺

# 关于工人文艺（序）

一九四九年十月，我到大连去从事工人文艺，一九五〇年九月离开，大约有一年的样子。

这一年里面，因为病，没有能做什么，只读过几百篇工人的文艺作品（剧、诗、报告、通讯、小说、鼓词、快板都有），看过工人演出的节目，组织了工人文艺创作小组。虽然，和工人写的作品、工人演的剧，以及工人文艺作者只有这样一个短期的接触，并且是局部的有限的了解，却也得到了不少的收获。

工人，人类社会的建设者和文化的创造者，在旧社会里只有做奴隶的命运；终生受着残酷的剥削和压迫，在饥饿和死亡里面挣扎，没有幸福，没有自由，没有知识，失去人的生活权利，根本谈不上创作文艺的事。然而，今天他们终于创作出自己的文艺。人类社会的建设者和文化的创造者，终于做了社会和文化的主人。单是这一件事，就有空前伟大的意义。这是社会和文化的大革命。这是人民革命的一个伟大的胜利。

工人的作品写的都是自己的事，自己的工作和生活。这些作品里面表现着工人阶级怎样热诚的工作，努力生产，创造发明，积极地识字、学文化、学政治、学技术，坚决地响应政府的号召，克服一切困难，完成任务，超过任务，把生产推动前进，把新中国的历史车轮推动前进。

这些作品，来自不同的工厂，写的是不同的工作上生活上的事情，然而总在一起，合成了一篇大交响乐，震耳地、隆隆地轰响着。和封建社会灭亡的呻吟、资本主义社会临死的哀鸣的声音对比起来，这是新生的热烈的欢呼、英勇的战斗的呐喊、伟大的胜利的进军，这是共产主义时代人民的诗篇。

工人写文艺作品，还只是刚刚开始；自然，他们的作品免不了粗糙、简单，有缺点，甚至于许多作者还不能很好地运用文字。然而，在这些作品内容里面包含着一种健康的新素质，工人阶级生活中所具有的那种特质。这特质顶显著的表现在工人戏剧的演出上。当工人的作品由工人自己真实地在舞台上表演出来的时候，艺术的内容得到了更完整更具体的生命形象。在舞台上演戏的工人，正像是日常生活里在机器旁边工作的工人，爽直、质朴、真实。工人演的戏里，没有一点咬文嚼字的东西，没有一点装模做样的东西，没有不健康的矫饰的东西，从语言到动作，从思想到情感，都是真正的工人的样子、工人的精神。强有力的艺术在真实里面显出了强有力的生命。工人的戏明确了戏剧创作和演出的新道路，虚伪的东西应该去掉，人民不要虚伪的东西，创作真的文艺的时候到了。

在旅大第二届工人文艺活动周里（一九五〇年二月），参加演出的工人节目有五十多个，其中最杰出的一个剧《装卸》（得特等奖），是码头工人自编自演的。这个剧的内容很简单，演的就是装卸，怎样卸苞米、卸木头，码头工人日常的劳动生活。因为作者（也就是演员），在新社会新生活里翻了身，得到幸福和自由，在心的深处都充盈着跃动着新的思想情绪、新的劳动精神；他们真实地把这种生活内容、思想内容化为艺术的形象，化成剧，于是感动了观众。并且这样写出来的剧，从内容到形式，都丰富着创造性。这里明白地表现出工人创作的才能，并且也说明了人民艺术创作的一个原则。

其实，不单是《装卸》，这本书里其他的工人的作品，也都能给我们这种启示。这些作品就写作技巧来讲，有很多缺点，不够"艺术"。可是一读这些作品，就令我们想到在闪烁的电火、轰响的机器、熊熊的熔铁炉旁边工作的人们底雄伟的形象，在毛泽东的旗帜下面的人民底钢铁的队伍。正是这些从战斗中来、从生活中来的作品，里面才没有模糊的、动摇的、病态的东西，一切是这样明确、真实、健康、强大，像是用石和铁塑造出来的一样。在这本书里所没有收集的农民的作品，也是如此。这正是中国文学史上前所未见的伟大作品的原型。

工人和农民的文艺创作，不论它成就的大小，从这里面是可以看出前进的里程和方向来的，这也就是人民的文化和人民的文艺前进的里程和方向。

鲁迅先生曾经说过，从连环图画是"可以产出密开朗该罗，达文希那样伟大的画手"，从唱本说书里是"可以产生托尔斯泰，弗罗培尔的"。（《南腔北调集·论"第三种人"》）他并且很早就认为："现在的文学家都是读书人，如果工人农民不解放，工人农民的思想，仍然是读书人的思想，必待工人农民得到真正的解放，然后才有真正的平民文学。"（《而已集·革命时代的文学》）

鲁迅在那时所说的"真正的平民文学"，就是指的人民的文学。当绝大多数的人民——工人和农民，人类社会的建设者和文化的创造者，获得了解放，做了社会的主人，掌握了文化的时候；当他们认识了自己的使命和工作意义的时候；当他们在摧毁旧世界的斗争中、在建设新社会的工作中受到锻炼和养育；当他们不仅劳动着，而且思想着，用人类最高的文化和智慧思想着的时候；他们是必然会创造出伟大的文化来的。这文化，不是几个密开朗该罗或者托尔斯泰创造的，不是属于少数文艺家的，而是千百个从人民中产生的密开朗该罗和托尔斯泰来创造的。这是真正的人民的文艺。

这就是我们的时代。

一九五一年八月青岛

# 劳动人民的诗
## ——评《装卸》

看了《装卸》之后，大家都说好。

《装卸》是个很简单的剧，它表现的就是工人卸苞米、卸木头，它的主要内容就是劳动。

劳动从来就是斗争，但是，在旧社会里，那是一桩痛苦的斗争。因为工人不但要和沉重的工作或是物件斗争，还要和压在头上的贫困的生活，站在背后的黑暗的社会，踏在身上的剥削阶级来作斗争。因此工人的劳动的调子，是沉重而且艰难的，痛苦而且无望的；就是在表现反抗的强壮有力的歌里，也听得到那种深沉的痛苦的声音。但是现在，在《装卸》里，表现了一种完全不同的劳动。

《装卸》的第一幕，是劳动之前，准备工作的时候。大家在一起唱歌，然后开会，讨论"改进生产，创造新纪录"。有人说："'装卸'有什么新纪录？"有人就回答："如果能快装快卸，节省人力，就能创新纪录。"经过热烈的讨论，工作的时候一到，大家整队去装卸，唱着歌走下。全场热烈紧张，表现了工作前的思想和情绪。

第二幕在海边，卸船上的苞米。全队的人分工，有的下舱，有的拔包，有的背包，大家干得正欢，这时候忽然又来了一只船，要这组的人去。工作加了一倍，人还是这几个，怎么办呢？这时有人一动脑筋，有了！把原来拔包的四个人减成两个，原来背包的五个人减成三个，多下的人去卸那只船。这样，大家更紧张热烈地工作起来,把这只船卸完后,又赶去帮着卸那一只船。这样积极的强烈的工作热情,把两个船老大也感动了,他们说,工人们"真像老虎似的",他们也要加紧地放船。这一幕的背景是淡蓝色的海,它的雄伟壮阔的广大,表现着工人劳动的精神,它的鲜明欢欣的色彩,表现着工人劳动的情绪。

第三幕是工作之后的休息,有的在学习,有的在下棋,有的在记小本子,还有一个人在打瞌睡。这是一个思想落后的人,大家弄醒了他,拉他去学习。这时候一个人来报喜,说今天他们不到一个钟头卸了二百五十包粮食,创了新纪录,已经登上黑板报了。大家都乐了。正欢喜之间,指导员来了,说来了一大船木头,要卸。大家说,好,再创它个新纪录!这一幕里表现了工人生活的新的内容:再也没有耍钱的,游荡的,做不正经事的了;不再是没有思想,没有文化的了。现在有了闲空,就学习,娱乐,做别的事;就是开玩笑,也有了不同的目的,为了帮助同伴的进步。现在的工人,不再是被压迫被剥削的了,工作的中心,不再仅仅为了"生活"和挣钱。现在的工人是国家的主人翁,工作是为了改进生产,积极建设人民的国家和社会。正是从这样新的生活内容里、新的生活观念里,才能产生出新的劳动态度、新的劳动情绪——新的劳动。

第四幕是到了海边,大家整队走上,一到码头,立即解散,奔向各人的工作位置。全队的人分作两排,一边一排,一齐唱起号子,从船舱里拉木头。木头大得不得了,也重得不得了,于是开始猛烈的力的斗争,经过奋力的苦斗,木头逐步逐寸地上升,终于拉上了码头。大家并力把它抬起,轰通掷下,劳动获得了胜利。这一幕纯粹是劳动,完全是力,完全是斗争。这力是这样雄壮,这斗争是这样猛烈,配合着这个斗争的号子,充满信心、希望、欢喜,那是力的呐喊，也是热烈的唱，也是欢乐的歌。

《装卸》表现出了艰苦、沉重、坚强、猛烈的劳动，但是是完全新的劳动；带着雄壮、热烈、健康、欢乐的情绪，充满生命和力量，感动人，激动人；看了之后使人的生命也充满了工作和战斗的力。

《装卸》这个剧没有复杂的故事、曲折的结构，甚至没有中心的人物，但是完全摆脱了形式主义、自然主义的老套。《装卸》写的是平平常常的生活和劳动，却真实具体地表现出了生活和劳动的内容的本质。演《装卸》的就是码头上的工人，甚至衣服都不用换，不用任何形式上的"剧"的化装，就可以上台。真的人，真的事，真的行动——完成了真实的艺术。《装卸》表现出工人阶级新的生活内容，新的劳动态度，新的思想情绪，新的创造力量，以至于新的社会面貌。

在这个意义上，《装卸》这个剧已经超出了剧，达到了诗——劳动的诗，劳动人民的诗。

诗的《装卸》表现着新中国的时代——人民做了主人翁的新时代。诗的《装卸》也表现着新中国的艺术——人民发挥出创造力的新艺术。

这样的诗和艺术，只有在新中国的社会里才能产生。这样的诗和艺术的生命，一定将要不断地产生，不断地成长，灿烂地盛开在人民祖国的美丽的大地上面。

一九五〇年三月大连

## 关于《装卸》
### ——谈谈意见（来信）

车床工　刘家富

旅大工人文艺活动周，曾评为特等的海港演出之《装卸》，在我看过此剧，剧中主题劳动精神、体力劳动，演得非常自然。在劳动精神上，也值得我们向它来学习与表扬的。但是我看过这个剧，在我个人思想上有几个疑问，希望文协同志给我个详细的解答吧。

1. 《装卸》这个剧是根据那个地方评为特等（内容与价值）？

2. 这剧主题是发扬劳动精神。那么现在上级所号召我们工人阶级主要是做什么呢？是拼命创造新纪录吗？还是改进新的工作办法开动脑筋呢？

3. 现在上级每天号召我们向苏联学习机械化，《装卸》有点机械化吗？有进步的表现吗？

4. 在第一场表演是老一套，为什么利用诉苦来开展新纪录运动呢？不诉苦不行吗？

5. 在第二场里，工友们在码头卸苞米，都脱下了棉衣，拼命地干，它的劳动精神是好，可是对我们身体有没有妨碍呢？

6. 第三场，在这个剧中，在这里起着什么作用呢？

7. 在第四场卸木头，船主说得很明白，在外处装的时候，是用吊车吊的，难道我们大连这个大的码头连个吊车都没有？如果这要是一块，抬不动的时候可以怎么办呢？

8. 那么我们在一九五〇年文娱工作，编剧是否都学习它的主题？如果以后编这样剧好，我们厂子里也有"装卸"号子，我们也能编这样的剧，但问题在于与当前任务或工作特别是推广宣传工作是能起到作用大小的问题。这又如何解释呢？

总之：这个剧只能说明劳动精神好，第二是演技，只有这两方面可以学习。他的缺点：这个剧的演出根据评定"特等"我认为应由原则上来分析意见的，这个剧的内容与《集体大功》《朱家贵》以及对今后宣传推广——开动脑筋、创新纪录，尤其对总的号召，和当前的工作方针是有出入的，因为《装卸》没有表现开动脑筋，而是表现体力劳动——拼命主义来完成了任务，创造了新纪录。《装卸》这剧比《集体大功》《朱家贵》二剧在政治意义上、内容的价值上，与所起的作用上，尤其是对党的政策、当前的工作方针，在进行和开展宣传鼓动工作，及今后文娱工作的方向，《装卸》是没有根据能放在"特等"的位置的，因为特等是其他的大哥，必然要仿效"特等"、学习"特等"的。所谓《装卸》站在特等位置，给人家的印象不深的道理，在于以劳动力，没有《集体大功》《朱家贵》的开动脑筋创新纪录的内容丰富价值大，论政治意义来说：扛豆包还能比"集体大功"为了直接支援前线、解放全中国的意义还大吗？还重要吗？那末拉木头用劳动体力又能比开动脑筋还高于一切吗？话儿概括地说明：现在当前的工作中心是反对的那一面？提倡与发扬的那一面？

另外：关于《集体大功》的演出场面与剧的内容是可以的，是很完整的，不过在演出时能够再紧张一些就好了，就可以增加这剧的场面和整个剧的光彩。

关于《朱家贵》的演出也很好,就是被场长演坏了,有些"年"(黏)得太过分,结果没有表达出共产党员的真实严肃态度,正由于缺乏这一点,所以出演后形成笑话了,其他不谈到什么意见。

# 关于《装卸》
## ——答复刘家富同志

刘家富同志关于《装卸》得特等奖的事,提出一些问题和意见,现在答复在下面。希望经过这次讨论,能使我们更明确具体地了解《装卸》的内容、它的政治意义和艺术成就,以及我们怎样来向它学习,怎样通过它创作更好的新作品。

### 《装卸》根据什么评为特等?(答第一问)

工人文艺活动周评判委员会的评判原则是:政治性第一,艺术性第二。《装卸》就是根据它的政治内容和艺术价值,评为特等。

《装卸》这个剧,它表现出工人阶级全新的劳动态度、劳动精神、劳动生活。从这里可以看到工人阶级的坚强无畏的伟大力量,可以看到劳动的战斗性和创造性,劳动的力和美,有丰富的思想内容;同时,在这里面表现出过去最穷苦落后的码头工人翻身后的新面貌,也反映着人民的新中国、新社会的面貌,有很大的政治意义。

《装卸》这个剧,打破了一切剧的格式,它表现了真实的劳动和生活,没有公式主义、自然主义的老套。它本身就是一个创造,有丰富的艺术创造性。同时,它以艰苦、沉重、坚强、猛烈的劳动和雄壮、热烈、健康、欢乐的情绪,不但感动了人,而且激动了人;使人看了之后,充满了力量,要去做事,去工作,去战斗;有艺的感动力。所以有艺术价值。

《装卸》超过其他的剧,有特出的成就,所以评为特等。

**《装卸》是单纯强调劳动强度吗?（答第二、三、五、七问）**

今天我们要由"改进新的工作办法开动脑筋"来创新纪录,不能单由增加劳动强度来增加生产数量,这是明确的。可是,《装卸》并不是单纯的强调劳动强度,"拼命创新纪录"。这里面的"新纪录",是由重新分配工作人员,更好地组织劳动力——做到"快装快卸,节省人力"——"创"出来的,这就是"改进新的工作办法开动脑筋"。《装卸》里有紧张、热烈的劳动,并没有"拼命"的事情,并且这是有组织有纪律的劳动。卸苞米的一场,拔包的四个人改成两个,背包的五个人改成三个,都是"节省人力"的合理化建议。脱下棉衣,紧张流汗,这是装卸工作里免不了的事。在今天没有机械化的设备的情况底下,装卸的任务就得用体力劳动来完成,身体不好是干不了装卸工作的。紧张热烈的工作不能就称之为"拼命"。在工作中,我们反对"拼命主义",但是,我们创新纪录,除了改进新的工作办法开动脑筋,还得要紧张热烈的劳动精神,这两样结合起来,才能发挥最大的工作力量,完成更多的生产任务。

是的,《装卸》里没有机械化,全是体力劳动,这是一种比较落后的原始性的劳动。但是,我们必须了解,这是实际的工作状况,这是中国半封建半殖民地的旧社会传下来的。我们今天要打破这个状况,要机械化,可是这不是一天两天就能做到的事。在码头设备没有机械化的今天,怎么办呢?就停下工作,不用体力劳动,等待机械化之后,再干活吗?显然不能。我们今天必得有什么干什么,有什么使什么，积极发挥最高的劳动精神、最大的工作力量，建设我们的国家。尤其因为装卸是用体力劳动，连用体力劳动的工人也在总的号召之下，开动脑筋，改进工作办法创新纪录；在最艰苦不利的条件下完成任务，这个精神是伟大的。《装卸》的进步表现也正在这里。

至于装卸木头用吊车，大码头是用的，不过黑嘴子十四支会工作的地方是个小码头，没有吊车。没有吊车怎么办？木头就不卸了吗？得卸。第四场很好地表现出工人阶级怎样克服困难，完成工作任务，攻无不克、战无不胜的精神和力量。

## 《装卸》里为什么要有生活场面？（答第四、六问）

《装卸》一共四场，只有两场是劳动，其他两场是生活。既然《装卸》的主要内容是劳动，为什么要写生活呢？

第一场的开会，是劳动之前的准备：创新纪录的前奏曲，表现战斗之前的思想准备和情绪酝酿。这样，诉苦是可以启发不积极的人的思想，激起大伙的工作情绪的。自然，我们并不是说诉苦是唯一的最好的表现法，只要有别的更好的更有力的表现法，诉苦是可以不要的。这正像有的同志问："刘开增同志唱的小调对主题有什么作用？不唱大姑娘过新年行不行？"自然行的。可是，如果码头工人平时在一起的时候，确实是唱大姑娘过新年的小调的，那就可以唱，因为这表现着工人的生活内容，而且表现出翻身之后的和乐喜悦的气氛。唱小调，诉苦，在第一场里不但表现出工人的生活内容和思想情绪，而且因为有这几个穿插、起伏，创新纪录的讨论才不是死板地讲道理、干枯地背教条，所以这不是"老一套"。死板地讲道理，干枯地背教条的，才是"老一套"。

第三场的意义，比第一场更大得多，这是一个重要的结，联系第二和第四这两场的中心。没有这一场，全剧就只有单调的劳动，只是装卸表演而已，谈不到更深的内容。这一场表现着工人休息时的生活、学习、娱乐，翻身之后的新生活内容和新生活观念。这是新劳动态度、新劳动情绪——新的劳动萌芽的地方。有了它，剧里的劳动才有深刻丰富的内容，才发出坚实强大的力量；有了它，才能表现出工人劳动生活的完整的面貌，全剧也才有表现新社会面貌的广度和深度。

## 《装卸》和《集体大功》比较（答第八问）

《装卸》的主要内容是劳动，可是这不是为劳动而劳动，它的主题并不单是"发扬劳动精神"，它表现的是工人集体开动脑筋，改进工作办法，热烈劳动，创新纪录。和《集体大功》的主题有同样积极的现实意义。不过《装卸》里的工人和《集体大功》里的工人，因为工作的性质不同，所以改进工作的办法也不同，劳动的方式也不同。《装卸》用体力，《集体大功》用机器。如果说，这两个剧在内容上有不同，那不同的地方就在此。如果我们因为看到《装卸》里的劳动是体力劳动，就认为这是剧的主题所在，就说它是写的"拼命主义"劳动强度，这是片面的看法，而且很不恰当。《装卸》里的新纪录，是因为"开动脑筋""改进工作办法"创出来的，并不是单纯地强调劳动强度，我们已经说过。所以这个剧的内容，和当前的工作方针、今后的文娱工作的方向，并不冲突。它很好地表现出当前的工作中心所要"提倡与发扬"的一面。

至于说《集体大功》用机器生产，为了直接支援前线，解放全中国，有重大的意义。这是对的。不过就拿工作意义来讲，《装卸》用体力劳动，为了积极供应生产，建设新中国，这意义也并不小。在整个解放事业上说，从用机器生产到用体力劳动，各个工作岗位都是重要的。我们可以举一个简单的例子。如果《集体大功》里的工友们的食粮和应用的木材是由《装卸》里的工友们卸的，如果工友们不卸苞米和木头来供应需要，是不是马上吃和生产都成问题了呢？那么，能说《装卸》的劳动不重要吗？这是实际生活里的情形。而在艺术上，在剧里，不论在实际生活里有多大意义的题材，如果没有能用艺术的形象把它表现出来，就无法令人感到它的重要和意义。

《集体大功》这个剧，它的主题写工人开动脑筋，创新纪录立大功，尤其着重在表现工人集体的力量、集体的创造，有重大的意义。它的故事完整，舞台装置醒目，这是它的优点。但是它的艺术性不够，没有能把主题的积极意义完全发挥出来，没有能产生应有的政治效果，这是它的缺点。这个剧一共四场，写的不但是单纯的生产过程，而且讲了许多生产理论——第一场里讲了些反对劳动强度的道理，批评瞎干和拼命主义，也批评了经验主义。第二场里说到立了小功不能骄傲自满，技术要不断钻研改进；又说到要开动脑筋，多想改进工作办法，才能完成重大任务；又说到工人做了主人翁，一定能克服困难。第三场里改进方法失败，批评性急病，讲了一些不怕失败、耐心研究、不要性急的道理。第四场里研究成功，又说了些集体立功的道理，又批评了经验主义的错误，又说明今后要多钻研，多创造，多出力，大家共同提高技术，改进工具，增加生产，完成任务。——这样的剧，它的内容是公式化的。而在剧里，人物又是概念化的，没有突出的面貌，个个都差不多；思想积极的傅宝山，他的突出的地方是他总跟人吵架，批评教训别人，并没有能写出他的进步的特点。剧里的故事则是平面化的，先反对劳动强度，后说明要开动脑筋，然后才下来重大的任务，研究改进工作的办法，经过困难和失败，最后成功。剧情没有起伏，没有高峰，完全是散漫的直线的发展，十分缺乏戏剧性。我们可以想一想：这样几个差不多的人物站在台上，除去做工，就讲道理，讲完开动脑筋，又讲钻研精神，讲完工作态度，又讲工作办法，讲完生产技术，又讲生产理论；此外就是上工下工，开会吃饭（第一场吃了饭，第二场又是吃饭），怎样能使人感动呢？

《集体大功》的主题好，可是没有能用艺术的形象表现出主题的内容，只是干枯地讲理论教条，令人有公式化、老一套的感觉。《集体大功》的工作包含着重大的意义，可是没有能用戏剧方法使人了解这个意义，只唱两个打蒋介石的歌，是不够的。《集体大功》的主要内容写开动脑筋，改进工作办法，可是对于不做这项工作的人，什么是"缩口胎"，"压力"怎么个"压"法，"转盘胎"是怎么回事，很不容易懂得。所以看了这个剧之后，只知道有这么几个人，这么一回事，没有使人感动的力量。在艺术效果上还不及《后悔来不及》和《永远想着你》，所以列作二等。

《装卸》的主题和《集体大功》有同样的意义，在"政治意义上，内容价值上"，并不低于《集体大功》；而在艺术成就上和"所起的作用上"，远超过《集体大功》。《装卸》用生动的艺术形象，不仅表现出工人集体开动脑筋，改进工作办法，热烈劳动创新纪录；而且表现出工人阶级坚强的精神和战斗的力量，表现出翻身后工人劳动生活的新内容，反映出新社会的面貌、新社会的时代。《装卸》

不仅完成很高的艺术成就，而且产生很大的政治效果。所以列作特等。

怎样用戏剧的方法，把主题内容生动地表现出来，怎样用艺术的形象，把工作的意义深刻地表现出来，《装卸》在这方面成功的地方，值得我们学习，向它看齐。

至于《朱家贵》这个剧，主题写发明创造、改进工具，可是没有能够把这个创造的可贵性和重要性突出地衬托出来，第一场、第三场写得不够。同时，人物的性格和生活写得不够明确、深入，在朱家贵身上看不出什么工人的特征，说他像一个技师，也没有什么不可以；在朱家贵的家里，也没有很好地表现出翻身后工人生活上的变化。所以这个剧只写出了创造过程，它的思想幅度是比较仄的。不过它用具体的形象表现出创造过程，没有干枯地讲生产理论，有很强的说服力和形象性，做到了用戏剧的方法把主题的内容生动地表现出来。所以也列作二等。

## 向《装卸》学习什么？（再答第八问）

在这一届工人文艺活动周里，《装卸》是一个特出的剧，那么，我们向它学习什么呢？

如果以为《装卸》的主要内容是劳动，我们以后也就跟着写劳动。《装卸》里面有号子，我们也就跟着唱号子。这是一个不对的看法，这是形式主义的学习。

《装卸》并不是因为写劳动和唱号子得到成功的，而是因为它用劳动和号子表现出剧的主题，表现出真实的工作和生活，因而得到了高度的现实意义和思想内容，收到了艺术效果，起了教育作用。

《装卸》为什么要用劳动,而且是体力劳动做它的主要内容呢?因为《装卸》是码头工人演出的,劳动,体力劳动,就是他们的工作内容。而号子是他们工作时的歌声,这是他们劳动的力的结晶和升华。《装卸》并不是特意表演体力劳动和号子,而是真实的具体的,把他们的工作和生活表现给我们看。

所以,我们向《装卸》学习,不是去学习写体力劳动和唱号子(例如号子,这是由装卸的劳动中产生的,不从事那样的劳动,在剧里唱起来是无意义的),或是学习把生产过程、劳动过程搬上舞台,而是学习怎样真实地、具体地来表现我们的工作和生活,怎样把我们日常的工作和生活中的问题化成剧,怎样用我们的工作和生活来表现剧的主题。

《装卸》写的是真实的劳动和生活,但是,这并不是没有经过取舍、剪裁、提炼,照原样搬上舞台的。《装卸》这个剧没有故事,可是它有中心,围绕着这个中心,在结构上,在布局上,是经过一番思考组织的。《装卸》如果去掉了第三场休息时生活的场面,这个剧就要失去广度和深度,只成了单纯的劳动,这个我们已经说过。写劳动的两场,如果先卸木头,后卸苞米,那就要破坏了整个的剧。先是轻劳动,起一个小波,然后是重劳动,到来大浪,这样才获得戏剧性和它的效果。就拿第一场来说,唱歌、讨论、诉苦、出动,都是一层层发展的,有轻有重,有声有色。那么多人在一起开会,每一个人的位置,说话的先后、内容,也都是有布置有研究的,并不是随随便便、嚷嚷闹闹就算了。《装卸》这个剧没有主要人物,可是全组的人都是主要人物,他们充满壮大的力量、坚强的意志、必胜的信念,有组织,有纪律,劳动着,战斗着,像力的流,像战士的队伍。而在这里面当指挥的组长,开动脑筋的老王、老李,唱歌的老刘,睡觉的魏老头,都有他们各人的性格、动作、语言。像起初老孟怀疑装卸能创新纪录,后来果然创出来了,老王就问他:"老孟,你不说装卸没有新纪录吗?你看怎么样,都登了黑板报啦!"在一般的剧里,在这种情形下面总是老孟说上一套承认那是自己的错误的话。可是《装卸》里不是这样的,老孟立时回答:"我告诉你老王,你不用张罗,我跟你挑战,我一定打破你这个新纪录!"(第三场)这回答是多么干脆、爽快、有力、硬直,一点不公式化,不老一套,明确无比地表现出一个工人的性格和面貌。如果说,《装卸》只是劳动好、号子好,对话不好,这是不真实的。《装卸》里的对话生动、有力、简洁、明确,富有表现力和形象性,是真正的工人的语言,也是文学的语言。

《装卸》在公演之前,曾经演过两次。第一次演(参加比赛)和第二次演(招待晚会)稍稍有点不同。第二次演的时候,第四幕开场之前,组长先喊了几声口令:"立正,向右看齐,向前看!"然后才开幕。这就使这一幕的力量减弱不少。因为这一幕是高潮,是重点,是力的高峰。所以一开幕就用一队人和一声"解散!"迎接观众,能够给人以力的感印。《装卸》的力,是这样贮积起来而又奔流出来的。第二次演的时候,第四幕里船员大约被工人的劳动热情感动了,也跳下船帮着拉绳子抬木头,这样就破坏了剧的真实感。因为在实生活里,船员有他自己船上的工作,不会去帮着卸木头的。而《装卸》正因为真实,才发出了它的力量。

这只是很小的一两处改动,然而就影响了剧。从这里可以看出《装卸》的组织和结构,表面上很松散,实际上是经过严密的构思和布局写出来的。剧里的劳动、生活和剧的主题的发展是紧密地结合着的,并不是把日常的工作和生活不加选择地照样搬上舞台而已,也不是随便选择几桩日常的工作和生活搬上舞台而已。

在剧里拉拉杂杂的写些无关重要的生活琐事，把生产过程、劳动状况、生活状况，死死板板地搬上舞台，而不能表现出工作和生活里本质的东西，这是自然主义。《装卸》里没有这种自然主义。

在剧里，我们只反对这种自然主义，并不反对表现真实的生活，而且现实主义的艺术要求表现真实的人、真实的工作和生活。《装卸》所表现的劳动和生活，这是从码头工人日常的劳动和生活里，选择出最有代表性、最有现实意义的事件，提炼出具有集中的典型性的东西，最能反映他们的劳动精神、阶级觉悟、生活状况、思想情绪的行动和语言，用剧的形式，用生动的形象表现出来的。这样具有典型性的真实的人的劳动和生活，能够由一点反映全面，由个人反映社会，包容着高度的思想，表现出深广的现实。做到这一点，不是一件容易的事。这里面就有艺术，就包含着艺术的创造，就有现实主义。《装卸》在这一点上，只是获得了初步的成就，并不是就好到极点，没有任何缺陷了，在剧里还有不够的地方，还需要改进提高。不过《装卸》已经很好地做出一个例子，给旅大工人文艺创作许多启示。这就是我们要向《装卸》学习的地方。

一九五〇年四月十日大连

# 从《后悔来不及》谈起

《后悔来不及》是这次工人文艺活动周里一个好戏。

在这次工人文艺活动周之前,我看过一些宣传政策的戏,好多都是长篇大论地讲道理,或是平铺直叙地写故事;道理是抽象的,人物是概念的,故事是平板的,结果是内容既空泛而又枯燥,一点不能使人感动。

《后悔来不及》却不是这个样子。

《后悔来不及》是宣传防火的,它写一个家庭妇女,思想比较落后,好贪小便宜,图省事,偷用电炉,因此不小心引起火灾。这是一个很简单的故事、很平常的事情,可是它写成功一篇好戏。在戏里,它不空洞地演讲防火的道理,它写人物,写人物的行为,写由于这样的人物和这样的行为造成的结果,从这中间来表现防火的道理;让观众看了之后,自己觉得非小心防火不可,不然就会"后悔来不及"。

戏、小说、诗,一切文艺作品的宣传教育任务,是要这样来完成的。而戏、小说、诗,一切文艺作品的政治主题思想内容,也非这样来表现不可。

可是,这不是一件很容易的事情。

要使这样的表现得到成功,作者除了要明确地掌握政策,充分地熟悉生活和人物之外,还需要抓住一定文学形式的特质和它的表现方法。如果写的是戏，就需要抓住戏的特质。

什么是戏的特质？戏和别的文学形式，例如小说，有什么不同？

对于戏，古代的希腊人是专家。他们用的"戏"（drama）这个字，最初的含意是"动作"，这已经足够说明戏的特质了。戏表现人物、生活、思想，要用"动作"来表现，不像小说那样，用文字来表现。在小说里，我们可以用生动的词句描写人物，用文字表现思想，可是在戏里这都不行。戏只能用动作——人物的行动和说话，来表现一切。戏不是让人静静地在房间里读的，它是要在舞台上演出来给大家看的。戏是动的、发展的，并且要把内容集中在一点上来表现，使它当场发生直接的效果和影响。

所以，在戏里写问题，写斗争和冲突，必须集中在一点上，一步紧接着一步的发展，不能够把问题分散，或是作不必要的铺张。这次文艺活动周里有些戏的失败，主题的分散、零乱，是一个重要的原因。戏里的人物如果一会儿表现这个主题，一会儿又表现另一个主题，这些主题之间又没有有机的联系，结果一定是空泛、散漫，一样也没有表现好，而且失去了力量。《后悔来不及》就抓住了戏的特质，它把全力集中在防火的主题上，向前突进，得到了戏的完整，也得到了成功。

戏要求集中地发展主题，可是，这不能是静的、平板的、直线的发展；它必须是动的发展，必须要有起伏、有回旋、最后达到高潮，这样也方才有"戏"，《后悔来不及》很好地做到了这一点。在戏里，李华的妻子偷电，第一次，顶坏了电门。第二次，丈夫回家敲门，她一慌张，把手指切破了，锅也打翻了。这是大浪之前的两个小波，起了，又平伏下去。第三次，闾长来了，唠叨了半天，老是不走，床底下大衣烧着了，直冒烟，好容易他走了，一会却又回来拿饭盒子，差点又被他撞破。这一场里面，怕火烧起来和怕间长看到电炉，结合在一起，形成一个大浪。这不但是一个起伏，而且是一个回旋。在这个大浪之后，然后就来到高潮——真的起了火。这样的一层深一层、一步紧一步的写法，获得了戏剧性，也吸引住了人。

不过，在一篇戏里，光有集中的主题、起伏的情节，还是不够的。这一切还非得用人物表现出来不可。在戏里，和在小说里一样，人物是作品的中心。在戏里，也和在小说里一样，人物首先要求真实。《后悔来不及》在这一点上也有它的成功。《后悔来不及》里李华的妻子，从她的说话到动作，没有一处不表现出她是一个十足的家庭妇女。她一出场说的那几句话："刚才在坊上又开了一个大杂会，又是什么冬防西防的，乱七八糟的，弄得我稀里糊涂的，怪冷怪冷的天，那有心思去听。"就明显地表现出她的性格，她的思想，她的人。不过，她在本质上并不是一个什么坏人，她偷用电炉，只是为了贪小便宜，为了怕麻烦，仅此而已。所以，要完整地描写出她的性格，在戏里，在她回家之后的劈木头，生火，以至于因为生火生不着，才又想起用电炉子，并且还替自己想出一套辩护的理论等等，就是非常必要的动作（也就是描写）。只有这样真实的描写，才能画出真实的人。（如果在戏里写她一回家就存心偷电，片面强调她的落后性，这就要把人物概念化了。）正因为人写真实了，人写活了，人所做的事也就活了，戏的主题也就活了，这也才能感动得了人。

在戏里写出真实的人，写出真实，这不但要求作者熟悉生活，还要求有深刻的观察生活的能力，还要求有从生活中提取出精萃、具体的表现在戏里的能力。而这个，正就是艺术的创作。

《后悔来不及》内容的幅度很仄，没有能表现出深广的现实，这是一个很大的缺点；它只是工人文艺创作的一个开始，一个小小的试作。但是，就是这样一个作品，也已经告诉了我们工人在创作上能够发挥出的力量，工人不但能创作《装卸》那样雄浑的力的作品，也能创作《后悔来不及》这样细致的真的作品；今天的工人已经走进过去不能想望的艺术之宫，而且开始做它的主人了。

一九五〇年三月大连

# 工人文艺的成就

工人文艺虽说是在开始萌芽的时期，然而，已经有了可贵的成就，值得我们研究和学习。

工人写工人，首先是无比的真实。工人的生活、行动、思想、情感，工人阶级的觉悟、成长、斗争；只有工人了解得最深切，知道得最彻底。这不是三五个月所能体会的，非在生活当中、工作当中、生命当中成熟起来，融化结晶不可。知识分子的作者写工人，通常只是写得像，很少能够写得深，深入到思想和内心的深处去。

一九五〇年旅大第二届工人文艺活动周（二月十四日至二十八日），得奖的几乎全是工人自己编的剧。"所有的锦标，差不多全叫在现场干活的工人文艺小组得去了，各大企业正规的业余文工团，几乎全都落了空。"（《旅大第二届工人文艺活动周总结》）这是工人创作成绩的一个表现。

在第二届工人文艺活动周得特等奖的《装卸》，有的文艺作者批评它不像"剧"，因为它没有人物，没有情节，只是卸苞米、卸木头。从形式上来讲，这是对的。其实，《装卸》的作者们，码头工人们，并没有幻想什么"剧"，只是想把他们的事情、他们的生活和劳动，在舞台上表现出来，如此而已。可是，由于这是从他们十年以至几十年生命历程中提炼出来的东西，它达到高度的真实，并且融贯了全新的思想情感，它是有力的，动人的。《装卸》的深度的生活内容使它成为"剧",而且打破一切剧的格式,以新的表现方式出现。这是单纯从"剧"的理论出发的作者所难以完成的创作。

在第二届工人文艺活动周里,中长铁路十八检车段工人演出一个剧《永远想着你》(得一等奖),写铁路工人怎样跟苏联技师学技术,结下深深的友情。一般地说,这个剧加工得不够,场面散乱,不紧凑,人物的形象也不突出。可是这个剧里真实地写出了工人热烈的生产和学习,苏联技师的专心、诚恳、亲切;表现出苏联技师回国之后,他的影子怎样留在工人们的心里,大家永远想念着他。《永远想着你》没有夸张也没有做作,粗朴地可是真实地表现出这种在生活里生根凝结的内心的情感,也就是具体地表现出中苏两国人民亲密的友情。这也是单纯从理论概念出发的作者所难以达到的境地。

工人的作品,主题是正确的,而且是现实的。因为工人阶级知道什么是他们希望的,什么是他们要做的,什么是他们要为之斗争的。工人的作品,生活内容是丰富的,而且富有重大的意义,因为工人阶级的生活内容,从当奴隶到做主人,从苦难到幸福,从斗争到胜利,这中间的每一段、每一点,都标志着中国社会革命的行程。

一般的工人文艺作品,还在习作的阶段,还没有很好地掌握艺术形象的创造;可是,已经表现了创造的才能,并且表明着他们在逐步地克服困难,充实自己,提高自己。就拿演出《装卸》(黑嘴子支会演)和《后悔来不及》(西部装卸区演)这两个剧的工人文娱小组来说,西部装卸区从一九四七年到一九五〇年共计演过二十个秧歌剧,自编的有十四个。还演过两个舞两个杂耍,都是自编的。黑嘴子支会从一九四八年到一九五〇年共计演过八个话剧,有七个是自编的。此外大鼓相声花棍舞共计有二十三个,全都是自编的(参看《大连海港工会黑嘴子支会和西部装卸区工人文娱活动的报告》)。从这里可以知道他们创作出《装卸》这样的剧,决不是偶然的成功,是真实的文艺成绩的表现。这个表现说明了一个事实:只要工人熟练了掌握了创作的艺术,他们能够创作比《装卸》更好的作品,而且一定能够创作。一九五〇年八月(二十三日至二十九日)举行的旅大文艺竞赛大会上,他们就又演出一个富于创造性的《装卸舞》,还演出一个剧《小杨参加训练班》,也很成功。

工人的作品是有它的特色的。这特色决不仅仅在语言上,决不仅仅在形式上,而是在生活中、思想感情中内含的素质——工人的素质。通常知识分子写工人,只能做到语言简洁、干脆,甚而至于带点粗野,只能写出工人是坚强的、英勇的、前进的,这样一个概略的形象,一般的姿态;很少能够像工人自己的作品那样,不但表现出工人的性格和生活,而且表现出思想情感和灵魂。在这里,正有知识作者要向工人以至工人作品学习的地方。

我曾经看见一个刊物上面,登出一篇工人的作品,后面附着编者的意见和改作。工人的作品写得很粗糙、拉杂,结构得很坏,拖拉而不精炼。编者的意见是完全对的,编者的改作也确实比工人的原作好了许多。字句更通顺,文章更简炼,结构更紧凑,主题更明确。可是读了改作之后,总觉得比原作少了一些什么东西,而且是很重要的东西——那就是工人的素质。编者改作之后,文章是更好了;可是,在内容上,知识分子的素质不自觉地侵入进来,代替了工人的素质。

知识作者写工人,这是一个重要的问题。

一般的知识作者写工人和工人问题,常常是从理论、从观念出发的,而不是像工人的作者那样,从实际、从生活出发的。知识作者笔下的工人的思想情感,往往是抽象的、概念的,不是具体的、结合生活内容的。并且，知识分子本身有他的特性，有他自己的思想情感、自己对于事物的看法。于是在作品里，这些知识分子的特性、思想情感和看法，常常会跑出来，要作者依照它们的面貌来改变，也就是来描写工人和工人的问题。

我看过一位忧郁的诗人写的关于工人的剧，把一个"具有高度的自信心和毅力"的工人，写成一个激动、敏感、神经质的人，也就是一个知识分子。我看过另一位作者写的女工参加重工业生产的剧，主题很有意义，也很现实，可是剧里的几个女工，没有一个能代表工人的，甚至在全剧里面找不出一个积极、正派、具有工人阶级的性格和品质的人物。后来这个作者又写过一篇小说，写一个青年工人因为想升级，乱跳厂（换工厂），结果受到严重的教训，又回到原厂工作，终于创造出新纪录，立了功。小说写得很生动，只是在这个青年工人身上，总缺少工人的坚毅、刚强、诚实、质朴，却有一些轻佻、浮滑，类似流浪者的气息。为什么在作者的作品里，工人总是不健康的甚至带有流浪性的呢？原来这个作者过去曾经过过很长时期的流浪生活，这生活的影子就投射在他的作品和人物上面了。

可是，让我们看看一位工人作者（周恩惠）写的小说《小钢炮和老黏儿》罢。跟那些作品对照起来，《小钢炮和老黏儿》就有很不相同的地方。这篇小说，虽然写得还很粗糙，没有超出自然形态的水平；可是它用真实的人物和事件，表现出工人阶级的觉悟、忠诚和进步，表现出爱护工厂、竞赛生产，已经成为今天工人阶级日常生活的主要内容；表现出"劳动人民在事实上，在日常工作中，怎样在建设新的东西"，素描了新社会里新生活的一个侧面。在小说里，主角是两个工人（小钢炮和老黏儿），可是那天夜里冒雨到工厂里保护机器的,除了小钢炮和老黏儿之外,还有一个老马。于是,这就不是一两个个别的工人,而是整个的工人阶级,像一个人似的站在我们面前。在这个地方,这篇小说可以说是放出光来,而这不是知识作者用"艺术的手法"或"理论的教条"所能企及的。

工人的作品是鲜明的具体的例子,说明生活是艺术的唯一的泉源,同时也告诉我们知识分子的思想情感与工农兵大众的思想情感打成一片的必要。表现人民,只有到人民中间去。表现现实,只有到现实里面去。这是文艺工作者唯一的路,从这条路前进,就是新现实主义的大野。

一九五〇年十二月青岛

# 工人文艺创作的几个问题

人民的文艺，工人的文艺，在前进着。它的前进的速度是惊人的，正像人民的新社会前进的速度一样。

我在旅大文协看过一些一九四七年的工人作品，写得不很好，十分简单、粗糙。一九四八年的作品就不同了，有了极大的进步。不过，许多地方显得表达的能力不够，还支配不了材料，掌握不住情节；并且有些学"知识分子作家"的作品的地方。到了一九四九年和一九五〇年，就有杰出的作品，融生活思想于一炉的创作出现了。像第二届工人文艺活动周得特等奖的《装卸》，一等奖的《后悔来不及》，像周恩惠的《小钢炮和老黏儿》等等。在一九五一年和以后，我们相信必定有更好的作品出现。

这几个作品，都是杰出的例子，也都是经过几次提供意见修改成功的。在一般的工人文艺创作上，自然，缺点还很不少，也有普遍存在的一些问题。

例如工人的诗，内容健康、明确、有力，可是很多模仿歌谣、鼓词、快板的调子，受着旧形式的束缚。生龙活虎的内容，被旧调子旧字句捆住了，遮盖住了。偶然有几句打破了这些旧词句，用工人自己的语言说出来，就放出光彩了。诗在文学形式里是最精炼的一种，本来不容易写好，不过，打破旧形式的束缚，说自己的话，是很要紧的事。在散文方面，这情形就好得多。许多工人写的报告通讯和短文，都能用自己的话，把工作和战斗的经过，把自己的思想情感，真真实实地表现出来（例如船渠工厂二毛的《镦管子的新纪录》，洋灰工厂王在柱的《突击》，铁路工厂小赵的《一定要撵上我哥哥》等）。不过一般的作品还很粗糙，加工得不够，差不多都有拖拉、琐碎、杂乱的现象；还不能够用精确简洁的文字，生动而且深刻地写出想写的一切。报告通讯写的人很多，小说写的人就很少，写得也不大好。在旅大工人的作品里活跃而且出色的，要算剧了。大鼓快板也很不错。剧、大鼓、快板，这几个形式是能够演唱的，既使大家得到娱乐，又能起推动生产和宣传教育的作用；如果演得好，这个厂演了，还可以到别的厂去演，影响广大的观众。所以这几个形式成了工人文娱活动的主要形式，工人也喜欢它们。大鼓快板是旧形式，可是工人的工作和生活的事迹使它们有了新血肉，工人的语言改变了它们的面貌；新的内容要求并且决定了旧的形式必须要起根本的变化（例如渔网总厂鹿云富的大鼓《毕淑芝提合理化》，水道工人李凤阳的快板《水表的故事》等）。大鼓快板还受着旧字句旧表现手法的限制，剧就完全不同了，这是一个新形式，而且可以和工人的生活工作密切结合、和工人群众的思想情感直接相通的一个形式。在剧里，工人完全用自己的话、自己的声音、自己的样子，表演自己和自己的事；不用去咬文嚼字、学旧东西、学"知识分子作家"。所以在剧里面，最具体明白地表现着工人文艺的特色和工人文艺的成就。

现在，我们就拿工人的剧来做例子，看看在创作上时常遇到的一些问题，这些问题是些绊脚的石头，妨碍我们前进的。我们虽然谈的是剧，可是，文艺的各种形式，是相通的，创作的原理和原则是一个。通过一个形式的作品的例子，或许也能意会到其他形式的作品里的问题罢。

我曾经看过一个歌剧，名字叫"几级对?"是写评薪级的。在剧前面有一个《本剧梗概》，说明剧的内容。这个梗概是：

第一幕　第一场

描写未评资前技术人情绪消极、发生流动现象，技术差的人掌握不了技术。

第一幕　第二场

内容反映出平均主义的危害性，工友们为了等级平均互相闹纠纷，领导负责人马虎不负责。

第一幕　第三场

经过党委指示，反平均主义，重新评等级，以技术确定等级为标准，鼓励和刺激学习技术和生产积极性。有部分个别工友等级降低后闹情绪，但经过实际教育和具体帮助后渐渐改变。

第一幕　第四场

正确评资后技术人努力生产、热心教徒，技术差的人加强学习技术，师徒关系越发好起来，生产的数量和过去做一个对比逐渐地好起来。

这个歌剧正是按着这个梗概一点不差地写起来的。可是这个梗概，与其说是一个剧的大纲，不如说它是一篇论文的大纲。于是这个歌剧就是像一篇论文那样写起来的；第一、二场写评资前的现象和平均主义的毛病，第三、四场写评资后的情形和生产状况的好转。有原因，有结果，把评薪级这件事的经过和意义，说得非常明白。可是，在这个剧里，没有一点使人感动、使人欢喜或者使人悲伤的地方。剧里人物的对话和行动,一步不离薪资和技术问题——某人不该评几级,某人应该升级,只在这一个问题上兜圈子,说过来是这个问题,说过去还是这个问题,正像是几个人在舞台上讲演一篇论文一样。这是一个歌剧,然而一点不能动人。

在这里,有一个表现方法的问题。

剧,是形象的艺术。在这种艺术里,必须要有具体的形象,要写出人和现实;不能光是讲空洞的道理。在剧里光讲道理,这只是化装讲演,不但不适宜,而且一定得不到效果(如果我们特意地来举行这样一种讲演,那是另一回事)。

论文,是讲道理的;道理讲的愈多愈好,愈透澈愈好。相反地,剧和文学,形象的艺术,要从生活出发,要用艺术的方法把生活中的人和事表现出来;要把生活中的人和事创造成艺术的形象,由艺术的形象把道理把主题表明出来。

当然,在剧里可以写问题,也可以讲道理。可是,决不能单从问题或者道理出发,而不从现实生活出发。剧是生活的艺术,它要求作者表现现实,要求作者深入现实,要求作者投身进现实斗争最猛烈的所在,在斗争和生活的深处提取出重大的问题、中心的内容、典型的人物,把生活里工作里的问题和革命运动现实斗争结合起来。只有这样的剧,才能使人感动,发生艺术的力量。

我还看过一个剧《电极厂》,这是一个大剧,一共五幕。

第一幕写建厂。工友们一面抬砖砌烧成炉,一面谈到设计图纸老画不好,安造电极棒的机器如何的困难。同时表示一定决心把厂建起来,完成生产任务。话还没有说完,工务科长拿来设计好了的图纸,大家高兴极了。

第二幕写生产。先是油压机不灵,压出来的电极棒都坏了,大家都泄劲。后来王师傅想出办法，修理好了，大家都乐了。合计合计，分成黑白两班，互相挑了战。炒煤的炒煤，烧炉的烧炉，开机器的开机器，搬的搬，抬的抬，干得非常欢。

第三幕写事故。大家正干得起劲，数量质量都比开始提高三倍；忽然机器又出毛病，不上磅了。王师傅又跑来，找出一根管子漏油，修理好了。修好之后，王师傅忽然要逞能，叫尽量的上磅，试试机器有多大的磅力。上了又上，上了又上，过二百磅了，大家都说不能再上了。王师傅不依，一定要上，到二百三十磅，一下子机器顶了磅，四根钢柱子都断了。王师傅急坏了，可是不承认错误，就怨表不好使，大家气得要揍他。工会主任来了，教育了王师傅，也说服了大家，互相都检讨了错误：王师傅不该犯主观逞强，大家不该听他那样乱上磅。结果把机器送去修理，要一个半月才修得好，大家都发了愁。

第四幕写护厂。机器还没有修好，有一天忽然发了暴风雨，电极炉里进了水，炉底原来有了水眼，水越进越多。大家怕炉爆了，就把炉里的水往外泼，雨越下越大，水也越泼越深，从十二点泼到五点，全都累坏了。电气工友刘师傅来了，想用电泼水，刚一接上电线，电门着了火。这时幸亏老张拼命拿棍子打下电门，没有起火灾。电用不成，只好大家又泼水，直到天亮雨停为止。泼了半夜的水，终于保住了炉。

第五幕写复工。天晴了，大家保住炉，情绪很高，高高兴兴地把炉里的电极棒往外抬，怕水浸坏了。正在这时候，油压机的柱子修好送来，大家更欢喜得了不得，众口同声地决定不让机器再坏，努力加油，立功拥党。这时大家都去吃饭。老张一个人去了又回来，向电极厂的宋组长要求入党。他的话还没有说完，大家正好吃过饭回来；一听都赞成，说老张带头干活，觉悟非常高，团结又挺好，入党够条件。宋组长也答应了介绍老张入党。于是大家欢唱《咱们的电极厂》，全剧终了。

这个剧的内容很丰富，不是单纯地讲道理，事情也很动人。可是，整个的剧是用来报导建厂护厂生产立功的事实经过的。因为以报导事实为主的缘故，剧的内容，也是按着这些事情的发展写出来的。全剧分了五幕，不是根据剧情的发展分的，而是依照事情的经过分的。所以前一幕和后一幕，没有紧密的因果关系，前一幕的人物，在后一幕里时有时无，甚至于可有可无（像第一幕砌炉，如果省略掉，对剧并没有什么影响。第四幕救水，非常偶然的一件事故，并不是工作上必然遇到的困难。在第一幕里没有一个中心人物，第二幕、第三幕是拿王师傅做中心人物的，到了第四幕、第五幕，中心人物又转移到老张身上了）。这样的作品，如果是一篇报告，它是真实的，有内容的。可是它是一个剧。一个没有中心人物、没有中心情节的剧，在舞台上演起来的时候，一定只有令人感到零乱、散漫、呆滞、沉闷；好像是砌炉、修机器、泼水、生产过程的表演。

这里又有一个表现方法的问题。

写剧，无论如何，和写报告通讯是不一样的，不能抓住一件事情做文章。写剧的时候，总要拿人物的活动做情节的中心，不能单拿事情的发展做中心。如果拿事情做中心，事情的头绪一多，剧情就会散乱，前后不能一贯；并且，当人物成了叙述事情的附属物的时候，人物的活动就受了限制，人物的描写因而也受到限制，不能表现具体生动的形象，失去生命的力量，剧也就失去动人的力量（《电极厂》有的幕可以省略，有的幕十分偶然，前后的剧情衔接不紧；前几幕是一个中心人物，后几幕又是一个中心人物，这两个人物彼此又毫无关系。这就是拿报导事情做剧的中心产生的结果）。

《电极厂》的失败，因为只写了事，没有写人。并且，剧里所写的事，只是平板的发展，片断的纪录，没有冲突的斗争过程，没有戏剧性的情节，所以就写事来说，也失败了。

我看过一个小歌剧《大喜事》，内容很简单，就是歌唱毛主席当选中央人民政府主席这件事；写法也很旧，用的旧曲艺的手法，可是它拿人物做剧的中心，做剧情发展的中心，所以很活泼，生动。

《大喜事》里面，老头子在报上看到毛主席当选的消息，喜气洋洋地回家，叫女儿跟媳妇猜猜这桩大喜事是什么，谁猜到给谁割一身花布。媳妇先猜，她猜老头子在生产立功里当上了模范，女儿猜老头子买工业展览会的彩票得了头奖。这时候儿子回家了，他也来猜，他猜老头子当选了职工大会的代表。一家人左猜右猜，都没有猜着，最后老头子把这件大喜事告诉了他们。这个剧没有说许多道理，可是生动而又具体的，用老头子和他一家人欢喜的情感和对话，把毛主席当选这一件事的伟大意义和人民对毛主席的敬爱，形象地表现出来，得到了动人的力量。

这个剧的手法是旧的（旧曲艺里常用"猜"的手法），形式是短小的（小歌剧），可是它说明了写剧的一个基本原则，就是：剧里面必须写人。通过人来表现事，表现主题；人写活了，人所做的事写真切了，主题也就活了，得到了感动力。如果光是讲道理说事情，结果正确是正确的，真实是真实的，可是不能感动人，只像是"论文"或是"报告"，不能得到剧的效果。

生活——是艺术作品的根本，人——是艺术作品的中心。不但在剧里如此，在小说里，在诗里，也是一样。可是写人，这是一件很难的事，也是一个很重要的问题。像在《大喜事》这一类小剧里，人物不需要深度的刻画，还比较容易描写。在大一点的剧里，要更深刻具体地写出人物来，更明确地把人物的性格、特点、本质，都表现出来。

我看过一个剧《入党志愿书》（后来改名《电滚》），是写人物的。剧里有这样一个人物表：

吕仲义　二十五岁，青年技工，由于十九年的奴隶生活，使他沉默寡言，但他却具有高度的自信心和毅力。

赵玉春　十六岁之青工，热情求进取心大，革命英雄主义者之典型，略有些社会修养。

慕文需　十五岁，与赵同，比较赵略幼稚。

马荣华　二十四岁，自私狭隘，私人利益高于一切的个人主义者。

王兆富　四十多岁之老工人，决僵、直爽、坚毅，是一个共产党员。

李福久　二十二岁，直性子、爽快、活跃、缺乏主见。

陈组长　三十岁，为人忠实，没有主见，略有些机会主义，缺少信念。

杨场长

总支书记吴主任

《入党志愿书》一共六幕，写吕仲义带头突击修高压车，日夜不歇地赶工，因此病倒。马荣华为了个人利益，不但不参加赶修，还有意诬赖吕仲义偷他的钱，破坏吕的名誉。结果马的诡计终于被揭穿了，马也良心发现，自动地坦白悔过。吕仲义最后修理成功，立功入党。这样的吕仲义,"具有高度的自信心和毅力",应该是个坚强的人。可是在剧里面,第一幕开动员会的时候(大家对修高压车都没有信心,只有吕仲义一个人肯出力干),吕仲义听到总支书记号召大家"加强信心,学习共产党员克服困难的精神",就哭起来了。他哭着,诉说他父亲怎样在日本鬼子时代给电打死的,同时表示他的决心。以后常常一说话,他就激动起来,就哭起来了。

这样一说话就哭起来,充分表现出吕仲义的情感容易激动,可是没有表现出他的高度的自信心和毅力,更没有表现出一个工人的高度的自信心和毅力。在剧里面,吕仲义常常哭得很突然,并且显出他很脆弱。后来马荣华诬赖吕仲义偷他的钱,吕仲义不但不生气,却说"贼我算当啦",还承认赔他钱,全没有工人的刚强性格。当电滚试验失败,吕仲义受的刺激太大,一下子就昏倒在电线上面,没有一点坚毅的精神。最后试验成功,他表现出"一种胜利冲动的快乐过度伤心委屈的表情",当"大家一齐拥向他"的时候,他又哭起来了。

无疑的,作者想这样写出吕仲义的忠厚、善良、热情,使他的个性能够突出,可是这样一个脆弱的神经质的吕仲义,完全不是一个具有无产阶级本质和特点的工人。剧里其他的人物,像赵玉春的"英雄主义",王兆富的坚毅,李福久的直爽,陈组长的"机会主义",也都没有写出来,只是人物表上作了这么一句说明而已。

所以在剧里,当人物写失败了的时候,全剧就受到重大的影响,尽管主题是正确的,题材是现实的。

在《入党志愿书》这个剧里,进步的工人吕仲义写得失败,和他相反的一个人物,落后的工人马荣华倒写得比较真切。这是因为写了吕仲义突击赶工的事实,却没有能在这中间表现出工人性格的特点；而马荣华的自私狭隘、诡计害人的行为，正表现出他的落后的一面。所以在剧里面，事件的描写和人物性格的描写是结合着的；通过事件写人物的性格，人物的性格愈写得明确深刻，事件也就愈有力动人。并且，人物的性格也只有在事件当中，在生活和行动中，才能表现得明确和深刻。

我还看过一个写人物的剧《李玉花》（又名《螺丝房子》），也是写进步的工人怎样生产立功，落后的工人怎样调皮捣蛋，最后终于觉悟过来的事。在剧里有这样几个人物：

  李玉花 二十六七岁，性情很老实，干活特别有劲，在拥党立功当中，被评为旅大三等模范，船渠二等功臣，是剧中主要角色。

  孙玉梅 二十多岁，绰号大洋梅，个性爱嫉妒人，背后挑拨，和李玉花不和，后来改造转变。

  王小环 工友，女，十六岁，和李玉花很好，是孙玉梅的侄女，小孩气，有问题以哭解决。

  于三喜 众称三姐，典型旧社会妇女，中间随和主义，近视眼，爱吵吵。

  冯职长 四十八九岁，正直忠厚，螺丝房的职长。

  小虎子 十四岁，男工友，爱吃零嘴。

  女工友 大凤、素兰二人。

  男工友 刘师傅，四十多岁。

这个剧里的主要人物是李玉花，她是进步的工人，带头生产的模范；不过她在剧里写得不够生动，老是一个劲低着头死死板板地干活。写得活跃而且生动的，是落后的工人孙玉梅，她一天爱斗嘴、卖呆、上茅房、说空话，不肯好好干活。李玉花进了螺丝房子（就是螺丝分厂），她先瞧不起，向她挑战，后来看看自己比不上了，就怀疑李玉花捡了旧螺丝充数，最后自己动手去偷李玉花车的螺丝。这都活生生地表现出一个偷懒贪玩的落后女工的性格，她的习惯、行为、她的生活态度和工作态度。她的绰号叫"大洋梅"，把她的人整个的形容出来了。

《李玉花》这个剧里的工人，不是当作理论上抽象的积极分子或者落后分子写出来的，而是当作生活里工作里的积极分子和落后分子，真真实实地写出来的。孙玉梅写得生动，是因为连着她的生活写出来的缘故；李玉花虽然写得不够动人，不够有力，可是素朴地写出了她是一个"老实，干活特别有劲"的工人。这是很重要的写人物的一个原则。在这一点上，《李玉花》这个剧做得很切实，比许多剧都完成得更多。事实上，工人的积极或者落后，不是一个抽象的问题，而是在社会生活里生着根的实在的问题。不从根上来发掘这个问题，不把问题的根源和本质写出来，一定就要表面化，不实在，不深刻，也就没有力。

所以，"问题剧"可不可以写呢？可以，而且需要。不过，在这样的剧里，问题不能当作一个抽象的理论上的"问题"来处理，而要当作现实生活里的一个社会事件来处理。在这样的剧里的人物，也不能单纯地当作"问题"中的人物来处理，同时还要把他们写成生活中社会中的人，表现出他们具体的生活特点、性格特点和社会特点来，更深一层地表现出社会的根来。因为"问题"的发生和存在，不是从天上掉下来的，不是从虚无里幻想出来的，而是从现实社会、现实生活里产生出来的。要解决它，彻底地完全地解决它，就非找出它的根来不可，就非追寻到它的社会和生活的老底子不可。在剧里，要正确地表现"问题"，写出它的发生、发展、解决，那也是非连它社会的生活的根表现出来不可的。

我看过一个剧《一面镜子》，是写态度问题的。剧里有这么几个人物：

  厂  长  四十多岁，没有调查研究，片面处理问题。
  程师傅  三十多岁，组长，老实能干，爱面子。
  老  李  三十五六岁，工友，两面派，使别人当枪放，自己装好人。
  王暴子  二十五岁，工友，直筒子人，有话就说，有名叫暴子脾气。
  老  周  二十八九岁，工友，能团结人，能说服人，就怕出事。

剧一开幕，老王倒在地上发脾气，说程师傅推了他一个筋斗，差点碰在机器上送命，他要找程师傅算账。老周劝他不要去，老李就从中挑拨。正吵着，厂长来了，问什么事，叫他们去开会。老王不但不听，反而怒气冲冲的，先和老周吵一顿，又跟厂长吵起来。厂长也发了脾气，宣布开会时割老王老李半级薪。老王一气，索性不干，回家去了。这时候程师傅来了，听说这个情形，就对厂长提意见，说应该怨他自己不好，又说工友们早就提厂长的意见：办事主观主义，官僚作风。这时候老王来拿衣服，程师傅就对他检讨了自己，老王也承认了自己脾气不好，说应该怨他，老李也承认他挑拨的错误，厂长也说他自己不是，跟大家拉手——

厂　这不怨你……（四人拉手）今天怨我。

王　怨我，不怨你们，

程　这怨我太爱面子了——

李　怨我两头挑拨的。

全　管谁不怨，怨我们没看见自己脸上的灰！影响了团结，影响了生产，我们明天一定拿镜子照照自己脸上的灰。

（幕急落）

  这个剧写得很真实，而且把问题和人物当作生活中的事件和人写出来了。可是它没有更深一步从根本上提出问题、解决问题，只落在日常事件的水平上，显出日常生活的自然形态。并且问题的内容和人物的性格都太简单，结果这个剧就是吵一场架，从开吵到和好，只此而已。这样是不能表现出"问题"的根本来的，也是不能根本解决"问题"的。"态度问题"事实上不是这样简单的，在剧里更不能是这样简单的。

  用真人真事表现现实、表现问题，不能仅仅只是事情的自然形态的叙述。在内容上，还需要更深一层地把握事件或问题的实质和根源，人物性格的本质和根源，创造艺术的形象，创造"典型的环境中的典型的人物"；这样才能概括深刻广大的内容，才能发出巨大的说服力和感动力。

  尤其是在剧里，当我们表现现实、表现问题的时候，还要注意到剧里的性质。剧和论文、报告的写法固然不同，和小说和诗也不相同。剧的主题是用人物的动作和对话来表现的，剧的效果是要看了之后立刻达到的。这样，在一个剧里，集中内容的情节，活泼生动的戏剧性，是很重要的东西。

我看过一个剧《铁人赵文恒》，写翻砂工人赵文恒带头生产，超过任务，又不怕危险，堵住跑箱的铁水。语言十分得好，都是工人的话，工人的歌，也写了工人的性格。可是没有一点情节，就是那么平铺直叙地写了赵文恒怎样生产，怎样冒险堵住铁水跑箱，立了功。这样一个单纯的生产过程，写成一个剧在舞台上演出，是失败的，因为它没有剧的素质。

工人的作品，单是写了工人的生活，用了工人的语言，还是不够的。工人的生活和工人的语言，这是"最生动、最丰富、最基本的东西"。但它还只是"自然形态的东西，粗糙的东西"，须要经过加工、提炼、融化、创造，使它成为艺术的语言、艺术的形象。同时，也并不是任何事情、任何题材，都可以不加剪裁、概括；不经过扩深、提高，照着真人真事的样子来写成剧。我们既然写的、演的是"戏剧"，就要使它真的是"戏剧"。

我看过一个剧《进步家庭》，这个剧把从生活里来的真人和真事，经过加工、剪裁，写出了人物，布置了情节，得到了剧的效果。《进步家庭》是写识字运动的，它拿一个家庭做中心，这家人有的积极学习，有的反对学习，最后是反对学习的受到事实的教训，觉悟了，也积极学习起来。这家人姓张，有六口人：

　　张诚（老头，六十多岁），反对学习

　　李老太太（张诚妻，五十多岁），反对学习

　　张永山（张诚长子，三十多岁），反对学习

　　张永海（张诚二子，二十五六岁），学习积极

　　刘素琴（永山妻，二十多岁），反对学习

　　赵月英（永海妻，十八九岁），学习积极

剧是这样开始的。第一场,正是吃晚饭的时候,张永海(二儿)和赵月英(二媳)在外面学习,还没有回家,这时老头子发话了:

> 张诚　　唉!我算叫永海把我气坏啦,五点笛早拉过啦,怎么还不来家呢?
>
> 李老太太　　叫我看,俩口子,都是那号东西。没有一个好的。
>
> 张永山　　妈,咱们吃吧。管他们干什么,你再要生气,生不了那些气啦。成天我都不惜放声,看他俩口子能闹个什么样。
>
> 刘素琴　　悄悄吃吧,待吃饭的时候,又待提起他俩啦,净叫咱老的生气,人家俩口子脑袋瓜,早就转啦,今儿学习,明儿学习,也不知学些什么东西在那里,吃饭的时候,我看他俩,管比谁吃的都欢。
>
> 张诚　　哼,少一口也不行啊!
>
> 张永山　　(对妻)你不用留饭给他们,反正他们没有正事。
>
> 刘素琴　　留不留饭倒没有什么啦。晚上这个门,谁能给他开,见天见日,不到十一点多钟,不来家睡觉,我真受够这个麻烦啦。
>
> 李老太太　　快吃吧,吃完收拾下去。等今晚上来家,我问问他!
>
> (素琴在收拾碗当中,永海从工厂往家走)

张永海回到家里,老头子发了一顿脾气,说"这个事,一天两天是个新鲜的,那好天天这样!"张永山也反对他去学习。后来赵月英回来，老太太又训了她一顿，刘素琴也在旁边帮腔。很生动的，也真实的，写出了人物，提出了问题。

第二场，妇女甲乙二人去动员张家的人识字，被老头子、老太太、媳妇推托掉了。第三场，张永山去工厂上工，不认识自己的名牌，这时上班的铃响了，他急得直转，拿了别的工友请假牌到账房去问是他的不是。群众说"你真愁人，连你的名字都不认识"，劝他快去识字。到了厂里，大家都照图纸干活，可是张永山不认识字，他只好问人"这个活怎么干"。群众又问他"你为什么不去学习？""你看看那有一个工友不去学习，就是你，简直的满厂子找不出第二个来！"第四场，张诚的女儿生了儿子，女婿马廷福到张家来报喜。张家留他吃饭，叫大媳妇上街去买菜，一买买了半天，不见回来，马廷福等不得，留下了一个新搬家的地址走了。原来刘素琴去买菜，在市场上被儿童团拖住，非教她认会黑板上的字，不放她回来，弄得客也没有请上。第五场，老太太亲自到市场上去，给女儿买鸡蛋。儿童团也拉她去认黑板上写的字，她一急，一跑，一下磕倒了，把鸡蛋全摔碎了，腿也磕坏了；别的妇女扶了她回家。第六场，张永山到金县看他姐姐、姐夫去，拿着马廷福写的地址，不认得，到处问人，到处碰钉子，个个都说："年青青的连个字都不识，不嫌丢人，我没有工夫看。"弄得张永山悔得不得了，决心回到工厂参加识字班。"不识字简直的成了睁眼瞎子啦。"第七场，经过这些事实的教训，张家全家都学习起来，连张诚、李老太太也参加了。

这个剧，没有讲许多道理，它写人物和人物的生活；从生活中丰富了内容，表现出识字的重要。它说明写出人物的剧，有生活内容的剧，是不会公式化、概念化的。不过，在这个剧里，也表现着一个重要的问题。就是：全剧的情节没有能够用人物的生命贯穿起来，场面的描写和人物的描写没有结合在一起，而是分散成好几个片断，好些个点。这样，戏剧的情节没有能够集中，没有形成整个戏剧的高潮；剧的力量也就弱了。

剧不但要求戏剧性的场面和情节，而且要求集中的情节，爆发出火光来的斗争和冲突，戏剧的高潮。从低潮的起伏到高潮的汹涌，这就是"戏剧"。这个"戏剧"，必须以人物做中心，以真实做血肉，以思想做灵魂。这个"戏剧"决不能是脱离思想、脱离现实的虚构。在剧里面，如果仅仅把创作的重心放在"戏剧性"上，为了使情节生动，因而制造、虚构一些事物，不但不能加强真实，反而有了很大的违反真实的地方，这是一个严重的偏差，这个偏差并不单是创作上的，同时也是思想上的。

以上说的这几个剧，都是有代表性的作品，内容和它们相近的剧很多，许多都有类似的创作上的问题。

从这些剧看来，写到家庭生活方面，内容比较生动活泼，写到立功创模等问题，往往有呆板单调的现象（还有个别的剧，主题太多，在一个剧里想同时解决许多问题，因为内容没有中心，结果产生杂乱散漫的现象）。这说明了生活里比较小的事件能够掌握，超过日常生活范围之外的大题材感到困难。在这几个剧里，日常生活里真实的人，比较简单的人物描写，是生动的；英雄和模范，比较深刻复杂的人物描写，是呆板的。这说明了还不能很好地概括集中生活现象，深入地抓住人物性格的本质，创造典型性的艺术形象。

这些剧还表现着：写家庭生活，写落后人物比较生动，写工厂生活，写英雄模范比较空泛。这说明着，剧的作者对旧生活、旧人物是熟悉的，对于新生活、新人物还不够了解，抓不住运动的中心、人物的特点来表现；同时，认识新的事物、发现新的萌芽的力量还很不够。

工人的剧，工人的诗、小说、报告通讯、大鼓快板，还要在思想上更提高，在艺术上更精炼。要把生活和工作里事件的描写，和革命运动现实斗争的表现深度地结合起来；要把生产和立功的战绩，新人物新生命的成长，浮雕地表现在典型的形象里面。艺术的创作，这是一条艰难的道路，不是平坦的；需要克服一切的困难，去除各种绊脚的石头，不屈不挠地前进。工人作者在为政治性和艺术性的高度结合而战斗的过程里面，一定会锻炼得更深刻，更坚实，更有力；在最后，必定能够达到人民文艺的高峰。

一九五〇年十二月青岛

# 下篇　工人的作品

# 装卸（剧）

大连黑嘴子东站支会工人集体创作

**人物**

组长

老李——工友

老郑——工友

老孟——工友

老白——工友

老王——工友

老初——工友

老刘——工友

魏老头——工友

老董——工友

老徐

指导员

船员甲、乙、丙、丁

工友数名

## 第一场

时间　一九四九年十月。

**地点** 大连市黑嘴子码头学习室。

幕渐开,众工友坐在长条木凳上,有的站着。每个工友的心情都很喜悦快乐,全体在唱着自编的《一九四九年之歌》——

一九四九年是历史的转折点,是我们的胜利年。毛主席他号召解放大军下江南,消灭中国法西斯,摧毁了反动政权。新形势在急变,新任务在交换。提高技术节衣缩食,投向大生产。新中国在生长,民主大旗在招展,垂死的封建势力、法西斯,将在我们的奋斗中彻底地被推翻。彻底地被推翻。一九四九年是历史的转折点,是我们的胜利年。(唱完后工友们开始啦啦别人唱歌)

王　(站起来)报告!

孟　(同时站起来)报告,报告!

王　(声音轰响)报告!

组长　(指王)好!你说!

王　(指着老刘)我提个意见,欢迎刘开增唱个《大姑娘过新年》好不好啊?

众　(鼓掌同声)好好,同意同意。

刘　(站起来)诸位同志喜欢小调,那我就唱一块《大姑娘过新年》。(唱)正月的姑娘要衣裳,前行来在东上房,见了爹妈忙开口,尊爹妈,听其详,你听女儿(我)要衣裳,嗯嗨哎嗨哟,儿要个周全(你)莫要心痛呵伊呀嗨。

狐狸皮大袄要个"出缝",宫绸的褂子要个鸭青,单夹皮棉儿都要哇,腿带子(儿)、绒头绳,要合袖,石榴红,嗯嗨哎嗨哟,洋绉的大袄要个"佛青"伊呀嗨。(工友们仍在喊好,鼓掌不止)

李　报告!希望再来一段!

众　对！再来一段！

组长　好了好了，各位工友，咱们要抓紧时间，现在就开会。（工友都很好地坐下，雅静无声）

组长　各位工友们，今年是一九五〇年，上级号召我们要创造新纪录！希望大家能提出些合理化建议，怎样能改进生产，怎样能创出新纪录，希望大家多提！现在就开始，谁先谈？

孟　报告！组长，咱们这"装卸"也不是什么工厂里，"电滚"，"车床子"，又不用看图！也没有什么手艺！怎么能创造新纪录呢？

王　我不同意，咱"装卸"也有新纪录，比如说——过去"装"一个车用十二个人，得一个半钟头，咱们叫他一个钟头能完成任务，这就是新纪录！比方说吧，咱从前"装"一个车得十二个人，现在咱们用它八个人，干的活不但快，而且还比十二个人干得好，这也算是新纪录！

组长　对！王洪恩同志说得对，什么活都能创造新纪录，我们能快装、快卸，还省人力，这就是新纪录；虽然我们这是出力的活，我们大家多想办法，我们好好组织起来，我们练习得好，就一定能完成任务，现在我们的活快来啦，咱们一定响应上级号召快装、快卸的口号，来创造新纪录！

众　对，我们一定能响应上级的号召！

组长　（说服，鼓励地）对，要创造新纪录，要靠一个人（拍工友肩膀）、两个人是不行的！得靠我们全体工友加把劲！从前老辈不是有这么句话么——"三个臭皮匠，顶个诸葛亮"。咱们这么些小伙子能顶他多少个"诸葛亮"，咱们大伙得把脑袋那两扇小黑门开开！叫他透透风！多想点办法，怎样能改进生产，能创造出新纪录，来完成一九五〇年的任务。

李　对！咱们应该开动脑筋好好想一想，现在和过去不同啦！就拿我来说吧：（回忆）过去我是个快死的人啦，叫日寇时代的工头，把我拉拢上一口大烟瘾；一跤摔在烂泥坑里，爬也爬不出来啦，蔴袋片围着腰，喝点热水都没有柴火，简直就要叫狗吃的人啦！要不是共产党和工会把我救出来，把我教育得像个人样，我参加了劳动，戒了烟瘾，我还有今天哪？媳妇也娶上啦，我也有了家！这不是日寇时代，咱们爬窑洞子，咱们再不加劲干还能见得人么？

郑　（忿恨地）对！旧社会把人变成鬼，新社会把鬼变成人。就拿我来说吧：过去我有老婆有孩子，我叫日本鬼子抓了我的劳工，把我发到北满。我一走家里没有法过啦，老婆、孩子在街上要饭！幸亏苏联红军解放东北，把我们劳工解放了，我坐着不花钱的火车来到大连，找着我的老婆、孩子，我们一家才都得团圆！你说要是个人，还能忘了这种苦么？我一定在这次工作当中创造新纪录，报答共产党。

孟　（觉悟地）我报告！我听了你们说的话，我才明白了创造新纪录。要说起我过去受的苦，我比你们多啦！你们看我头上这个大疤：这是日寇时代，冬天，我有病不能干活，叫苦力头一棒子把我打的。当时昏了三天，差一点死啦！要不是大家伙，我就没有命啦，要想起从前和现在简直天地相差！这都是工会领导得好，给咱们工人想了些好办法！我今后一定加油干，争取一个模范！报告完啦！

白　报告！（指导员手拿笔记本，耳朵上夹着铅笔上场）

众　报告！

指导员　同志们在开会呀？码头上来了一条船！

众　来船啦？

**指导员**　哎！你们这个组去卸吧，我先去看看。

众　好好！（指导员下）

**组长**　同志们！今天的会成绩很好，大家都异口同声地响应上级的号召，咱们不要光说不练，我们要拿出真格的来看看。今天谁能干得快，谁能提前完成任务，就算说到哪里做到哪里。

众　对！咱们马上就站队。（工友们都紧张地排在台左面）

**组长**　（喊口令）立正！向右看齐！向前看！报数！（"一二三四五六七八九……"）左转弯齐步走！唱歌呵——"码头工友岸上忙"，一、二。

众　（齐唱）码头工友岸上忙，咳，岸上忙，齐心合力把船装，咳，把船装，装上了风船汽船，卸下了货物食粮，咱们的生活变呀么变了样！啊——一齐加油干哪，哎哟，哎嗨，哎哟哎嗨，哎哟哎嗨，快装快卸喜洋洋，装的是枪炮子弹箱，装好了船只到前方，咳，到前方，支援前线打老蒋，咳，打老蒋。

（歌声由近而远，幕徐落）

## 第二场

**时间**　午后四点多钟，紧接第一场。

**地点**　黑嘴子码头岸上。

开幕时海岸停着一条风船"安东号"。蓝天绿水，并能看到辽阔的大海洋的波浪。天上有几丝云彩。船上有船员甲乙在做零活。指导员急急地走上场。

**指导员**　船员同志，你快点收拾收拾吧，我们工友就来卸船。（下场）

船甲　老郭，人家指导员来告诉啦，叫咱收拾收拾，人家就要来卸这条船。

船乙　好！咱们赶快把帆布折起来。（这时装卸工人队伍的歌声由远而近，由组长领队唱着歌上场）

　　　码头工友齐来干哪，齐来干哪！你搭肩来，我抗包呵，我抗包呵，抗起包来跑的欢，咳，展开立功快装卸哪么，快装卸哪么，快装船，我们要展开大生产。嗨，我们要展开大生产，为了建设哪新旅大，嗨，为了建设哪新中国，齐心合力多装船，多装船。（歌声渐渐止住）

组长　立正！向左转！向右看齐！向前看！稍息！同志们，解散以后不要乱走，马上分配工作！都听见了吗？

众　听见啦！

组长　好，解散。（工友都忙着换衣服、整理绳子等）

组长　（向船上）同志呀，船从哪里来的？

船甲　从安东来的。

李　装的什么货呀？

船甲　装的苞米。

李　装了多少包？

船甲　装了二百五十包。

组长　同志们！咱们搭桥吧？

李　我看潮水正好，不用搭桥。

组长　（紧张地）好。老刘、老徐、老李、老郑你们四个人拔包，老孟、老王你们两个人下舱，老白、老魏你们两个搭肩，下余的咱们抗包。同志们，咱们今天要创造新纪录，要加油干，我们给他提前完成任务，大家有没有这种保证？

众　有！

组长　好，开始工作！

李　舱里挂好了吗？老徐打号！（开始了火热的工作，拔包的号子声起：加油来干哪，嗨哟，嗨哟嗨，嗨哟，嗨哟嗨）（扛粮的人儿像猛虎似的扛着粮上下直跑，约四五回）（指导员上场）

指导员　哎，组长！码头上又来了一条船。家里一个人也没有，你看看从你们这个组抽出去几个人行不行？

组长　哎，同志们！又来了一条船，家里一个人也没有了。看看从咱组里去几个人行不行？（群众都在为难）

孟　（自舱内探出头来）怎么？又来要人？天都什么时候了？这也够完成任务！

董　咱们这十来个人这也够完成任务的！我看够呛。（这时组长也没想出办法来，李工友跳下船来，向组长说）

李　组长！你不要发愁！行，我们这不是四个人拔包吗！去两个，叫舱里的人给我们托一把！我们两个也能完成四个人的任务！

组长　能行么？

李　能行！

组长　好好！

白　老魏，你去，我一个人搭肩，叫他们给我拉一把！我一个人也能完成两个人的任务！

王　组长，我们扛包的去两个，我们单拉快跑，三个人也能完成五个人的任务，够不够？

指导员　好啦，够啦，咱们快走！

组长　你们五个人，快去快去。哎！同志们，咱们的力量又撤去一部分，我们要加油干，还要给他提前完成任务，大家有没有这种保证？

众　有！你放心吧！

组长　好，干起来！（李、郑工友把衣服脱了。"一二三"两人拔包，老白一个人搭肩，老王表现特别积极，单搭单抗有三四分钟）

舱内声　还有两三包——完啦，完啦！

李　刚干上劲来就完啦。

白　老李真想争模范！

组长　完了么？拿笤帚把舱里好好打扫打扫。咱们大家把上面打扫打扫，（看表）快六点啦，收拾收拾底子，休息一会，好回去吃饭啦！

李　咳！组长，咱们不能休息，那边不是来了一条船吗！他们那几个人得什么时候才能完，我们去帮着他们一块卸完了再回去吃饭！

组长　能行吗？

众　能行能行。

组长　好，咱们拿着衣裳快去！

（工友有的在穿衣服，有的拿着衣服急跑下场）

船甲　老王，你看这地方的工友，真像老虎似的，我跑了二三十年的船啦，哪里都到过了，看起来解放后的工友和从前真是大不相同啦！

船乙　对啦！你看人家这地方的工友，不到一点钟完成二百五十包的任务，真像老虎似的！

船甲　我说老王啊！现在风正好，咱们开船走吧，来，快起锚吧。

船乙　好，快起锚吧！

（起锚号子声起，幕徐落）

## 第三场

**时间**　第二天午后一点钟。

**地点**　食堂。

开幕时工友们饭已用完，孟与郑坐在一块儿下棋，董、白、王、李在学习工人文化课本。魏老头坐在凳子上打盹。

**孟**　（在下棋，对郑）你走！（甲乙在看）

**郑**　（走棋）

**甲**　老孟，将一军！

**乙**　跳马跳马。

**孟**　你张罗什么？跳什么马，还跳驴子！不服下来走一盘。（仍在下棋）

**白**　哎，我说这个事真怪，从前咱跟人家叫先生，现在人家还有跟咱叫先生的啦！

**董**　谁跟你叫先生？

**白**　你听我说呀，我有个邻居张大哥参军啦，时常捎信来，张大嫂时常叫我给她看信。

**董**　你能看明白了吗？

**白**　现在这个白话信，我都看明白啦！你说我看的不好，我还拉下"主顾"哪！再说她家里挑个水啦，收拾个零活，我时常帮助她。张大嫂过意不去，她在工厂里领了一斤糖，送给我们小孩吃啦！

**组长**　老白，你的拥军工作做得很好。

**白**　我们军民一家吗，她男人在前方流血，我们在后方流汗，应当帮助吗。

**组长** 对！

**王** 老白，你知道有叫你先生的你觉着很美，在早怎么叫你学习你怎么不学习？

**白** 哎，老王，你不要抽老根，从前你怎么耍钱，现在你怎不耍钱啦？

**王** 老白，你别说那个了，要提起赌钱来，小孩没有娘——话就长了。现在咱有一点时间咱能学习学习，在早有一点工夫我们就上了赌钱场啦，我们输得冬天连条裤子都卖了，现在我们下班都换上新衣裳，哪一个礼拜都能改善三四回生活。

**徐** 哎，老王啊，你别提赌钱了，我的老婆孩子跟着我遭的苦，三天也说不完。

**白** 哎，老王我问问你，你说这耍钱是怨这耍钱的人，是怨什么呢？

**王** 叫我看哪，不怨赌钱的，是怨社会不好，若埋怨赌钱的，现在怎么没有赌的？叫我看要埋怨在早的社会。闹两个钱苦力头就领着我们赌钱，把两个钱都输了。

（王看着孟和郑下棋，用手指孟）

**王** 你看老孟这个家伙，得了棋迷啦。你又下棋，有时间学习学习多好！

**孟** 去一边去，现在这是休息的时候，我乐意干什么就干什么，你管得着吗？"不了解情况，少发言！"

**组长** （指魏老头）你看这个老头，干了两条小船就呼起来啦。（董、白、李、王在看课本，看见魏在打盹）

**董** 这老骨头老肉的，干了两条小船就死驴啦！

**白** 老董，你去招呼他起来学习！

（董走至魏身旁，手拿纸捻去通魏老头的耳朵，起初魏以为是蝇

虫，用手拍了一下，王又过去通鼻孔）

魏　（打喷嚏）呵嚏！（醒过来打身旁刘工友）你这干什么？

刘　谁惹你啦，你打我干啥？

王　让你起来学习啦。

魏　你们去学习你们的吧！我的孙子都有了好几个啦，我五六十岁我还学习什么？（董趁机把长椅子移到后边去）

王　你有八个孙子你也得学习！

（魏坐下摔倒，大家笑。董、王拉魏老头和大家去学习）（魏老头子无奈，掏出笔记本去学习）（李上场）

李　你们都吃饭啦？

众　吃了，今天改善生活。

李　我报告大家个好消息！

众　什么好消息？

李　咱们昨天在码头上卸船，八个人不到一点钟，完成二百五十包任务！咱们这个组创造新纪录啦，上级还给咱们登了黑板报儿啦！

众　登黑板报儿啦？

李　是呀。

组长　老李，饭在后边，你快去拿来吃吧。

李　好好！（李从后面拿出饭菜开始吃饭）

组长　这个新纪录是老李、老白、老王他们三个人提出来的！

王　老孟，你不说装卸没有新纪录吗？你看怎么样，都登了黑板报啦！

孟　我告诉你老王，你不用张罗，我跟你挑战，我一定打破你这个新纪录！（孟生气的样子回到下棋的地方）

孟　不下啦不下啦!

郑　怎么不下啦,老孟输不起啦?

孟　输不起什么话,我跟老王去挑战去!

郑　咱们这盘棋不算完。

孟　好,不算完。(指导员上场)

指　咳,同志们在这学习啊?

众　对啦!

指　同志们!码头上来了一船大木头,这船木头特别大,我想叫别的组去卸,恐怕完不成任务!

孟　指导员,把这船木头交给我们这个组!

众　交给我们这个组吧!

指　好!同志们!昨天完成了两条船的任务,还超过了,今天这船大木头就交给你们这个组吧!

孟　交给我们。我孟昭君在这船大木头上要创出最高的新纪录!

众　好!咱们看老孟的!

指　好,我先上码头去看看。(下)

组长　咱们现在就走吧!同志们!

众　好……(组长领工友紧急地跑下去)

(闭幕)

## 第四场

**时间**　午后两点多钟。

**地点**　在黑嘴子码头上。

(开幕后组长喊:"解散!")

众　吵啊！

船甲　你们来卸船吗？

组长　对啦。

船甲　（惊讶）你们十来个人来卸这船大木头，我们装的时候是好几十个人装的。

组长　你不用管我们的人多少，我们保证按时给你完成任务就行了。

船乙　那不行，你们把船给我拉坏了怎么办？

组长　你放心吧，同志，保险给你拉不坏船。

组长　（回头向工友们说）同志们，这船木头又大又危险，卸木头和卸粮包不同，我们大家把力量集中，听号子的指挥，我们在这船大木头上创造出最高的新纪录来，最少也要提前三十分钟完成任务。大家有没有这样保证？

众　有！

组长　好！老郭老初上船，徐同志打号，大家动手把绳子拴上。（众工友一齐动手拿橇杠摇木头，拴绳子）

徐　同志们，拴好了吗？

众　好啦。

（徐工友打号，以外的工友随着号子的起落，用力拉绳子）

徐　哎，解，来！

众　嗨哟嗨哟。

徐　大家一齐来呀，

众　嗨哟嗨哟。

徐　快把绳子拽呀，

众　嗨哟嗨哟。

徐　不怕木头粗呀，

众　嗨哟嗨哟。

徐　不怕木头大呀,

众　嗨哟嗨哟。

徐　别往回下缓呀,

众　嗨哟嗨哟。

徐　回缓可危险哪,

众　嗨哟嗨哟。

徐　快装又快卸呀,

众　嗨哟嗨哟。

徐　任务要完成哪,

众　嗨哟嗨哟。

徐　支援前线哪,

众　嗨哟嗨哟。

徐　打老蒋哪,

众　嗨哟嗨哟。

徐　那边的同志们哪,(指左方工友)

众　嗨哟嗨哟。

徐　往这边来一个呀,(跑过来一个工友)

众　嗨哟嗨哟。

徐　还有两三号呵,

众　嗨哟嗨哟。

徐　这就上来了,

众　嗨哟嗨哟。

(这样经过五六分钟后,木头拉上来了,工友们有的被晃倒,个个满头大汗)

组长　同志们,把绳子拿了,咱们大家动手辘轳吧。

孟　哎!组长,我提个建议,你看这个地方是个上坡,还有个桩子。要是辘轳的话,还得使橇杠撬,又费力气又慢,辘轳一块,咱们就能抬三块,你们说怎么样?

众　对!咱们抬快。

组长　好!咱们插手。

〔工友们一齐把手插在木头上,刘喊号子:抬起来哟!

来——哎嗨!(重复一遍)插肩啦!哟哎嗨!挺腰!工友们用力抬起木头,往前走了几步〕

刘　站住!(工友们抬着木头停住)

刘　一、二,来噶!(工友们将木头扔在地上)

(幕急落)


(吕荧整理,一九五○年四月十二日旅大《人民日报》)

# 后悔来不及（歌剧）

大连码头西区文娱小组集体创作

**人物**

李华　工人，二十六岁，在工厂是冬防组员，工作很积极。

李妻　家庭妇女，二十四岁，狭隘保守观念很深，好贪小利，态度泼辣。

间长　工人，三十二岁，大意马虎，工作不深入，但责任心很强。

老王　工友，二十五岁，二虎、耿直。

派出所所长　二十九岁。

群众　男女若干名。

## 第一幕

### 第一场

**时间**　一九四九年冬天的一个傍晚。

**地点**　码头工人住宅区，在李华的家里。

**布景**　很简单的工人家庭，舞台右角有锅灶碗盆等，舞台中间有床，床的右首有桌子，桌子上有钟表、茶碗等，桌子后面的墙上有电门，舞台左角有门能通内间，右边有门通街，墙上挂有伟人像。

**开场** （李妻由坊上开会后回家的途中）幕后邻妇声："李大嫂，你不上俺家坐会吗！"

**妻** 开会开了这么个时候啦，没有工夫啦，俺饭还没做呢，改日再去吧。

（唱）刚才坊上开了个会，说什么冬防要准备，电炉子、电褥子最要紧，发生火灾最危险，号召大家要小心，防火防盗为自己，嘱咐过来嘱咐过去，大家千万要注意。

（白）刚才在坊上又开了一个大杂会，又是什么冬防西防的，乱七八糟的，弄得我稀里糊涂的，怪冷怪冷的天，那有心思去听。

（到家开门）

**妻** （进家看表已七点）哎呀，已经七点多了，晚饭还没有做，他回来又好发脾气啦，这可怎么办呢？（说着将袖子挽上）这叫我拿什么做呢？在这一个多月以来，背着俺掌柜偷使电炉子来做饭，便利又省钱、又快，你说这多好呢！谁知道这些日子，坊上总开会，开一回又一回的，就是告诉大家要小心火，不让偷用电炉子，特别告诉不让私着安，谁要安就得上电业局去报，要是偷着使唤，可最危险，这叫我怎么办呢？那么我就使唤大锅来做吧。（用斧头劈木头，生火生不着，不耐烦，便把木头、洋火摔在地上）

唉！这多麻烦，多不便利，又费事还冒烟，烟儿古东的。再说一斤木头又得好多钱，这多不合算，管他三七二十一的，我还得用电炉子来做。（从床底下拿出电炉子）

开会的时候说什么千万不要偷用电炉子，说是损害大家用电，还说什么最容易发生火灾，我偷使了一个多月，也没发生什么火灾不火灾的。再说吧，就我一个人偷用这个电炉子，就会起

火啦，说什么又能妨害大家用电，这不是胡扯吗？（说完欲安电炉子）（后台喊：老张，你到哪去？答：我到老林家去玩）

（唱）（惊慌地）（快板）忽听街上说老李家，吓得我心惊胆又怕，扒窗向外看一看，噢！原来是对门老林家。

（白）啊呀，这个死鬼可吓死我了。

古人有那么一句话：为人不做亏心事，不怕夜深鬼叫门。我呀自从偷用这个电炉子，真是前怕狼后怕虎，有一点动静我就害怕，就怕叫人家知道；不但怕外人，就连俺掌柜的我都怕他，若是叫他知道，他就火了。哎呀，时候不早了，我还是做我的饭。（安上电炉子和锅）切点菜，（灯灭）哎！怎么没有电啦？（幕后众人声：怎么没有电啦？奇怪，别的地方都有电，就是咱们这个楼上下没有电，定规是谁家偷电，偷点电炉子。哎，是电门坏啦！）（李妻惊慌失措地）这怎么办……嗳，有了，我也出去骂一骂去！（开门）嗳，你们说说这是谁捣的鬼偷用电炉子，把电门凸啦啊……刚才我在家里看见电灯"甲八甲八"，就知道要坏，不知道他安着什么心。

（幕后：哎，好啦好啦，电门修理好啦，来电啦！）（进门，灯亮，安心。看看窗外无人，继续切菜）（李华上）

李 （唱）北风吹天气寒，翻身的工人身上暖，为了保护祖国财产，加强冬防大家安全。今天在工厂开了个会，上级把冬防的工作对我们谈，防火防盗防特务，冬防工作我们当先。

（白）今天在工厂开了一个会，关于冬防的事情，我们工厂成立了冬防小组。上级对我们说，冬防这个事情非常重要，专门防备特务、坏蛋钻空子破坏，和大意马虎不小心火。这些事情我们都得要很好地注意，不但工厂里要小心，就是我们家庭方面，更得要好好地注意。就拿我家里来说吧！好贪个小便宜，头些日子，也不知道她在那里捣弄了个电炉子使唤，就为这个事我们俩还闹了一场，这些日子也不知道弄到那里去啦，我今天家去有空，找一找，非把它送到坊上去不可。

（抬头望）哎！到家啦！（敲门）开门……开门！

（妻在屋里切菜，忽听叫门，惊慌失措）

妻　（唱）（快板）忽听门外有人叫，吓得我心惊胆又跳，一刀割破手指头，哎呀，疼得我抗不了。（这时敲门声急，妻更惊慌，把锅弄翻，饭撒满地，把电炉子藏到东藏到西，慌了半天，最后把电炉子急忙放进大锅内）

（白）谁呀？

李　我呀！快开门吧！（妻开门）你干什么来，希里轰隆的？（见饭撒了满地）啊！这是怎么一回事，把饭撒了一地？

妻　你看我手，可痛死我了！

李　你怎的了？饭也撒了，手也割了，怎么回事？

妻　（唱）今天坊上开了个会，说什么冬防人人要准备，电炉子电褥子不准偷着用，免得以后发生火灾。

李　这不挺对么？

妻　（委屈地）还对来！我回来一想，一点也不对，因为咱家才两个人，要用大锅来做饭，光烧木头多花多少钱，因此我偷用电炉子，你敲门敲得这么急，我当是警察来到咱家，心中害怕，饭也弄撒了。

李　你他妈又偷使唤电炉子，该！怎么不把你的手指头割下来。

妻　你看你呀，你怎么还嫌没把我的指头割下来，我使唤电炉子还不是为咱们省几个钱吗？

李 你真是个大道撒香油、小道捡芝麻的货,省钱要是起了火,把东西烧光了,那样合算?

(唱)什么省钱不省钱,省钱也不许你这样办,未曾做事你不想一想,这事应当不应当?大道上撒香油,小道上捡芝麻,大地方不打算,小地方算什么,倘若是起了火,看你怎么办,不但烧自己,还损害大家。

妻 你光知道说,住家过日子,那样不得打算打算。"吃不穷喝不穷,打算不到就受穷。"

李 你光知道穷打算,在日本鬼子时候,我看你倒打算的挺好,还不是饿得直呲牙,现在生活改善,你的脑袋倒长了角。电炉子在哪里?给我!收拾起来等会儿送到坊上去。

妻 那不在那里吗!(不理低头)

李 在那里?

妻 在床底下。

李 (找了半天没找到)在那里?床底下那有?你搞那里去了?

妻 那不在那里吗!

李 在那里?你来找。

妻 你真是个熊包,我来找。(在床底下乱摸,没有)哎!搁那里去了?(忽想起)啊,你看,你来家把我吓得二虎啦,一把放在大锅里去了。

(从大锅里拿出电炉子)

李 拿给我,我收拾起来,你拾道拾道点着炉子,在炉子上做饭吧!

妻 我手怪疼的,你点着炉子做饭,我把电炉子搁起来。

(第一场完,幕落)

## 第二场

**时间** 第二天的早上。
**地点** 李华的家里。

（开场乐起，李在躺着睡觉，妻在收拾大锅做饭）

妻 你看那家的"僵"鬼，像俺家这个这样"僵"？你看他昨天晚上为电炉子和我打了那一仗，真气死个人。你看锅底多么难烧，多么麻烦，这饭怎么做呢？（看李在睡）趁他没醒的时候，我还是拿电炉子做吧！等我把饭做好了，再把电炉子藏起来，他也不能知道，省得他看见又要吵吵。（从里屋找出电炉子安上）看这多么好！他真是个杠子头！（妻在切菜，李起床向里屋走去）不到六点就起来啦，穷精神可不少，那个死样。（李又上，拿手巾擦脸）（妻怕他看见，用身子遮住电炉子）

李 饭好了没有？

妻 快啦！

李 （掏出烟卷）洋火呢……

妻 哪！给你。

李 （忽见电炉子）啊，你怎么又偷用电炉子来做饭，昨天和你说的什么，你这个娘们真气死人。（走去强拿电炉子）

妻 好啦！你别吵啦，饭快好啦，今天炉子倒风不好烧，你不吃饭吗，快好啦！

李 什么倒风正风的，你天生他妈的捣蛋，处处都是你的理，快把电炉子摘下去！

（闾长手拿饭盒和一张防火画上）

闾长 （敲门）开门，老李在家吗？

妻　谁呀？

闾长　我呀，我是闾长。

李　（惊慌地唱快板）一听敲门心发慌，骂一声老婆子真糟糕，都是你偷用电炉子，闾长看见怎么得了？

妻　（唱快板）我看你赶快去躲藏，我想个办法来遮挡。（妻推李下，把电炉子放在床下，又用大衣包住。自己弄乱头发和衣裳，装作方才起床、有病的样子）

闾长　老李还没起来吗？开门呀！（敲门）

妻　谁呀？（开门）呀，闾长来了。

闾长　哎！老李到工厂去了吗？

妻　还没有呢，他到便所去了。我这两天有点小病，头也痛肚子也痛的，起来得就晚了一点。（难为情的样子）

李　（从后屋上）呀，闾长来了吗，有什么事吗？

闾长　对了，就是对于冬防的事情，消防局给了咱们一些防火画报，我来送一张给你，就便讲给你听听。

李  
妻　好！闾长你讲讲吧！

闾长　（打开防火画报）（唱快板）你看，这个是生炉子人家用的破烟囱，日久天长不注意，冒出火苗最容易起火，木头板房更容易着，还有炉子旁边放的东西太啰嗦，滚出火炭就起火。

（白）你看这一个生炉子人家的烟囱，日子多了不常打扫，有破的地方也不注意，若往外冒火，最容易发生火灾。还有炉子旁边放些碎木头、碎纸啦，在烟囱上烤衣裳啦，还有小孩玩火啦什么的，要不小心点最容易起火。

妻　俺家也没有炉子，再说也不是板房……

李　对对！这好防备，俺家没有炉子也没有小孩，这太好防备啦。

**阎长** 没有炉子，大锅做饭也得小心啊。哎，你看这个。

（唱快板）这一个不一样，抽烟的同志把那个烟尾巴放在洋火上，要不注意把它忘，噗啦一声起了火，别看它小小的烟尾巴，它能烧掉高楼和大厦。

（白）这个咱们抽烟卷的可得注意。有的动不动就把烟尾巴放在洋火盒上，这可不要大意啊！咱们抽完烟，烟尾巴不应随便乱扔，在工厂更得注意。

**李** 这种事可得注意。

**妻** 对啊！抽烟的人可得小心点。

**阎长** 不错！哎，你看这个可最危险。

（唱快板）这一个最危险，有的人家不要脸，偷用电炉子不要紧，表面喊着火灾要谨慎，损害电力是小事，发生了火灾可了不的。（李、妻惊慌地一同向床底下看去）

（白）老李，你好好看哪，你怎么啦，往那望？

**妻** （拉李）你好好的听着点啊！

**李** 好好！

**阎长** 老李，偷用电炉子可危险，若想安的话，可以到电业局去报告，千万可别偷着使唤。（李欲说，妻抢着说了）

**妻** 啊，阎长呀，在早俺家可有一个电炉子，早就叫我卖了。

**阎长** 啊，卖了吗？好，若是没卖可别偷着使唤啊！（忽见床前冒烟）哎，老李，那里怎么冒烟啦？

**李妻** （惊慌）啊！（以为电炉子冒烟，走向床前一看，见是烟尾巴，拿起）

**阎长** 啊！原来是烟尾巴呀，我当是什么呢。老李，你真大意，再住一会若没有人看见，不就把什么都烧了吗？

**李** 刚才光顾说话，就把它忘了。

间长　你可得好好地小心点。(见表已过七点)嗳呀，七点过了我该上班去了。老李，这张画报给你吧。冬防是自己的事，千万得小心哪。

（李难为情地欲说，妻又抢住说）

妻　间长，你放心吧！都知道了。俺掌柜的是工厂防火小组的组员，我也不是个小孩。

间长　（饭盒子在桌子上忘记拿）那更好了，我走了，再见吧！（下）

妻　（气愤地）你早就该走了！我手疼得要命，看你念咕的没完了，真是癞蛤蟆跳在脚背上，不咬人"格厌"人。

李　好了，你别净穷吵吵了！他妈的，简直弄得和当贼似的。

妻　（发现床下烟起）呀啊！怎么冒烟啦！（急忙把电炉子及大衣拿出。这时忽然间长又推门进来，她急忙又把电炉子大衣推进床底，指李说）你的鞋在那里呀？我找不着。……

（这时李见间长来，不知所措）

间长　刚走在半道上，想起饭盒子还忘在你们家里。（拿饭盒）快到点啦，老李，快走吧。

李　啊！就走，就走。（间长下）

妻　（急关门）这个死间长，吓死人的！

李　（急把大衣拿出，衣服已着火烧了一大块，急忙用脚把火踩灭）你他妈的还吵吵！你看看把大衣烧了个大窟窿，这怎么办？天又冷，穿什么上班？（把大衣摔向妻）

妻　好啦，已经烧了，等我手好了给你补一补。

李　你只顾省钱，昨晚手也割了，饭也撒了，今天早上又把我的大衣给烧了。我他妈摔了它，你再说省钱！（把电炉子举起欲摔，妻忙拦住）

李　去你的吧！（拿电炉子往门外走去）

妻　上那么大的火干什么？别摔别摔，等一会送坊上去不行吗？（要接电炉子）

李　去你的吧！（拿电炉子要往门外走去）还等你送？（老王上）

王　老李，时候不早了，上班吧。嗳，你拿电炉子干什么？

李　俺家老娘们也不知在那里弄了个电炉子，昨晚摆弄着使唤，我和她打了一仗，今早上我还没起来她又偷着使唤，这样要起了火怎么办？我要把电炉子送到坊上去，省得她再偷着使唤。

王　哎哎，老李，时间不早啦，赶快上班吧。你叫大嫂子送去不就得了吗？

妻　对！给我，我等会送去吧，时候不早啦，你赶快上班吧！

李　你可一定送去啊，若不送去再偷着使唤，叫我看见你可得琢磨点。

王　哎，大嫂，等会儿你千万要送去呀！这一气偷用电炉子常常起火，起了火那可是了不得啊！大嫂你可要注意点。

妻　你放心吧，大哥，我一定送去。

李　你把小棉袄给我，我上班。（李穿上衣与王同下）

妻　（关门，看电炉子想起衣裳，拿起大衣摇摇头，惋惜的样子；看到手想起了疼，便有些后悔的样子。）

他们说的对呀，我再也不使唤了，等一会我吃了饭把电炉子送坊上去。（把锅盖打开，看见饭半生不熟的）饭已经这么样啦，半生不拉熟的，木头也没有啦，怎么办呢？嗳，我就再使唤这一回吧，等饭好了，吃了饭就送坊上去。（安上电炉子放上锅……拾掇碗筷，揭开锅一看没有热气，又没有电了，生气地将锅盖盖上）真丧气，想吃点饭吧，又停电啦，真是别扭到家

啦。嗳，家里还没有菜，我先上菜市买点菜，就便去包包手，回来再说。（拿起提篮）

（唱）我到菜市去一趟，就便去把药来上，萝卜、白菜。买它一筐，待会回来，再把饭做，主意一定门锁上。（下）

（幕落）

## 第二幕

### 第三场

**时间** 当天的午前十点钟。

**地点** 李华家附近的街道上。

**幕后** （群众嘈杂声）嗳，嗳，老李家起了火啦，都来救火呀。（群众和派出所所长上）

**所长** 嗳，大家伙快到那边去救火，救火车马上就来。（警笛响）噢！救火车来了，老王，你赶快挂电话给李华和闾长，叫他们赶快来。

**王** 好！我就去。（王、群众、所长下）

（二道幕闭）（李华妻在二道幕前上）

**妻** （高兴地）（唱）刚到医院把药上，又到菜市去一趟，东面溜达西边逛，买颗白菜回家转。

（白）今天在菜市买的这颗菜真便宜，时候不早了，赶快家去做饭吧。（欲下，群众上）

**群众甲** （见李妻）哎呀！大嫂，你还没事似的，你家着了火啦。

**妻** （惊）（白）啊！着了火啦！

**群众乙**　对啦,救火车都来啦,老王去打电话给老李和闾长了。

**妻**　哎呀!着火啦,这可怎么办?(惊慌失措,菜篮掉下又拾起,跑下)(李急上)

**李**　(唱)正在工厂忙工作,听说家中起了火,吓得我急忙往家转,赶快回去好救火。越思越想越难过,定规是电炉子起的火,可恨老婆不听我的话,这回可叫我怎么着?

　　　(要走,二道幕开,碰妻抱衣哭上)

**李**　(气愤愤地)你他妈个×的,在家里怎么弄的起了火,是不是又摆弄电炉子啦?啊,你这个臭老婆真气死人,我打死你这个×养的!(欲打,老王抱衣上)

**王**　老李!你他妈的还在这打架,家里着了火还不赶快去救火。(推李下,妻在哭,幕后救火声渐小而止,群众上)

**群众甲**　大嫂你别哭啦,谁叫你不听政府话来。在坊上开了好几回的会,不是告诉我们千万要小心火,不能大意吗。

**群众丙**　对!你这个人不听话不小心,现在起了火你怨谁,还不是怨你自己。(所长上)

**所长**　今天多亏大家伙帮忙救火,协助了消防局的同志,将火救灭了,大家这种互助勇敢的精神,是值得表扬的。(略思)可是这火是怎么起来的呢?

**群众甲**　所长,这个事可真奇怪,火起来的时候,门窗还都关得紧紧的呢!(大伙交头接耳地议论)

**所长**　哎大嫂,你不要哭啦。你快说说,你家里这个火是怎么起来的?

**群众齐**　对!你快说说吧!

**妻**　所长,我,我不知道是怎么着的火,我……我没在家呀!(哭)

**群众甲** 火已经着完啦，你哭也是没有用的，还是快点把起火的原因说一说吧。

**妻** 大概……大概是锅灶里头着出火了吧。

**所长** （不相信的样子）嗯？——

**群众丙** 锅灶里着出了火？

**群众乙** （手拿电炉子框子上）哎，所长，大家伙你们看，这有一个电炉子呀！

**所长** 啊，电炉子！这个大概是电炉子起的火吧？

**群众齐** 一定是电炉子起的火。（妻见电炉子大哭）（闾长上）

**闾长** 你们大家都辛苦啦，我刚才接到了电话就来啦，你们都受苦受累啦，火救灭了吗？

**群众齐** 闾长，火已经救灭啦。

**所长** 闾长，你这一闾怎么搞的，这两天不断地开会，特别告诉要加强冬防工作，不让偷用电炉子，要小心防火，你看李大嫂家里就是偷用电炉子起了火。

**闾长** （不明白似的）啊？电炉子？不对吧！今天早晨我到她家去传达关于冬防工作的时候，特别告诉她不让偷用电炉子，她还说在早有个电炉子，可是已经卖啦。现在又那来的电炉子呢？大概不是电炉子着的火吧。

**群众乙** （指电炉框）闾长，你看这不是电炉子是什么？

**闾长** （见电炉子）啊！电炉子！

（唱快板）一见电炉子我心冒火，叫声老李家你太不自觉，我三番五次地对你说，你净用嘴皮瞒哄我，如今你的家里着了火，我看你还怎么说。

（群众交耳私语，李华上）

**群众齐** 哎,老李来啦!

**闾长** 老李你怎么整的?我今早晨不是到你家里去说过吗,要防火防特,不让偷用电炉子。你家里的还说你是冬防组员,现在你家里正是由电炉子起的火,你向大家老实地说一说吧。

**群众** 对,你快说说吧!

**李** 所长,闾长,大家伙!这个事情都怨这个穷娘们,不知在那里弄了个电炉子,昨天晚上她偷着使唤,我和她吵了一仗。今天早晨我起来的时候,看她又在偷着使唤,我又和她好一顿吵吵。正赶上闾长来啦,当时我也没好意思说,待闾长走了以后,我就拿着电炉子想送坊上去。刚出门碰见老王,我和老王说啦,老王说快到点啦,等会叫她送去吧。接着我和老王就一块上班啦,谁知道她又怎么搞的着了火,这不怨她怨谁?(说完欲打妻,众拉)(指妻)你他妈说一说得啦!

**所长** 老李大嫂,你快点说一说吧!

**妻** 咳!所长,闾长!(唱快板)大伙听我说,着火的事情都怨我,只因当初不听闾长的话,背着我男人偷用它,贪图小便宜害自己,现在后悔也来不及。(哭)

**群众甲** 闾长,所长,像老李家里这样的人,表面上说的天官赐福,实际却偷用电炉子。家里发生了这样的火灾,若不是大家伙救得急,恐怕邻居也要被害。像这样的人就应该送到冬防委员会去处理。

**群众** 对,应该送到冬防委员会去处理。

**所长** 好,同志们都说得很对,闾长,你先把老李和大嫂领到坊上去吧!

**闾长** 老李,大嫂走吧!

**群众女** （向李妻）大嫂走吧，不要难过啦，火已经烧了，你现在后悔也来不及啦！

**群众** 对啦，快走吧，后悔也来不及啦！

（幕急落）


（吕荧整理，一九五〇年三月十五日旅大《人民日报》）

## "小钢炮"和"老黏儿"（小说）

船渠工厂　周恩惠

一

电工处赵成平生来急性子，遇事好发个毛躁，工友们给了他个外号叫"小钢炮"。和他在一起干活的还有个刘庆东，干起活来是不慌不忙，轻意也不说话，就是火上房，他也不会急躁。他的外号就叫"老黏儿"。赵成平就是看不惯"老黏儿"的那一套，背后好嘟念"老黏儿"说："看他三天爬不到河崖的架，吃巴巴也赶不上热的……"

"老黏儿"看赵成平也不顺眼，说他是"鸡毛腚"。因此他俩老是不大对头。

这一天热的挺"玄乎"，老赵干了两个钟头的突击工作，身上的汗衫都湿透了，趁着休息时间，他跑到大水槽里，拧开水龙头，"劈里拍落"，洗了个凉水澡。

洗得正起劲，组长来招呼说："老赵，老赵——"赵成平一脚跨出了水槽，急忙迎上前，问道："什么事？"

组长说："三号天吊的线包，出了点毛病，快去看看，有很多活等着吊。"

"好。"赵成平穿上裤衩，跑进工作间，背上工具包，提起钳子套，就往北坞奔。却忘记了拧水龙头。

赵成平走后，有两袋烟的工夫，老黏儿刘庆东，从南坞走来了。走到大水槽子跟前，看见水龙头哗哗直淌水，三把两把将水龙头扭死了。看着淌了的一地水，老黏儿就火了，别不住骂道："谁干的好事？真他妈浪费！"

赵成平这时候，修好天吊往回走，老远就听老黏儿说"浪费"，心里怪焦急的，几步就蹽到老黏儿身前，急忙问："怎么？谁浪费！"

老黏儿答："谁知道是那个熊小子，扑拉够啦，连水龙头都不扭，看糟蹋的这一地水！"

"啊，水头没扭死？是我……"

赵成平用手抹着眼梁盖上的汗珠，吞吞吐吐地说了个话头。

"哼！"老黏儿的鼻子一耸，继续说，"还是个模范？还成天讲起带头作用啦！带头浪费祖国财产有你哩！"

叫老黏儿这一"窝囊"，赵成平可真气蹦了，可是自己理短，只好压住火说："老刘，你先别发脾气，我是因为着急干活，忘了扭。……"

老黏儿气还没消，说："别无理辩驳啦！手一动，水龙头就扭死啦，还能耽误你干活。"

"行啦，行啦，我的错！"赵成平哑巴吃黄连，只好一声不响地溜了。

走着道，赵成平心里直窝火，他想："叫谁批评不好，单叫老黏儿批评了一顿，凭他老黏儿也配批评我小钢炮！唉，真窝火！熊脑瓜也就是坏！好好的连水龙头都忘了扭，滴的那一地水，一定有三四吨，谁见了能不骂！……再说以后叫工友知道了，水是赵成平淌的，可叫我怎么见人哪？唉！成天号召节省原料，利用废物，这回，却要叫人好说话了。……"

"……对！我更加它把劲，把这次的损失找回来！"

想到这里，赵成平心里一松快，才抬起了低垂的脑袋。

二

第二天更热，在窗户太高的工作间里干活，连气都喘不匀流。吃午饭时间，赵成平就提议："大家把活搬到外边风凉地去干！好不好？"

"好，好办法，少出一身臭汗。"好几个小伙子一齐响应。

"叫我看，还是在里边干吧！搬外边，妨碍走道，人家要说闲话的。"老黏儿一发言，小伙子们都瞪起了眼珠子。赵成平也有火，心想："你老黏儿，这不是成心要找别扭吗？"他便扯起嗓门说："同意往外搬的说话！"

"同意！"小伙子们的嗓门更高，像三伏天打雷。

老黏儿挥着手说："好，别朝着我使劲！来，往外搬吧！"

说搬就搬，赵成平抢先拉起"斤不捞"链子，老黏儿随后就推吊车轱轮，大家伙七手八脚的，一点笛还没响，就把要干的活，统统搬出去了。

一拉笛，紧张的生产竞赛便开始了。赵成平把湿手巾往头上一扎，望了望马组长心想："嗨！今天非撑上你一等功臣不可！"

点上汽油炉，火呼呼地灼起来。烧红"烙铁"，就往焊锡上烙，焊锡"巴打，巴打"地滴进铜头去，就完成了一个线接头，不大会，线接头便挂了半水桶沿（凉线接头）。

赵成平趁着伸手拿铜头的空当，眼往对面一"斜拉"，看见老黏儿，比起平常日子，活像是两个人；缠线包的"轮子"，摇得像刮风,急呼呼地要和谁撑蹬似的。心想:"老黏儿,也想要拔拔尖儿啦!"

五点笛响了,一天的生产竞赛结束了。立功委员一笔一画地把成绩公布在新纪录板报上。

下班往家走的时候,大伙都到新纪录板报前去看看。

只见上面写着——

"赵成平,一下午焊线接头八十四个,缠小型变压器一个。马恒元,焊线接头八十二个,缠小型变压器一个。刘庆东焊线接头八十个,缠小型变压器一个,张……"

看到半节腰,赵成平和老黏儿俩,便笑呵呵地先走了。

出了工厂门,老黏儿还听见身后有人谈论说:"老黏儿,真的不黏了!行,有两手,一使劲就争了个前三名。"

"一使劲,就争了个前三名!"老黏儿小声重复着,心里美滋滋的,想,"行,有门,下回管保争个第一名!"

三

赵成平今天活干得挺高兴,两只腿比那天都轻快,像刮风似的,不大会就进了家。

饭包往桌子上一放,还没等放声,赵大嫂马上就把饭拾掇出来了。

赵成平端起碗来,扒拉了一大口干饭,刚想嚼,忽然来了一阵笑,别不住"噗哧"一声,喷了一桌子。

"看你,那来的这么些笑?!"赵大嫂说了。

"你那知道,我今天中状元啦!怎么能不乐。"

赵大嫂拿来抹布，抹着桌子，带着笑说："拿给我看看。"

"看什么？"

"状元奖状呗！"

"那来？还没到评模的时候呢！"

赵大嫂假装生气，板着面孔说："两口家，还装着玩哩。赶快拿出来，叫人家看看，也跟着欢喜欢喜！"

"没有，我多会熊过你来？"

"没有——"赵大嫂很奇怪，"你怎么说中状元了呢？"

"嗨，你真是个属曹操的，我说中状元，那是指的我今天干活多，连一等功臣都给拉下了。"

赵大嫂把抹布丢在铜盆里，埋怨道："真是的，快吃吧，你这一中状元不要紧，把菜饭都凉啦！"

吃完饭，他觉着屋里太热了，便站起身来，到平台上去凉快凉快。随便向西南天边一望，看见有一大片黑乎乎的云彩，慢慢地向东北移动。

赵成平说了声"不好"，进家抓起草帽，就往外跑。赵大嫂一把揪住他的衣裳边——问道："看你急乎乎的，要上那去？"

赵成平把她的手摔掉，说："上工厂去。"

"这时候啦，上工厂去干什么？"

"别啰嗦啦，工厂里有四五台大电滚芯子，还摆在外头，下上雨，淋锈了怎么办？"

赵大嫂又问："你怎么知道要下雨？"

赵成平就是讨厌他老婆那追根问底的熊毛病，便没好气地说道："你眼瞎了吗？看不见那一大片云彩？"

赵大嫂指着向东北移动的云彩说："我倒不瞎，你可有点近视，好生看看，云彩往那走？"

赵成平答道："往东北走！"

赵大嫂说："行，不是个近视眼，是个'忘性子'，你忘了老人的话啦：'云彩往东一场风'，还下的那一国的雨？"

赵成平仍不放心，问道："老古语能把准吗？"

赵大嫂答道："我保险，快风凉会，早些睡觉吧，省得明天早晨起不来。"

"好，听你的！"赵成平搬出凳子，和老婆一块坐在平台上风凉。眼却住不一住就向天空里望一望。风凉了一会，便进屋睡觉。

赵成平躺在板床上，任管眼闭得多么紧，就是睡不着。

窗帘轻轻地飘动了！赵成平一"骨碌"爬起来，光着身子就往平台上走。脚步声惊醒了刚睡着的赵大嫂，她揉着眼睛，问："谁？"没人回声，伸手往身旁一摸，光剩下一个床单了。便埋声怨气地嚷道："看你这个人，像得了神经病似的，不睡觉，上平台上去干什么？"

赵成平看了看天气，回来说："起风了，怕要下雨，我要到工厂去看看。"说着，他就套上了汗衫。

"快睡吧，疯子！"赵大嫂说，"老人家不是常说：'云彩往东一场风吗！'这不是起风了？怎么还能下雨！"

赵成平一想可也对，便听了老婆的话，又躺下了。

梦中，雨点打在脸腮上，凉森森的，赵成平连忙睁开眼一看，可不是，窗外下开小雨啦。便忽地爬起来，套上裤子，扭开电灯就找雨衣，开箱子的"动声"大了，又把赵大嫂惊醒了。

"你要干什么？大惊小怪的，不好好睡觉！"

"去你的，你不是说不能下雨吗？"赵成平穿上雨衣，气呼呼地就往外奔。

出了门,走了十来步,雨就一个点地刷起来了。赶到电车站,淋了十好几分钟,才盼来了一辆电车。跳上电车一看,除下开车的和剪票的,再就只有他自己。

他问剪票员几点钟,回答说:"十一点。"

坐在空空的车箱里,赵成平的脑瓜,就翻腾起来了。

"……好,提的好一个合理化,机器在外边搁着,这一下雨都淋湿了。……还有,明天,老黏儿的一顿摆乎,准是手拿把掐没有跑。……真是的,老黏儿这家伙,可有点怪!别看他黏里咕唧的,干起活来还真不善,白天干活,险些连我都给撑上了。妈的,古怪人,真叫人纳闷。……"

下电车,还得走半来里地。幸好雨停了,不然,可真抓家伙。赶到工厂门口,掏出入门证,就要往大门里跨,刚一迈步,便叫纠察队队员挡上了:"那个厂子的,进厂干什么?"

老赵答:"电工处的,进厂搬电滚!"

又问:"职号多少?"

答:"七一八五。"

纠察队队员接过入门证看了看,便叫赵成平进去了。

赵成平走了还不够五步,纠察队队员的粗嗓门又响了:

"那个厂子的?进厂干什么?"

接着,就有一个很熟悉的声音回答道:"电工处卷线的,进厂看看电滚去。"

又问:"职号多少?"

又答:"八八六四。"

赵成平楞了,"啊,这不是老黏儿吗?这老古怪怎么能来?真他妈要扁担开花啦!"

老黏儿"擦擦"地走过来,把手往赵成平肩膀上一按说:"来了,老赵,这还不愧是个劳动模范。"

老赵说:"得啦,刘师傅,叫我多活两天吧!"

老刘说:"老赵,我这是说的真心话,可别当成讽刺话呀。"

赵成平拔起腿,边走边说:"嗨——刘师傅,都怨我老赵,平空无故的,提那个合理化,连累你也跟着挨淋。"

老刘说:"老赵,别说啦,人不是神仙,谁知道那会要刮风下雨?"

赵成平觉得老黏儿,进步得真"玄",便好奇地问:"刘师傅,我真纳闷,你怎么忽然间进步得这么快?"

老黏儿呵呵地笑了一阵,说道:"我怎么就该进步慢,你们都是模范了,我就该和老牛样的,你未免太把我瞧扁了。建设新国家你一个人就干了?"

赵成平叫老黏儿顶巴几句,就改了话头说:"刘师傅,我真没想到别人能来,更没想到你能来。"

老刘说:"我也没想到你能来!"

赵成平问:"刘师傅,你说还能不能有来的?"

老刘说:"没有啦,这时候了谁还不睡觉。"

老赵忽然用手一指,说:"没有?你看那里不是一个?"

老黏儿向前一看,可不是,正有一个人,伏在电滚上,磨磨擦擦地像在卸零件。

老黏儿喊了一声:"谁?"

"我,"那人抬起头说,"老黏儿来啦?"

老赵说:"老马吗?什么时候来的?"

老马说:"老赵也来啦!我开完会,怕下雨,还没回家哪!"

老赵向老刘说:"看,真有来的,你这卦没算灵了。"

老刘笑着问:"马师傅,你在那磨磨擦擦的干什么?"

老马说:"擦电滚,雨淋了,怕长锈,小柜里有'维丝',你俩快帮着擦吧。"

老黏儿抢先拿出"维丝",他们就像白天生产竞赛似的,急三火四地擦开了。

电滚全部擦干净了,他们又忙着把它们吊进工作室。

一切都收拾妥当了,老马一看表,一点五十八分。说道:"走,到大水槽子里,洗个凉水澡去吧。"

一说洗凉水澡,老黏儿和赵成平,都想起了昨天吵架的事,不知不觉,竟会意地笑了。

三个大水龙头,一块扭开,水哗哗地往身上直"洒",还怪凉的。

洗干净身板,赵成平赶忙把水龙头扭死了。

老黏儿打趣说:"老赵,你这回怎么没忘啦。"

老赵笑了笑,说:"不管说什么吧,我也不能再犯第二次!"

(吕荧整理,一九五〇年九月二十一日旅大《人民日报》)

## 镦管子的新纪录（报告）

船渠工厂　二毛

白班本来在早晨八点接黑班，可是崔宝振组，火夫王瑞福在七点刚过就来了。

昨天厂长交下来一个任务，要镦六百根管子，限五天期。这是船上锅炉用的，名唤串烟管。船上大锅炉有三个火门，每个火门上有一百多根串烟管，因为天长日久，这些串烟管子被烟火烧锈了，就得换新的。新管子在装到炉门的管子眼上之前，要配眼里的丝扣，可是又不能车，因为管子和眼是一般粗，再把管子车上丝扣那管子头就薄，力气就轻啦。这样就必须得拿到锻工厂大铁厂去镦一下。这种管子一根能有七八十斤重，平常一组人干一天，只能镦个五十根；这回六百根管子只给五天期，那能完得成呢？

起先大伙一听这个任务，都犯了难，这不是简直逼着姑子要孩子么？后来组长崔宝振给大伙打气，说：

"这事儿是有点儿够呛，可是，船再住七天就要开，咱们怎么地也得撑出这个活。再说，咱们现在是新中国的主人啦，可不能叫这点事儿给吓唬住！咱们就要在困难上想办法，创造个镦管子的新纪录！"

王瑞福是崔宝振组的一个棒小伙子，向来没有什么事情能难倒他。他这天一早到了厂里，放下饭包，换上干活的衣服，就一连从煤屋子推在炉边两车煤。他接着又找来一个铁管子和一些零碎的木头，然后把炉里的灰清出，到有火的炉子里掘一铁锨火扔在炉里，风门小小地一开,红蓝色的火苗随风哄哄地升起来了。他又哈腰从刚推来的那两车煤里,捡些大块煤加上,风门又一开,火头又大了些;不一会工夫,炉里的煤就变成了火球,于是他把那根铁管子放在上面,用那些零碎木头把管子盖起来,上面一锹锹添上湿煤,堆成一座雾气腾腾的煤山。只见他用铁锹将煤山打拍了几下,然后用火钩将煤山撞了个二寸多粗的眼,风门又一开,就听哄隆隆的响,从眼里直吐出二尺多长的火头;不上半小时,就见这座煤山变成了一座坚强的炼铁山。王瑞福一看,知道煤山不会倒塌了,于是风门一关,把原先煤里的铁管用钳子钳住慢慢地往外抽,顿时这座煤山现出来一个二尺长五寸粗的红火洞,就见洞里火一个劲地旋着。这时王瑞福就到大门外那六百根管子堆上,一气地扛在炉边十来多根。拿起一根,横着一头插在火洞里,洞口外的一头用一个铁架子架上;于是掘了一锹干煤,将洞口堵个一半,然后风门一开,他就开始烧起头一个管子来了。

正在这时候,崔宝振和两个下手,打锤工李克贵、黄宝先从门外进来了。他们进屋一看,好家伙,不但炉台上筑起一座煤山,煤山的火洞里已经炼开管子了!他们三个人连忙换好衣服,走到炉边,又欢喜又抱歉地对王瑞福说:

"你什么时候来的?"

"七点来钟。"

"你来的这么早把炉子生着啦,可真省了事啦!要不到点再生炉子,那得九点才能干……"

"可不是怎么的!生镦管子的火,和生别的火不一样,光生这个火就得个把钟头,我心思早早把火生着啦,到点咱就干家伙。"

"对,哈哈哈……"他们不约而同地笑啦。

呜——到点了，干活的笛响了。王瑞福把风门又一开，火的声音哄哄地又响起来了。王瑞福哈着腰，一边瞅着火洞里的管子头，一边两手不住地转管子。老崔和两个下手，从工具箱里把镦管子的工具拿在炉前铁镦子旁边，不一会工夫，火洞里的管子头被红火炼成了水红色。这时，王瑞福把风门一关，将管子从火洞里抽出，把烧红的一头朝下，直站在镦子上面，老崔急忙用钳子钳着心子插进烧红这头的眼里；这四个人就嗨哟嗨哟地上下镦了十五六下子，才将这红管子头镦了个四寸长三寸二粗，比原管子粗出二分，又用摔子摔了摔，便完成了一根。

这天一直干到下班笛响，数一数，镦了六十五根，比往日多干了十五根。可是老崔再一算：这那行？他赶到换衣室，王瑞福正换衣裳回家，老崔说：

"老王，咱今天镦了六十五根，可不算少。可是一天照着六十五根算起来——得九天才能镦完；要这么样，可要到批评庄上去买包子吃啦！"

"那怎么办呢？"

"想办法呗！"

"想办法？想办法？哎，对——我想起来啦。咱今天镦管子的时候一根得十五六下子，你说这是犯了什么病？"

"我不大知道。"

"叫我看哪，管子头叫我烧长了，管子头一烧长了，镦的时候就得费点事。"

"对，咱明天烧短点，换个样儿干干看。"

这天晚上回家，老崔心里一直在盘算着这件事，可是没有想出什么好法子来。王瑞福这个家伙，一宿觉睡过来，便又有了道道啦。

第二天一早，七点刚过，他又来到厂子里了。他把昨天炉台上的那座煤山扳倒，又另建筑了一座。这次筑的和昨天不同，火洞不是二尺长，而是三百多米厘长了。这样管子头就能烧的短些。

不一会老崔他们也都来了。按照昨天想的法子干起来，果然这回不用十五六下，只要五六下就镦完了一根。一直干到下班，数了数，比昨天又多镦了十五根，共总干了八十根。

四个人洗完脸，换好衣裳，坐在换衣室里，就讨论开镦管子的问题了。

"老王，你真行，这次管子头烧得真短，他妈几下子就镦完了一根，真他妈的省劲。"老崔这样夸奖老王。

"哎，我说咱们就这么干到期还是完不了，还得想办法，怎么能叫它到期就干完。"老王说。

"要想到期就干完哪？除非是多卖力气，要不可够呛！"老黄说。

"咱那天少卖力气来？"老李问。

"你先别发急，要想到期干完，我有一个办法，可不知你们同意不同意。"老王挺有把握地说。

"什么办法？"三个人齐声地问。

老王伸出两个指头说："用两个炉子烧。"

"那能行么？你一个人能烧过两个炉子来么？"老黄不大相信。

"怎么不行，我一个人烧不过来，你们谁有空，谁就来帮我的忙呗。要不烧的时候，就不能镦，全都等着，不白白地耽误了时候。咱们这样一加紧，烧好就镦，接着又烧，一刻都不闲，敢保能完成任务。"

"对，别人创新纪录都用机器创造什么的，咱们镦这个管子，虽是下力气的活，如果能开动脑筋，想办法，加他一把劲，一样的也能来创他个新纪录！"老崔高兴地说。

老李也说:"刚才老崔说的一点也不错,你们没看话剧比赛的时候,有一个《装卸》不是这样创造的新纪录么?那个剧还得了特等大奖呢!"

"对啦,我们想不出办法来,我们要学习人家创造新纪录的办法!你说怎么样?黄师傅?"

老黄听王瑞福这一问,心思了一会,说:"好,咱们明天用两个炉子试试看。"

"对,试试看!"

好家伙,第三天这四个人就像上了战场似的,手不停脚不住地干起来。炉台上筑了两座煤山。王瑞福从火洞里把烧好的一根拿到铁镦子上,几下子镦好了,再用摔子一摔,就漂漂亮亮地镦完了一根。老王的一根刚干完,老李又从他那炉子里拿出一根来,也叮叮当当几下子就镦完了。这四个人,有光着上身的,有把帽子戴在后脑勺的,有撩腿挽胳膊的,一个个如狼似虎,瞪着又黑又亮的眼睛,一根接着一根地干。他们的身上都叫汗湿透了,他们的内心里烧着"无股架"的火;这内心的热火和炉里的红火结合到一起,就是把太平洋的水完全搬了来,也熄灭不了。

他们四个人用两个炉子烧,在三天里头把四百五十根管子镦完了,加上前两天镦的,整整五天期内,完成六百根管子的任务。

在这五天之内,工会的同志一天到表扬板上去走一趟,他把崔宝振组镦管子创百分之一百四十的新纪录留在表扬板上,做南来北往行路人的学习。

(吕荧整理,一九五〇年六月三十日旅大《人民日报》)

## 突击（通讯）

洋灰工厂　王在柱

七月十二日的下午，雨忽然大起来，洋灰工厂石山职场的装石车子被迫地有时就得停工。空石车子在山上停了一溜，石头供不上碎石职场的需要，碎石机只好不断地停下来。"这怎么行呢？"装石车职场长李会本急得直跺脚。

要像这样继续几小时，就会影响"保证八月初提前完成全年任务"的计划。

李职长和工友们急得不知道怎样才好。

党、团总支号召党团员到石山突击装石车子。

党团员们一听到是"紧急任务"，就急忙行动了起来。

"别说天下雨，就是下雹子我们也去。"有的同志说。

"别说下雹子，就是下石头块砸着脑袋，阻碍不了我们要在八月初完成全年任务的计划！"另一个同志说。

大家一边说着就把衣服用具等准备好了。工人们看见党、团员们这么起劲，也都纷纷地参加到突击队里来。有的下了班，还没喘口气也都急忙地跑过来。只几分钟的时间，装石车子的矿山，上下各采掘场便排满了一支一百五十余名党与非党的突击队员（非党员占百分之四十）。

一刹那，满山上掀的掀，打的打，有的到山坡上去撮石头，还有的在拖拉机的后头，打挡木。山上、山下一片热烈的竞赛景象。

"快装！快装！别影响生产！""别影响八月初完成全年任务！"这是大家的口号。计划科的王再福同志，光着膀子，爬到山坡撮石头。党支书康世禄同志，在另一个山坡的石堆跟前，上身穿着一件衬衣，把麻袋当作围裙，拿着铁簸箕和耙子，一句话也不说地猛干。试验科的王宗海和一群团员找到了一个最难装的地方，相隔铁道有一二十尺，尽管那儿的石头不多，他们也不肯把它丢掉，他们一会工夫装满了三大车。他们一边干一边说："如果铁道再近一点，我们装的还会多。"购买科的薛吉贵，用尽了全身力量，推着装满了石头的车子。

一共不到两个钟头，大家就胜利地完成了突击任务。一个个身上都被雨水和石灰淋得像石灰人。当大家走下山跟，回头向山上一望，七十七辆装满了石头的大车，像队伍似的整整齐齐地排列着。大家不由得唱起来："胜利而归！胜利而归！我们胜利而归！"这时大雨还没停止。

（吕荧整理，一九五〇年七月二十七日旅大《人民日报》）

## 一定要撑上我哥哥（散文）

铁路工厂　小赵

老赵同志：我憋了这一两年，在肚子里实在是存不住了。我老早就想和你谈谈，但是，我不好意思。今天我这是和我的思想作了坚决的斗争，我才大胆地和你谈谈我过去这些不正确的思想。我谈完了以后，你们大家都知道了。但是咱们走着瞧！不是我小赵说句大话：我一定要撑上我哥哥！要说起我以前那些事情来，现在我想一想真能气破肚子。那还在一九四六年的春天吧！我哥哥老早就在工厂里干活啦，他的思想在那时候就有些进步了，可是我可不说他进步。虽然在那个时候我也在工厂里干活，但是我的思想就像洋灰里打上铁筋似的那么死！工厂里工会叫我参加学习班。我心里想：参加那个有什么用，还赶不上我下班家去干点活好呢。

"你参加学习吧！你想，咱们是个穷底子，又不识字，学习两个字多么好啊！"这是我哥哥头一次来教育我的思想。我一听他这个话就一肚子气，我把眼一瞪，就给了他一个答复："好，我去学习，家里的活咱就不用干了，光学习就来了饭啦?!"我使话这么一顶，看他那个样子可气得够呛！要是和在早他那个脾气，大嘴巴子早就给我"呼"上啦。可是他气了一会儿，站起身来，开开门就出去了。住了一会儿，他又回来了，看他那个样子还不和我赌气，对着我笑眯眯地又开了腔啦："咳，好歹咱们是一奶同胞哇！说别的你不知道，就说在头一年这个时候（一九四五年春天）来说吧，咱们的日子过得怎么样你可知道吧？小鼻子（指日本人）那时候配给咱们橡子面吃，你想一想，啊！那是人吃的东西吗？真是他妈拉个×的连人家的一个狗都赶不上。可是你再看看现在咱们的生活，不说是完全彻底地都改善了吧，也是紧接着一天比一天地好起来了。你说这还不是享了福啦吗？现在厂方工会叫你参加学习班你还不去！这都是工会的好意呀！我没说吗？咱是一个穷家的孩子，从小就没念起书，真是连一个大字都不识，你觉着这个睁眼瞎子还没当够吗？……"我当时就抱定了这么一个主意：哼！你说你的，我听我的，反正是我不上你的当。参加了学习班以后还不是去了学习就是开会?！我那里有那么些闲工夫呀?！我可没说出口来。转过年来（一九四七）我被工会委员逼得没有法子了才参加了学习班，但是我总是吊儿郎当的不正经去学习。

到了五一劳动节了。我和我哥哥参加了游行大会以后，肚子饿了，俺就找到了一家饭馆子，说不说的我那才真是"大闺女出门子，头一回"上馆子呀！找了个座坐下，"叫"了两盘包子，我拿起来一个"狠割唧"的咬了一口，我哥哥对着我笑眯眯地问道："你说咱们今天吃的这个包子幸亏了谁呢？"我当时就答上啦："幸亏了谁？幸亏了咱哥俩能干活挣来的钱才吃得上这个包子呗。""不对，不对！你在学习班没听着讲过吗？这都是由于苏联红军来解放了咱们，在中国共产党领导下的结果，才能捞着过这样的快乐的日子，咱们才能在这里吃这样的包子。你说是咱能干活挣的？在小鼻子（日本鬼子）的时候，咱也干活挣着吃，怎么没捞着上这里来吃顿包子呢？"我当时就琢磨：呦，怎么他的思想进步得这么快呀？他大概是随了（参加）共产党了吧?！哼：我看看你还能进步到什么程度……

包子吃完就走啦。果不然他进步的日子来到了。在当年九月十五日那天，在厂子里正干着活，他找到了我，把我拖到一个僻静的地方，他对我说："亲爱的弟弟：我要与你和咱母亲辞别了。""啊！你上那里去呀？管怎么你可别走哇！你要是走了，剩下了俺娘俩个怎么办哪？""不，亲爱的弟弟，你要想一想，我们是工人阶级，革命需要我们到那里，我们就到那里。亲爱的弟弟，虽然我到外面去学习是一件喜事，可是我还有样愁事。""哥哥你愁什么？你只管对我说不好吗？""我别的不愁，只是愁你的思想赶多会才能进步呢？我最希望你的是：我走了以后，你在工作上、学习上都要努一把的力！把个人的那些不正确的思想都要坚决地克服了去，换上了新时代的新的劳动态度。并希望你在政治方面要尽量地、深刻地多学习一些，将来做一个为人民服务的一个最优秀的干部……你要牢牢记住了我这句话呀！""是——哥哥，我记住了。"

从此我们就分别了。住了一个多月，他来了信啦，说是他在东北铁路大学学习。住了三个月又上了桥梁大队部技术处去当技师，又领着人修松花江的江桥……直到最后，他又调到河南省铁道兵团三支队七连担任政治指导员工作。

老赵同志，你看青年人进步得多么快呀！！我呢？现在不过还是一个普通的工人，但是，我并不是为了盼地位，我现在也想过来了，要不是共产党来领导咱们，我这个样的呀？！上那里摆的着啊？！你看！我家里成天价吃的是焦黄的大窝窝头，还时常地喝个大米稀饭。再说在我哥哥走的时候，工厂里还给三个月的工钱，三个月的食粮，政府里每月还给十公斤家族粮。啊！你说这些好处不都是共产党给我的吗？我现在要是还和以前那样的落后，能对得起咱们的恩人——共产党吗？我从现在就要执行我哥哥告诉我的话还不算晚，我坚决要克服以前那些不正确的观点、作风。加强我的技术文化政治学习，将来要做一个为人民服务的优秀干部！这是我"一定要撑上我哥哥"的决心。

（吕荧整理，一九五〇年六月十三日旅大《人民日报》）

## 毕淑芝提合理化（大鼓）

渔网总厂　鹿云富

（唱）同志们落坐细听言，　　压住鼓板说正篇，
不说胡杨把兵搬，　　　　　不表武松潘金莲。
要问咱唱那家那一个，　　　唱一唱新纪录英雄和模范。
二届代表会开过后，　　　　个个工厂都猛干，
旅大远电玻璃工厂，　　　　全年任务半年完；
有一位工友刘茂有，　　　　保了大窑不简单，
合理化提了好几样，　　　　给场方省下若干钱。
建新公司刘仁刚，　　　　　铁人美名旅大传，
能吃苦又肯干，　　　　　　合理化建议勤钻研，
打破全场新纪录，　　　　　人称外号铁罗汉。
金县有个纺织厂，　　　　　有位女英雄林秀兰，
她在前年当过班长，　　　　领导工人把活干；
那时候机器常出毛病，　　　净出乱线耽误生产，
林秀兰提出合理化，　　　　改进工具减少乱线。
以上的英模且不表，　　　　渔网公司谈上一谈。
渔网有个第一分厂，　　　　第三支会的倒线班，
有位工友毕淑芝，　　　　　提起此人都称赞。
她对同志们态度好，　　　　没同大伙闹过意见。
有一天班长召开会，　　　　讲的内容真周全：

| | |
|---|---|
| 叫大家想办法提合理化， | 开动脑筋多钻研。 |
| 班长从头讲了一遍， | 后来分组再漫谈； |
| 大家伙你看我来我看你， | 并没一人来发言。 |
| 最后轮到了毕淑芝， | 站起身来发表意见。 |
| 毕淑芝说从前提过好几次， | 上级并没有批准咱， |
| 我现在还要提一提， | 成不成的作个试验。 |
| 我总看这样倒线很费事， | 倒两回合一回浪费时间。 |
| 没等毕淑芝讲完话， | 有一位杨素芬开了言。 |
| 开口就把毕淑芝叫， | 你提的办法不新鲜； |
| 趁早留着你那一套， | 别在这里打麻烦。 |
| 四七年四八年你提过两次， | 为什么上级没批准咱？ |
| 提的办法不合理， | 浪费了原料就费了钱， |
| 你看着这样倒线嫌费事， | 不如回家游手好闲。 |
| 毕淑芝同志刚要回话， | 天到五点下了班。 |

（白）同志们，毕淑芝刚要提倒线省事的合理化建议，上来个杨素芬工友，把她拦住啦！七个长，八个短，三个蛤蟆六个眼，说了一大套讽刺话。毕淑芝听完，刚要回答，正在这个时候，就听着场子里的汽笛呜呜呜——。大家伙一听五点啦。班长说："今天的会开到这里算完，等到明天再继续讨论。"这个时候，工友们一个一个都拿起饭包放工回家了。咱且不表回家事，再说谁呢？

花开两朵各表一枝，再说毕淑芝工友，看了看各位工友都走啦，她这才二番回到了工作岗位，看了看倒线的车子和工具，又拿起自己倒的线来，仔细看了看。想了一想，总看着这样倒线费事。正在一面想着，一面看着，忽听楼梯"嗒嗒嗒"的声音，工夫不大，就见上来一人。这个时候，毕淑芝也没顾的看看是谁，就听这人大声说道:"嗨,同志,天不早啦,六点多钟啦。人家都走啦,你为什么还不走?我们要锁门啦。"

毕淑芝抬头一看,不是外人,原来是厂子里警卫班的邱同志。毕淑芝这才满脸带笑说道:"同志,我对不起,今天班里有点事,所以回去的晚点。"

邱警卫员说:"不客气!"毕淑芝拿起饭包,走出现场回家来了!

(唱)毕淑芝出了大门往前行, 电车站不远面前迎,
　　　连身就把电车来上, 坐在车上犯叮咛。
　　　今天班里开的会, 讲的言语我记得清,
　　　叫大家开动脑筋想办法, 创造新纪录来立功。
　　　四七年我提过两三次, 可是上级并没答应,
　　　上级说现在号召节约, 浪费了原料可不中。
　　　我看着我的办法不能浪费线, 又省物资又省工。
　　　今天刚要把它提出, 又听那杨素芬碰了一个钉,
　　　七长八短讲了一套, 杨大姐讽刺人可真不轻。
　　　后来我刚要与她说话, 天到了五点下班放工。
　　　毕淑芝自首自语把话讲, 和思想做了斗争。

(白)毕淑芝想:班长开会说,叫大伙想办法,提合理化建议,改进工具、提高生产率。大家都不发言,我想还要把我从前那个办法提出来。还没等我说完,杨素芬大姐就把我好一顿讽刺。人家可也说的对,你的办法好,为什么四七年、四八年提了好几次,上级不批准咱。对!不提啦,这些时间干点什么不好,何必多找这些事。反正是倒一把线,得给一把线的钱。又一想,不对!工会和我们的党,时常开会说:要响应二届代表会的决议,多创造新纪录、多提合理化,建设我们的新中国。我要不提能对得起谁?连自己也对不

起！口头还说工人当家做主人啦，而且本身还担任个合理化建议的小组长。咱要不提怎能发动大伙提合理化呢？对，他们说讽刺话说他们的，我装没听见。等明天无论如何，还是要提。

（唱）毕淑芝坐在车上直嘟念，　　电车开动跑得欢，
　　　坐了一站来又一站，　　　　沙河口到头在面前。
　　　电车跑到头再也不跑，　　　剪票的车掌笑开言：
　　　沙河口火车站到头了，　　　要上周水子再把车来换。
　　　毕淑芝闻听吓了一跳，　　　怎么我今天多坐了一站？

（白）那位同志说：你趁早拉倒吧！毕淑芝在那里住？同志们，毕淑芝就在过去的沙河口神社前面，中长铁路官房子住。那位说：她在沙河口神社前面住，为什么到沙河口火车站下车？连自己的家都忘了吗？同志们，你想想毕淑芝在工厂下班，就有六点多钟，电车上的人多的多啦！你挤我我挤你的，又赶上她提合理化，在电车上想着改进厂子里的倒线的方法，她思想里在作斗争，也没顾得向车外看看到没到家。

简单点说，不要啰嗦。毕淑芝又往回走了一站，来到了家。刚要开门，就见从门里走出一人。毕淑芝一看认识，原来是邻居，又是同厂做工的工友。那位说：到底是谁？就是在厂子里，说讽刺话的那位杨素芬！毕淑芝这才上前问道："杨大姐，你早回来啦？"

杨素芬说："我回来啦，早回来啦！我打早就回来啦，我连饭都吃完啦！你想我不早回来干什么？我们又不是个积极分子！"杨素芬说着说着就走啦。

这个时候，毕淑芝走进屋来，放下饭包，拿起脸盆，舀了一盆水，洗了洗脸。洗完脸，用手巾擦干净。然后，拿碗和筷子要想吃饭。

正在这个时候，毕淑芝的母亲过来啦，开口问道："你还要吃饭？你怎么现在才回来？谁能每天等着你，你干什么去来？"

毕淑芝说："妈呀，我在厂子里开会来！"毕淑芝她母亲说："你拉倒吧，开什么会，你杨大姐早对我说啦。说是你在厂子里提，提什么话。"毕淑芝说："我没提什么话。"毕淑芝她母亲说："反正你提也罢，不提也罢，你想咱叫你去好好地干活，谁叫你去多管闲事来？渔网工厂四五千人还显着咱娘们啦！提的什么话！你想想：提的要合理，干活省事，就得减工资，不减工资的话，也得少用人。再说，要少用人的话，不用谁，谁也不乐意。再说吧，你想办法想的可真紧，左一回，右一回，你想想少挣了钱不要紧还得罪了人。"毕淑芝说："你听谁说的？！"毕淑芝母亲说："我听谁说的？！你老杨大娘家你素芬大姐刚走了。"毕淑芝说："妈，别听她那一套！杨素芬可落后啦。"毕淑芝她母亲说："对啦！人家落后，就是你积极。你比人家多挣了多少钱，拿家来？"

同志们，你想想毕淑芝为了提合理化建议，在厂子里受上级的打击和工友讽刺，回家来受母亲的这一套，真是老鼠跑到风匣里，两头受气。一夜没话，到了明日早起，毕淑芝用过了早饭，拿起饭包，还是照常上班干活。到了厂子抱了五把多线，开始工作，干了一头响，才倒完几把线。这个时候天到十二点啦，有的工友吃饭，有的到外打球。班内仅仅的剩下三四个人。有一个叫刁金娥的，有一个叫由玉兰。由玉兰这个时候还倒着线，毕淑芝一声问道："由玉兰，你还有几把线没倒完？"由玉兰说："还有两把。"毕淑芝说："来来来，你把这三个线撑子挂上五股的，那两个线撑子挂上六股的，这样倒合线，一块下来很快当，又省事。"由玉兰说："我可不干，职场长不让这样倒。他说光出乱线，要真出乱线我可包不起。"

这个时候,刁金娥就站起身来说:"由玉兰,不要紧,咱先试验试验,不能出乱线;就是出点乱线的话,我负责任,叫上级批评批评我也不能叫你包赔。"那位说:刁金娥为什么说话这么大胆?刁金娥人送外号叫小彪子,平常遇事,总是天不怕地不怕的。刁金娥这一说不要紧,由玉兰这才放心把线撑子一个一个挂上线,用手摇起车子,试验新的办法,干起来了。

(唱)好一个工友由玉兰, 手摇车子干得欢。
这三个线撑子挂上五股, 那两个挂上六股线;
由玉兰摇车把活试, 毕淑芝一旁两眼瞪得圆。
这时候工友们吃完了饭, 一个一个都回了班,
围着个由玉兰瞪着眼看, 都说毕淑芝提的不简单。
这样倒线很省事, 不用铁丝和竹竿,
过去倒两遍合上一遍, 现在一遍就算完。
刁金娥在一旁手伸大拇指, 暗暗地把老毕赞;
杨素芬在一旁噘着嘴, 摇头晃脑说不贴边。
大家正在来研究, 职场长办事到这边。
职场长一看就有气, 班长怎样领导的干?
上面说过你们好几次, 这样干法出乱线,
你们闹玩不要紧, 损坏了洋线费了钱。
杨素芬一听说对对对, 场长从前有言在先,
我也说过他们好几次, 他们假装没听见;
省事倒是费了事, 浪费了洋线和时间。
场长你说对不对, 闲着没事也闹着玩。
大伙说这样倒法不浪费, 减轻物资省时间,
眼看着一根乱线也不出, 倒的完全都是好线。

刁金娥慌忙跑上前去，
你不信从头倒一遍，
职场长摆手说我用不着，
大家伙你一言来我一语，
一上楼就听着吵了个乱，
看见大伙乱吵吵，
不知现场出什么事，
大家齐说毕淑芝，
职长说提的不中用，
委员回头把职长叫，
究竟倒是怎么回事，
毕淑芝从前提几次，
委员说眼见为实耳听虚，
大家伙一听好好好，
一遍一遍往下倒，
倒了一遍又一遍，
委员看表算了算，
要是这样倒合线，
当时委员说好好好，
回到行政办公室，
这个说提的真合理，
职长一听脸发红，
悔不该当初不深入，
当时大家研究一下，
马上写出几张快报，

连把职场长叫一番，
是好是坏一目了然。
这个方法不周全。
合理化委员到这边。
你也说来我也言。
还有职长在这边；
走上前来问一番。
想出办法提高生产；
所以我们才吵吵个乱。
连把职长叫一番；
职长从头说根源。
我听人家说这样倒法出乱线。
叫她们倒一遍咱看看。
又把车子拿手间，
职长两眼瞪得圆；
里里外外没乱线。
百分之六十超过从前；
一天的任务早午十点就能完。
拉着职长转回还，
召开干部来漫谈。
那个说小小的丫头不简单。
低头虚心检讨一番；
阻拦合理化耽误生产。
这样合理化有贡献，
把它贴在大门前；

黑板报上写了个满, 广播电台也宣传;
当时召开了庆功大会, 发扬三支会倒线班。
"毕淑芝提合理化"到这就完, 请求大家多多的提意见。

(吕荧整理,一九五〇年四月三十日旅大《人民日报》)

## 水表的故事（快板）

水道工人　李凤阳

院当中，仓库后，高装水表心发愁。想起当初老事情，心中酸痛泪直流。自幼儿，体格圆，身长约有三尺三，日寇时代效过力，一时声名到处传。

一出世，坐水牢，脏水坑子里边泡，浑身麻木饮食少，肚里有病谁知道？！

日本鬼，说我懒，一天停着不动弹，一时动怒生了气，拉出我来扔一边，只说无药不能治，扔在阴山背后不见天（仓库后边背阴地）。七横八竖不老少，那天也有三五件，尸横遍野活遭罪，如今算来十五载，并无一人看我来！

到今天，工作撵，多亏看表的工友好心眼，想起从前老交情，对着科长说我行。他说我："骼子高，有好处，脏水顶上头伸出，不用括水见表针，水量正确时间省，高装水表真能行。"科长一听心欢喜，对着修水表的厂长把这话提。厂长一听脸发愁，等了半天开了言："高装水表不能修，已经不是一两天，日寇自做又自修，咱们从未摸过边！没有这样的技术，真是一个大困难！若修好，这水表，真是老娘们养公鸡，光赔吃食不检蛋（不简单）。"

看水表的工友好心田，二次又把科长见，"快修高装表，任务不困难！"科长听说后，即把电话搬，耳机拿在手，转盘拨得欢；两头一搭话，连催把事办，"快修高装表，完成任务不费难。"修理高装水表的众师傅，一齐默默不发言，有的皱双眉，有的苦着脸，翻着白眼睛，直把厂长看；等了半天工，吵得翻了天："厂长你知道，修表多少年；这种样的表，都是日本鬼子干。自从他回国，技术也没传，少材又缺料，难上加困难，这个怪任务，咱可没法干！"又有开言道："厂长听周全，我说这桩事，净是瞎扯蛋。'日人'没法修，咱怎有咒念？"厂长没了门，唉声把气叹，背着两只手，满地打转转！

时光真快过半月，高装水表仍未见，看表的工友着了急，三次又把科长见："高装水表不能修，任务不完怎么办？"科长一听真着急，连把电话挂几遍，开言就把厂长问："不修高表为那般？困难还得努力克，多钻多研办法全。"连硬带软说完话，厂长真正为了难！

表工厂，老厂长，二次又和大家来商量："高装表，等着用，咱们还是把它修！"老技工，开了言，"日寇修理咱没见，一切道道咱不懂，咱们不会怎么办？"厂长说："咱们工人是能手，不会修理多研究！""技术少，咱不言，缺乏材料大困难！"楞头青，叫李三，钻出脑袋把话揽；鼻子一筋紧，眉头皱几遍，脑袋一"不楞"，咧嘴开了言："修理高装表，从来咱没见，无米难煮饭，这是老经验。现在光叫修，放屁不费难，拆了不能修，来回费时间。八字不见撇，净是胡捣乱，厂长有办法，你先干干看！"他们正争吵，咱们且不言，但说说，有个团员叫三汉。自从学水表，刚才仅两年，不言又不语，只知低头干；从没喊过苦，也没叫过难。年长二十一，忙得可不善，骼子像小孩，一时也不闲；团支看他好，吸收做团员。自从听说高装表，心里暗暗打算盘："过去受的苦，真是不可言，念书入不上，家里又没钱，干活嫌骼小，托人如上天。现在当主人，小雀出窝沿；如今是团员，更得加劲干。不但要多干，不能怕困难；修好高装表，得发动大伙钻，准备下条件，入党不费难。"思想多半会，他才发了言，"我看这桩事，咱们弄弄看，搬个高装表，拆开先看看，找找它的病，一点点地来试验。修好这表贡献大，实不能修不怨咱，你们说是好不好？若全乐意我去把表搬。"大家听说低了头，全在干活不发言。他看大家没生气，一溜风地跑得欢，一搬搬来六七个，个个用水洗干净，每位跟前送一个，自己一个放案边。

师傅都被他感动，摸着水表懒动弹，两手虽在拆水表，心里可是笑连天："若拆倒是不费事，不能修理费时间，进门刚来两天半，不懂前事瞎胡缠，费了工夫咱不说，误了工作不是玩，行政若是来质问，你们团员得承担。"正行想着拆开了，里边并无坏机关！下轮咬着柱儿转，柱儿推动顶上盘，和矮装水表是一样，只多了根柱儿在里边，外面是用铁的圆桶三尺三。心里又悔又是喜，嘴里可是难开言。三汉也是拆开了，不由一阵喜心间，向着大家咧嘴笑："里边没有什么难！"师傅听说不服气，"不要把它太小看，这根柱儿咱没有，牙轮大小不一般。圆的'受板'（卡表柱用的）咱没有，这些东西太困难！"三汉听说瞪了眼，翻着眼珠想半天，破表堆里走一趟，扒拉着拣了老半天。各样的牙轮找来了，废材古器找得全，里边的柱儿铜条替，牙轮大小配着看，圆的"受板"铜板剪，里边有锈用"盐酸"；各样零件全弄好，商议着师傅"怎么办？"师傅心里往外喜，感动得嘴唇乱动弹："到底团员有办法，人小不怕有困难，自愧自己老手艺，死登登的这十几年，老经验害我真正苦，今后的脑瓜可得要转转！"这是师傅心里话，想说出口来又为难。没法急忙柜中找，找出图纸整一篇，放在案上大家看，照着图样安完全，修好安在水管上，扭开水门一试验，睡觉多年的高装表，今天才把腰儿欠，全身骨头都灵活，推着指针乱转转，水量跑得真不差，质量比前也更坚。资材同志算盘响,一样一样算得全,通共修好百十个,省的钱数几百万。统计同志笔头转,比前工作提高了一倍半。团支听说心欢喜,黑板报上大字添。工会听说忙开会,一致通过是模范,行政听说更是喜,一月工作半月完,急忙签字开支票,奖金赏他十万元。老师说是他的功,他红脸摆手不承担:"这是日寇的纸老虎,不怕不会就怕干,只要大家齐努力,管保能以克困难。"大家都说"对对对,照着这样往下干!"说到这里住下吧,希望大家不要死抱老经验。

(吕荧整理,一九五〇年五月十一日旅大《人民日报》)

## 大喜事（秧歌剧）

大连码头西区文娱小组集体创作

**时间** 一九四九年十月二日。

**人物** 张老头，五十多岁。

张儿，二十多岁。

张媳，二十多岁。

小英，十八岁。

**幕启** （老头上）

老 （唱）喜欢喜欢真欢喜，　　　喜的老头子乐颠颠，
　　　　喜的是新中国已成立，　新的中国已成立，
　　　　嗳嗨嗳嗨哟嗨，　　　　新的中国已成立。
　　　　回想过去几千年，　　　打开历史看一看，
　　　　过去那有像今天，　　　人民专政掌大权，
　　　　嗳嗨嗳嗨哟嗨，　　　　嗳嗨嗳嗨哟嗨。

（白）这回可好了，政治协商会议胜利闭幕，新的中国已成立。起头我对政治协商会议不关心，以后在码头听报告，有讨论学习的，这个事可不是一般事，中国五千多年开天辟地头一回大喜事。

你看看，这报纸写的毛主席当选主席。这回新的中国已正式成立，以后再不受帝国主义跟反动派压迫统治了。

（唱）从此国内消灭封建，反动势力完了蛋，

帝国主义不敢欺负咱，中国人民挺起了腰杆。

还有喜事一大件，喜的是毛主席当了选。

（白）这样事情怎么不喜，回家去多多地宣传宣传。这个事情可不是一般事，回到家去告诉儿子儿媳，叫他们知道欢喜欢喜；叫邻邻居居也高兴高兴。闺女、儿子，常常要我和他们比乎比乎，对！就这么办。（老下）（媳上）

媳 （唱）旅大地区好风光，家家户户生产忙，

丈夫工厂把活干，老爹在码头工作，

一家四口喜洋洋。

家里的事全有我，小妹念书把学上，

如今生活这样好，完全靠了共产党，咱们永远跟着共产党。

（白）俺一家四口都不闲着。老爹在码头干活，掌柜的在远东电业公司干活，会把子手艺。小妹妹在学校念书，我忙着家里的事。这小日子过的可真强，今天在坊上老师给讲的毛主席当选主席，这会咱们中国可好了。（妹上）

妹 （白）嫂子，你在说什么？

媳 呵，我说咱毛主席当选了。

妹 呵，对了。毛主席当选中央人民政府的主席了，朱德、刘少奇……当选副主席。

媳 这回可好了，新的中国了！由毛主席领导着咱们。

妹 以后再不受帝国主义欺负和压迫了！

媳 我们可挺起腰板了！（老上）

妹、媳 爹回来了。

老　回来了。(笑)

妹　爹，你怎么这样高兴，有什么事么？

老　对了，可有点喜事。这件事呵——

　　(唱) 这件事呵情，真高兴，乐得我心里开了花。

　　　　你们姐俩猜一猜，我看你们谁猜着，

　　　　这件事不比一般事，你们可得要好生猜一猜，

　　　　要是能够猜对了，给她割身花布做衣裳。

妹　嫂子，你看咱爹有什么喜事，叫咱猜一猜；怎么猜着还给割一身花布衣裳。

媳　嗯，对了。大概是咱爹在生产立功当中当上了功臣模范了吧？

　　(唱) 大概是老爹爹呀哈哎咳哟好，

　　　　生产立功中呵哎哟、

　　　　当选了功臣和模范哪哼哎哎咳哟？

妹　对啦吧爹？

老　哎，你猜的还不对呀！

妹、媳　不对！

妹　大概是在工场发明创造，得了奖励金啦吧？

媳　对了。

　　(唱) 大概是老爹爹呀哎咳哟好，

　　　　创造发明呵哼哎哎嗨哟、

　　　　得了奖励金哎咳哟好，哼哎哎嗨哟。

妹　哎爹，对啦吧？这回可是我猜的，让我嫂子抢着说了。割了花布衣裳可是我的！

老　哎，这个也不对呀。

妹、媳　呵，还不对？！

媳　噢，大概是咱爹在工业展览会买了彩票，得了十万元头奖了。

（齐唱）大概是老爹爹呀哎咳哟好，在工展哪哼咳哎嗨哟、买了彩票得头奖呵哼哎哎咳哟。

老　哎，这一说更不对啦。工展到现在还没有开彩呀，那来的事，猜的不对。

妹、媳　不对。（正在思索，儿上）

儿　噢，爹早回来啦。

妹　哥哥，你来，你看，今天咱爹回来特别高兴，说有个大喜事，叫我和俺嫂子猜。俺猜啦老半天，都不对；咱爹还说，谁要能猜对，就给割一身花布衣服……

儿　我猜！你们上那猜去。还是我，看我的！

老　哎，学诗，你也未必能猜着。

儿　（唱）莫不是老爹爹呀哎咳哟好，被选上职工代表哎咳哟、到职工总会去开大会呀哼哎哎咳哟。

老　哎，这更不对啦！我前天不是告诉你们啦吗，我已经被选了代表啦。

儿、妹、媳　对了，咱倒忘啦！

妹　爹呀，俺实在猜不出来啦，你告诉我们吧！

老　猜不出来啦！好，我告诉你们。

（唱）你们留神仔细看，毛主席相片在上边，中央人民政府主席他当了选！

（白）这件事可了不起，咱们的新中国成立了，咱们的毛主席当选了中央政府主席，这不是一件天大的喜事吗？

儿　这事我们早都知道啦。

老　你知道，那好！你知道毛主席说什么？

儿　毛主席讲的话也知道了。他说叫全中国人民团结起来，打倒国民党的残余，迅速地解放全中国。

媳　还有来,毛主席还说:革命虽然是胜利,但是反动派他们还不能算完;要用各样的办法来破坏我们。我们大家不要松懈,加强我们的警惕。必不要忘记了这一点。

妹　毛主席又说,革命是胜利了,对经济建设上是有困难的,可是有很好的条件,地方大,出的东西多……

儿　对啦,就拿人口来说吧,有四万万七千五百万。只要大家团结一条心,没有不成功的,再是联合全世界各民主国家团结在一起,我们是不怕那帝国主义!

老　对!你们说的都对。新的中国成立了,咱们都当上了主人了,建设国家的责任就是咱们大家的。这回不是政府号召生产运动吗,咱们应该响应这个号召,努力生产,建设我们的新中国。

儿　对,建设国家就是我们的责任。我们应当响应这个号召,增加人民财富。呵——我还忘了我还有一件喜事!

老、妹、媳　什么喜事?

儿　你看这号外,苏联与我们正式建立外交关系,与国民党政府断绝关系。

老　噢,这个事你怎么不早说呢!

儿　我忘了吗!

老　这一回苏联与中国建立外交关系,中苏的友谊更进了一步,亲密起来。咱们正要虚心地向苏联学习革命经验、文化各方面的经验;好建立我们工业化的新中国。

儿　对啦!可是我还有个好消息,今天下晚在劳动公园,为了庆祝中央人民政府成立,有娱乐晚会呢!

老　好,那可好极了。我们早些吃饭去看去吧!

**妹** 嫂子，快拾掇饭吧！

**媳** 好（下）

（全剧终）[1]

――――――

[1] 未发表。

# 大连海港工会黑嘴子支会和西部装卸区工人文娱活动的报告

## 一、海港工人文娱活动怎样开展起来的

我们以黑嘴子和西区为典型写在下面。

西区在四七年八一五当时,编了一个街头秧歌剧《翻身与生产》,出演以后,都感觉这个文娱不错,别的支会也向西区学习搞剧。黑嘴子支会,在四八年的冬季,通过诉苦大会,编出一个《工人大翻身》。第一次演出,工友看过有很多哭的,等第二次工友就不让演啦。说是:我们都知道受苦的滋味,再演的话,更受不了。在四八年冬季,工会举办文艺竞赛,当时就有十一个支会参加节目比赛,其中的黑嘴子支会准备参加《装卸》,工友就不乐意参加,说"平常干活常喊的穷号子,去唱个什么劲,叫人家听了,还不笑话死啦"等等。文娱委员为动员参加,红过脸、抬过杠,工友们就是看不起自己的号子。结果评为一等,都不相信,等把红旗挂到墙上,这才算是。

在旅大工人合唱比赛又获得一等,并且唱到全国。报纸一连串地报,这样使得工友认识到自己的熊号子,变为一个好号子。有的工友说:"过去的'号子'在码头打夜班,喊着号子是借口磨滑和玩。今天就不同啦,干活喊号子,第一快,第二不出危险。"又有个

好说怪话刘工友说："唱个号子吧，报纸每天报，什么好样的也来找咱谈，闹得我脑子都昏啦。"大家都说老刘不说怪话，咱的剧也就演好啦，刘工友说："今后保证不说熊话，好好演剧，接着给他登出黑板报表扬。"现在一点也不说怪话了。

后来刘开增到北京参加文代大会，又收上唱片。其他的工友讨论好几次，怎样搞文娱。拥党竞赛时，徐连海工友想起过去的苦就哭了好几天。文娱小组根据这个材料，编了一个《实际拥党》（装卸）。大部分是文盲，不能写剧本与插歌子，他们就单凭想台词，你说一句，我凑一句，就是这样编。

西区通过几次竞赛，上级重视，给他们时间上的便利，经常鼓励，亲自提剧的意见。这样一来，工友搞的情绪就高，排演的回数又多，一点点熟练啦，每次竞赛都获得一等。这样别的支会通过西区和黑嘴子支会的影响，现在十三个支会搞文娱，基本上是普遍活动起来啦。但总是停止在现有的基础上，只有数量，提不高质量；于是就组成一个文娱核心组织——业余文工队。队员是各支会抽来的，以培养为主，本身也搞剧，培养比较有成绩的，就送到各支会搞文娱。

## 二、工人文娱活动在生产中所起的作用

黑嘴子的文艺活动不仅是活动在舞台上，在干活休息的时候，有的看学习本，有的唱"号子"，大家一齐喊，还有的组织"拉拉队"、唱大鼓、说相声，现编现说。看到那一组干活成绩好坏，马上就唱，被他唱的组，干起活更起劲。没唱的组，听完就上火，一定和他比赛，干出好成绩马上就找他们唱。每逢开会，会后唱"号

子",台上台下一齐唱。又唱大鼓、相声、数来宝,扭一扭,打打花棍,甚至耍狮子。

黑嘴子的剧很起了作用,在日寇时代,装三个火车皮的载(九十吨)得用六个多钟头。光复后还得用三个多钟头,现在有了"号子"的配合,只用一个来钟头就能装完。喊号子过去正因为磨洋工,多喊号子干得慢,差不多就把嗓子喊坏,现在拉一个很重的大木头,只用三四号就能拉上来。

西区——不仅限于青年工友演剧,并动员老年工友唱歌演剧(四十岁以上的老工友)。动员时是非常困难。第一,害怕。第二,看不起这大岁数,那能再唱歌、唱戏呢?再说又不识字。除动员外,四十岁的码头长李云生,看到这种情况,亲自带头上台演戏,并演自己。这样一来,老工友也跟着演唱起来啦。在排时,正排着,一害臊就不干啦。等演出后,老年工友觉着没什么,都很高兴。再加上家族看了之后说:"真是现在大改变啦,人民政府领导翻身,连老头也能演戏啦,过去别说演,就是看也得分分资格。"竞赛后也评为一等,就更高兴啦。——老头演出的歌和剧获得头奖,影响与鼓励的青年也不落后于老年。

在体育方面,西区的苏联同志(郭真)关心工友的文娱活动,买球、修球场、买衣裳等。并修一个小舞台,他说:"应大量展开工人的文娱与体育活动,对我们生产一定能提高。"西区会在四九年举办小型体育会,不但老年工友参加运动,苏联码头长亲自参加赛跑。他说:"体育要常练,每天响午吃完饭应好好练。"有一次看到中国人运动完,就喘不上气来,就是缺练。——工友的经常的组织,这个仓库和那个仓库就比起赛来。

西区在演完《李传家》戏剧之后,起了很大的作用:工具仓库全部展开改造与创造更好的工具，都向李传家工友学习，重视装卸工具的重要。工友在四八年差不多主动地不歇礼拜也来干活。

西区每展开一个运动（中心工作会议后），就即时编出剧本来演。这样使工友听了报告，又加上看剧，在收获上就更深刻。

### 三、几点体会

（一）由上面的成绩我们体会到，哪个支会文娱搞得好，在生产上必定就好。主要领导上要重视，重视文娱就是重视生产，这样一配合，生产效率就高起来。

如：东区领导不重视文娱，硬强调生产忙，不搞文娱，而生产成绩就不如西区。可是青年工友要求搞文娱，就是行政领导不给时间，不重视。

（二）想把文娱搞好，必须取得党、行政的重视，而更要帮助和精神上的鼓励，如：西区因为打三交代的工友（干一天歇二天），排起剧来时间不统一。行政上根据情况改为日勤。又如黑嘴子支会在没有活时，别人学习，找文娱组排剧。——那么说想把文娱搞得好，第一要给予时间便利条件（当然不能耽误生产）；第二经常给以精神的鼓励，否则使工友的思想说：出力不得好。别人过年过节都歇工，搞文娱不但不歇，还出力不小，又编又排，还得打夜班，再赚个"瞎胡闹"。

（三）党、政应该通过文娱来提拔干部。如黑嘴子的工友于如树通过搞文娱成绩，加入上党员，又当上支会主任。又如八支会现在都是通过文娱，有的当上支会主任和支会委员等。其他的支会搞的更有成绩，因为负责人过去也搞文娱，现在还是重视文娱，文娱搞的就会好。

（四）在文娱小组必须找骨干，有的演员情绪低落，骨干起来带头，解释，就能把低落变成情绪高。

## 四、几点经验

（一）编剧集体来编，每排出剧找大家提意见改修，再到俱乐部去演。

（二）演剧经常动员真人上台。

（三）剧编得快，演得也快。平常文艺组注意报纸。演员是各角落上都有，发现问题，马上汇报，马上就集体编。

（四）领导上重视，经常给予精神的鼓励，文娱组员干得有劲，排起剧来就快。

## 五、黑嘴子、西区编演节目统计

**黑嘴子**（一九四八至一九五〇）

| 形　式 | 节　目 | 是否自编 |
| --- | --- | --- |
| 话　剧 | 《工人大翻身》 | 自编 |
| 话　剧 | 《饮水思源》 | 自编 |
| 话　剧 | 《实际拥党》 | 自编 |
| 话　剧 | 《装卸》 | 自编 |
| 话　剧 | 《冬天的生活》 | 自编 |
| 话　剧 | 《废铁炼成钢》 | 剧本 |
| 话　剧 | 《回想旧历年》 | 自编 |
| 话　剧 | 《王开山的转变》 | 自编 |

(续表)

| 形 式 | 节 目 | 是否自编 |
|---|---|---|
| 大 鼓 | （一八个） | 根据工作中心与节目内容编的 |
| 相 声 | （五块） | |
| 花 棍 | （花棍舞三次） | |

备注：大鼓、相声登台演出的数目二十三个，现编现唱无数。

总计 三十四个

## 西 区（一九四七至一九五〇）

| 形 式 | 节 目 | 是否自编 |
|---|---|---|
| 杂 耍 | 《二百五》 | 自编 |
| 杂 耍 | 《没叶的树》 | 自编 |
| 秧歌剧 | 《不生产没饭吃》 | 自编 |
| 秧歌剧 | 《父与子》 | 剧本 |
| 秧歌剧 | 《忘不了"七七"》 | 自编 |
| 秧歌剧 | 《牛永贵负伤》 | 剧本 |
| 秧歌剧 | 《老母鸡》 | 剧本 |
| 秧歌剧 | 《阎王爷》 | 剧本 |
| 秧歌剧 | 《我们的副业生产》 | 自编 |
| 秧歌剧 | 《后悔来不及》 | 自编 |
| 秧歌剧 | 《合家欢乐》 | 自编 |
| 舞 | 《拥苏歌舞》 | 自编 |
| 舞 | 《拥党歌舞》 | 自编 |
| 秧歌剧 | 《李传家》 | 自编 |
| 秧歌剧 | 《人民的军队》 | 自编 |
| 秧歌剧 | 《发扬民主》 | 自编 |
| 秧歌剧 | 《翻身与生产》 | 自编 |
| 秧歌剧 | 《过年》 | 剧本 |

（续表）

| 形　式 | 节　目 | 是否自编 |
|---|---|---|
| 秧歌剧 | 《连串双元》 | 剧本 |
| 秧歌剧 | 《大喜事》 | 自编 |
| 秧歌剧 | 《感谢信》 | 自编 |
| 秧歌剧 | 《两口顶嘴》 | 自编 |
| 秧歌剧 | 《庆祝斯大林寿辰》 | 自编 |
| 秧歌剧 | 《庆祝亚澳工代大会》 | 自编 |

总计　二十四个

（吕荧整理，一九五〇年四月三十日旅大《人民日报》）

# 艺术的理解

第一辑

# 新的课题

人民革命战争的胜利给中国历史开了一个新时代。在这个新的时代，文艺工作者面临着新的创作课题。

过去生活在国民党统治区的文艺工作者，因为受反动政府的压迫，和人民接近受到许多限制，同时因为要进行推翻反动统治阶级的斗争，所以革命作品主要是以攻击反动统治，暴露旧社会的黑暗，攻击旧思想、旧文化、旧精神为主题的。现在，反动政权被打倒了，旧社会即将彻底被推翻，旧思想、旧文化、旧精神已经失掉了滋长的根源。同时，全国人民在革命战争里得到了解放，完成了翻天覆地的革命工作，并且在斗争中产生了无数的新人物。——在今天，新的现实和新的人物在我们面前，革命的文艺也就要求表现这样的新现实、新人物。

自然，旧的势力还有残余存在着，潜伏着，而且阻碍着新社会的发展和前进。今天批判暴露旧的，仍然有它的现实意义，如果往深处发掘，也是非进攻不可的堡垒。不过，显然的，这已经不是主要的方面，主要的课题是表现新社会的发展和人民的革命斗争。

新现实主义的艺术要求表现现实，表现典型的现实。人民大众的翻身，土地改革的斗争，劳动英雄的努力生产和创造，人民解放军英勇坚强的战斗，这是中国今天最主要的现实，也是最本质最典型的现实，也就是新中国的史诗的内容。表现现实表现人民，将要使现实主义艺术更进一步地提高和发展，使创作内容更为深刻和广大，将要使中国文学空前地丰富起来。

但是，这个课题我们不能够形式地来理解和实践，不能够以为进了工厂，到了农村，写了人民，就可以算数了。我们在工厂里或者在农村里看了一点什么，收集了一些材料，学会了一些口语，并不一定就能够完成表现现实、表现人民的作品。"和人民结合"，那就是说，我们必须要全身心地和人民打成一片，把人民的愿望、思想、情感化作自己生命的内容；和人民一起工作和生活，一起感受欢喜和悲伤，一起战斗。这样才能真正地"和人民结合"起来，才能深深地了解人民的形象、人民的生活和斗争；创作的时候，也才能从根本上克服公式教条主义的倾向和烦琐表象的自然主义的倾向。

"和人民结合"决不是什么形式上的事，也不是很容易的事，这是一个艰苦的自我改造、自我学习的过程。现在我们看到的富有感动力的新作品，不仅表现着作家个人的艺术创造的力量，同时表现着在这个力量背后还有一个更强大有力的力量，那是革命的力量，现实生活的力量，作家和人民结合之后所产生的创作的力量。这个力量只有通过这个过程才能获得。

有些文艺作家脱离现实，不了解人民和生活的力量，以为只要有丰富的修养和精练的技巧就可以创作革命的新艺术。事实已经证明了这个想法是错误的。

一切伟大的艺术都是从生活中，从人民中来的。从人民中来的艺术，充满活力和新鲜气息，充满明亮的阳光。

艺术和现实脱节，和人民隔离，必然要走向衰退的路。旧观念、旧趣味的留恋，必然要走向落后的方面。这是艺术创作上的法则。

让我们循着新作品指出的方向继续前进，继续扩深和提高，从内容上，从形式上，使这在人民和生活中成长起来的艺术更加成熟、充实和丰富。

这个课题是新的，重大的，它的意义也是新的，重大的，那是表现新中国的革命现实，创造新中国的人民的文艺。

一九四九年六月北平

# 加强学习《在延安文艺座谈会上的讲话》

毛主席的《在延安文艺座谈会上的讲话》是一本具有重大意义的著作,这本书给中国革命文艺运动指出了新方向,引导上新道路。从此,中国的新文艺开始了一个新阶段,一个新时代。

这本书分作两部分:《引言》(五月二日讲)和《结论》(五月二十三日讲)。

《引言》是一个总论。讲到立场问题、态度问题、对象问题,工作问题和学习问题。这都是文艺工作者和文艺创作的原则性的问题。

《结论》是讲的革命文学运动的中心问题——"为群众与如何为群众的问题",同时也讲到一些有关的其他问题。一共有四大问题。

第一个问题:"我们的文艺是为什么人的?"

"我们的文艺,第一是为工人的,这是领导革命的阶级。第二是为农民的,他们是革命中最广大最坚决的同盟军。第三是为武装起来了的工人农民即八路军、新四军和其他人民武装队伍的,这是革命战争的主力。第四是为城市小资产阶级劳动群众和知识分子的,他们也是革命的同盟者,他们是能够长期地和我们合作的。这四种人,就是中华民族的最大部分,就是最广大的人民大众。

"我们的文艺,应该为着上面说的四种人。我们要为这四种人服务,就必须站在无产阶级的立场上,而不能站在小资产阶级的立场上。在今天,坚持个人主义的小资产阶级立场的作家是不可能真正地为革命的工农兵群众服务的,他们的兴趣,主要是放在少数小资产阶级知识分子上面。而我们现在有一部分同志对于文艺为什么人的问题不能正确解决的关键,正在这里。"

"为什么人的问题,是一个根本的问题,原则的问题。"

第二个问题:"如何为法""如何去服务",也就是:"努力于提高呢,还是努力于普及呢?"

"我们的文艺,既然基本上是为工农兵,那末所谓普及,也就是向工农兵普及,所谓提高,也就是从工农兵提高。用什么东西向他们普及呢?用封建地主阶级所需要、所便于接受的东西吗?用资产阶级所需要、所便于接受的东西吗?用小资产阶级知识分子所需要、所便于接受的东西吗?都不行,只有用工农兵自己所需要、所便于接受的东西。因此在教育工农兵的任务之前,就先有一个学习工农兵的任务。提高的问题更是如此。提高要有一个基础。比如一桶水,不是从地上去提高,难道是从空中去提高吗?那末所谓文艺的提高,是从什么基础上去提高呢?从封建阶级的基础吗?从资产阶级的基础吗?从小资产阶级知识分子的基础吗?都不是,只能是从工农兵群众的基础上去提高。也不是把工农兵提到封建阶级、资产阶级、小资产阶级知识分子的'高度'去,而是沿着工农兵自己前进的方向去提高,沿着无产阶级前进的方向去提高。而这里也就提出了学习工农兵的任务。只有从工农兵出发,我们对于普及和提高才能有正确的了解,也才能找到普及和提高的正确关系。

"什么是文艺工作中的普及和提高呢?这两种任务的关系是怎样的呢?普及的东西比较简单浅显,因此也比较容易为目前广大人民群众所迅速接受。高级的作品比较细致,因此也比较难于生产,并且往往比较难于在目前广大人民群众中迅速流传。现在工农兵面前的问题,是他们正在和敌人作残酷的流血斗争,而他们由于长时期的封建阶级和资产阶级的统治,不识字,无文化,所以他们迫切要求一个普遍的启蒙运动,迫切要求得到他们所急需的和容易接受的文化知识和文艺作品,去提高他们的斗争热情和胜利信心,加强他们的团结,便于他们同心同德地去和敌人作斗争。对于他们,第一步需要还不是'锦上添花',而是'雪中送炭'。所以在目前条件下,普及工作的任务更为迫切。轻视和忽视普及工作的态度是错误的。

"但是,普及工作和提高工作是不能截然分开的。不但一部分优秀的作品现在也有普及的可能,而且广大群众的文化水平也是在不断地提高着。……人民要求普及,跟着也就要求提高,要求逐年逐月地提高。在这里,普及是人民的普及,提高也是人民的提高。而这种提高,不是从空中提高,不是关门提高,而是在普及基础上的提高。这种提高,为普及所决定,同时又给普及以指导。……所以,我们的提高,是在普及基础上的提高;我们的普及,是在提高指导下的普及。正因为这样,我们所说的普及工作不但不是妨碍提高,而且是给目前的范围有限的提高工作以基础,也是给将来的范围大为广阔的提高工作准备必要的条件。"

第三个问题:"党的文艺工作和党的整个工作的关系问题"和"党的文艺工作和非党的文艺工作的关系问题——文艺界统一战线问题"。

"在现在世界上,一切文化或文学艺术都是属于一定的阶级,属于一定的政治路线的。为艺术的艺术,超阶级的艺术,和政治并行或互相独立的艺术,实际上是不存在的。无产阶级的文学艺术是无产阶级整个革命事业的一部分,如同列宁所说,是整个革命机器中的'齿轮和螺丝钉'。因此,党的文艺工作,在党的整个革命工作中的位置，是确定了的，摆好了的；是服从党在一定革命时期内所规定的革命任务的。反对这种摆法，一定要走到二元论或多元论，而其实质就像托洛茨基那样：'政治——马克思主义的；艺术——资产阶级的。'我们不赞成把文艺的重要性过分强调到错误的程度，但也不赞成把文艺的重要性估计不足。文艺是从属于政治的，但又反转来给予伟大的影响于政治。……"

第四个问题："文艺批评"。

"文艺批评有两个标准，一个是政治标准，一个是艺术标准。

"又是政治标准，又是艺术标准，这两者的关系怎么样呢？政治并不等于艺术，一般的宇宙观也并不等于艺术创作和艺术批评的方法。我们不但否认抽象的绝对不变的政治标准，也否认抽象的绝对不变的艺术标准，各个阶级社会中的各个阶级都有不同的政治标准和不同的艺术标准。但是任何阶级社会中的任何阶级，总是以政治标准放在第一位，以艺术标准放在第二位的。资产阶级对于无产阶级的文学艺术作品，不管其艺术成就怎样高，总是排斥的。无产阶级对于过去时代的文学艺术作品，也必须首先检查它们对待人民的态度如何，在历史上有无进步意义，而分别采取不同态度。有些政治上根本反动的东西，也可能有某种艺术性。内容愈反动的作品而又愈带艺术性，就愈能毒害人民，就愈应该排斥。处于没落时期的一切剥削阶级的文艺的共同特点，就是其反动的政治内容和其艺术的形式之间所存在的矛盾。我们的要求则是政治和艺术的统一，内容和形式的统一，革命的政治内容和尽可能完美的艺术形式的统一。缺乏艺术性的艺术品，无论政治上怎样进步，也是没有力量的。因此，我们既反对政治观点错误的艺术品，也反对只有正确的政治观点而没有艺术力量的所谓'标语口号式'的倾向。我们应该进行文艺问题上的两条战线斗争。"

最后是全文的总结："我们延安文艺界中……还严重地存在着作风不正的东西，同志们中间还有很多的唯心论、教条主义、空想、空谈、轻视实践、脱离群众等等的缺点，需要有一个切实的严肃的整风运动。"

"我们有许多同志还不大清楚无产阶级和小资产阶级的区别。……但是为要领导革命运动更好地发展，更快地完成，就必须从思想上组织上认真地整顿一番。而为要从组织上整顿，首先需要在思想上整顿，需要展开一个无产阶级对非无产阶级的思想斗争。延安文艺界现在已经展开了思想斗争，这是很必要的。小资产阶级出身的人们总是经过种种方法，也经过文学艺术的方法，顽强地表现他们自己，宣传他们自己的主张，要求人们按照小资产阶级知识分子的面貌来改造党，改造世界。在这种情形下，我们的工作，就是要向他们大喝一声，说：'同志'们，你们那一套是不行的，无产阶级是不能迁就你们的，依了你们，实际上就是依了大地主大资产阶级，就有亡党亡国的危险。只能依谁呢？只能依照无产阶级先锋队的面貌改造党，改造世界。

"既然必须和新的群众的时代相结合，就必须彻底解决个人和群众的关系问题。鲁迅的两句诗，'横眉冷对千夫指，俯首甘为孺子牛'，应该成为我们的座右铭。'千夫'在这里就是说敌人，对于无论什么凶恶的敌人我们决不屈服。'孺子'在这里就是说无产阶级和人民大众。一切共产党员，一切革命家，一切革命的文艺工作者，都应该学鲁迅的榜样，做无产阶级和人民大众的'牛'，鞠躬尽瘁，死而后已。知识分子要和群众结合，要为群众服务，需要一个互相认识的过程。这个过程可能而且一定会发生许多痛苦，许多磨擦，但是只要大家有决心,这些要求是能够达到的。

"今天我所讲的,只是我们文艺运动中的一些根本方向问题,还有许多具体问题需要今后继续研究。我相信,同志们是有决心走这个方向的。我相信,同志们在整风过程中间,在今后长期的学习和工作中间,一定能够改造自己和自己作品的面貌,一定能够创造出许多为人民大众所热烈欢迎的优秀的作品,一定能够把革命根据地的文艺运动和全中国的文艺运动推进到一个光辉的新阶段。"

毛主席讲这些话,是在一九四二年。在八年之后的今天,我们看到,在毛主席指示的方向下面,革命文艺工作者深入人民,深入实际斗争之后,已经基本上改造了文艺作品的面貌,创造出许多为人民大众所热烈欢迎的优秀的作品,把全中国的文艺运动推进到一个光辉的新阶段了。

毛主席的话是"从实际出发"的,"从客观存在的事实出发,从分析这些事实中找出方针、政策、办法来";这是伟大的革命领导者,把革命理论和斗争经验在文学艺术领域的实际的运用。这是"从客观实际抽出来又向客观实际得到了证明"的理论,它指出未来的方向和道路,展开了新文艺运动辉煌的远景。

在今天,在革命斗争获得胜利,文艺运动广大开展的新形势下面,《在延安文艺座谈会上的讲话》里的原则性的指示,显示出更重大的意义和更深更广的内容。文艺为人民大众,为工农兵;努力人民的普及和人民的提高的工作;文艺在党的领导下为政治服务;加强文艺批评和思想改造;这些原则是人民文艺工作者前进的指针。遵照着这些指示,文艺工作者才能彻底打破灵魂深处的"小资产阶级知识分子的王国",才能完全抛弃封建的、资产阶级的、小资产阶级的东西,肃清"自由主义的、个人主义的、虚无主义的、为艺而艺术的、贵族式的、颓废的、悲观的以及其他种种非人民大众非无产阶级的创作情绪",克服"唯心论、教条主义、空想、空谈、轻视实践、脱离群众等等的缺点",并且"把口头上的马克思主义变成为实际生活里的马克思主义",创造人民大众的作品,建设新中国的人民文艺。

《在延安文艺座谈会上的讲话》是革命文艺运动和文艺创作的指针,也是一部经典;这里面讲到许多革命文艺的理论和实践上的根本问题,有取之不尽用之不竭的道理,这里面指示的原则是革命文艺的旗帜,引导着我们从胜利走向胜利。

人民的文艺工作者需要学习,需要加强学习这一本书。

一九五〇年六月大连

## 关于表现新事物

发现新事物，表现新事物，已经成了人民文学作者当前的重要问题之一了。可是，怎样发现、表现新事物呢？

有几个初学的作者，到乡村去参加了土地改革回来，收集了一些材料，可是感到写起来很困难。他们说：抓不住什么是新事物。

很可惜，因为病，土地改革我没有能够参加。前些天我去参加了郊区附近一个乡村的土地改革斗争会。在会场上，我看见农民们一个又一个站起来，用愤怒的坚决的语言，说出许多年来不能说、不敢说、无处申诉的冤屈和仇恨。控诉的人有年青人，有中年人，还有白发苍苍的老者，背着孩子的妇女。他们怒吼着，责骂着，数说着，挥动着拳头，眼睛里燃烧着火焰，在人民的法庭上说出真理和正义的声音。在他们前面，站着低垂着头一声不响的畏罪的地主。他们从前是被地主踏在脚底下的，现在站起来，用耕种大地抚育大地的手，推翻地主阶级，扫除封建势力了。仅仅是这样一个群众的大会，我就觉得有许多许多新事物。

什么才是新事物呢？我想，所谓"新的"，那是否定了"旧的"已在的事物，代表更高级的更进一步发展的东西；并不是和"旧的"已在的事物毫无关联、突然凌空出现的什么事物。理论和实践都告诉我们，新的萌芽是从旧的物质里生长出来的。

一个终生受着压迫和剥削的农民，他在斗争会上站起来，愤怒地坚决地控诉地主的罪恶，尽管他的思想里还有落后保守的地方，这个行动本身不就是新的东西么？在社会方面，这是劳动人民彻底翻身的革命，在个人的思想方面，这也就是一个转变。自然，只是这样的一个行动还很不够，还不能形成一个新的人物。但是新的人物不正是由这个转变、这个起点开始，逐步的前进、成长发展起来的么？希望每一个落后保守的农民开过斗争会之后就变成功革命者，这是不可能的。而一个革命者，完全脱离他所生长的社会环境，像神话中的人物似地凌空出现，这也是不可能的。任何质的变化，都是在一定的物质基础上，由量的变化开始，逐渐积起，最后发生突变，产生了新质。

那末，这是不是说，在文学的创作上，要表现"新的"方生的事物，也需要表现"旧的"已在的事物呢？

不，在这里，"新的"方生的事物和"旧的"已在的事物不能形式地对立起来，而是应该统一地辩证地从内容上来理解它们，因为它们之间的关系，正如同萌芽之于物质基础的关系。文学创作所表现的"新的"事物，不能只是一个想象的观念，而必须是具体的、实在的、突破了"旧的"事物，否定了"旧的"事物前进的"新的"东西。

那末，在新事物的表现上，是不是就不容许想象呢？

想象，不但容许，而且是必要的。不过，想象也有两种。一种是真实的想象，它是现实的抽象。一种是空虚的想象，它只是观念的抽象。真实的想象深化而且提高现实，空虚的想象浮化而且模糊现实。我们只有经过前面一种想象，才能达到一切方生和未生的事物。

对于我们，"最重要的不是现时似乎坚固，但已经开始衰亡的东西，而是正在产生、正在发展的东西"（《联共党史简明教程》），这是新现实主义的文学作者表现现实的原则。可是，为了真实地把握、实践这个原则，我们就不能仅仅只是想象或者臆测什么才是"正在产生与发展的东西"；而要首先了解什么是"现时似乎坚固，但已经开始衰亡的东西"，要去认识什么东西突破了它、否定了它，正在"产生与发展"出来，这样才能创造具体的实在的东西。要是把"正在产生与正在发展的'新的'东西"从现实世界脱离开来，看成一种孤立存在的、和周围环境没有任何关联的、凌空出现的东西；那样的"正在产生与正在发展的""新的"东西，就要成了不可理解的东西，绝对的东西，一种观念，一种空想，也就是现实中不存在的东西了。

让我们举一个简单的例子。如果我们在初初发生米邱林变化的苹果身上去找已经变化完成的米邱林苹果，结果将是怎样？如果心里想象着变化完成的米邱林苹果的样子，而把初初发生米邱林变化的苹果扔开，认为算不得是新事物，一定要找那现实中还没有产生的想象的东西，是不是能找到呢？

在文学创作上，有许多具体的深刻的例子。

例如法捷耶夫的《毁灭》，这本书里杰出地表现了新事物和新人物，苏联批评家曾经称它是"新人诞生的诗"。但是《毁灭》所写的，却是一个游击队毁灭的故事。如果一个作者，只看到莱奋生是个平平常常连打败仗的队长，在他的队伍里面有偷瓜酗酒的木罗式加、懦弱无能的苦勃拉克、动摇幻灭的美谛克、狡猾恶劣的企什之类的人物，而不能从这样的队长身上发现他的革命者的本质，从这样的队伍里了解巴克拉诺夫、图皤夫、美迭里札、刚卡连珂等铁一般的人物，不能认识他们艰苦进行的斗争的意义，就摇摇头说：没有什么新事物，那就很难找到什么是新事物了。

像这样的新事物，从我们眼前经过，而被我们忽略了的，一定是不在少数的。

我们读了《毁灭》，非常强烈地感到莱奋生和他的战士们，以迫人的感动力和逼人的光辉，站在我们面前。然而在小说里，这些新人物并不是神人似的腾云驾雾地出现的。他们都是作为有血有肉的人，有理智有热情、有矛盾有弱点、有困苦有斗争的真实的人和战士表现出来的。于是在莱奋生身上，我们看到英勇、坚决、智慧的品质，也看到有疏忽的时候和失察的地方（如不防备敌人的反袭，如让美谛克去做斥候）。在他的队伍里我们看到铁一般的战士，也看到木罗式加、苦勃拉克、美谛克、企什之类的人物……

那末，我们能不能把木罗式加、苦勃拉克的弱点，美谛克、企什之类的人物，这些"旧的"事物，统统从小说里删去呢？那不完全都是"新事物"，不更能表现革命的队伍和革命的人物么？显然的，不能。这不仅因为这一切都是现实中真实存在的，而且因为正是那个突破了"旧的"、否定了"旧的"在成长起来的东西，才是"新的"事物。

鲁迅先生在《毁灭》的《后记》里说到莱奋生队伍里的人物和毁灭的遭遇，写道：

> 这和现在世间通行的主角无不超绝，事业无不圆满的小说一比较，实在是一部令人扫兴的书。平和的改革家之在静待神人一般的先驱，君子一般的大众者，其实就为了惩于世间有这样的事实。美谛克初到农民队的夏勒图巴部下去的时候，也曾感到这一种幻灭的——

"周围的人们，和从他奔放的想象所造成的，是全不相同的人物……"

（一之二）

但作者即刻给以说明道——

"因此他们就并非书本上的人物，却是真的活的人。"

（同上）

这一段话，是可以让文学作者深思的。在文学上，我们表现新人物、新事物，岂不是不能只是"书本上的人物"或者空想中的"神人"，而必须是"真的活的人"么？要是按照主观的想象，把莱奋生写得怎样料事如神，百无一失，把他的战士都写得全像巴克拉诺夫、图蟠夫那样，是并不难的。难就难在怎样把这些革命战士的品质通过具体的生活和行动、实在的冲突和矛盾来表现，在真实的生命发展过程中来表现。难就难在怎样把莱奋生的"新"，不仅表现在个人的思想、语言、行动里，主要地表现在领导群众进行革命的一点一滴的工作里，一步一趋的斗争里；并且，通过这些来表现出整个的社会和整个的时代。

什么是新事物呢？显然，那意思决不是说什么十分新奇十分特别，从来没有见过的某种东西，而是说最现实的、最典型的，能够表现新社会的面貌和新时代的动向的东西。这样的新事物，首先非是最深刻、最本质的事物不可，最富有前进性、革命性的事物不可——这也就是新的萌芽。

那一天参加了斗争会回来，在路上，走过广大的田野。二月里的北方的田野还是荒凉的，看不到绿色。可是，如果仔细地留心地看一看，就能看到在灰沉沉的黄土里，到处都是密密的麦苗。它们抗住了冬天冰雪的摧残，正放出茁壮的新生的萌芽，向上生长。它们就要用茂盛的青春的生命使田野光辉灿烂起来。看到它们，立刻感到大地充满春的气息。因为它们并不是只生长在某一个地方，而是遍布整个的大地，哪里有劳动人民，有劳动人民生活、耕种，哪里就有它们……

一九五一年三月青岛

# 读《实践论》

实践是认识的基础，发现、证实、发展真理的必经过程，也是创造的基础。"人的社会实践，不限于生产活动一种形式，还有多种其他的形式，阶级斗争，政治生活，科学和艺术的活动"，都是实践。因此，毛主席的《实践论》对于文学艺术工作者也有重大的意义。

《实践论》的目的，在于批判革命实践中教条主义、经验主义的错误，指示正确的方向和道路。教条主义和经验主义的情形，在文学艺术的创作实践上，也存在着的。

在文学艺术上，我们反对公式主义、自然主义，也就是反对教条主义和经验主义。文学艺术上的教条主义，也是脱离实际、不以估计实际工作为基础，不从分析实际生活中求得指示，不深刻研究马列主义思想当作行动和创作的指南，而只形式地理解马列主义书籍的个别语句引为自得。文学艺术上的经验主义，也是满足于自身的狭小的经验，看轻理论的重要性，"因而不能通观客观过程的全体"，"沾沾自喜于一得之功与一孔之见"，作者的劳作虽然是辛苦的，但却是少有收获的。这两种主义，使得许多作者的创作和努力，都不能得到成就，使得革命文艺的前进受到影响和障碍。

《实践论》从根本上解决了这两个问题。《实践论》说明，认识有两个阶段，第一是感性认识的阶段，第二是理性认识的阶段。"感性与理性二者的性质不同,但又不是互相分离的,它们在实践的基础上统一起来了"。可是,教条主义轻视认识过程的感性阶段,以为理性认识不必通过感性认识;经验主义轻视认识过程的理性阶段,以为感性认识不必深化,发展到理性认识。在这样的认识上和思想上,感性和理性恰恰是分离了,割裂了理论和实践的统一。于是在创作上具体地表现着:公式主义、教条主义的作品缺乏感性的真实,自然主义、经验主义的作品缺乏理性的真实。

文学和艺术,是现实生活的反映,是形象的艺术。而生活、形象,都是感性的认识。只有通过具体的生活,感性的形象,才能达到理性的认识、反映出表现出深广的现实内容。如果轻视了感性的认识、感性的形象,必然的结果就是,不能达到理性的认识,不能反映现实的内容。反过来,如果只是生活的形象,感性的认识,没有深化,发展到思想性的理性认识的高度,必然的结果就是,感性的认识受到限制,不能反映表现深广的生活内容,失去现实主义的艺术形象的作用和意义。

《实践论》着重地指出来"两个要点":第一个,"就是理性认识依赖于感性认识的问题。……理性的东西所以靠得住,正是由于它来源于感性,否则理性的东西就成了无源之水、无本之木,而只是主观自生的靠不住的东西了。……"——"这就是认识论的唯物论"。第二个,"是认识有待于深化,认识的感性阶段有待于发展到理性阶段"。感性的认识,"固然是客观外界某些真实性的反映,但它们仅是片面的与表面的东西,这种反映是不完全的,是没有反映事物本质的。要完全地反映整个的事物,反映事物的本质,反映事物的内部规律性,就必须经过思考作用,将丰富的感觉材料加以去粗取精、去伪存真、由此及彼、由表及里的改造制作工夫,造成概念及理论的系统，就必须从感性认识跃进到理性认识。这种改造过的认识，不是更空虚了、更不可靠了的认识，相反，只要是在认识过程中根据于实践基础而科学地改造过的东西，正如列宁所说：乃是更深刻、更正确、更完全地反映客观事物的东西"。——"这就是认识论的辩证法"。

在这两个"要点"里，我们不仅看到哲学思想上认识论的核心问题，而且看到艺术创作上反映论的核心问题。

"理性认识依赖于感性认识，感性认识有待于发展到理性认识，这就是辩证唯物论的认识论。"——而在文学艺术上：理性内容依赖于感性形象，感性形象有待于发展到理性内容，这就是辩证唯物论的创作论。

我们有许多作品完全忽略了感性形象，否认它的必要性，以致于作品里只是一些干枯的公式教条、理论大纲，不能发挥文艺的作用。还有许多作品充塞了各种各样繁琐的表面的形象，虽然都是感性的人或事或物，却没有深化、发展到理性认识，不能表现深度的真实，没有感动人的力量。

《实践论》奠定了哲学上认识论的规律和发展的法则，也为艺术上的创作论立下了思想基础。

然而，《实践论》不仅仅关乎"认识"或"反映"的问题，它的中心是"实践"——人的行动，人的革命。《实践论》在叙述了"由感性到理性之辩证唯物论的认识运动"之后，辉煌地叙述了"从理性的认识到革命的实践这一个飞跃"，以及再从实践走到认识的循环；具体写出认识运动的整个过程，分析了人的认识和实践本身的辩证的关系；怎样在实践里面，由于客观过程的反映与主观能动性的作用，人的认识发展、飞跃，一步步地走向更高的一级，走向真理的长河。

《实践论》扩深了认识论的内容，实际上达到更广的领域。《实践论》唯物地、辩证地论证了充满矛盾和斗争、运动着发展着的，"主观与客观、理论与实践、知与行的具体的历史的统一"，指出认识真理、发展真理的途径，并且展开革命工作的庄严伟大的远景；"改造客观世界，也改造自己的主观世界——改造自己的认识能力，改造主观世界同客观世界的关系。……世界到了全人类自觉地改造自己与改造世界的时候，那就是世界的共产主义时代。"

"马克思列宁主义并没有结束真理，而是在实践中不断地开辟认识真理的道路。"

文学和艺术，人类社会实践活动之一，在《实践论》的思想光辉下面，现出更宽广的道路和丰富多彩的内容。当我们在战斗的实践里，从"片面的、现象的、外部联系的东西"，进到"全体的、本质的、内部联系的东西"，"内在的矛盾"，"在周围世界的整体上，在周围世界一切方面的内部联系上去把握周围世界的发展"，深入地正确地认识现实、表现现实；我们一定能够在文艺理论和文艺创作方面，完成更多的、更大的成就。

一九五一年三月青岛

## 列宁的文学思想
——纪念伟大的革命导师列宁逝世三十周年

一

列宁,伟大的革命导师,他把一生的精力和时间都献给无产阶级革命了。在当时,因为激烈的政治斗争和重大的革命任务,他几乎没有时间来谈文学上的问题。不过,列宁还是写下了一些关于文学、关于作家的文字。在这些文字里面,列宁以深刻的思想、钢铁的笔法,确定了无产阶级革命文学的意义和任务,规划了发展的原则和道路,写下了列宁主义的文学论。

什么是列宁主义?

"列宁主义是帝国主义与无产阶级革命时代的马克思主义。更确切些说:列宁主义一般是无产阶级革命底理论和策略,特别是无产阶级专政的理论和策略。马克思和恩格斯是在革命(我们是指无产阶级革命而言)以前的时期,在帝国主义还没有充分发展的时期,在准备无产者去作革命的时期,在无产阶级革命还不是必不可免的直接实践问题的时期活动的。而马克思与恩格斯的门生列宁,则是在帝国主义充分发展了的时期,在无产阶级革命开展着的时期,在无产阶级革命已在一个国家里获得了胜利,打破了资产阶级民主制,开辟了无产阶级民主制纪元,即开辟了苏维埃纪元的时期活动的。

正因为如此，所以列宁主义是马克思主义更进一步的发展。"[1]

同样，在文学理论方面可以说也是如此。

马克思和恩格斯生活在无产阶级革命准备时期里，当时的革命工作需要对意识形态之一的文学艺术作根本性质的整体的研究，对资本主义社会中文学艺术作个别的分析，并且自然的，没有叙述到在社会主义革命中文学艺术发展的具体的问题。这个工作就由生活在无产阶级革命开展时期的列宁来担当了。列宁在无产阶级与资产阶级斗争的新条件下，向前更进一步发展了马克思主义的文学理论。

列宁的文学理论，和列宁主义的全部思想是一致的，"具有非常战斗、非常革命的性质"（《论列宁主义基础》）。列宁，无产阶级的革命领袖，他总是从无产阶级革命出发，从革命实践的观点来看世界和人、文学和作家的。

什么是文学？

在列宁的思想里，文学这一社会意识形态是阶级斗争的强有力的武器。针对着资产阶级掌握着、控制着文学这一事实，无产阶级也必须掌握和控制文学的武器；文学应该是无产阶级整个革命事业的一部分，应该由无产阶级革命先锋队——共产党来领导，这就是列宁的"党的文学"的原则。

"文学应当成为党的。针对着资产阶级的习性，针对着资产阶级的营业性、生意经的出版物，针对着资产阶级文学的地位主义和个人主义，'老爷式的无政府主义'和赚钱主义，——社会主义的无产阶级应当提出'党的文学'的原则，发展这个原则并尽可能在更完全和完整的方式里实行这个原则。

---

[1] 斯大林：《论列宁主义基础》。

"这个党的文学的原则究竟是什么呢？对于社会主义的无产阶级，文学的事业不但不能是几个人或一小群人赚钱的工具，而且一般地它不能是个人的，脱离整个无产阶级事业的事情。打倒无党的文学家！打倒超人的文学家！文学事业应该成为整个无产阶级事业的一部分，一个统一的、伟大的社会民主主义的机器的'齿轮和螺丝钉'，这机器是由全体工人阶级的整个觉悟的先锋队所推动的。文学事业应该成为有组织的、有计划的、统一的社会民主党的工作的一个组成部分。"[1]

这个党的文学的原则的意义何在呢？它的意义不仅在于无产阶级必须组织自己的文学战线和战斗队伍，在党的领导之下和资产阶级作战；而且在于彻底改造"被亚洲的检查制度和欧洲的资产阶级弄糟了的文学事业"。因为："摆脱了农奴制的检查制度的束缚，我们不愿意去而且也决不去做资产阶级生意经的文学关系的俘虏。我们要创造而且我们也一定会创造自由的出版事业，不仅在脱离警察压迫而自由的意义上，也在脱离资本而自由，脱离地位主义而自由的意义上；——不仅如此，而且也在脱离资产阶级无政府的个人主义而自由的意义上。"[2]

资产阶级作家所说的文学的自由只是一种伪善。"在以金钱势力做基础的社会里，在劳动群众当叫化子而一小撮富人做寄生虫的社会里，不可能有真正的真实的'自由'。"在资本主义社会里，作家不能脱离资产阶级出版人而自由，艺术家不能脱离资产阶级观众而自由。"生活在社会里要脱离社会而自由是不可能的。资产阶级的作

---

[1] 列宁：《党的组织和党的文学》。
[2] 列宁：《党的组织和党的文学》。

家、艺术家、演员的自由,不过是戴着假面具的(或者伪善地装扮了的)对于钱袋、收买、豢养的依赖。"

所以,无产阶级的党的文学的原则才是真正的自由的文学的原则。

"这将是自由的文学,因为不是利益也不是地位,而是社会主义的思想和对劳动人民的情感将要召集一批又一批新的力量到它的队伍里来。这将是自由的文学,因为它不为饱食终日的贵妇人,不为肥胖得烦恼和苦闷的'几万上等人'服务,而是为千千万万劳动人民服务,他们是国家的精华,国家的力量,国家的将来。这将是自由的文学,它要用社会主义的无产阶级的经验和活的工作去丰富人类革命思想的最高成就,它要建立过去的经验(完成了社会主义从原始的空想的形式起的发展的、科学的社会主义)和现在的经验(工人同志们现在的斗争)之间的经常的相互的作用。"[1]

列宁的党的文学的原则使文学解脱了资本主义社会和许多世纪阶级社会的重重枷锁,获得了真正的自由,使文学能够真正属于广大的人民;使作家脱离了资产阶级生意经的文学关系、地位主义和无政府的个人主义的束缚,同时保证了"个人的创造性,个人的爱好的广大的范围,思想和幻想、形式和内容的广大的范围",有了创作真正伟大的作品的可能;开辟了社会主义的无产阶级文学光辉发展的广阔的道路。

列宁在一九〇五年十一月写了《党的组织和党的文学》,这时候,俄国各地成立了工人代表苏维埃,酝酿着武装起义,正是革命运动高涨的时期;列宁于是看到:"十月革命之后在俄国造成的社会

---

[1] 列宁:《党的组织和党的文学》。

民主党工作的新条件,在日程上提出了党的文学的问题。"[1]

列宁曾经说过,马克思主义理论的力量和伟大,"就在于它把严格的最高度的科学性(就是社会科学的最高成就)和革命性结合起来,而且这不是偶然地结合起来,也不仅因为这个学说的创始者个人自身结合着学者和革命家的性质,而是因为这两种性质不可分离地结合在理论本身的内部。事实上,理论的任务,科学的目的——这个学说直接认为就是帮助在实际进行经济斗争中的被压迫阶级"[2]。

正是这样,列宁在实际进行的革命斗争中提出了党的文学的原则,进一步发展了马克思主义的文学理论。

列宁的党的文学的原则武装了苏联的文学,并且也武装了世界革命文学,成为一切争取社会主义革命胜利的国家里的革命文学的原则。依据这一原则,苏联文学已经获得了光辉的成就,并且将获得更大的成就。

这一切的成就都显示着列宁主义文学思想的伟大的胜利。

二

无产阶级的革命文学,和无产阶级的革命文化一样,不是平空突然发生的,而是在一定的社会条件里和一定的文化基地上建设起来的。

列宁在《关于无产阶级的文化》里关于这个问题写下了原则性的指示。列宁坚决反对"无产文化"派"企图空想出自己的独特的

---

[1] 列宁:《党的组织和党的文学》。
[2] 列宁:《什么是"人民之友"以及他们如何攻击社会民主党人?》附录三。

文化"的打算，说："马克思主义，作为革命的无产阶级的意识形态，具有全世界的历史的意义，因为马克思主义决不抛弃资产阶级时代最有价值的各种成就，而是相反的，承受并且改造人类思想文化在二千多年来发展中一切有价值的东西。只有在这个基础上和在这个方向上继续的工作，贯彻无产阶级专政的实际经验的精神，贯彻它反对一切剥削的最后的斗争的精神，才有可能被认为真正是无产阶级文化的发展。"[1]

列宁在《青年团的任务》里更具体地说到这个问题：

"例如，当我们说到无产阶级文化的时候，就必须注意到这点。若不清楚了解到，只有确切通晓人类全部发展过程所造成的文化，只有改造这种已往的文化，才能建设无产阶级的文化——若不了解这点，我们便不能解决这个任务。

"无产阶级文化并不是从空中掉下来的，也不是那些自命为无产阶级文化专家的人所臆想出来的。如果认为这样，那就是胡说八道了。无产阶级文化应当是人类在资本主义社会、地主社会、官僚社会压迫下所创造出来的知识总汇发展的必然结果。"

列宁这些关于建设无产阶级文化的指示，对于文化形态之一的文学也有同样的意义。无产阶级的文学，和无产阶级文化一样，是人类思想文化的最高发展。为了建设无产阶级文学，就必须根据马克思主义的理论，根据革命运动的实践，来批判地审查和检验人类社会所创造出的一切文学艺术作品，通晓和改造人类思想文化在几千年来发展中一切有价值的东西。这就责成了无产阶级文学研究者和文学作家负起这个重大的工作。

---

[1] 列宁：《列宁全集》，俄文本第四版，第三十一卷，第292页。

列宁在《民族问题评论》里曾经指出：每一个民族的文化里都有两种民族的文化，一种是奴隶主、地主、资本家的反动统治阶级的文化，一种是被压迫人民的民主主义的文化。这正说明了无产阶级文学工作者首先应该批判地接受和继承过去的民主主义的文学遗产。

列宁在这方面不仅给了原则性的启示，而且作了光辉的论述。

列宁在《俄国工人过去的出版事业》里写道：

"俄国工人出版事业的历史是和民主主义与社会主义运动的历史不可分地联系着的。……

"俄国的解放运动经过三个主要的阶段，这三个阶段对应着俄国社会上三个主要的阶级，每一个阶级都在运动上打下了自己的印记：（一）贵族时期，约自一八二五年至一八六一年；（二）平民知识分子或资产阶级民主主义时期，约自一八六一年至一八九五年；（三）无产阶级时期，自一八九五年到现在。

"贵族时期最卓越的人物是十二月党人和赫尔岑。……正如同十二月党人唤醒了赫尔岑，赫尔岑和他的'钟'帮助唤醒了'平民知识分子'，自由主义和民主主义资产阶级有学识的代表人物，这些人不是贵族，而是官吏、市民、商人、农民。而在俄国解放运动中，完全取贵族而代之的平民知识分子的先驱者，就是还生活在农奴制度时代的别林斯基。……

"农奴制度的崩溃引起了平民知识分子的出现，他们在总的方面是解放运动的主要的、群众的代表人物，在个别的方面也是民主主义的、没有受到检查的出版事业的代表者。配合着平民知识分子的观点，民粹主义成了主要的潮流。作为一个社会的潮流，民粹主义从来没有能够从右边和自由主义分清界限，也没有能够从左边和无政府主义分清界限。但是车尔尼雪夫斯基，接着赫尔岑发展了民粹主义的观点，比赫尔岑向前跨了巨大的一步。车尔尼雪夫斯基是远为更彻底更战斗的民主主义者。他的著作里呼吸着阶级斗争的精神。他划出了分明的界线，暴露了自由主义者的叛变，这到如今还是立宪民主党人和取消派所恨透了的。尽管车尔尼雪夫斯基有他的乌托邦社会主义，他是一位对资本主义非常深刻的批评家。"

列宁深刻而又简明地总结了俄国革命运动和俄国社会思想发展的历史，同时说明了俄国民主主义文学发展的过程和古典作家的历史的社会的意义。

只有说明了古典作家的历史的社会的意义，然后才能说明他们的艺术价值。这是马克思列宁主义的文学研究、文学批评的原则。列宁在他的著作里论到过许多古典民主主义作家，在这些论述里都表现了这一原则的光辉的范例。列宁在简洁明确的文字里，深刻而且扼要地评论了作家的进步思想和优点，批判了作家的落后思想和弱点。特别是关于托尔斯泰，列宁写过几篇专题的论文。

伟大而又无力，清醒而又糊涂，不满现实而又宣扬"毋抗恶"的教义，充满了矛盾的托尔斯泰，在当时是一个谜。没有人能够解释这一个谜，全都追随资产阶级的论调之后，拜倒在这个"伟大的良心"前面。只有列宁，深彻地洞察了托尔斯泰的本质——思想的本质和艺术的本质，加以辉煌的评论。

托尔斯泰——"一方面，最清醒的现实主义，揭穿一切种种的假面具；另一方面，宣讲世界上所有一切混蛋东西之中最混蛋的一种：宗教"，这样矛盾的托尔斯泰，他的思想的根源和本质是什么？它是从那里产生的，表现着什么内容呢？

"然而托尔斯泰的学说和观点里的矛盾并非偶然的，而是十九世纪最后三十年中俄国生活所处的矛盾条件的表现。家长制的农村，昨天刚刚从农奴制度底下解放出来，现在可以说是送给资本和国库去搜括，去掠夺。农民经济和农民生活的旧基础，那些的确维持了几百年的旧基础，非常之快的在崩溃下去。所以托尔斯泰观点里的矛盾，不应该从现代工人运动和现代社会主义的观点出发去估量（这种估量，当然是必要的，但是不够的），而要从那对于正在兴起的资本主义的抗议出发，要从反对群众的破产和丧失土地的抗议出发，这抗议是必定要从家长制的俄国农村发生出来的。托尔斯泰，作为一个发现了拯救人类的新药方的预言者，是可笑的……托尔斯泰，作为俄国千百万农民在俄国资产阶级革命到来的时期所形成的那些思想和情绪的表现者，是伟大的。托尔斯泰是特色的，因为他的观点的总和，整个的说来，恰恰表现着我们的革命是个'农民的'资产阶级性革命的特点。从这点来看，托尔斯泰观点里的矛盾——的确是我们革命中农民的历史行动所处的矛盾状况的镜子。"[1]

"托尔斯泰不仅写出了艺术的作品，这些作品，当群众推翻了地主和资本家的统治，给自己创造了人的生活状况的时候，会永远地爱好、阅读的；——而且他成功地、用非常的力量表达出受现在的制度压迫的广大群众的情绪，描写出他们的状况，表现出他们自发的抗议和愤怒的情感。托尔斯泰，主要的属于一八六一到一九〇四年这一个时代，凸出地浮雕地在他的作品里具体地表现了——作为艺术家，也作为思想家和说教者——整个第一次俄国革命的历史的特点，它的力量和它的软弱。"[2]

---

[1] 列宁：《列甫·托尔斯泰，一面俄国革命的镜子》。
[2] 列宁：《列甫·托尔斯泰》。

"广大的人民的海,汹涌激荡到了最深的底层,带着它的一切弱点以及它的一切强的方面,都反映在托尔斯泰的教义里面。

"研究托尔斯泰的艺术作品,俄国工人阶级可以更好地认识自己的敌人,而检讨托尔斯泰的'教义',全俄国人民应该晓得,不让他把解放事业进行到底的他本身的弱点是在什么地方。这个必须晓得,为了前进。"[1]

列宁不是简单地从现在出发去考察和估量作家,而是从一定的历史的社会的条件出发去考察和估量作家。列宁不是单纯地从理论上来分析和评论作家,而是结合社会革命运动来分析和评论作家。这就提出了历史唯物主义的观点和革命实践的标准,打倒了公式主义和教条主义的理论批评。这样,列宁深刻而又正确地评论了托尔斯泰的伟大和矛盾、艺术和思想,为批判地接受古典文学遗产立下了范例。

列宁论托尔斯泰的论文,和他所有别的著作一样,表现着实践是列宁的认识论的基础。如果我们脱离实践的基础来认识列宁的"反映论",那就阉割了马列主义的活的革命的内容;当理论与活的社会革命斗争脱离了关系的时候,结果不可避免地就要变成一些陈腐的自相矛盾的理论观点和理论断片,走上教条主义、公式主义的道路。

"实践的观点是辩证唯物论的认识论之第一的和基本的观点。"[2]

列宁论托尔斯泰的论文辉煌地表现了以实践为基本观点的辩证

---

[1] 列宁:《托尔斯泰与无产阶级的斗争》。
[2] 毛泽东:《实践论》。

唯物论的认识论，彻头彻尾地贯注着马克思主义的批判的和革命的精神；正如斯大林所说，列宁"不仅是把马克思的唯物辩证法恢复了，而且是把这个方法具体化和往前发展了"[1]。

列宁在一九一〇年，在批判了孟什维克派关于托尔斯泰的糊涂见解之后，写道："当前的任务——即使在最困难的条件下面，也要挖掘矿石，提炼生铁，铸造建设马克思主义世界观以及与之相适应的上层建筑的纯钢。"[2]

列宁首先开始为这一巨大的工作奠定了基础。

三

列宁在一八九七年就说过："保存遗产——决不是说被遗产所限制。"[3]对于无产阶级革命文学，继承和改造以往的文学遗产决不是说"硬搬和模仿""决不可以变成替代自己的创造"[4]；无产阶级革命作家的任务是要更进一步地向前发展，在新的思想观点上创造新的社会主义的文学和艺术。

列宁重视和关怀高尔基，在政治上和创作上给予种种帮助和鼓励，因为高尔基是"无产阶级的艺术的最伟大的代表，他为无产阶级的艺术已经做了许多贡献，而且还可以做更多的贡献"[5]。

列宁坚决反对"无产文化"派企图关在"实验室"里、脱离社会斗争、脱离现实生活来制造无产阶级文化的主张。因为只有参加

---

[1] 斯大林：《论列宁主义基础》。
[2] 列宁：《"保留"的英雄们》。
[3] 列宁：《我们拒绝什么遗产》。
[4] 毛泽东：《在延安文艺座谈会上的讲话》。
[5] 列宁：《政论家的时评》。

人民的斗争，参加社会主义建设，作家才有可能创作真正伟大的文学作品，社会主义文学和文化才能辉煌地发展。

列宁要求作家结合现实，结合革命运动进行创作，积极帮助无产阶级革命斗争。在这一意义上，列宁称高尔基的《母亲》是"一本适当其时的书"。

在革命胜利之后，列宁劝高尔基去观察和研究军队里、农村里、工厂里的新事物，观察在第一个苏维埃共和国里新生活是怎样建设起来的。列宁对高尔基说，"如果观察——应该从下面观察，在能够'实地考察'新生活的建设的地方"，"在农村里或是在外省的工厂里（或是在前线上）"，"在那里比较容易用简单的观察来分别老朽的事物和新生的萌芽"[1]。

列宁要求作家真实地表现生活。文学要真正能够帮助社会主义建设，能够具有说服人民、教育人民的力量，就必须表现真实的生活中的事实，而不能只是空洞地宣讲政治概念。列宁特别提出这一点来，说："少发些政治喧声，多注意些极平凡的，可是生动的，从生活中取得，并为生活检查过的共产主义建设的事实——这个口号是我们全体，我们的作家、鼓动员、宣传员、组织员等所应该始终不倦地重复的。"[2]

列宁在评论托尔斯泰的时候说过："如果在我们面前的，的确是个伟大的艺术家，那末，他至少应当在自己的作品里反映革命的某些本质的方面。"[3] 列宁在给阿尔芒德的一封信里，批评她写的关

---

[1] 列宁给高尔基的信（1919年7月31日）（《列宁全集》，俄文本第四版，第三十五卷，第347—350页）。
[2] 列宁：《伟大的创举》。
[3] 列宁：《列甫·托尔斯泰，一面俄国革命的镜子》。

于恋爱问题的小册子的计划，提出了典型的问题："对于通俗的小册子说来，把小市民的、知识分子的、农民的……没有爱情的庸俗的肮脏的结婚——和无产阶级的有爱情的不用教会仪式的结婚加以对照，岂不更好……你所作的对照不是阶级的'典型'，而是'偶然事件'之类的东西，这个，自然是可以的。但是难道问题在于偶然事件么？"

还在苏维埃共和国成立的初年，列宁就在《伟大的创举》里要求作家和革命工作者认真地扶助生活中新的萌芽，"平凡的、质朴的、日常的，然而却是活生生的真正共产主义的萌芽"，"在无产阶级国家政权扶助之下，共产主义的萌芽不但不会夭折，反而定会茁壮滋长并且发展成为完全的共产主义"[1]。

列宁的这些话，正指示着社会主义现实主义的文学创作的原则：社会主义现实主义的作家必须要真实地深刻地表现生活，表现生活的本质和典型，表现生活中新事物的萌芽；作家不仅仅在作品中反映现实，并且要写出现实发展和前进的道路。

列宁反对一切脱离生活、脱离人民的文学和艺术。

在当时，正是表现主义、未来主义、立体主义这些西欧资产阶级没落时期的艺术流派盛行的时候，列宁有一次在和克拉拉·蔡特金的谈话里，把这种艺术和古典的现实主义艺术区别开来，说："美的东西必须保存，当作模范，作为出发点，即使哪怕它是'旧的'。为什么我们要避开真正美的东西，拒绝拿它当作进一步发展的出发点，只是因为它是'旧的'呢？为什么我们要把不论什么新的东西

---

[1] 列宁给 H. 阿尔芒德的信（《列宁全集》，俄文本第四版，第二十五卷，第140—141页）。

当作神一样的崇拜，个个人都得向它低头顶礼，仅仅因为'它是新的'呢？胡闹，完全胡闹！许许多多这种东西都是虚伪，自然，还有盲目的崇拜西方艺术中流行的样式。……我无法认为表现主义、未来主义、立体主义以及一切其他的'主义'的作品是艺术天才的最高表现。我不懂它们。我从它们得不到快乐。"

正是因此，列宁称赞了马雅可夫斯基的诗《开会迷》，可是不赞成他诗里的未来派的倾向。

列宁思想里的新的文学艺术，它是属于人民的，必须是人民的文学和艺术："艺术是属于人民的。它的深深的根必须埋植在劳动群众的最深处。它必须是群众所理解的，所喜爱的。它必须说出劳动群众的情感、思想、意志，并且把它们提高。它必须唤醒群众中的艺术家，并且帮助他们发展。"[1]

列宁不仅确立了社会主义文学艺术的原则，并且规划了前进的道路和发展的远景。

高尔基在回忆列宁的文章里写道：

"一九一八年秋天，我问一个梭尔莫夫厂的工人德米特里·巴甫罗夫，在他看来，列宁的最显著的特点是什么？

"——朴素。像真理一样朴素。

"他这样说了，好像是深思熟虑过的，老早就想好了的。"[2]

德米特里·巴甫罗夫是见过列宁的，我们见不到列宁了；但是我们能够见到列宁的著作，我们觉得还要增加一句：

——深刻，伟大。像真理一样深刻，伟大。

---

[1] 蔡特金：《回忆列宁》。
[2] 高尔基：《列宁》。

只有一种人——把整个的生命献给真理的人，才能像真理一样朴素。只有一种人——把所有的力量献给人民解放事业、坚持不渝地、脚踏实地地、为消灭一切人剥削人的社会制度进行革命斗争的人，才能把严格的最高度的科学性和革命性结合起来，创造出变革世界永垂不朽的深刻伟大的理论。

正如高尔基所说，列宁的思想，"像指南针一样，总是指向劳动人民的阶级利益"；列宁的话，总是"语句简单而思想丰富"，有时燃烧着炽热的火花，"使人深切地感触到不可抗拒的真理"；有时则闪烁着铁水的寒光，"非常朴素地塑出了艺术的完整的真理的形象"。[1]

我们已经建立了革命的人民的新中国，开始走向社会主义社会的经济建设和文化建设。让我们更好地学习列宁的革命的真理，列宁的朴素、深刻和伟大的理论；让我们在马克思列宁主义的指导之下，坚持不渝地、脚踏实地地努力创造社会主义共产主义的文学艺术。

一九五四年一月北京

---

[1] 高尔基：《列宁》。

# 纪念鲁迅先生
## ——纪念鲁迅先生逝世十八周年

我们纪念鲁迅先生,不仅因为他是伟大的文学家,而且因为他是伟大的思想家与伟大的革命家。

鲁迅先生在民国初年,旧军阀统治的时代,就面对着那些结成一气,奴役人民、杀害革命者和青年的各种反动势力举起战士的投枪。他——"叛逆的猛士出于人间;他屹立着,洞见一切已改和现有的废墟和荒坟,记得一切深广和久远的苦痛,正视一切重叠淤积的凝血,深知一切已死,方生,将生和未生。他看透了造化的把戏;他将要起来使人类苏生……"(《野草·淡淡的血痕中》)

鲁迅先生在他的第一篇小说,一九一八年写的《狂人日记》里,就以攻击四千年来的"吃人"的历史和社会做主题,预言"将来容不得吃人的人"的。后来写的《药》里革命者坟上的花环,《明天》里对"明天"的期待,《故乡》里对"新的生活","为我们所未经生活过的"新生活的想望,《好的故事》里对"美的人和美的事"的憧憬;都说明在鲁迅先生的思想里包含着改变旧世界、创造新的美好的世界的理想。这赋与鲁迅先生的创作以现实内容和战斗内容,这引向他后来的无产阶级革命斗争的结合。

在这个基本思想下面,鲁迅先生和一切反动势力进行了坚强的不妥协的战斗。因此,在新的法西斯军阀、屠杀人民的蒋介石政权的黑暗统治下面,在人民革命斗争最艰苦的年代里,从一九二七年到一九三六年，鲁迅先生把小说和散文都停止了，连续写了十年之久的针对现实的尖锐的杂文。这样的杂文，正如他自己说的，是"匕首"，是"投枪"，"能和读者一同杀出一条生存的血路的东西"（《南腔北调集·小品文的危机》）。这是他攻击敌人最灵便、最锋利的武器。这个时期，鲁迅先生也译了不少苏联的革命文学理论和小说，这些作品不仅增强了中国革命文学阵营的力量，而且传播了革命思想的种子。

鲁迅先生眼中和笔下的"文学"，始终没有离开人民和人民的革命斗争。

鲁迅先生早在《华盖集续编》（一九二六）里，谈到苏联的新文学作品里培进司基的《一周间》的时候，说到中国"自民元革命以来"，为什么没有"现出一个较新的新时代，产出更新的文艺来"；鲁迅先生认为："这就是因为没有新的山崩地塌般的大波，也就是因为没有革命。"（《马上日记之二》）在《而已集》（一九二七）里，他明白地写道："现在中国自然没有平民文学……所有的文学，歌呀，诗呀，大抵是给上等人看的；他们吃饱了，睡在躺椅上，捧着看。……现在的文学家都是读书人，如果工人农民不解放，工人农民的思想，仍然是读书人的思想，必待工人农民得到真正的解放，然后才有真正的平民文学。有些人说：'中国已有平民文学'，其实这是不对的。"（《革命时代的文学》）

要怎样才有新的作品、新的人民文学产生呢？鲁迅先生的回答是："须到无产阶级革命的风涛怒吼起来，刷洗山河的时候。"（《二心集》）

鲁迅先生在一九三一年写的一篇文章《黑暗中国的文艺界的现状》（《二心集》）里宣布：

"现在，在中国，无产阶级的革命的文艺运动，其实就是惟一的文艺运动。……

"……左翼文艺有革命的读者大众支持，'将来'正属于这一面。

"左翼文艺现在在和无产者一同受难，将来当然也将和无产者一同起来。……"

鲁迅先生把他对新世界的理想、新文艺的理想，都放在无产阶级的革命上。鲁迅先生的创作活动，从开始到终了，是和摧毁半封建半殖民地的中国旧社会的战斗结合着的；从开始到终了，鲁迅先生坚韧地、执着地进行这一战斗。

鲁迅先生的全部作品说明着这一战斗。

鲁迅先生的坚强的、不妥协的、韧性的战斗精神，是中国人民文学工作者宝贵的遗产。

正因为有对人民的深爱，对反动势力的痛恶，对旧社会的斗争，对新世界的理想，鲁迅先生的文字才有了力量，才有了伟大的艺术生命，鲁迅先生也才成为伟大的作家，革命的人民文学的开创者。

鲁迅先生的全部作品，表现出一个全心全意为人民献身的伟大战士的形象，同时也说明了艺术和诗的创造的真理，指示着我们前进的路。

一九五四年十月北京

## 评《明朗的天》

曹禺同志的新作《明朗的天》的演出，得到了令人注意的成功。它从去年十二月十二日由北京人民艺术剧院上演，直到今年二月二十五日为止，剧院每天都客满。观众早已期待曹禺同志的新作了，《明朗的天》告诉了观众，作者是以严肃的态度继续努力于戏剧的创作的。

《明朗的天》里大部分人物是高等学校的知识分子。新中国的旧知识分子是在半封建半殖民地的社会里成长起来的，背的思想包袱沉重得很，既有残余的封建意识，又有浓厚的资本主义思想；至于在美帝国主义文化影响下面成长的知识分子，更有或多或少的亲美崇美的思想。除了有少数人较早地献身革命事业以外，多数人直到人民解放战争胜利之后，中国社会起了根本的变化，才开始在思想上发生变化，渐渐觉悟到过去的错误，开始和人民结合，走向为人民服务的道路。《明朗的天》就是描写这些旧知识分子思想转变的剧。

这个剧写的是北京燕仁医学院的医生和教授们的故事。剧里的中心人物凌士湘，是一个细菌学家，他几十年来一心一意地从事研究工作，希望能够用他研究的成果为人民增进幸福。在解放后，这个正直、真诚、赋有正义感的科学家是拥护共产党的，可是在医学院里展开反帝爱国运动的时候，他有几个问题弄不清楚：美国在中国办医院、办大学有进行文化侵略的目的吗？美国大夫贾克逊是文化特务吗？科学家有阶级性吗？科学要同政治结合吗？起初他怀疑、思索、苦恼，得不到解决（二幕二场）。直到后来，他参加反细菌战展览会的工作，亲眼看到美帝国主义者的罪证，看到他所怀疑的细菌战是实在的事实，确实有"杀人的科学家"，他才开始觉悟过来（三幕一场）。同时，在医院里治病的中国人民志愿军庄政委对待他的女儿凌木兰的态度，也使他受到感动，受到影响（三幕二场）。最后他又亲眼看到美帝国主义者从飞机上投下的感染了鼠疫的中国田鼠，正是利用了他的研究成果；并且又听到另一个大夫孙荣告诉他：女病人赵王秀贞的离奇的死，那是贾克逊用她来实验斑疹伤寒的结果。这时候他明白了一切。于是他毅然地向医学院的董院长承认自己的错误，并且要求到朝鲜前线去参加反细菌战工作，参加人民民主阵营对美帝国主义者的斗争（三幕三场）。在剧里，作者相当真实生动地描写了这个人物的形象和他的思想转变的过程。作者对于这个人物的描写具有广泛的、超乎科学家以外的教育意义，感动了广大的观众。

对于剧里其他的旧知识分子，作者也都按各人的生活思想情况的不同，描写了他们在解放前后不同的表现和变化。在解放以后，在反帝爱国运动中，同美帝国主义者关系较浅、思想平庸、可是并不顽固、也确实有些学问的陈洪友，表现了一定程度的进步。糊涂而且卑鄙、沉迷在小资产阶级的名利梦想里的孙荣和尤晓峰，只是初步改变了立场，进步还不大。同美帝国主义者关系较深、世故也比较深、顽固反动的江道宗，就很少变化；虽然贾克逊的罪恶已经暴露，医生们都觉悟了，他自己已成了"孤家寡人"，但他还在那里迟疑徘徊，下不了同旧思想分手的决心。

江道宗、孙荣、尤晓峰式的知识分子，在旧中国是大量存在的。他们的头脑里充满剥削阶级的思想，他们没有想到过人民和国家，也没有想到过科学真理。他们所想的只是个人的私利，怎样才能得到反动统治者的欢心，甚至于能够堕落到甘心做美帝国主义者的奴才的地步。《明朗的天》概括地描写了这些人物的形象，揭露了他们的肮脏的面目，并且指出唯有努力改造思想，全心全意为人民服务，才是旧知识分子正确的出路。在这方面，《明朗的天》触着了这一类人的痛处，向他们敲起了警钟。

《明朗的天》表现了旧知识分子在解放后思想情感上的变化，也描写了党对知识分子的政策和党的活动，同时穿插着帝国主义分子的阴谋诡计、抗美援朝斗争、工人阶级翻身前后的生活状况，因而反映了激烈变化中的中国社会的一个面影。这个剧的主题思想和革命立场的明确，是作者以前的剧作所不能比拟的。而作者的剧作的特色之一——力求真实地生动地具体地描写人物的性格、思想、情感，这一具有现实主义素质的特色，在《明朗的天》里也有了进一步的发展。它力求契合真实的现实，而不是仅仅追求戏剧性的构图。正因为这一切，观众热烈地欢迎了这个剧的演出。在作者的创作道路上，《明朗的天》是一个新的成功的起点。

《明朗的天》有这些成就，可是也有它的一些缺点。

作者写作《明朗的天》之前，曾经详细地研究过剧中人物的生活；剧本写出来之后，又经过一再地修改。作者在这个剧上所用的工夫和力量，不下于他以前的剧作。可是观众看了之后，仍然觉得它感动人的力量不够强烈，因而所得的印象还不够深刻。许多人认为它的艺术成就还没有达到作者以前所已经达到的水平，这是什么原因呢？这原因，决不如某些人所想象的，是作者被共产主义世界观这把"刀子"吓坏了,而要从作品的本身去寻求。

戏剧的主要缺点,可以说,因为剧中现实生活和人物形象的刻画比较失之简略,缺乏深刻的内容。例如剧里的中心人物凌士湘,作为一个科学家,他的思想和性格,他的生活态度和工作精神,都需要有更具体更深刻的描写;可是现在我们仅能从他和别人的谈话里知道一个大概。剧里第二幕第二场,地点在凌士湘家里,本来是具体描写这个科学家的生活和思想的很好的场所,可是全幕都被思想问题的抽象的辩论占有了。作者说凌士湘是一个杰出的科学家,但是作者并没有在舞台上表现他从事科学工作、追求科学真理的庄严,观众在戏里的前半部也几乎只看到他的固执的一面。戏剧的主人公既然没有以动人的生命出现,他的思想斗争就不免减少了彩色。同样,同主人公关系最密切的容丽章的内心世界也没有得到充分的展开。作者对于作品中的共产党员董观山、何昌荃、庄政委是注意塑造的,但是究竟还只能说是一些面影。医学院的生活在第一幕里有声有色,但在第二幕以后,作者没有能够运用他的才力在人物思想矛盾的纠葛中充分描画解放后新生活的场景。反帝爱国运动是现实社会中的一个斗争,人的思想的转变和运动的发展都不能没有它的现实社会生活的基础。当斗争主要地不是在生活基础上进行,而是在思想概念中进行的时候,戏剧中的风暴就不容易最有力地震动观众的心弦了。

作者在剧里力图展开广阔的画幅,写到解放前夕,写到抗美援朝,写到工人翻身;这些对于反映现实反映时代,尤其是对于旧知识分子思想情况生活情况的描写,都有它的作用。但是这些画幅还不能说已经紧密地结合在一根主线上。在这些画面中活动的主要人物是凌士湘,而联系这些画面,联系全剧情节的人物却是工人赵树德和赵王秀贞,尤其赵王秀贞的死,对于凌士湘的思想转变具有决定性的作用。全剧的主要人物(凌士湘)不能成为情节的中心,联系情节的中心人物(赵树德和赵王秀贞)又只能作为插曲式的人物出现,这是《明朗的天》在结构上的一个基本缺点。除了赵树德夫妇以外,还有一些人物也只是插曲式的。例如庄政委的一场,虽然有表现现实的意义和间接促进凌士湘思想转变的作用,可是这个人物和前后的剧情都没有密切的关联;在剧里插进那样一场动人的唱歌说故事的场面,作者虽然费了苦心,却不免截断了全剧的情节,也就是矛盾的发展和它的高潮。在作品里,广阔的生活画面是好的,但是如果不是出于戏剧发展的必然,如果只是为着安置逻辑上的前提,而没有对出场的人物作深入的表现,那就很难不显出人为的拼砌乃至漫画化的痕迹,不得不影响到作品的完整性、深刻性以至于它的感动力。

虽然有这些缺点,这个剧本身的内容以及它的创作过程,充分表明了作者对待文学工作的严肃的态度。作者自己投入新生活也不久,因此对于新生活的表现还没有达到自由完满的境地是完全可以理解的。作者努力研究新生活的热诚和重新开始间断已久的创作生活时所获得的成功,使我们对作者的前途抱有无限的希望和信心。作者在剧里力求摆脱公式化、概念化,力求从生活出发描写人物,这是戏剧所以得到它已有的成功的原因。但是凡是读过作者过去的作品的人,都相信作者的才力还可以使现有的成功更大。在现在的作品里,作者对剧中的人物的描写一般地还止于表面现象和表面特征,还没有能把他们提高到典型的高度。表面现象和表面特征可能是生活中突出的东西,但还不就是生活中本质的东西。表面的现象和特征在表面上就可以抓住,本质的东西却非深入人物和生活的内部不可。在艺术上，不深就不能高，这是一条定理。

应当说，《明朗的天》以它现有的成就，已经远超出目前一般的写知识分子思想转变的作品之上。但是我们希望作者能够再把它加强、加深、提高，希望尽量做到"除了细节的真实之外，还要正确地表现出典型环境中的典型人物"（恩格斯）；因为只有这样，文学艺术作品才能充分完成以社会主义的思想精神教育读者和观众的任务。听说作者正在改写这个剧本，但愿这里的一点简单的意见对作者也能够有所贡献。

一九五五年五月北京

第二辑

# 艺术散记

一

人类的艺术活动从原始时代就开始了。

我们今天所知道的最早的人类艺术创作，那是二万五千年前旧石器时代后期的人类，奥麟耶时期（Aurignacian Period）和索留特累时期（Solutrean Period）的克罗玛农人（Crô-Magnons）在骨器、角器、石器上作的雕刻，在洞穴的壁上画的彩画，美术史上通常称为冰鹿时期（Reindeer Age）的作品。这些作品的艺术意义，到今天还没有得到应有的评价。

例如，西班牙阿尔塔米拉（Altamira）洞顶野牛群的壁画（图一、图五），奔驰的野猪的彩画（图三），长鸣的赤鹿的线雕，法国马尔梭拉（Marsoulas）洞里野牛的壁画（图二），泰耶（Teyjat）洞里行走的熊，瑞士凯斯勒罗克（Kesslerloch）洞里发现的吃草的冰鹿（图四），比里尼斯（Pyrenees）地方洛泰（Lorthet）洞里发现的渡河的赤鹿，以及许多其他的绘画、雕刻，——这些作品只有学者们在历史书里照例提它们一笔，赞美两句古代人类的艺术天才，肯定它们博物院里古物的地位，如此而已。

然而，作为艺术的作品，它们有更多的意义。

首先，我们可以想一想，在这些作品里，令我们觉得灿然惊人的，那是什么？是古？不是。是美？不是。是什么？——那是真实。

在二万五千年前的冰鹿人，他们并没有想到所画所刻的东西是"艺术"。他们只是在打猎回来之后，或者天气不好，不能出去打猎的日子，在阴暗的洞穴里，用砂石做的灯，借着动物骨髓燃烧的光，用铁矿、木炭、磁土，和上动物的脂肪，调成红色、黑色、白色的颜料，在壁上画一幅图画；或者用石头的刀作一幅雕刻；他们生活在原始共产群体里，没有受到私有财产社会制度之下的生活观念的残伤；他们的生活是粗野的，可是是质朴的，纯真的。在这样的生活中成长起来的人，他们也以粗野、质朴、纯真接触世界，于是，在绘画和雕刻里，他们达到艺术创作的原始的真实的境界。

这境界只要和冰鹿人以后的作品对照一下，立刻就明亮地放出光来。

冰鹿人画过一幅野牛（图五），这幅画和他们别的作品相同，线条和构图都十分简单。这个野牛，只有一个粗略的轮廓，可是就是这轮廓：矗立的毛，粗壮的身躯，刀一样尖利的角，雄顾的眼睛，狰狞的头额，表现出一个纯然的野和力的生命。后来，在希腊文化初期，所谓爱琴文化时期，克里特（Crete）人也常常绘画雕刻动物。现在已知的克里特文化全盛时期（约公元前二千年至一千五百年）里，有许多描写野牛的作品。这时候，克里特人久已脱离了狩猎生活，已经建立了城市，有了畜牧业、农业、手工业、商业，而且有了统治的君主，划分出社会的阶层；自然的征服者与私有财产所有者的思想意识，已经生下根了。于是我们看到，对于克里特人，无论是克诺索斯（Knossos）王宫里存留的彩色浮雕《暴怒的牛》，或者是瓦菲奥（Vaphio）城郊古墓里出土的两只金杯上的浮雕《捕牛图》和《引牛图》（图六），牛不再是作为狩猎生活的对象，而是作为畜

艺术的理解

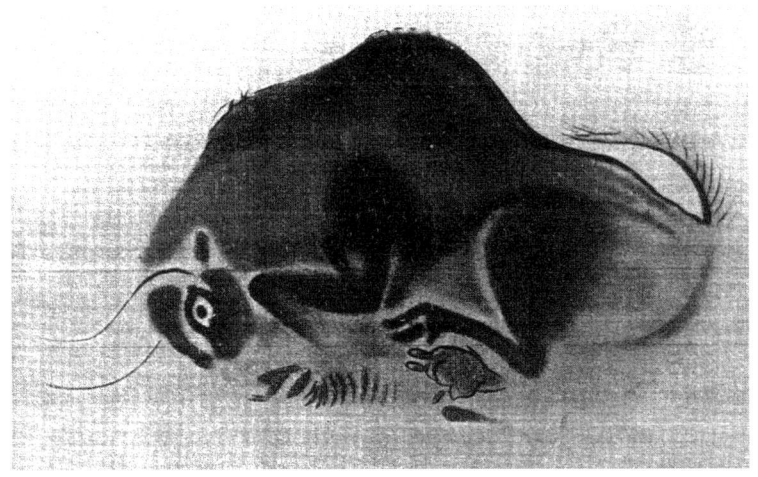

（图一）野牛　西班牙阿尔塔米拉洞的壁画

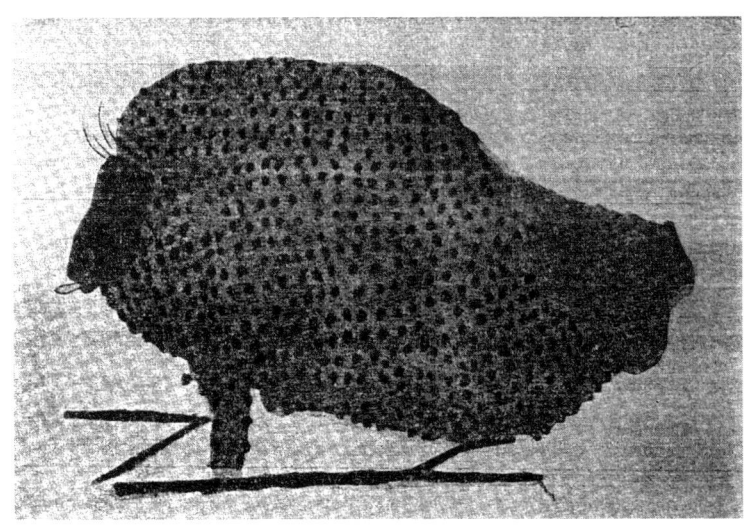

（图二）野牛　法国玛尔梭拉洞的壁画

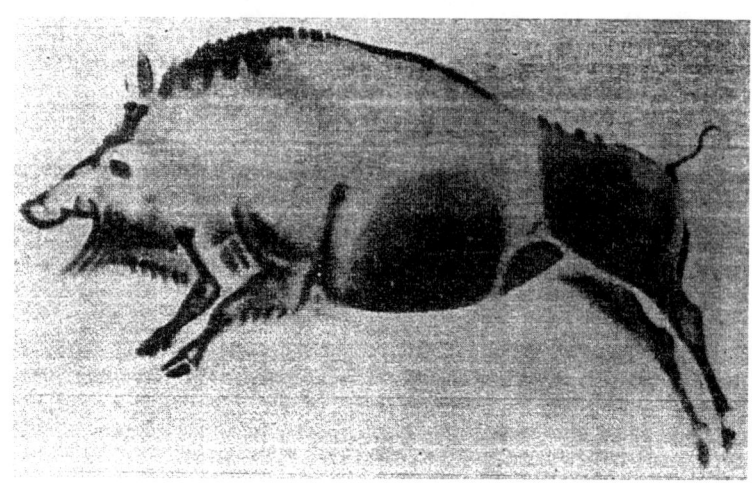

(图三)奔驰的野猪　西班牙阿尔塔米拉洞的彩画

(图四)吃草的冰鹿　瑞士凯斯勒罗克洞的骨器雕刻

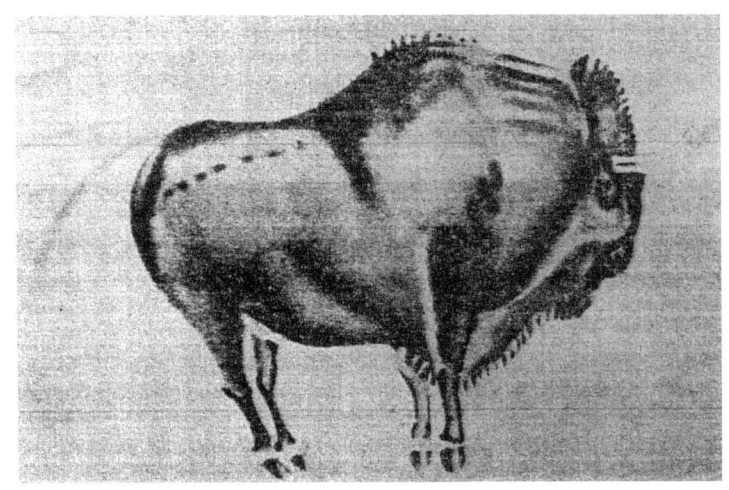

(图五)野牛 西班牙阿尔塔米拉洞的壁画

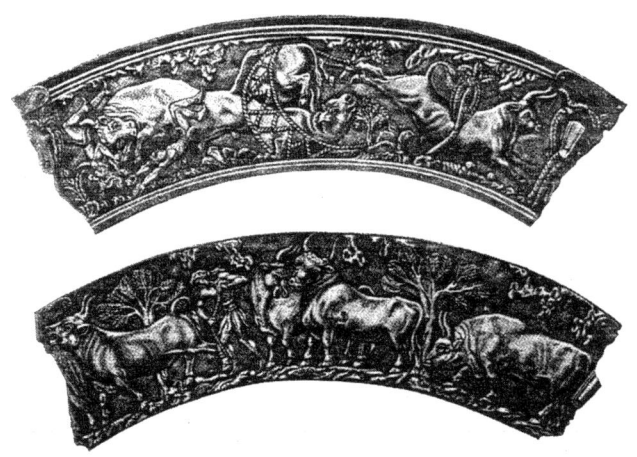

(图六)希腊瓦菲奥出土的金杯:捕牛图(上),引牛图(下)

牧业与农业的成果，生活中的财富的象征描写了的。就以瓦菲奥金杯来看，虽然是由野蛮进入文明时期的人对于古代"服牛"的回忆和赞颂，但是金杯上面的牛群的画面，它们的发怒、奔逃、欢鸣的形象，在圆美的风格润饰之下，每一笔触里都反映着文明时期的特定的社会生活，融和着那一社会的意识、观念，乃至于情愫。在华丽的《捕牛图》里，牛完全失去了野生动物的粗犷的野和力，在欢乐的《引牛图》里，牛的形象中显然有人类社会生活和意识的投影存在。甚至图里的土地和树木，也是这样雕绘了的。

然而，这并不是说克里特人的艺术是坏作品。不，社会生活的进展影响了文化，同时也带给文化以进展。无论在画面上、线条上，克里特人都比冰鹿人圆熟复杂得多。不过这时候，艺术家要负着社会生活和历史传统的束缚与艺术相接触了，他们与这束缚作猛烈的战斗而完成的艺术，是辉煌的。可是，他们无论如何，不能再像冰鹿人那样纯真地自由地创作。

所以，冰鹿时期作品的真实，包含着人类原始共产制度社会生活的真纯和质朴。这样的素质，就是在冰鹿人所作的象征化了的人像雕刻里，也是存在着的。

鲁迅先生曾经写道："那作品，像太阳的光一样，从无量的光源中涌出来，不像石火，用铁和石敲出来，这才是真艺术。那作者，也才是真的艺术家。"（《彷徨·幸福的家庭》）原始的冰鹿人正是从生活的"无量的光源"中涌出了这样的艺术作品。

这是原始的现实主义（Primitive Realism），它粗野，质朴，单纯，有些地方甚至是幼稚的；然而它真实，健康，生命活腾。

凯斯勒罗克洞里发现的雕刻吃草的冰鹿（图四），半停半走，一只前蹄还留在后面，一只后蹄正踏向前面，头低垂着，丫叉的长角下垂，眼也下垂，颈下的毛须也宁静地垂下，尾部则稍稍地扬起。阿尔塔米拉洞里的彩画奔驰的野猪（图三），尖嘴向前突出，迟钝的眼睛凝视着前方，耳朵和须毛紧张地耸立着，尾巴翘起，那短而壮实，像铁一般的腿四蹄并举，飞跃似的锐不可当的向前猛冲。作者不在生活中深入体会这样的形象，是无法写出这样的画幅来的。

艺术是社会生活的反映，而生活是艺术创作的源泉，最早的人类的作品再一度地证明了这个真理。

## 二

原始的现实主义创作，单纯而且素朴地表现着艺术生命与社会生活的关系、艺术的真和美的根源。在艺术上，美的境界源于真实的境界，源于生活的境界。

所以美是实在的，不是幻生的。

观念论的艺术家，常常在抽象的形式里追求美的原则，认为美存在于形体的比例中，存在于心理的状态中，存在于感觉的调和中，等等，等等。然而美和艺术，不是什么狭小的技术上的原则所能概括的；人类过着社会生活，社会生活本身创造着原则。

真实的艺术，它的生命从属于一个更广大更高的原则。

这是善。

冰鹿人创作的动机，虽然今天很难确定。可是，不论他们的目的，是在庆祝打猎的胜利，或者如一部分人说的，带有符咒的作用，想能打到那样一个动物或者下次再打那样一个动物；它总是与求善的思想和愿望联系着的。

从原始的时代起，"善"就不是托尔斯泰的退让的不抵抗的爱，也不是高人雅士的仁慈或人道，也不是个人主义者自私自利的伪善，这是勇敢的面对现实的战斗。"善"是人类寻求幸福的生活的愿望和行动。

冰鹿人只有打猎才能生活，为了生存，他们必须深入研究野牛、巨象、熊、冰鹿的生活和性格，与它们作艰苦而且猛烈的战斗；冰鹿时代的艺术家，非是一个优良的猎手和战斗者不可。在寻求人类的幸福的生活的战斗中，他们得到了创作的力量，他们完成了艺术。

对于现代的艺术家，这是一个创作的基本的原则。

M.高尔基告诉我们，他最初发表作品的时候，大半写些寓言、童话，充满厌世主义或浪漫气氛的东西，有一天科罗连珂就拿着他的这些稿子对他说："我看，你还没有找到你底真实的表现方式。你是现实主义者，不是浪漫主义者。现实主义者！……"

只是在成了为劳苦人民大众的幸福而战斗的革命的现实主义者之后，高尔基才得到了创作的力量，他的艺术才放出光辉。

因此，现实主义，这不单是真的战斗，而且也是善的战斗。

一切伟大的艺术作品，只有在善的战斗中才能够完成，鲁迅也是在这一战斗中，才能完成他的《狂人日记》《阿Q正传》《祝福》……

艺术的作家中有强者，也有弱者。像向往温和的贵族立宪政制的屠格涅夫，这是一个弱者。他沉溺于悠闲的旁观现实的生活。他在俄国，"头靠在一个垫子上，胳膊交叉在胸前，望着那些似乎向他走来，像扇子一样地展开的广阔的田野，那些一枝比一枝高的蝴蝶花；那些用迟钝的目光追逐车辆的老鸦、喜鹊，和那些复满了艾、香草、野薄荷的长坡，这种清新而富饶的原野的和平，这种广阔，这种苍翠，这些迤逦的丘谷，这些复满了矮橡树的根桩的斜坡，这些灰色的小村落，这些脆弱的桦树……"（《贵族之家》）他在法国，时时"一切在他看来只像烟：他的生命，俄国的生命，所有属于人类的东西，尤其是所有属于俄国的东西"（《烟》）。这样，写了《猎人日记》之后，屠格涅夫失去了深入现实的力量，只能把握架空的观念上的主题，去写一些纤细精致的文章。和屠格涅夫比起来，那个错误而且自信、固执而又坚持他的观念论的思想，但是两只脚坚强地站在俄国的土地上，站在俄国农民群众中间，为人民的幸福而战斗的托尔斯泰，虽是宣传糊涂而且有毒的教义，但是在生活上，在善的战斗中，他是个强者，他勇敢地表现了现实社会的丑恶和黑暗，他完成了伟大。

自然，人是爱艺术的，爱美的，然而人更爱真实和伟大的艺术。

希腊神话里面，弗里基亚（Phrygia）的国王米达斯（Midas）得到了点金术之后，他在狂喜当中，把花园里一园的玫瑰都点成了金花。但是当他把变金了的花给他的小女儿玛丽果德（Marygold）的时候，玛丽果德却不爱这种宝贵的花。她哭着，轻蔑地把金花掷在地上，呜咽地说："它枯了，毁了，黄了……一点都不香，硬瓣子还刺我的鼻子！"

托尔斯泰在英国，在一个文学晚会上见过狄更斯之后，这样的写道：

"他漂亮地读着，他的阔大服人的个性给我以深刻的印象。

"在狄更斯面前，屠格涅夫像一个小老鼠在一座山面前一样。"〔《托尔斯泰札记》，载《苏维埃国土》（*Soviet Land*）一九四〇年十一月号〕

小玛丽果德爱真的花，不爱虚伪的，即使那是灿烂的黄金的虚伪。大托尔斯泰则爱山一般的生命，不爱小老鼠。

三

创作的过程，决不是现代资产阶级艺术理论家（如克罗齐）所谓的简单的直观。创作过程是思维与情感的运动过程。创作过程是有机的，复合的，意识的，包含着斗争的。

创作的意义，属于形象的范畴而更高于它的范畴。创作的内容包含着生活的内容、思想和情感的内容，包含着作者的人。所以有一句俗语说："文如其人。"

在创作过程中，社会生活的诸因素和个人的诸因素交流、融合，产生作品。在作品中，生活的真实与思维的投影，情感的色彩，个性的气氛，凝为一个整体。

冰鹿人的绘画和雕刻是这样活下来了。希腊人的艺术与叙事诗也这样的放着光彩。

真实的诗的创作，它的艺术因素决不是支离分立的，而是有机地融合的；不仅要求这些因素本身的融合，而且要求这些因素在艺术家本身中的融合。因为艺术创作决不仅是技术的课题，而是生活的、人的课题。

托尔斯泰在一八七七年的日记上写道："描写农民的生活，在我虽然是十分有兴趣的，但是做起来却又极其困难。而在写我的同伴们的生活时，又感觉到是指顾之间的事。"托尔斯泰住在乡村里很久，曾经想写农民，但是他和他们生活隔膜，终于失败了。在这个艺术家的自白里，看得到诗的创作的真实。

所以，当一个作者只是表面地接触人物和社会，就以为深入了真实，完成了艺术的时候，他的失败是必然的。他只有堆砌、铺张、文饰生活的枝节来代替深刻的绘写，或者用带戏剧性的场面来做点缀。在作品里，一切只是枝节与场面的描画、穿插、错综，看不见人的典型与现实的主体，无形中走了狭窄的形式主义者的路，或繁琐的自然主义者的路。

在这里有我们今天写作又写作，弄得十分疲乏而始终不能产生伟大作品的原因，也在这一意义上，我们尊重古典的作家，因为他们以艺术创作的过程——怎样表现现实、创造人物、创造真实的诗——给与我们以启示。

例如荷马的《伊里亚德》（*Iliad*）。在史诗里，荷马放弃了许多动人的故事，借此他可以描画无数的生活的繁琐枝节和紧张热闹的场面。可是，荷马没有写巴里斯（Paris）怎样带走海伦（Helen），阿琪里斯（Achilles）怎样战死，特罗城（Troy）怎样被攻破，以及希腊英雄怎样胜利。荷马取了阿琪里斯和阿加美农（Agamemnon）的性格，史诗以他们的争执开始，又以他们的和解结束。在诗里，希腊英雄们的性格、行为、思想、情感，以及战争的波涛的起伏，都由阿琪里斯的生命贯连着，形成一个海洋。荷马没有平板地描写整个的战争，或片断地刻画繁琐的生活，他取了战争和生活，他取了人做中心。如果要赞美荷马"天才的卓越"，基本的东西应该在这里。

同样，绘写一八一二年前后俄国战争与和平的全图的托尔斯泰，他的战争画面、历史背景、社会生活、哲学命题，也是在彼挨尔、安德莱、罗斯托夫们生活纠结的网里展放开来的。这样，人物的生活才能汇合历史与社会的生活，引出哲学的远景。仿佛小河流着，流着，汇入了江；流着，流着，引出一遍广大的原野。

这是真实的艺术。这决不仅仅是枝节和场面凑合起来的人的故事，或事件的记录，或一幅人的画像，或多幅生活的照片；这是以血肉的生命出现的人的社会和典型，它是深刻的，真实的，它是永生的。

创作，这决不仅仅是风景、人物或是风俗、事件的照片，永远是人的诗。

四

艺术作品是由社会生活中产生的。我们从这里可以衡量过去的作品，从这里也可以观测未来的方向。

艺术的创作，不论在真的探求、表现、扩深、提高的活动上，或是在美的孕育、完成、发展、变化的活动上，属于诗的范畴，也属于社会和历史的范畴，生活的范畴。

冰鹿人的艺术是自由的，然而简陋粗野的生活决定了它只能容有粗朴的原始的纯真。以后的时代，在阶级社会的生活和历史的重重束缚底下，艺术家从事创作是更为艰苦的。他们虽是从历史传统与社会制度的铁圈中搏战出来，得到了胜利，却都不得不带着这个战斗的深深的伤痕。像克里特的艺术，富丽的光辉就荫蔽了朴素的真实。荷马的时代还是人类的童年，氏族制度末期的社会生活里还有自由的阳光，这允许他的史诗是明亮的，而且欢乐地把光荣献给英雄，但是他不得不把应该给与人的伟大献给了神。但丁，米开朗琪罗（Michelangelo），文西（Leonardo da Vinci），他们突破封建制度和教会思想的统治，绘写了灿烂的人生，可是，但丁不得不作天堂和地狱的《神曲》，米开朗琪罗和文西不得不以基督和圣母的图画来写人的生命。莎士比亚在他的戏剧里深深地坚持着人、人的生活的意义，可是，他也不能逃出英国社会革命的妥协性的界限。而哥德则表现出"有时伟大，有时渺小，有时是叛逆的嘲讽的玩世不恭的天才，有时是拘谨的小气的庸人"，没有能够免除十八世纪德国历史社会的烙印。那个"比过去现在来来的一切左拉都要伟大得多的"巴尔札克，画出了法国贵族阶级不可挽救的崩溃的命运，却对这注定要死亡的阶级抱着同情，是一个顽固的保王党。托尔斯泰的作品虽是"俄国革命的一面镜子"，却宣传着糊涂而且有毒的托尔斯泰教义。……

在资本主义社会制度下面，在黄金的魔手统治底下，在庸俗的渺小的唯利是图的个人主义生活里面，许多作家失掉了艺术创作的力量。虽然也有些作家尝试过，希图用新的意象、新的幻想、新的表现方法追求艺术的新生命，于是产生了未来派、达达派、立体派、超现实主义派……然而，脱离了人民大众、脱离了现实生活的作品，不得不是苍白无力的东西、卑微庸俗的东西、病态畸形的东西。正如普列汉诺夫所说："新的东西需要追求的能力，看不见社会生活的新的教义的人，在他的'自我'之外对于他就没有现实的东西存在着的人，这种人，在'新的东西'的探求之中，就不能寻出新的愚蠢事物之外的什么东西了。"（《艺术与社会生活》）这一个现代艺术上的悲剧，在没有接受马克思主义世界观的作者是无可避免的。

马克思主义要求艺术为人民战斗，反映现实，使艺术作者获得科学的世界观、人生观、艺术观，达到真正的觉醒，使艺术得到真正的自由。只有善的艺术和真的艺术，为人民大众的幸福而战斗，以表现现实为内容的艺术，才能完成美的创造，获得它的光辉的生命。苏联的丰富灿烂的艺术成就说明着这个真理。

苏联有一位作家（华西里科夫斯基）说过："马克思主义，现代一切伟大的艺术家都是向着这个方向走去的!"这句话没有夸张,这是真实,有高尔基的方向在,有鲁迅的方向在,有巴比塞的、罗曼·罗兰的方向在……

现代人类的社会只有一条前进的道路——社会主义。现代人类的艺术也只有一条前进的道路——社会主义的现实主义。

在解放普罗米修士的"人类的火",马克思主义的真理的光照耀之下,在未来的、消灭了人剥削人的社会里,在共产主义时代,人类将要解除一切生活上的枷锁和束缚,消除一切反动统治阶级思想意识的毒害,创作真正自由的、美丽的、伟大的艺术,当人类社会最高形态完成的时候,人类艺术也将要达到它的最高的形态。

一九四四年六至九月初稿,一九四七年七月复稿

## 谈"深广"

鲁迅先生在《中国新文学大系·小说二集·序》里,说到他的《狂人日记》,说:"《狂人日记》意在暴露家族制度和礼教的弊害,却比果戈理的忧愤深广,也不如尼采的超人的渺茫。"

深广——这是两个含意极深的字。

把作品的范围扩大,人物加多,并不一定就能完成深广,反而,在许多作家,常常变成了平泛和浮夸。

深广不在形式上,在内容。

作品内容的深广是由思想的深广、现实的深广来的。创作并不仅只是认识现实,而且要镕炼现实,深入它,概括它,表现它。

这样,一个作家,非是科学理论的哲人和人民的战士,在战斗中深广了的人不可。

深广决非现实的抽象化,这是现实的血肉化,有了血肉,才有灵魂。

莎士比亚的深广,在今天看,似乎是由思想上人性的抽象的发掘达到的。可是在他那个时代,那些思想都是激进的,全新的,突破封建主义世界观的原则的,新观念的拟理,有积极的现实意义的东西;那些人物的性格和遭遇,都是现实社会中人物和生活集中的概括的反映。只有这样,莎士比亚才能越过怯弱的平庸,达到深广,以至于伟大、不朽。

只有认识了深广是战斗,不是激情的忧愤;是真实,不是虚构的渺茫;这样的作家,才能达到这个境界。

鲁迅先生的深广,不是偶然的,因为他不止是个艺术家,本质上是个战士的原故。

在今天,有些作家正以为深广是由回避现实,由绕来绕去,虚无缥缈的浪漫的想象可以达到,并且在这方面费了极大的力,这是很可惋惜的事。更有些作家,完全看错了写作的目的,只求他的作品博得读者和观众的笑声和掌声,不惜违背现实以及人物的真实,甚至曲意逢迎;这是难望接触深广的。

每个作家都有创作的根,好比花朵生长的土壤。人民的作家,必先作为战士而生活,才能作为诗人而深广。

一九四四年十二月

## "永恒的主题"

有些"纯艺术"的作家,主张所谓"永恒的主题",以为在文学史上,像"爱""死""复仇"之类的主题,曾经重复过千万次,有过千百种不同的写法,而到今天我们仍然不能撇开不写,这是人生中永恒存在的纠葛,也是艺术上永恒的主题。

这个说法原也有理,但是很显然,这个名词中所谓的"永恒"二字,只有形式上的意义,并非内容上的规范。因为爱、死、复仇,在形式上是永恒存在而且不变的,但是进一步看,爱、死、复仇是从属于人的,而人,生活在各别的但是特定的时代与社会中,他们的爱、死、复仇的内容,也因时代、因社会、因人而变化万千,并不是永恒不变的。爱、死、复仇只是人的生活内容之一,所以艺术上如果有"永恒的主题",那意义也只能指"人和生活",并不能是什么凌空存在的玄虚的命题。"纯艺术家"的"永恒的主题"中所谓的"永恒"之名,是由主题形式上抽象的归纳得来,不是由主题内容上具体的综合得来的;真正以这种"永恒的主题"为主题的作品,也只能够达到形式上的永恒,却不足以达到内容上的永恒。所以文学史上许多所谓"永恒的主题"的伟大作品,都是这些形而上学的理论家们片面的解释,自圆其说的附会而已。

例如莎士比亚的《汉姆莱特》,也被认为是"永恒的主题"伟大作品之一。

《汉姆莱特》写的是什么呢？

于是就回答了：那是"爱的嫉妒"。

有位英国的学者琼斯（Jones）先生说道：

<blockquote>

《汉姆莱特》这一幕悲剧，是依的帕司（Oedipus）错综之心理的微妙的开展。在精神分析学上说来，任何男子，很早即有性的要求，先即由对于母亲的强烈的爱中表现出来，所以男子一方面希望能专有母爱，在另一方面即以父亲为性的竞争者。汉姆莱特是一个青春的少年，他幼小的时候所经验的母爱，和嫉妒他父亲的心理，因为受了抑压，必定强烈地潜伏在他的心底。等到他的父亲突然被人杀死，他虽感到非常的悲痛，但他因为以后专有母爱而同时又在心中浮泛着一种喜悦。然而这种喜悦的心理在小时候就被他的叔父克劳底阿斯所蹂躏，后来他的叔父又和他的母亲结了婚，这在他看来，克劳底阿斯不啻是他的第二个爱的竞争者，因此他自然感到不快与愤恨了。并且汉姆莱特的父亲的幽灵出现，将克劳底阿斯杀他父亲的罪告诉他，于是"父仇"与"性爱"二重作用，使得他后来不得不将克劳底阿斯杀死。这便是汉姆莱特对于他母亲性爱的证明。

</blockquote>

这是纯粹根据性心理学建立起来的"永恒的主题"的理论。然而我们读过《汉姆莱特》之后，却觉得这个理论糊涂得很，而且不合事实。照琼斯先生的说法，仿佛汉姆莱特活在世界上，没有任何目的，只是为了"母爱""性爱"；仿佛有人杀了他的父亲，只要不和他的母亲结婚，他还会高兴似的。可是在莎士比亚的剧里，汉姆莱特并不是这样的一个"性爱"专家，"性爱"也不是剧的主题。

《汉姆莱特》的主题如果是写"性爱",那么,作者为什么又写父仇,并且还以父仇作故事的中心呢?在剧里,第一幕出场的,并不是学者们所想象的"性爱"的描写,却是父仇的灵魂。况且,在剧里,汉姆莱特的性爱是已经有了寄托的,他有一个美丽的爱人奥菲丽亚。如果剧的主题在写"性爱",为什么又有奥菲丽亚出现呢?她的出现,不正动摇了汉姆莱特对他母亲执着"性爱"的可能?……

汉姆莱特是一个真实的人,一个真实的人底生、死、爱,是经得起并且合乎学理的分析的。母爱在汉姆莱特身上自然存在,但是学者们所谓的"性爱"以及由此推论得到的"爱的嫉妒"的永恒的主题,在《汉姆莱特》中并不存在。

莎士比亚的《汉姆莱特》不是观念论的玄学的悲剧,而是现实社会中的"人的悲剧"。汉姆莱特是那一时代英国社会中的一个新人物,一个人文主义者的形象。他有良善正直的心,有高贵的地位,有卓越的武艺,有优秀的学识,本来可以享受人生的一切欢乐与美丽,为人类造就许多幸福。但是他生在一个卑污、奸恶、虚伪的世界里,他的父亲被害死了,母亲变节了,正是嫁给害死父亲的篡夺者。汉姆莱特于是陷在复仇的网里。他是正直的,觉得应该复仇,但他又是良善的,而杀人总是残酷的事。他为这个悲痛、犹豫、审慎、准备、迟疑,决心是下了,但是不能意识地举起杀人的剑来,虽然那是复仇的剑。直到最后,狡恶的克劳底阿斯的毒手也施到他身上来的时候,他才在一种正义的而不是私怨的愤怒中,一剑刺穿克劳底阿斯的身体。汉姆莱特的性格掘发得愈深,他的人文主义者的形象也愈显明,他的悲痛也就愈深,他的社会内容也就愈深——资产阶级上升时代的英雄人物本来是软弱而又矛盾,只能有这样的结局。

《汉姆莱特》不是因为"永恒的主题"伟大的。实质上是,莎士比亚写了他那时代中,英国社会中真实的"人的悲剧",因而达到了永恒。

所谓以抽象的爱、死、复仇为主题的"永恒的主题",在这个时代,就是逃避现实世界,从旧社会的崩解和新社会的孕生回过脸去,遁入空中的主题。因而,这是"纯艺术"作者的金字塔,苦闷的知识分子的逃遁所。这样的主题,无力深入,不会"永恒",是必然的。

在文学上本来没有什么"永恒的主题"或"非永恒的主题",因为在现实主义者看来:现实的主题就是"永恒"的主题;突入现实最深的,就是最"永恒"的。

一九四五年一月

## 根本的问题

新文学经过多年的发展,自然是有进步,有成绩的。然而同时,却也存在着许多严重的问题,尤其最近,"文坛"上出现着小市民的市侩主义的气息,杂陈着各色各样反现实主义的倾向。

许多作家不仅没有回答现实的召唤,没有负起它的战斗任务,而且是落后于现实的,甚至有游离现实,逃避现实,乃至为霉烂的社会生活所俘虏的。

今天的急迫的形势和战斗,不容许我们再对这一切盲目,或者装作没有看见,在这样的各色各样反现实主义倾向上,实际上,从生活实践到创作态度,从战斗意志到创作方法,都存在着"根本"上的问题。

文学上的反现实主义倾向,是由来已久了。有许多问题,远在抗战发生之前,就讨论过、批评过;在抗战期间,也提出过、检讨过。可是公式化、教条化、图式的形象化、客观现实的自然主义化……此起彼伏,层出不穷,一直到今天。

为什么会这样呢?

因为有许多作者,从来没有接触过自己在生活上、创作上的"根本"问题,没有认真地作过自我批评、自我斗争,甚至力图避免,因为这个,是艰苦的。

在创作上,大都采取一种改头换面、见风转舵的态度,跛行着前进。当公式主义、教条主义受到批判的时候,于是这一派敛迹了,但是不久，摇身一变，用形象装扮了的图式主义出现了。当提出深入生活绘写真实的原则的时候，于是客观现实的自然主义（客观主义）出现了。当客观环境诱惑稍强的时候，于是市侩主义的倾向抬头了。不久在将来，又不知会有什么新的反现实主义倾向……

这正好像一个血液中毒的人，腿上生了疮，用药去敷，才平下去，膀子上又生出一个，又用药去敷，才平下去，胸膛上又生出一个，背上又生出一个……如果只是这样表面上东敷西衍，不作"根本"的治疗，清除血液中的毒质，那是毫无办法的。

鲁迅先生有一回在一封信里说到他自己写文章："夜里又做一篇，原想嬉皮笑脸，而仍剑拔弩张，倘不洗心，殊难革面，真是呜呼噫嘻，如何是好。"（《鲁迅书简》）

"原想嬉皮笑脸，而仍剑拔弩张"，这才是一个真实的战士底本色，由一种本质上战斗的思想和意志决定他的。

至于本质上带着小市民层的市侩思想，血液里含着来自霉烂社会的残滓，灵魂上被传统的鬼魂所拖缠着的人们，尽管表面上装得怎样剑拔弩张，骨子里则依然不免是嬉皮笑脸。以革命文学的招牌卖色情的膏药，就是明显的例子。旁观现实、游离现实、脱离战斗的，尽管暴露生活的黑暗或者绘写光明，但是那都是苍白的、枯干的、无力的。文学的创作，如果不能深入生活，不能以战斗的态度深入生活，就不能用有血有肉的生活和人物代替公式和图式，以深刻的概括代替繁琐的生活枝叶，也无法以革命思想的火光，照耀自己的作品……

今天的急迫的形势和战斗要求我们从生活实践到创作态度，从战斗意志到创作方法，作一个彻底的自我检查，解决"根本"上的问题。

一九四五年五月

## 坚持现实主义的路

现实主义的路,是一条战斗的路。

有些作家,他们对于现实问题总好采取一种冷淡的有距离的态度,以为一个作家只有和现实问题保持一个"距离",才能表现现实,写作伟大的作品,不然,政治的见地要破坏艺术气氛的。甚至于,他们会捧出西欧某些学者的理论:你看,"古典的"作家没有一个不是这样的,如荷马、但丁、莎士比亚……

这个理解,把创作和生活分割开了,纯形式地误解了古典作家的艺术生命,脱离了历史社会的内容,脱离了现实。

不错,艺术表现人生。可是,如果只是旁观人生,不与有关人生根本的现实问题接触,则如何能够深入人生,得到艺术的生命?拿文学史来看,从来一切伟大的作家,没有不是积极地面向人生,参与现实社会的政治斗争,为崇高的理想战斗,这才有不朽的光辉照耀他们的作品的。

荷马的身世,太久远了,我们不能详知。中世纪的但丁,假使他"像得意的市侩似的坐在四面墙壁的中间,对于广大的社会生活不关心,更不参加当时的政治战斗,而能够写出他的《神曲》——那简直是不能够想象的事情"(拉发格:《左拉的〈金钱〉》)。在莎士比亚的作品里,清清楚楚有一个弃去封建宇宙观的原则与准绳,确认新道德与新宇宙观的革命的人道主义者。保王主义的巴尔札克,

"他用一种掩藏不了的赞赏的态度",写他那时候的"真正是民众的代表"的人物(恩格斯:《给哈克纳斯女士的信》);托尔斯泰伯爵的作品是"俄国革命的一面镜子"……

自然,这些作家当时都有时代和阶层的限制,有认识上的缺憾,有见解上的阴影,可是这些作家在他们的时代,决不是回避现实或者游离现实的,他们以明确的态度,积极地参与了他们当代的社会政治斗争。他们憎恨黑暗势力的腐败和丑恶,热爱纯真、自由、幸福的人生,他们面向现实,深入现实,在生活上,在创作上,都作了艰苦的战斗。他们的心中都燃烧着普希金在写《乡村》一诗的时候燃烧着的"烈火"。

他们中间的一个,A.柴霍甫在《打赌》(*The Bet*)里恳挚地写道:"一切时代一切国家的天才用不同的语言说话,但是在他们心中燃烧着同一个火。"

这"火",如高尔基在《伊塞尔吉尔老婆婆》里所描写的,它为人类的自由幸福而燃烧,引着人群冲破黑暗达到新生活的土地。同时这"火",不仅没有破坏艺术的气氛,反而,古典的现实主义在这火光的照耀中诞生了不朽的艺术的作品。

只有现实主义,只有"真的猛士,敢于直面惨淡的人生,敢于正视淋漓的鲜血",才能给与艺术以伟大的永生的光辉。

今天,在现实主义的名下,有些作者拿软性的小品、浪漫的故事逢迎取悦读者,有些作者按公式的图样作"绘图演义",有些作者以玄想的精神冲动的描画作新的道路,这在实质上都是游离现实的,而且久已就是陈旧的路。——现实主义是无法由此达到的。

怎样才能表现真实和真理,刀刀见血的浮雕旧的的死亡和新的的孕生,创造典型、绘写有血有肉的现实?这不单是一个技巧、才能或者方法的问题，这关联着生活实践和创作实践的根本问题。因为现实主义，原来本是深入现实斗争的战斗者的路。

今天，历史和现实赋与现实主义以新的更深的内容，也要求我们以更大的真诚和严肃，坚持这一条路。

一九四六年三月

## 诗的气质

> 你想知道，我读的是什么？这是一篇
> 普希金的颂诗。它的名字叫做"自由"。
>
> ——涅克拉梭夫

我读普希金，是从他的小说开始的。

他的《贝尔金小说集》里的《射击》《暴风雪》《棺材匠》《驿站长》《村姑小姐》，除去纯朴的真实之外，还有一些诗的什么，引我去读它们；他的《郭柳西诺村的历史》《杜布罗夫斯基》《基尔德沙里》，在这一些诗的什么之外，还有更明亮的什么，引我时时想到它们。

可是这诗的什么和明亮的什么，当时是片断的、模糊的，后来，在读了《叶甫盖尼·奥涅金》和别的诗作之后，诗人和他诗的气质，才渐渐有了比较明晰的体会。

普希金生活写作的时代，正是一七八九年法国大革命的风暴过去不久的日子，这个风暴摧毁了古老的专制的欧洲的秩序。法国镇压下去了，可是西班牙、意大利、希腊接着起来，甚至边远的俄国，也开始动荡了。

> 比利牛斯山猛烈地颤动了，

> 那不勒斯的火山燃烧起来，
>
> 独手的公爵向他的摩里亚的朋友们
>
> 已经从吉希纽夫使了眼色。
>
> …………
>
> 短剑……阴影……
>
> （《奥涅金》，十章九节）

新的时代到来了，旧的政制必须灭亡。

诗人把他的热情、理想、诗，献给这个战斗。他参加十二月党人的集会，他写了《乡村》，攻击黑暗的残酷的农奴制度；他写了《自由颂》，歌唱："动摇，颤抖罢，世界的暴君！"他的讽刺诗和革命诗，成千的手抄本传播了开去。

诗人终于被放逐出去，到了南方，到高加索、克里米亚、比萨拉比亚、奥德萨。在这期间，诗人走出彼得堡的宫庭和社交界，到了人民中间，诗人的谬司接触到了人民的生活和语言，而她变得粗野起来：

> 忘记了遥远的京都
>
> 豪华和喧嚣的宴会，
>
> 在悲凉的摩尔达维亚的荒野
>
> 她访问游牧民族的
>
> 简陋的帐篷，
>
> 并且在他们中间变粗野了，
>
> 为了那些简单的奇怪的话语，
>
> 为了她喜爱的那些草原的歌，

忘记了神的语言……

诗人后来被放逐到米哈伊罗夫村，从老保姆和农民那里，重温乡下的传说和神话；人民的思想和想象给了诗人启示，诗人于是"在诗的酒樽里""掺进了许多的水"。

诗人这样地成长着，开辟他自己的路。他嘲笑假古典主义者。他谴责李卡德森和卢骚的小说，称它们为"幻想""幻景"。他不满为人狂热崇拜的拜伦：

拜伦爵士凭借巧妙的幻想，
在消沉的浪漫主义里
掩藏着绝望的自我主义。

他的诗不是贵族阶级的消遣品和道德的教本，也不是逃避现实的浪漫的故事，他写真实的现实。

在当时，写平凡无味的日常生活，这是卑微的题材。在贵族的诗人们看来，这是"一个满脸络腮胡子的家伙，穿件黄灰色的农民外套、树皮草鞋，闯进莫斯科贵族的俱乐部，尖起嗓子大声地喊道：'好哇，伙计们！'"可是普希金静静地回答一切的责难道："社会生活的图画也在走进诗的领域。"（一八二五年一月给雷莱叶夫的信）

普希金这样写了诗和小说。

普希金在《奥涅金》里说，他要和荷马相比，写一部二十五章的诗篇。

普希金在《郭柳西诺村的历史》里借着书里人物的口说：

丢掉细小的靠不住的轶事来叙述真实的伟大的事情,这种思想早就扰乱着我的想象。做时代和人民的裁判者、观察者和预言者,在我看来是著作家所能达到的最高的地位。

普希金在《奥涅金》的草稿里说,他的小说是要给门房里的读者去评判的:

> 但是或者——而这个甚至于
> 有一百回的可能,
> 被撕碎了,扔在灰尘和煤污里,
> 我的没有读完的小说,
> 和柯兹罗夫一起从化妆室里驱逐出来,
> (终身)羞辱的蹲在门房里,
> 像"伤兵",或者历书,
> 或者弄脏了的三字经……
> …………
> 我不是第一个,我不是最后的一个……
> 但是这有什么?在客厅里或是在门房里
> 读者都是一样(聪明),
> 对于书他们的权利是平等的。
> 我不是第一个,我不是最后的一个
> 我要倾听他们对我的评判,
> 嫉妒的,严格的,和愚笨的。
>
> (《奥涅金》,二章四十节草稿)

这测定了诗的真实底深度和广度。

在这样的作品里，于是有纯朴的，亲切的，使人感动，深深向往的语言和形象；于是有时代的浪潮沉重地搏击的声音，有历史的车轮迅速地前进的声音，有诗的火种在轻微地爆发的声音。

自然，这里面存在着旧的艺术的遗留，古典主义和浪漫主义的痕迹；自然，普希金在生活上、在思想上存在着矛盾和苦闷。但是，诗人，"他的惊人的绚烂清新的天才，开花在一个冬天还没有过去的凛冽的俄国，在那个差不多完全黑暗的俄国"（卢那卡尔斯基），这首先非得突破环境和自己，突破矛盾和苦闷的云霾以及旧的传统不可。

诗人说：

在光荣与至善的希望中，
我无畏的向前远眺。

这远眺的，光荣与至善的希望，是专制政制的颠覆，是自由的胜利。

在这样的诗里，于是有重大的，严肃的，非常明亮的什么，使诗放光，照着人。

一九四七年八月

## 诗的真实

> 我听到了,神圣的,响亮的,希腊人底长久哑默的语言;
> 我的心灵震动了,感到你,巨大的老人的影子,在我面前。
>
> ——普希金:读《伊里亚德》译本

古代希腊的历史家,那位被称为"历史之父"的希罗多德斯(Herodotos,约公元前四八四—约公元前四二五),在他的《史记》(*The Histories*)里写过一段记载,说荷马的史诗《伊里亚德》(*Iliad*)的故事有可疑的地方。希罗多德斯说:当特罗战争发生的时候,海伦不在特罗而在埃及。

希罗多德斯到过埃及。他说:据埃及的祭司们(这些人可以说是当时的历史家)告诉他,埃及国王普罗修斯(Proteus)在位的时候,有一天,海口到了几只因风迷路的船,在船上就是亚历山大(Alexander)——希腊人这样称呼巴里斯(Paris)——和海伦。亚历山大引诱海伦和他一同逃走,想回特罗,但是风把他吹出航路,到了埃及。他的仆从不满他的行为,就把这事向埃及海口监督泄露了,于是埃及国王普罗修斯命令把亚历山大和海伦带到他的面前。审问的结果,他把海伦和她的金银财宝扣留下来,等希腊人领取,把亚历山大驱逐出境。可是希腊人并不知道这件事,还是兴了大军赶到特罗去要海伦。特罗人就把这件事的经过告诉他们,可是希腊人一点不相信，以为是骗他们的；结果把城攻下来，还是找不到海伦，方才相信这是真的。于是曼尼勒斯（Menelaus）亲自到埃及，接了海伦回去。祭司们说，这事情的后半段，还是曼尼勒斯亲口说出来的。

希罗多德斯因此论道："埃及的祭司们如此告诉我，我自己也同意这个故事，我还要附加一个意见，就是：如果海伦是在特罗城里，不管亚历山大同意与否，她一定会被交给希腊人的，因为普拉姆（Priam）不至于如此疯狂，他家里其他的人也不至于如此，情愿冒牺牲自己、自己的孩子以及全城的危险，为了亚历山大保留海伦做妻子。即使假定在战争初期他们是作如此想的，然而当他们屡次和希腊人作战时，除了许多别的特罗人战死，普拉姆的儿子也总是一仗要有两个、三个乃至更多的被杀（假如史诗的诗人们是完全可信的话）——我觉得，当事情到了如此地步的时候，我认为即使普拉姆本人娶了海伦做妻子，他也会把她还给希腊人的，只要他能够由此解脱临到他头上的灾难。何况王国并不是传给亚历山大的，海克特尔（Hector），他比亚历山大更年长也更英勇，普拉姆死后王位一定是传给他的；他看到临头的大难，为他私人以及为特罗人公众计，他也应当不许他的兄弟继续他的错事。事实的情形是，无奈他们没有力量归还海伦，而希腊人不相信他们，虽然他们说出了实话……"

希罗多德斯并且说，他以为荷马也曾经听到过这个故事，因为在荷马的诗里，明白地表现着他知道亚历山大带着海伦，曾经漂泊过许多地方。荷马写到普拉姆的王后海秋巴（Hecuba）的时候，就提到他们到过离埃及不远的腓尼基的沙顿（Sidon）：

她有沙顿女子做的，彩色的长袍，

它们是他的儿子，漂亮的亚历山大
从沙顿带了来的，他走了多么长久的海程
在他带着出身高贵的海伦回家的路上。

在《奥德赛》里，荷马写海伦道：

宙斯（Zeus）的女儿有许多这样好的、这样有用的药材。这是住在埃及的，Thon 的妻子，Polydamna 给她的，那里的丰盛的草地出产的药草多过任何别的地方，有许多是治病的药，也有许多是有毒的草。

而曼尼勒斯也这样对堤莱玛克斯（Telemachus）说过：

神还使我留在埃及，我想回到这里来，
神不许我航行回家，因为我没有献上充足的祭礼。

希罗多德斯于是说道："在这些诗句里，很清楚的，他知道亚历山大漂泊到埃及的事。"

希罗多德斯所说的话，究竟根据的什么，可靠到什么程度，我们无从知道。希罗多德斯这样写着，可是荷马在《奥德赛》里也告诉我们海伦到过埃及的事，说她在特罗战争结束之后，和曼尼勒斯一起，在回希腊的路上遇到逆风，吹到埃及停留了很久。荷马也说曼尼勒斯离开埃及，是得到一个普罗修斯的帮助，不过那不是埃及的国王，而是一个海里的神。

所以，希罗多德斯所说的话，很难说它不也是一个传说，因为他的《史记》大部分只是传说的记载。很可能这是一个"埃及人的"传说。不过，从这里，我们至少可以知道，当时关于特罗战争或者海伦有过很多传说，诗人写作的时候，是经过一番思考和选择的。

但是，如果是经过选择的，为什么选择这一个而不选择别一个？这选择的标准是什么？并且，特罗战争的中心是为了争夺海伦，为什么在荷马的诗里，把海伦和爱情写得如此之少，而把战争和英雄写得如此之多？

在这里，历史家提出了事的真实的问题。而我们，则触到了一个诗的真实的问题。

希罗多德斯所说的，无论它是一个"埃及人的"故事，或者那是一个较近事实的传说，荷马都是舍弃了它的。

因为什么？因为在《伊里亚德》里面，海伦的故事在诗的内容、诗的主题上说，只是一个小小的枝叶。

对于诗，首先重要的是主题。

《伊里亚德》如果是一首爱情的诗，或者作者想用情节来装饰生活和生命的真实，自然，海伦的生活、经历、恋爱是重要的，海伦到埃及更是一个生动的题材，正好可以描写一些英雄美人间的爱的波涛了，可是荷马没有这样做。

荷马是不能这样做的。

当这个瞎眼的诗人，从一个城到一个城，向一个个希腊人弹唱他的诗，这个诗人，全身心地沉在那个时代希腊人的生活、思想、情感最中心的、最深的境界，为诗的幻想所燃烧，吐出自己的诗句；他非坚持着希腊的英雄和神，他们的行动、生活、事迹、战争不可。

荷马生活在一个比较幸运的时代，在一个没有阶级制度的人类的"正常的童年"的社会里，他能够向听者像是向自己的同伴歌唱，并且把神和英雄的事迹当做自己的历史歌唱。这个生活在人民中间，站在人民前面歌唱的诗人，他执着特罗战场，用希腊的英雄和神、战争和生活汇合成一个海洋；他不作琐细的描画，他不弄离奇的情节，屏弃一切花花绿绿的诱惑，一直向着广大处前进。他追求的是一个广大的诗。

无论《伊里亚德》的故事有没有可疑的地方，无论希罗多德斯的话是否可靠，在他的时代，这个诗人完成了巨大的真实。在这个真实的洪亮的光辉里面，海伦的行动——一路上漂流过些什么地方，当时是在特罗还是在埃及，乃至于她的生活、恋爱，等等，都只是一些生活琐事，无关轻重的细节而已。

在这样的真实背后站立着的，是一个和这真实同样巨大的、山一样的人。

这个人把真实提高到诗。

这个诗的光辉，照耀着歌唱人民事业的诗人，排除表象的生活琐事的枝叶，向着广大的诗的真实前进的路。

一九四八年一月

# 艺术与政治

艺术与政治，这是近来引起讨论的问题之一。

有的作者以为今天应该反对的主要倾向，"不是标语、口号、公式主义，而是非政治的倾向"，所以主张在创作上强调政治倾向的要求。又有的作者以为，现实主义的艺术不必要强调所谓政治倾向，而应该"强调作者的主观精神紧紧地和客观事物溶解在一起，通过典型的事件和典型的人物，真实地感受，真实地表现，自然而然在作品里会得到真实正确的结论"。

这两个说法的出发点，一个说政治意义重要，一个说艺术表现重要，在原则上并不是对立的。在创作上，艺术和政治本是统一的。艺术是现实斗争战线之一，如果艺术游离了现实斗争，令人都接触不到内容的政治倾向，则艺术的自然而然的表现再高，也是无意义、无生命的。况且，游离现实斗争的作品根本就不可能完成高度的艺术的成就。同时，反过来，如果作品里光有政治倾向，仅是口号、标语、公式的图画，没有真实的艺术表现，则这倾向不论是多么正确、明确，也是不能产生高度的政治效果，也就是艺术效果的。

这是原则上的说法，如果从今天实际的创作实践上来看这个问题，还需要作更进一步的具体的讨论。

今天，也可以说好些年来，在文学上曾经流行过一种"革命教条（或公式）＋技巧＝作品"的创作思想，就是被称为客观主义的倾向。这个倾向的作者，是以弗罗贝尔、左拉底"观察—收集分配材料—描写"的自然主义方法来"创作"的。这些作者大都取"观察"现实的生活态度，浮光掠影地抓住一个事件或一个人物零星的一点，作为创作的"材料"；这样"收集"到的材料渐多，于是拿革命教条或公式作架子，把这些材料"分配"一下，在这个架子上捆绑拼凑起来（也有先捆好架子，再"观察""收集"材料的），然后铺张事件外面的细节、人物外表的特征，借辞藻和繁琐细致的"描写"来完成"现实主义"的大功。这样在革命教条的架子上，糊些纸人纸马上面的红红绿绿，裱扎店里的"现实主义"的创作，没有深入现实，没有生命的诗，虽有一望而知的革命主题，有阶级分明宛然生存的人物，既革命而又"形象化"，可是整个的创作是教条、图式、技巧的混合物，是冰冷的、僵直的、杂凑成功的，没有血肉的生命，没有感动人的力量。这一个倾向的发展就是向公式化、图式化、定型化、庸俗化的陷阱走去，于是成了一种新的八股。

这样的作者，自然，确实是站在艺术战线上，拿着枪"战斗"着的。可是所拿的是长久不擦的枪，而且生了锈，落了机件。自然也是射击着的，但是他并不管射击是不是发生了威力，是不是击中了敌人。甚至射出的是子弹，是石头，还是土块、纸团，也不管的；只要自己射击着，这就算"尽了战斗的任务"。这就是一切。如此轻松而且容易的"战斗"，由于这样战斗过来并且依样战斗着的作者的倡导和示范，于是许多文学习作者也就跟着学习，都这样地"战斗"起来，并且俨然都是"现实主义"的战士了。

这样怠惰战斗任务，削弱战斗力量的倾向，以教条主义和自然主义的混合物，庸俗的现实主义代替革命的现实主义的倾向，是需要加以克服的。为了文学，为了战斗，今天不但存在而且广泛流行着的这种窒息新文学生命的倾向，不能够再继续下去。所以，在这种情况下，主观战斗精神的要求被提出来了。

主观战斗精神的要求，如果说，是要求战斗意志和战斗实践的加强，要求为人民和革命胜利的战斗热情的燃烧，要求向生活、向战斗的突进和搏击，则不仅有激起文学上新生命的追求和发展的意义，而且有激发革命的攻击精神的意义，现实斗争的、创造的意义。可是在有的作者，是达到了不同的理解的。这些作者在哲理上，把主观看作是一种无所限制的力量，独立的存在，和人脱离，和社会并立，看作是一切的征服者和创造者，因而在革命实践上，强调主观精神的搏击就是一切，否定思想（认识）的意义，乃至宣布"思想体系"的灭亡；在创作上，也认为主观精神的燃烧包括了现实人生以至现实战斗的一切内容，主张主观的精神世界的绘画。

这样，当作者说："所谓'有倾向'的说法，决不是概念地、抽象地在作品的外表上表现，而是要求在反映生活真实的基础上本质地、形象地、内在地由作品本身表现出来，越是在作品里隐秘地埋藏起作者的意见或理念，而让作品里的人物通过具体的事件和它的心理过程表露出来，也就是所谓人物典型性格被典型的环境所围绕驱使，他们行动（斗争）的真确描写，只有这样的作品价值才越高，所发挥的力量才越大。"——在这里，作者的出发点，反对"概念地、抽象地在作品的外表上表现"政治倾向，是真实而且正确的。可是作者所要求的"本质的形象的内在的"东西，"隐秘地埋藏起作者的意见或理念"，是通过人物的"心理过程"来表露出来的，而这"也就是所谓人物典型性格被典型的环境所围绕驱使，他们行动（斗争）的真确描写"。这样以心理过程代替典型性格的论点，和前面强调主观精神的"感受"，"自然而然在作品里会得到真实正确的结论",以至认为"没有必要另外加上所谓'党派性与阶级性'的政治倾向的理论"一脉贯连起来,就可以看到,作者因为反对公式主义、教条主义,就以精神代替思想,以内心代替现实,要求文艺向放弃社会斗争理论的(无原则的)、自发性质的内心发展的(唯主观精神的)路走去。

所以,当作者写道:"如果因为非政治倾向的作品泛滥而要求另一种唯政治倾向的作品来取而代之,那不过是把艺术从这个象牙之塔送到那个象牙之塔里去罢了。"这是离开了现实斗争的火线方能得出的结论。把非政治倾向的作品和唯政治倾向的作品同样都归入"象牙之塔"的一类,这在现实战斗中是没有可能的。

很显然的,这和要求主观战斗精神的本意是违背了的。主观战斗精神的提出是为了加强战斗,为了强化"政治倾向"的感染力,加强艺术的思想力、火力;并不是说有了主观的精神就有了一切,可以取消作品的政治倾向、思想和真理的表现,也不是说主观的战斗就能代替现实斗争的全部实践。今天有许多游离现实斗争的作品(如《风雪夜归人》等),这些作者之游离现实,可以说,正是"作者的主观精神紧紧地和客观事物溶解在一起,通过真实的感受,自然而然得到的真实的结论"。如果说,不必要强调政治倾向,要求作者积极加强战斗实践,使思维以至主观摆脱旧日意识的负累,而仅仅要求仍然继续并且加强各自主观的搏击,则不难想象将会产生什么样的结果。如果说,因为不满公式主义者表现真实,教条主义者宣讲理论的作品,就把"真实"及"理论"和公式主义、教条主义一并扬弃,仅仅以自我的主观、以心理过程为中心,并且以为这就是一切,那就不得不走向个人的主观感受境界或者个人内心精神的世界了。

现实主义的艺术能够而且需要绘写内心世界，但是那必得是人底真实的内心生活和精神境界，而不仅仅是作者自己的主观的燃烧，用浪漫热情的文字描写着的激荡、痛苦、追求、欢乐，这样仅仅是意象或热情的涂彩。精神境界的追求只有和真实一致，它才是真实的升华、诗的升华，在这一意义上，它是加强战斗的，甚至是更尖锐的直接的接触，这和政治倾向或政治内容的要求是一致的。可是，当它不是通过"真实"的扩深与概括，而以作者的主观精神，内心燃烧和冲击来烛照的时候，在单纯的主观意象的光和影下，生命的真实的一面就要显得微弱，由于这一面的微弱，精神的生命就不能具有突破一切坚城的猛力。这在战斗力量不强的作者，就容易流为空虚的主观的绘画，使作品的现实面趋于隐晦。

自然，如果全不思考文学艺术这一战斗武器的特性，甚至认为客观主义的革命而且"形象化"的作品已经很好，就是纯公式、口号也没有什么不可以，这不是艺术工作者战斗的态度。因为这仅仅要求了政治，而没有顾到艺术如何，而艺术毕竟是艺术，并不是有了政治倾向就有了一切的。比如，对于今天游离现实斗争的作者强调政治倾向，这是十分必要的，但是并不是说，强调的结果是要大家重复标语口号的旧路，依样地画教条和公式的葫芦。所以同时也应该就艺术与政治的结合（政治倾向和艺术表现）问题，具体检讨在艺术上，作家从生活到学习、创作各方面的实践情况，而今天创作上最大的问题也在这里。

另一方面，如果理论上强调主观战斗精神的意义，反对表面化的政治倾向，可是实际上向游离现实的个人主义艺术方向发展，这是表面上强调了主观的力量，实质上削弱了主观战斗要求的意义的。

看看今天现实斗争的尖锐和战斗任务的迫切，我们不能不承认文艺战线上的工作是远远落在现实的后面，许多应该表现的题材没有能够表现，人民的灾难、觉醒、战斗、成长、光荣、胜利，在文学作品里所占的分量是这样的少。这虽有环境和地域的限制，但是这并不是绝对不能克服的限制。比如旧社会的腐败、黑暗、混乱、崩解，这是后方许多作家所绘写的，为什么一切表现得这样苍白、肤浅、机械、平庸，没有使人感动的力量？

如果回顾一下，这几年来，我们在文艺阵线上做了一些什么，完成了些什么任务，我们是怎样进行战斗的，我们不能不承认：我们努力得很不够，很不够。

所以，在创作上，今天必须面临现实斗争，追求更高的，更深更广地表现现实的艺术。真实的人民的战士应该努力，也能够努力，也该自信都还能够更进一步的。只有虚伪的现实主义者才能以仅仅的静物画、公式图解画、纸人纸马为满足。同时，也不能够在艺术的名下，抛弃真实，腾云驾雾地来看现实人生。真实，只有通过真实，血肉的真实，艺术家才能表现人物、社会、历史、时代，表现思想、精神、力、真理。艺术也才能获得生命。

现实主义的路需要创造，要求创造，但这是一个脚踏实地的艰苦的斗争。

我们必须坚持这个斗争。

一九四六年五月

# 论现实主义

## 一

马克思、恩格斯在给拉萨尔的信里，反对"席勒化"，主张"莎士比亚化"，把莎士比亚和席勒对立起来，这是有原则上的意义的。"这就是鼓励现实主义，而反对浅薄的浪漫主义。"（瞿秋白：《马克思恩格斯和文学上的现实主义》）

同样，恩格斯在《给哈克纳斯女士的信》里，宣称"巴尔札克——我认为他比较过去的、现在的、将来的一切左拉都要伟大得多，他是伟大的现实主义的艺术家"。这样把巴尔札克和左拉对立起来，也是有原则上的意义的。这就是强调现实主义，而反对表象的自然主义。

巴尔札克的《人间喜剧》，恩格斯认为他在那里面给了我们一本最好的法国"社会的现实主义历史"。他这部历史是怎样完成的呢？左拉也同样写了一部历史：《鲁共·马加尔——第二帝国时代的一个家族的生物学史和社会史》，在这部历史里左拉也想"研究整个的第二帝国，从政变起直到现在为止。把现在的社会，混蛋和英雄，都表现在典型之中"。为什么左拉却失败了呢？

巴尔札克虽然在他的史诗《人间喜剧》的序里说"法国社会自己创造着它的历史"，他只是一个"法国社会的秘书，简单地记录这部历史"。但是，他决不仅止限于收集一些事实，用旁观者的客观态度把这些事实记录下来，描写一下就算了事；他还进一步去探讨这些事实的原因，又去追寻这些原因和事件中间的关系，以及它们形成的结果；他分析社会构成的错综复杂的因素，考察这些因素的本质、矛盾、演变，在这中间又综合地把握社会发展的力量和动向。所以巴尔扎克的《人间喜剧》和他的现实主义探究人和社会的本质，表现出"典型环境中的典型人物"，他除去日常的人和事之外，还要深入生活的内部，表现出社会的本体。

巴尔扎克立脚在真实上面，把他的历史基础建筑在社会因素之上。而对于左拉，"最重要的是做一个纯粹的自然主义者、纯粹的生理学家"，他的历史的主要的中心是论证自然的公律（遗传性、天赋性等等），把社会的人还原成自然的人。所以在创作上，左拉的自然主义使人的社会生活（客观的真实）服从他所理解的自然公律（主观的观念或公式）。他反对巴尔扎克那种透过事物的表面，进一步去追寻原因，分析关联，又综合起来表现事物的方法，他主张作家应当"像观察自然现象一样的观察社会现象"。他要求作家只要观察、收集、记录事物，只要写下人和社会外表上细节的真实，就完成了作品。这样的作品，既不分辨生活中主要的和次要的、本质的和非本质的、必然的和偶然的东西，又拿现象外形的观察当做现实本质的认识，就只有把人物事件外表的枝叶繁琐化，或者铺张扩大，来代替人的典型和社会的本体了。这样，左拉在他的历史里写了许多表象、现象，以至假象。

让我们拿左拉的《萌芽》来做例子。

《萌芽》是一本写煤矿工人罢工斗争的小说。在这本小说里，工人生活的表象的细节有真实的描写：他们的污暗的住宅、简陋的家具,怎样起身、洗脸、煮咖啡、吃面包,怎样过穷日子,怎样做苦工,在地底下的矿山里挖煤、运煤……可是,一写到更深一层的生活内容,错误和歪曲就接着出现了。

例如左拉写工人生活,除去睡觉、做工之外,还有两件事占去了他们余下的时间,那就是酗酒和性爱。这在生活在贫困和苦痛里的工人们,是资本主义社会制度逼迫他们走的一条绝望的生活道路,这是资本主义社会的罪恶之一。但是左拉避开了繁复的社会性的因素,他把这个社会性的罪恶还原成一种自然的欲望,他把酗酒化成遗传的酒毒,性爱化成兽性的性欲,并且把它们写成工人生活的中心乃至于生命的支配因素。埃第勒就是一个例子。埃第勒是工人罢工的领导者,可是他的行动另外还有两个领导者:一个就是遗传的酒毒,另一个就是自然的性欲。他一看到喀萨琳或是她的丈夫沙伟,性爱的欲望就爆发了;在这一个领导者的激动之下,他才发动群众去作扩大罢工、扰乱矿山的行动,想借此打击沙伟。他只要喝一滴酒,遗传的酒毒就会使他陷入杀人的疯狂状态里;在这一个领导者的领导之下,他就领导群众去破坏几分钟前他保护救活的抽水机,还做出一些别的他自己无法控制的暴乱的行为。同样,左拉描写了一个风骚淫乱的女工毛吉蒂。当兵士开到矿山来镇压罢工,保护工贼下去工作的时候,她在愤怒中,在工人群众队伍的前面,竟会当众把衬衣拉开,"露出下身,拱着身子向前去碰"那些兵士,并且嚷道:"这是为官长们的!这是为军曹们的!这是为兵士们的!"这是一个极端露骨的兽性化了的"性欲"的描写。还有那个老工人朋纳摩,他在矿层底下工作了五十年,被水泡坏了腿,不断地吐黑色的煤痰,终于瘫在椅子上,神经也失去了知觉,突然不知道怎么他被煤矿经理的女儿卡茜小姐白嫩的颈项迷惑住了。他不能得到她,他于是"仿佛一头老迈的畜生",一把抱住了她的颈项,"只握紧着他的手指",就那样扼死了她。左拉虽然告诉我们说"没有一个人知道这是什么一种恶意的冲动使他发狂的",可是这里很清楚地写着:这是自然化了的兽性的性欲。

左拉在《萌芽》第一部第一章结尾的一句话是:"福卢矿区像只罪恶的野兽蹲伏着,他的内部不停地在轧响。"其实,这意思不仅仅是说,矿山好像野兽似的吞噬着工人们;另一方面也在说,工人们也是这个野兽中的一部分,他们被迫像兽一样的工作着,可是也像兽一样的生活着。不是偶然的,左拉不止一次地用"兽"的字眼来形容工人,如他写埃第勒冥想工人住宅区的"兽性的生活"(六部一),他写玛胡"好像是一只呆笨的野兽"(六部二)……左拉把人看做既是社会的又是自然的生物,并且在他看来,自然的天性和欲望比社会因素,在人的性格和生活上占有更重要的主宰的地位,于是在种种自然欲望(如酒毒遗传、性欲、抢劫,以至杀人)支配之下的工人形象,他们的意识、情感、行动、斗争,都受到了本质的歪曲。

对于工人的罢工斗争,左拉也是用同样的自然主义的观点和方法来观察、描写的。罢工斗争是《萌芽》的中心,可是左拉所写的不但只是一些表面的现象,而且还隐藏着虚伪的假象。左拉在《萌芽》里告诉我们,工人生活是怎样困苦,工资是怎样低微,简直无法维持一家的温饱,可是就连那一点工资公司方面还要减低,于是罢工爆发了。不过,左拉接着又告诉我们,公司方面为什么要减低工资呢,那是因为"在上十八个月中就变严重"了的"商业危机",公司被迫着必得这样做。公司"也残酷地被打击了。自从工厂一个一个地关了门后,公司也一样的困难,无法脱出我们的险境;在这日渐缩小的需要面前,我们被迫着要降低实价。但就是这一点,工人们不能谅解了"(四部)。——这是煤矿经理和煤矿经理的谈话,这个"坦白的叙述"左拉显然是同意的。在左拉看来,工人生活的贫苦、工资的低微,不是由于资本家的剥削,而是由于"商业的危机",由于"印度有了饥荒","美国停止输铁后,我们的火炉就受了很重的打击。一切都混在一起了,遥远的震动也足够骚扰到全世界"。这样,公司被迫着降低实价,也就不得不减低工资。所以,根本的原因是那个"商业的危机"在作怪。可是罢工并不能解救这个"危机",自然也不能解救公司的困难和工人的贫困,反而只有加深它,使公司和工人一同陷在毁灭的境地里。所以在《萌芽》里,左拉描写了罢工之后工人生活的苦难的图画,他也给了我们一幅因为煤矿罢工引起的工业的毁灭的描写(参看六部一)。他并且告诉我们,罢工只能毁灭工人自己和一些小资本家,大矿主(像蒙特苏)不过受一些损失,"他们可以损失千千万万,但以后他们又可以赚回来的"。蒙特苏的主人就借这次罢工实现了他的吞并附近一个小矿的计划。也正是因为这个缘故,左拉在《萌芽》里没有真实地描写罢工斗争的过程以及这一斗争经验的意义,工人力量的成长、结合、发展。他所集中全力描写的是工人罢了工之后,工作没有了,一切都吃光了,煤也没有了,如何在饥寒交迫中过着更痛苦的生活,罢工如何毁灭了工人,以及如何悲惨地失败了。"两年来日渐加深的商业危机而产生了的蒙特苏苦力的罢工,更加深了它并且促其趋于毁灭了"(六部一),这就是《萌芽》里罢工斗争的主要题旨和结论。

什么是这个结论的含义呢?

左拉用这个结论来说明:罢工是"劳力的英勇的自杀",既没有好处也没有用处,工人徒然只毁了自己;"那'资本'在'劳力'的英勇的自杀面前一定将会毁灭的信仰"是错误的。

自然主义者的左拉，他不是从社会的观点来看工人和资本家之间的关系和斗争，他是从自然的观点来看这个关系和斗争，他把社会的斗争自然主义化了。他把工人和资本家两个社会阶级的斗争，看成"劳力"和"资本"两种"自然"力量的冲突，在他看来，这个冲突应该用协调的方法来解决；在社会里这两种力量应该合作，而不应该斗争，更不应该用武力或者暴动。

暴动，左拉宣布，那是"无用的愚蠢的行为"。左拉不但反对无政府主义者的盲目的暴动，类似苏瓦林那种毁灭矿山的行为；他也反对工人作任何武力的抗争。即使是为了保护自己的生命，赤手空拳用血肉来作防御战，左拉也反对的。在《萌芽》里，公司召来保护工贼复工的军队开枪打死了罢工的工人。在左拉的描写之下，那不是公司的命令，也不是队长的命令，甚至没有任何人的命令，没有任何人张开嘴喊"放"，"而枪弹却自己出去了"。那是群众用嘲笑、辱骂、砖块攻击之下逼成的自然的形势。所以工人用了武力，结果只有遭遇死亡，并且这是一个罪有应得的结果（参看六部五）。

这样，在罢工悲惨地失败了的时候，那个一向反对罢工的拉萨剌喊了：

"暴动永不会成功的，世界不会在一天之内就能重新建成，那些告诉你们一击就会把它改变的人，不是和你们开玩笑，就是他们自己是些流氓！"

于是："好！好！"人群喊。

而那个罢工领导者埃第勒，他的意见实际上和拉萨剌并没有多大分别。他在罢工进行的时候,就对那个无政府主义者苏瓦林说道:"不!不!我们不能到那种地步。谋杀和放火,永远不能!这是可怕的、不公正的,所有的伙伴们会站起来,把那有罪的一个绞死的。"当罢工后来失败了,他受到群众的怨恨和攻击的时候,他自己问自己道:"那么谁是罪魁呢?那的确是他的过失吗,这不幸使他流血,有些人的穷苦,别人的被害,这些女人,这些孩子,瘦弱的,没有面包?"在这里埃第勒(也就是左拉)开始肯定罢工是一桩罪过,到最后,当一切已经完结,他离开矿山的时候,埃第勒这样下了结论:

  他现在想到,也许暴动不能解决事情吧。割断钢索,毁掉路轨,打碎灯屋,这是多么无用的工作呀!三千人组成一个劫掠的队伍,奔跑着,干这些事,那是不值得的。

  这样,在《萌芽》的结尾,埃第勒(也就是左拉)的路,那就是离开工人群众,到巴黎去,到"进化论者"做中心的"国际"(六部三)去。离开罢工和实际斗争,到报纸上,到议会里去谈工资制度、工人运动,寻求"萌芽"的实现去了。

  说左拉虽然同情工人生活的困苦,却不反对资本主义社会,是不对的。左拉在《萌芽》里不止一次地提到一个新社会,在那里面,生产工具全归公有,"每一个公民欢乐地,以他们工作生活,并且取得他的一份";在那里面,"'公正'会保证人们的快乐,'平等'和'友爱'会统治人们"。最后埃第勒(也就是左拉)满怀着希望离开矿山的时候,他想的是"要使这些工人们漂亮起来,他们的穷苦气息对于他是不快乐的,他一定要做出只有他们才是伟大的、无疵的,只有他们是贵族和唯一能够洗刷人类的力量"。《萌芽》,这本书名所寄托的对象，就是在地层底下的工人的成长和出头。既然如此，那么，左拉为什么反对罢工和暴动呢？

这是因为左拉的反对资本主义社会，梦想新的社会，以及"萌芽"的憧憬，是有他自己的观点的，那是建筑在他所谓的一个"公正"的基础之上的。在《萌芽》里左拉描写了工人家庭的贫苦，又描写了经理生活的舒适，他认为这是不"公正"的。正是这个"公正的思想"，使得玛胡和其他的工人热忱激动起来，同意埃第勒的主张，后来爆发了罢工。左拉同意改造旧社会，但是那应该是"公正"地改革和改良，而不是暴力的翻身和革命。左拉觉得工人是困苦的，可是资本家也有困难，这个"不公正"是不合理，但并不是谁剥削了谁。罢工和暴动只是使二者一同"毁灭"的"自杀"，协调和合作才是希望和萌芽。

这样，《萌芽》里面的罢工，并不是在猛烈的斗争中表现出来的，而是在平静的状态中表现出来的。罢工爆发了之后，工人们静静地等待胜利的到来，公司方面也静静地等待工人的屈服，双方都没有发生过正面冲突。工人们饿了两个月，没有得到一点答复，当他们结合成三千人的队伍，在愤怒激昂的情绪里围住经理的住宅的时候，看着绅士小姐们在里面宴会，却没有任何要求、任何行动，只是向着屋上和百叶窗飞飞小石子而已（然而他们转过身却去抢劫了一个小商店）。同样，公司方面遭受了巨大的损失，甚至毁了矿山，杀了经理小姐，然而并没有逮捕、开除工人，那样的宽大、退让、慈和（罢工里也杀死工人，捕了工人，不过左拉解释那是军队和工人的冲突，并不是公司的命令，而且是工人方面先杀死了一个兵士）。罢工的领导者埃第勒，公司给他治好了病之后，"带着父爱的劝告叫他离开矿山的工作"，"他还收到一百法郎"。这一切都充分表现着劳资和解合作的可能性，而且，在《萌芽》的末尾，也就实在地演出了这么一幕劳资合作的喜剧。

那是矿山的水道被苏瓦林破坏了之后，整个的矿山崩塌了，埃第勒和别的几个工人被埋在下面了。这时候，工人们拚命地挖掘矿道，希望救他们出来。那个一向压迫工人的工程师赖格尔，"渐渐地这种寻找也激动了他，他也被至诚的狂热攫住"，竟抛弃他的情人，放下公司的整个矿山的计划，也住到矿山的地道里，和工人们一起设法营救这几个不知埋了多深也不知是死是活的工人。工人们的热情和力量是伟大的，终于他们凿穿了地道，救出了垂死的埃第勒和已死的喀萨琳。于是仅仅生还的工人埃第勒会到了工程师，于是"这两个人，他们互相轻视——一个是反叛的工人，一个是严峻的主人——现在却彼此抱着，高声地啜泣着，他们心里藏着超乎人类一切的爱"。

这是福卢煤矿工人罢工斗争的总结，也就是左拉所谓的"萌芽"的内容。于是在这本《萌芽》之后，左拉又写了一本理想的"劳资合作"的小说——《劳动》。

左拉从他的小资产阶级的立场、自然主义的社会观念、旁观现实斗争的态度，产生了这个以"公正"为基础的，劳资协调合作和自然抗争的幻想。左拉自己以为他在主张"公正"的正义。他后来就曾经挺身而出，为他的"公正"战斗了一次，那就是有名的"德莱甫斯案件"（Dreyfus Case）。

这个案件的背景是复杂的，它是法国资产阶级政府内部共和党和保王党之间争夺政权的一幕斗争。当时军部里发现有人盗卖重要文件给了德国，那些盗卖文件的保王党军官联合起来把这个罪名加在德莱甫斯身上，德莱甫斯是一个共和党的军官，却是一个犹太人。

政府在共和党手里，可是军队里仍然存在着许多保王党军官，他们有很大的势力。结果德莱甫斯被军法审判了，判决终身流放到魔鬼岛去做苦工。这时共和党别的军官提出抗辩，左拉也站了出来。为了"公正"，为了正义，他呼吁、控诉、攻击了。这一个案件震动了全国，抗争延续了好几年之久，最后共和党击倒了保王党残余的势力，掌握了内阁和军部，于是把这个案件重新审判，德莱甫斯获得释放，左拉的"公正"胜利了。

但是，什么是这个"公正"的胜利的结果呢？我们看看一个当时的法国人，罗曼·罗兰的记述吧。

在《约翰·克利斯朵夫》里（卷七《户内》第一部）罗兰写到克利斯朵夫在巴黎寓所的邻居，写道："在下面一层，正对着两个朋友所住的寓所，住着哀里·哀斯白闲一家：一个工程师和他的妻子，两个七岁至十岁的女儿……夫妇俩在几年以前卷入了德莱甫斯事件底大风潮。为了这件案子，他们激动到几乎发狂，正像在那七年中感染着神圣的忧郁病的无数法国人一样。他们为之牺牲了他们的安息、他们的地位、他们的交际，多少亲切的友谊不惜为之斩断了，他们的健康也差不多完全丧失。一连好几个月，他们不能睡觉，不能饮食……他们参加示威运动，在会场上发言……战斗中他们把热情消耗尽了……因为希望那么高，牺牲底热情那么纯粹，以致后来的胜利比起他们所梦想的报酬来是显得太可笑了。对于这些只知有一条真理的完整的灵魂，他们的英雄们所作的政治上的妥协与和解，真是一种悲苦的幻灭。他们眼见那些斗争中的伴侣，一向以为是被'主张正义'这同一热情所鼓动着的人物——一朝把敌人打倒之后，立刻去占据教区，夺取政权，劫掠荣誉及地盘，轮到他们来把正义踏在脚下了！……只有极少数的人依然忠于他们的信仰、贫穷、孤独，被所有的党派遗弃，他们也摒弃所有的党派，各自退到阴影里，被悲哀与忧郁磨蚀，一无希冀，厌恶人类，厌倦生活。工程师和他的妻子便属于这一类的战败者。"

自然，在德莱甫斯案件的斗争里，左拉举起的是正义的旗帜，这个斗争激励了民主主义的力量，打击了反动势力，有它的进步的意义，但是同时，资产阶级也利用这个斗争，进一步扩张巩固了它的统治。这样的一种"公正"，以及与之一致的那种客观的旁观现实的自然主义，在实际上是一种不彻底的现实主义，它蒙蔽了作者的眼睛，阻碍作者深入现实社会的内部，剥露资产阶级的本质的狰狞的面目。例如在《萌芽》里，左拉描写了工人的贫困痛苦，但是工人生活中心和生活因素、工人的性格和斗争、工人和公司的关系，都是表面事象的铺张和繁琐枝节的扩大；虽然也描写了罢工的斗争，但是歪曲了群众斗争力量的方向，否定它的意义。

左拉的自然主义的科学理论，是把社会的性格和斗争，还原成自然的欲望和冲突，失去了真实的内容和面目。他的自然主义的创作方法，是用表面的现象的观察来代替内部的本质的探求，拿生活和人的枝叶来当做它们的本体，把表象当做真实。这样，左拉所写出来的《萌芽》，以及他那全部"第二帝国时代的一个家族的生物学史和社会史"，不但不能表现帝国和社会的基础、结构、动向——发展的历史，而且有极大的不真实的地方。

二

左拉的情形是如此。那个虽然不是极端的"自然"主义者，却和他用同样方法写作的弗罗贝尔，情形也不比他更好。

弗罗贝尔的一生是一个悲剧。他深深憎恶资产阶级的社会，但是他却没有推翻它的勇气，他并且害怕那下等人民的社会主义，于是弗罗贝尔无路可走，只好写道："除了你自己以外，什么也不要管。让'帝政'去进行罢，关上了我们的门，走到我们的象牙之塔的最高处，到最后的一级，最接近天的那一级。有时那里是很冷的，可不是吗？可是有什么要紧呢？你看见星儿晶耀着，你不会听见那些蠢人的声音了。"在高高的"象牙之塔"里，关上门，没有一点声音，没有事做，也没有什么事可做，自然就只有梦想了。可是单单梦想弗罗贝尔又是不甘心的，他憎恶资产阶级社会，他要写作，他要对它施以攻击。然而，从距离现实那样远的地方，又是从梦想里发出来的箭，它的软弱、无力，不能看清目标，命中要害，这是很自然的事。

弗罗贝尔的名著《波华利夫人》就是一个例子。

《波华利夫人》是一个悲剧。什么是这个悲剧的主旨呢？产生这个悲剧的原因是什么呢？正如弗罗贝尔自己在书里提出来的："谁把她造成这样的不幸呢？使她烦扰不宁的非常灾害是在那里呢？"（二部十）

波华利夫人"抬起头来，向她四周看着，似乎要把那使她痛苦的原因寻找出来"。——她自然是找不出来的，这只有弗罗贝尔能够告诉我们。

在《波华利夫人》里，弗罗贝尔写一个天性浪漫热情，爱好幻想，羡慕虚荣和豪华生活的女子，嫁给了一个庸碌无能、懦弱愚笨的丈夫，她不满在她周围"紧紧包围着她的那些事物，像讨厌的田野、愚陋的小绅士们、平庸的境遇"，想望一种快乐、高雅、狂热的爱情的生活，可是她不能达到这个梦想，她为这个梦想痛苦，讨厌她的不懂爱情的丈夫和每天如此的单调的生活，于是她终于恋起爱来。起初是爱一个年青的法律学生，但是两人都很羞怯，没有勇气表白爱情。后来碰到了一个玩弄女子的老手，一下子就爱上了。波华利夫人真心地爱着，那个人玩弄够了之后，就抛弃了她。在破碎的失望里，她又遇到了那个青年，于是他们相爱了，可是她反而更为情欲所燃烧，更放纵地要求肉体的欢乐，同时不顾家里的经济，借了高利贷的债务供给爱情的挥霍，最后因为经济的破产和爱情的破灭，她服毒自杀了。

在这样一个故事里，弗罗贝尔写得很清楚：那是波华利夫人的热情的浪漫的天性，她的"天赋的"情欲，在主导着一幕悲剧。波华利夫人为什么那样坚持地厌恶她的忠诚的百依百顺的丈夫和她的富足安乐的生活？她不满它的平庸。可是她梦想的不平庸的生活又是什么？那是豪华的狂欢的跳舞的夜，放纵的热烈的爱，可是这梦想并没有生根在她的生活和教育里，她的乡下姑娘的生活和修道院里的教育应当摧毁了它的根芽。它是突然的，一夜的功夫，在跳舞会里触发的。以后永远成了爱玛的灵魂和生命的中心，她日夜地为它苦痛、煎熬，永远地渴望着那种放荡的狂欢的爱，仿佛没有了它就无法生活下去。这样的一种爱的火焰，并不是她的平庸的生活所能点起的，而是她的热情的"天赋的"情欲在燃烧。这样，当波华利夫人躺在床上，临死的时候，忽然在街上那个瞎子唱了起来：

春朝的淑气，每每
牵动女儿的情丝。

于是"爱玛便坐了起来，好像一具被人支起的死尸，头发散乱，眼珠定定的，大张着口"。接着歌声又唱下去，她"于是笑了起来，一种厉害的、颠狂的、绝望的笑"。而当歌声终了的时候，"一阵搐缩把她掼倒在床褥上。大家都走到她身边。她已经不再存在了"。

这个在她生命终结的时候出场的"春朝情丝"正是这幕悲剧的主角。所以在这幕悲剧里，和她同时出现的小市民群只是一些配角。在她性格里偶然出现一下的虚荣心，在她四周紧紧包围着她的小市民的市镇和氛围，这种社会性格和环境，其实只是演出这幕"自然的"情欲悲剧的一套衣服、一个场所罢了，它们的意义也只如舞台上的服装和布景而已。因为它们都是被动的，为她的活动而存在的存在，对于她没有一丝一毫的反应或影响的力量，听任她随心所欲地演出一幕情欲的悲剧。

是的，在这幕悲剧里也出现了莱赫尔，那个代表金钱的力量，来历不明的、狡猾的高利贷商人，他最后逼得爱玛走投无路，终于自杀的。可是，这个力量，这个"骗子"商人，和爱玛的性格、生活，没有一点必要的因缘关系，而且他对爱玛用的是一种特殊的敲诈赖骗的方法。在爱玛的生活里他是一个完全偶然性的因素，然而他却致了爱玛的死命。所以他在这幕悲剧里的地位，很像是一个突然出现的拦路抢劫的强盗，一棍打死了波华利夫人和她的情欲；并且除此之外，再没有什么更多的意义。

自然，《波华利夫人》里写着弗罗贝尔对资产阶级社会的不满，对金钱力量的攻击。然而仅仅把平庸当做是资产阶级社会的特质，把诈骗当做是资产阶级攫取金钱的方法，这正表现着这不满的认识是肤浅的，这攻击的力量是微弱的。这只能说是"波华利夫人式的"不满和攻击。波华利夫人不满她四周庸俗的小市民群和平庸的小市民生活，她想跳出这个圈子，于是做着放荡的情欲的梦想，这个梦想在实际上并不能够帮助她找到出路。这样的波华利夫人的梦想，实际上正表现着作者的梦想。

在《波华利夫人》里面，除了一些小市民的生活画和小市民的幻想画之外，没有更多的东西。弗罗贝尔写了人和社会，可是没有接触人的本质、社会的本质，反而遁入爱的世界和情欲的虚空中去了。弗罗贝尔在《波华利夫人》里写爱玛的幻想，说："巴黎比海洋还广阔，光彩灿烂地映在爱玛的眼睛里。然而那种构成热闹的多数生活，原是划分成若干部分，而显明地排成若干画幅的。而爱玛却只看见了两三幅，其余的都蔽而不见，只是这两三幅她以为就代表了全人类。"（一部九）其实，弗罗贝尔对于法国，对于人生，对于社会，所理解的实际上也只是如此，这是自然主义艺术的真实的自白。

为了更清晰地表露这种艺术的本质，让我们看看另外一个作家的一本和《波华利夫人》题材相近的作品——巴尔札克怎样写他的《尤金妮·葛郎代》。

《尤金妮·葛郎代》也写一个小城市里一个女郎的爱情的悲剧。在这个悲剧里巴尔札克也写了女主人公尤金妮的情欲，但是巴尔札克没有强调任何"天赋的"或"遗传的"东西。巴尔札克在作品里描写人的生活和情欲，描写人所处的环境以及行动的条件，并且分析那些决定人的行为，影响人的情欲的原因。他从"千百种复杂的原因"里找出最根本的原因。他不追求生命的附属物或枝叶，而去把握生命的根和本质。所以在《尤金妮·葛郎代》里，尤金妮的爱情是"在少女们贞洁而且单纯的生活里，总会来到的一个甜蜜的时刻"，是她的"心灵的阳光"，可是她的爱不是什么一触即发的，凭空而来的"天生的""自然的"东西，也没有操纵一切的力量，它是在社会生活（也即人的生活）里生根发芽成长起来的。

正是在这个意义上，情欲在《尤金妮·葛郎代》里是一个次要的因素，不是主导的力量。在《尤金妮·葛郎代》里，主演这幕悲剧的力量是金钱，它是资本主义社会的统治者。它的统治力量不但表现在那个把金钱看做性命的老葛郎代的形象里，也表现在那个追求"事业上的成功"的年青的卡尔的行为里，他为了地位财产，就抛弃了美丽真挚的尤金妮，去娶一个丑陋骄傲的侯爵小姐。尤金妮却七年来始终忠诚地守着爱的盟誓，甚至为了保护卡尔的梳妆盒，用自己的性命来和她父亲抗争。尤金妮的纯真诚挚的爱情，和老葛郎代的贪婪冷酷、小卡尔的卑鄙负义对照起来，正明白地表现着："在这个时代，金钱就是我们社会的政治的立法者。"这样，在这个悲剧里巴尔札克深深地掘起了正在兴起的资产阶级的根，暴露出这一阶级的人物的真面目。这个爱的悲剧正是现实人生里一个"典型的"悲剧。

所以，当我们读了《尤金妮·葛郎代》，我们明明白白看到一种什么力量主使着、统治着法国的社会，乃至人的命运、人的悲剧。可是读了《波华利夫人》，只能看到一个灰暗模糊的小市民世界，并且作者还破坏这个模糊的画面，把我们领向一个虚幻的情欲的国土。

这里存在着自然主义和现实主义明显的分野。

资产阶级批评家常常根据文字的外形、手法和技巧的比较，宣布弗罗贝尔比巴尔札克还要"现实主义"。甚至有些自称"唯物论"的作家，也重复他们的论点。例如，M. 伊可维支（Marc Ickowicz）在他那本名字叫做《唯物史观的文学论》，实际上大写形式逻辑的文学论的书里，颂扬《波华利夫人》是"外省的资产阶级生活的大壁画"，以为在卡尔·波华利身上，"弗罗贝尔把他从一个资产阶级者身上所看到的最丑恶的都肉身化了";认为在这本书里,弗罗贝尔"用他的伟大的艺术才能,他作着那资产阶级的最无耻厚脸的恶德的,巨大、真实而深切地写实的画图";宣称"巴尔札克颂扬资产阶级,弗罗贝尔却宣告了它的死罪"。——这种结论简直达到荒谬的程度。

资产阶级批评家还常常好说巴尔札克是浪漫主义的,借此来曲解巴尔札克的现实主义。浪漫主义在巴尔札克的作品里自然是有的,但那是和现实主义结合着的、积极的浪漫主义,那是面向人生的战斗意志,大步地踏入现实追求真理的勇敢的精神。而畏怯地避开现实人生的探究,向虚幻的人性、自然欲望、生理遗传中去求安慰和解答,用幻梦的微光来烛照血污的黑暗的现实世界,这样的消极的浪漫主义,在弗罗贝尔和左拉,则是他们的自然主义的特质之一。

三

弗罗贝尔和左拉都是反对资产阶级社会,要暴露它的黑暗和丑恶的,为什么他们写出这样的作品来呢?

首先,这关联着他们的认识,他们对于社会人生的理解。

弗罗贝尔曾经给资产阶级下过一个定义,他说:"我称资产阶级者是一切下劣地思想着的生物。"从这样一个观念(也就是认识)出发,于是他在《波华利夫人》里把卡尔·波华利写成一个低劣无能的废物,莱赫尔写成一个卑污奸诈的骗子,以为这样的生物画就典型地暴露出资产阶级者了。

左拉比弗罗贝尔更进一步,他不但画生物画,而且还要写生物史。左拉在《我和巴尔札克的分别》(他遗稿中的一部分)里写道:

> 我的作品，社会的成分没有科学的成分那么多。巴尔札克用三千个人物要想写出风尚的历史：他把这个历史的基础建筑在宗教和国王政权之上……他的作品是要想做当时社会的镜子……我的作品将要完全是另外一种作品。它们的范围要小得多。我所要描写的不是现代社会，而是一个家族，而且表现亲属和环境的影响的交错……即使我利用历史的范围，这也不过是为着要有一个影响那些人物的环境；职业和居住的区域也是环境。对于我，最重要的是做一个纯粹的自然主义者、纯粹的生理学家。我没有什么原则（国王政权、天主教），而只有公律（遗传性、天赋性）。我不像巴尔札克似的，要决定那一种制度应当是人类生活的制度，我不要做政治家、哲学家、道德家。我只要做一个学者就满意了，我将要表现现实，而且寻找现实的内部隐藏的基础。而结论我是没有的。

根据这个理论，在左拉的作品里，就展开了遗传性、天赋性的论证，就出现了在生理欲望支配之下的自然性的社会人（像《萌芽》里在酒精中毒和情欲支配下的工人们）。左拉所说要表现的"现实"，所说要寻找的"现实的内部隐藏的基础"，是生物学的"公律"，不是社会学的因素。在他的作品里，人物只是演出生物学的"公律"的演员；时代、职业、居住的区域，只是演出的时间和地点。他要写的是"家族"，不是"社会"，这样，他把他的历史叫做"第二帝国时代的一个家族的生物学史和社会史"。

把社会科学还原为自然科学，把社会还原为自然，把社会的人还原为自然的社会人，这是自然主义者共通的基本的观点。这个观点排除了人和社会的复杂丰富的内容，使它们简单化、观念化，成为生物和生物的世界。这个观点的根本是观念论。

在弗罗贝尔和左拉的观念论的社会学里，虽然有反对资产阶级社会的论题，可是没有推翻这个社会的意旨。他们攻击这个社会，他们却过着隐士似的生活，他们不谈政治，也不谈社会，弗罗贝尔遁入情欲的世界里，左拉就大作生物学的论文。在他们的作品里，他们所攻击的是这个社会的庸俗、卑劣、不合理、不公正，各种表面上的黑暗和丑恶，并不是这个社会的剥削的制度、金钱的政治、冷血的商业精神、无耻的自私道德，这些本质上的黑暗和丑恶。表面上他们是站在反对资产阶级的立场，实际上他们立脚的地方是小资产阶级的世界，还是资产阶级社会。

由于他们的立场和观点，也就决定了他们对于现实的生活态度和表现现实的创作方法。

弗罗贝尔和左拉都是关在书房里写作的。他们不参加社会生活，"在自己周围堆积了一幢一幢的印刷的和抄写的纸张，想要从这些纸张里去研究新鲜的热烈的活泼的生活"。像这样子自然不行。左拉为了补救这个方法的缺点，他就时而去"浮光掠影地去考察一下他所要描写的那些生活条件的现实状况"。比如他想写一个火车司机工人的感觉，就去坐在火车头里走这么几十英里，他想写煤矿工人的小说，就到矿山里去住一两个月（像《萌芽》就是这样写的），然后"他再用书籍上、报纸上和私人谈话的消息，来补充这种浮光掠影的考察"。于是他就开始写作了。"左拉用艺术家的眼光，浮光掠影地抓住事物的外表方面，得到一些印象，而他又有很大的发明的才能，可以掩饰自己的考察的庸俗性，这就是运用一些浪漫谛克的景象，去抓住读者，使读者变成他的俘虏，然而他不把读者引导到行动的地点去，也不给读者一个对于事物的明显的概念。"就连左拉自己也承认,"我所描写的东西是我不知道的,我只不过像快班邮车似的从这些东西中间穿过",如此而已。(拉发格:《左拉的〈金钱〉》)

事实上,这样匆匆一过而已的"报馆访员"式的观察,自然只能得些表面上一望而知的现象,没有法子了解事物的内在的本质,它的原因、发展,以及相互间的复杂的关联和影响。左拉却把这些个别的表象的现象,按照他的观念论的生物社会学的主题,用一个事件做中心,把它们拼凑在一起,于是细腻地描写起来,这就完成了一篇小说,这就是左拉的创作方法。

在这样的作品里,必然的,事物代替了人,成了结构的中心。全部的作品是许多片断的现象连接拼凑起来的,把这些片断的现象分成一个个的场面,是最适当的处理方法。同时,因为这些现象只是表面的事物,不能表现事物的本质,为了掩饰它们的贫乏和苍白,穿红着绿、涂脂抹粉的描写就是必要的表现方法。自然主义的作品里总是个别的描写,我们看不到综合的叙述。这是一种破碎的艺术,它是资本主义没落期的艺术僵硬、失血的开始。

这样,在左拉的作品里,我们看到许多描写精细的场面,每一个场面独立起来都是真实的、动人的,可是,当这些场面联系在一起,表现整个的事件的时候,就是不真实的、不深刻的。他写人物也是如此,个别的小动作、小行为是真实的,当这些动作合起来表现一个典型的时候,就失败了。因为左拉的方法所把握的,只是一些个别的现象,而不是完整的社会或是典型。同时,左拉的观念论的生物社会学所要求的,根本上正是这种表象的假象的事件或人物。

例如在《萌芽》里,左拉用他在矿山里观察到的材料,写一部工人的小说。可是左拉并不是想真实地来描写工人斗争的过程以及这一斗争经验的意义、这一斗争发展的方向。左拉想用它来达到两种目的：一是证明社会的、生理的两种力量对人的性格的作用和影响——他的生物社会学这个科学理论的正确。一是用工人生活的困苦和罢工的反抗来警告资本家必须让步改进，同时又用罢工的悲惨的失败来告诉工人暴力行动的无意义和无结果，最好是协商互助，劳资合作。这样，在《萌芽》里左拉给了我们一串动人的场面：工人家庭的困苦生活，矿山里艰苦的工作，罢工斗争突然的发生和无组织的静态的发展，公司的宽大的冷静的态度和措施，罢工的毁灭性的结果——既毁了工人也毁了工业，最后是罢工的悲惨的失败，劳资合作抗争自然（抢救埋在矿山里的工人）的喜剧。而随时随地穿插在这些场面之间的是狂乱的性欲、遗传的酒毒、抢劫、杀人，以及其他种种自然欲望驱使下的行为……这一切，为了完成左拉的理论，都是必要的。但是这些浮光掠影的观察得来的表象和假象，它们歪曲了工人的生活、性格和斗争。

左拉所描写的工人生活内容和罢工斗争的虚伪，只要和高尔基的《母亲》一比，就明白地表现出来了。

可是，左拉认为他的自然主义方法是客观的，他的生物社会学是科学的，正如他认为他的劳资合作的社会幻想是"公正"的一样。

左拉在《实验小说论》里写道："一个自然主义派的小说家要想写一篇小说，他的第一件要做的事就是去收集、记录他所要从事写作的那个世界的任何可以获得的素材。……在材料收集完全之后，这篇小说就写出来了。小说家必须只是逻辑式地来分配事实……"他主张作家应当"像观察自然现象一样的观察社会现象"，"要像生物学者在显微镜下检查生物一样的观察人，客观地记录人物底状貌和活动"，把人"当做一种自然物来观察"。

决不是偶然的，左拉赞成弗罗贝尔的方法，却反对巴尔札克。

他这样比较弗罗贝尔和巴尔札克的小说：

> 弗罗贝尔底小说的构成仅只结合在一些场景底选择和它们底发展底若干谐调的布置上面。场景完全是日常的……所有越轨的虚想都在驱除之列……他底小说公开着、宣告着每天发生的种种事件，没有把任何意外的东西拿到自己手里。……巴尔札克也给自己底大部的小说以这样的日常生活底现实主义的插绘，但是当走向这种关于写作底正确的特别顾虑之前，他先费了很多的光阴在放纵的虚想上，在妄诞的悲剧和伟大底探索上。
>
> 小说家必须要杀死那个英雄，如果他只想接受日常生活底一般的行为。英雄，我这里解释作出格地扩大了的人性，解释作吹过了比例的橡皮人形……巴尔札克的一些小说，就负伤在他底吹大自己底英雄们那种倾向上。他总以为他们在他的手下出现得还不够十足高大。

左拉攻击巴尔札克的"幻想"和"英雄"——"放纵的虚想，妄诞的悲剧"，"出格地扩大了的人性，吹过了比例的橡皮人形"，赞美弗罗贝尔的"日常的""每天发生的""场景"和这些场景的"布置"，这正是从他自己的主张——"像观察自然现象一样的观察社会现象"，"客观地记录人物底状貌和活动"——纯客观的自然主义的理论出发，对于巴尔札克的现实主义的艺术方法极表反感的攻击。

巴尔札克的"放纵的虚想"，不但不是浪漫主义的，而且正表现着巴尔札克对于客观素材的取舍，表现着明确的认识和深刻的远见，这正是他的现实主义的特点。他的"扩大了的"性格，不但没有歪曲和损伤，而且在具现典型上是必要的。巴尔札克远远越过日常琐事和人物的表面的记述，他的艺术方法中包含着艺术概括中的推论和综合，包含着表现典型环境中的典型人物的素质。

左拉的方法：观察—收集分配材料—描写，这是一种浮光掠影的照相机的方法，它只能观察描写生活的现象和事物的外表，不能认识浮雕社会的本质和核心。像这样写出来的自然主义的作品，它们暴露了、"批判"了资本主义，可是这"批判"和暴露是现象的、外表的，不是给与资本主义的致命的打击。它们没有力量做到这个。弗罗贝尔和左拉都在作品里攻击资产阶级的丑恶，甚至于，如拉发格说的，"左拉简直是很得意的，写出许多不必要的讨厌的不可逼视的东西，而且正是这些描写，算是他的小说成功的原因"。可是，"现实状况同着它的可怕的龌龊和丑恶，使得我们恶心和摇头，这比左拉的全部描写都要厉害得多。现实生活的丑恶要盖过它的一切最丑恶的描写"。

弗罗贝尔在《波华利夫人》里把代表金钱势力的莱赫尔写成一个敲诈勒索的"骗子"，这种对资产阶级表象的、浮泛的描写，太简单也太空洞了。反过来，我们看看巴尔札克的老葛郎代，巴尔札克写他如何瞒着全城的葡萄酒商人抢先倾售他的酒，如何乘机高价卖出黄金，低价买进公债，如何耍拖欠巴黎的债权人的把戏，如何"用合法的步骤去获得别人的金钱"，这写出了他的吞噬柔弱的人们（他的羔羊）的本色，也反映出这个社会阶层的面目。

左拉在这方面，他还不如弗罗贝尔真实。在《萌芽》里，他把公司的经理以及没有出面的资本家们，虽然加以种种讽刺，可是他们仍然不失为文雅、宽厚、人道、退让的绅士。工人们被屠杀了，流了血，左拉还为他们曲意辩解，想保存他们雪白的手的清洁，将来好和工人们握手，共同扮演劳资合作的喜剧。反而工人们做出种种野蛮、粗暴、疯狂的行为（用左拉生物社会学的术语，"兽性的行为"），酗酒、淫乱、抢劫、杀人……加以种种的歪曲。

拉发格告诉我们一件很有趣的事，这也是对于左拉的作品最真实的评论："沃里埃尔·莎尔，在巴黎的龌龊地方到处钻来钻去，他倒寻开心地发见了左拉的小说《娜娜》里的一切错误。这部小说里所描写的高等、下等娼妓的生活，如果对于外省来的青年人倒还很像真，因为他们不过刚刚跑上巴黎的马路，那么，真正的老巴黎，知道得这种生活很透澈的，就只有耸耸肩膀。"

M.伊可维支在他那本《唯物史观的文学论》里，认为左拉"在他的著作中再现着'第二帝政'时代的整个法国社会"，"在《鲁共·马加尔》中，十八世纪后半叶的法国社会环境得到了一个明了的、广泛的、完全的表现"，和巴尔札克一样的表现了法国的历史。在外表上、在形式上看来，是如此的。在内容上、在实质上，这个结论是不真实的、不正确的。

是的，左拉写了法国资产阶级社会的许多生活现象，可是左拉只给了一幅幅的图画、一张张的照相，如此而已。这个社会更深的内在的基础、本质、因素，是没有的。至于说到整个的历史，它的行程和动态，这些图画整个的所表现的东西，如果按照左拉的眼光来着色，那就还是一幅错误的图画。

事实上，在生活的田野里，弗罗贝尔是一个修道的隐士，他远离污浊的尘世，坐在象牙之塔里观看这个田野的风景，并且描画一幅幅的风景。左拉则是一个匆忙的记者，他坐着快班的邮车，这里看看，那里走走，到处地照相、记录，他给了我们不少的照片和游记。至于真实地两只脚踏在地上，站在这个田野里面，手里拿把锄头，把这个田野从根本的底层起，到外面的花草止，一起都翻露出来，仔细地看看在这块土地里有些什么土壤，含些什么成分，它可以有什么样的发展，好种一些什么种子，这样的一个人就是巴尔札克。也只有这样，巴尔札克所写下的一切，方才能够成为法国社会、政治、经济的真实的历史。

## 四

新现实主义的文学要求表现现实，可是，决不能用弗罗贝尔、左拉那样的方法来表现现实。

弗罗贝尔和左拉的"现实主义"，虽然外表上是写实的，而且以科学的客观自命，可是它只是照相机似的写实，不能表现人和社会的本质、现实社会发展的道路和动向，只能描写一些现实表面的现象乃至于假象，铺张生活细节的枝叶，以现实的外形代替现实的本体。在实质上，这个"现实主义"反艺术的概括性，反人物的典型性，反诗的想象性，这是一种假"科学"的庸俗的现实主义。

决不是偶然的，恩格斯宣称："巴尔札克——我认为他比过去、现在、未来的一切左拉都要伟大得多，他是伟大的现实主义的艺术家。"

巴尔札克的现实主义、旧现实主义，有给社会主义的现实主义、新现实主义作家批判地学习和参考的地方。巴尔札克的现实主义要求越过表象，认识事物的本体，把握本质，分析事物的因素，追求它的原因，再综合地具现出来。这样的创作过程，包含着客观的辩证的思维，包含着"有远见与勇气去发现萌芽"的素质。资本主义时代的巴尔札克，他的创作方法不是彻底科学的、完全正确的，而且有不可免的阶层的烙印、历史的限制以及理解的错误，但是，他给我们作了一个深入现实、浮雕现实的例子。

新现实主义的创作过程，是作家的理知和情感深深地突入现实的一个运动的过程，或者可以说是一个战斗的过程。这个过程是有机的，包含着思维和情感的综合的运动，在这个运动中，这二者是密切联系着、互相渗透着、融合着的。这也是为什么新现实主义必须结合革命的浪漫主义的原因。不过，这个运动和战斗不仅要求了解事物的表象，而且要求把握内在的本质，通过本质概括事物的形象，衡定它的发展，然后具现为艺术的形象。所以革命的现实主义要求典型性的艺术，要求"典型环境中的典型人物"的规范。

文学艺术作品要想毫无遗漏地表现事物底一切本质的和非本质的形态、属性、主要的和次要的条件、因素，表现现实事物底一切复杂错综的关系和矛盾、运动和发展，这是不可能的，也是不必要的。因此，表现事物的本质的形态和属性、主要的条件和因素，表现事物底复杂错综的关系和矛盾的一般的性质、主导的运动和发展的方向，这是可能的，也是必要的。例如人物形象的创造，我们可以对于社会中同一阶层的某一种人物，扬弃他们各人分别具有的个别的特征，抽取他们共同具有的性质，求得这一种人物共同的普遍的本质。然后，我们可以屏除或是降低这种人物中某些人物的性格的某一部分形态，扩大或是提高另一部分属性，创造一个有个性的个体、一个特殊的形象。这样，通过这个个体的特殊的形象在某一特定的社会环境、社会关系中的活动，把他同一种类的人物的共同的普遍的本质具体地表现出来，这就是一个典型性的人物。这样生活在一定的典型环境中的典型人物，他的形象是有机的综合的概括，他的内容是社会关系的总和的反映，它的范围愈广，它的生命就愈丰富，它的发掘愈深，它的形象就愈真实。

巴尔扎克的贪婪的老葛郎代，就是这样创造出来的一个典型，在左拉或者弗罗贝尔的作品里，就不能找到一个类似的人物。左拉《萌芽》里的埃第勒是酒精中毒的遗传的奴隶，弗罗贝尔的"波华利夫人"则是情欲的俘虏。他们身上缺乏社会人的本质，主要的是自然的社会人的特性。现实主义者从社会关系中去认识人和事物，自然主义者从自然状态中去理解人和事物。

在创作上，自然主义者不能区分事物的表象和本质。他们只和事物的繁多错综的表象接触，不全面地考察全部现象的总体，它们的相互关联和发展，区别本质的和非本质的、主要的和次要的，进一步把握事物的本体；他们只停留在表象的繁琐的个别事物的搜集上，把片面的、散乱的、带有主观错误的东西和本质的主要的东西混杂在一起，并且把它们看做是没有有机关联和矛盾的东西，形式地一个个排列堆集起来，然后把这样一个表面化了的平面的人物的世界，细腻地、枝枝叶叶地描写一番，这就是自然主义的人物创造和现实表现。

通常自然主义者以客观的表现事物自称，宣称他们的作品是没有结论的，可是这是不真实的。自然主义者是有结论的，不过那不是深刻的研究现实，通过事物的矛盾的发展得出的结论，而是根据表象的肤浅的观察得出的一个主观的经验的观念，然后用表象的现象来证明这一个观念。

自然主义者都是经验论者。经验论者无力把握事物的本质，理解事物的发展，无力正确地认识事物，以至正确地认识新的萌芽。所以不是偶然的，我们在自然主义者的作品里找不出一个"典型环境中的典型人物"，看不出历史和社会的必然的动向。

在这一意义上，新现实主义的艺术是和自然主义无缘的。自然，我们应该承认左拉、弗罗贝尔的作品有一定的暴露意义和艺术价值，而且应该肯定左拉"挑选最迫在目前的材料来做描写的对象"，在小说里描写现代的巨大的经济机体以及它们对于人的性格和命运的影响，并且描写工人阶级的力量和成长，这一个"勇敢的决定"的巨大的现实意义和历史功绩。

新现实主义者要从巴尔札克以及别的旧现实主义作家接受遗产，学习他们创作"典型环境中的典型人物"和表现现实的方法，但是，我们也不能忘记巴尔札克的现实主义是资本主义时代的现实主义，他自己还是一个保王主义者，受着历史时代的限制，带有思想认识的错误，并且在创作上多少存在着缺陷。所以巴尔札克和他的现实主义对于我们只是一个例子、一个说明，巴尔札克不是一个神，不能把他弄成一种拜物教。

我们之所以拿巴尔札克和左拉来作对立的比较，这是因为现实主义和自然主义艺术的不同，几乎是典型地表现在他们两个人的作品里面，并不是说巴尔札克比任何作家都更伟大。我们之所以在今天提出巴尔札克和左拉的问题，其目的在阐明现实主义艺术的本质，进行创作新现实主义的作品，并不是要去仿效旧现实主义；其目的在努力完成革命文学的战斗任务，不是回避现实中的战斗；其目的在创造新的革命文学，不是使旧思想、旧情绪、旧文学的幽灵重新起来行走。

新现实主义首先要求无产阶级的立场和历史唯物论的思想。新现实主义的创作方法应该是马克思列宁主义的思想方法在文学创作上的表现。

有些作家不能接受新现实主义，是因为在根柢上，在他的思想和生活上，有和人民的阶级立场不一致的东西，有旧的政治社会观念的遗留，有强烈的个人主义的因素存在，还想过寄生在别人身上或者骑在别人头上的生活，这阻止着他为人民献身，和人民结合，同时也阻止他正视现实，认识现实，表现现实。

有些作家采取了人民的阶级立场，可是没有获得历史唯物论的思想，这也不能完成新现实主义。常常我们看到一种说法，例如："某某作家在作品里描写的是现实的生活，所以这是新现实主义的作品。"这种说法有很大的不正确性。考察评论一桩工作或是作品，不仅要看它的动机，同时还要看它的效果，不仅看它的外表，还要看它的内容，效果和内容是实际行动的表现，产生实际的影响，这是更重要的。所以一篇作品，不仅要看它描写的是否是现实的生活，还要看这现实的生活是怎样描写的，是否真的描写出了现实。只有获得历史唯物论的思想才能正确地认识现实、深入现实，才有可能正确地表现出典型环境中的典型人物，真的描写出现实以及它的发展。真的描写出现实以及它的发展的作品，是能指示"出路"，指导读者如何去改造现实的。并且，这个指示决不应该是一个空洞的观念，一个公式的结论，一个光明的尾巴，必须是由血肉的现实具体表现出来的一个必然的结果。恩格斯所说的"作者的意见越是隐藏，对于作品也就越发好"的意义就在这里。

旧现实主义者在他们的历史时代的限制下面完成了表现典型环境中的典型人物的规范，不过他们只能够不自觉地、不充分地运用唯物论的方法。只有精通科学的历史唯物论的新现实主义者，才能更彻底地、更深刻地了解社会发展的内部矛盾和本质，"才能够真正彻底地、充分地'揭穿一切种种假面具'，才能够最深刻地、最切实地了解到社会发展的遥远的前途"（瞿秋白：《马克思恩格斯和文学上的现实主义》）。

列宁在《谈谈辩证法问题》(见《论马克思恩格斯及马克思主义》)里写到思想上的认识问题:

> 人类认识过程并不是一条直线(respective[1]不是循着一条直线进行),而是一条曲线,酷似一串环圈、一个螺旋,其中每一断片、每一碎片、每一小段,都能变成(片面地变成)一条独立完整的直线,能把人们(如果只见树木而不见森林的话)引到泥潭里去,引到僧侣主义[2]思想上去(这里,统治阶级底阶级利益就会把它"巩固"起来)。直线性与片面性,死板性与僵化,主观主义与主观盲目病,voila[3]唯心主义底认识论上的根源,僧侣主义(亦即哲学唯心主义)当然有其"认识论上的"根源;它并不是没有根基的,它确实是一朵"不结果的花",但这一朵不结果的花却是在生动的、结果的、真正的、强大的、全能的、客观的、绝对的人类认识这株活的树木上生长着的。

列宁这里说的思想上的问题,在创作上也有同样的意义。如果作家只是运用肤浅的直线的片面的思维方法,就会被概念所俘虏,被表象所迷惑,分不清表象和本质,就会铺张表面的繁琐的生活枝叶,来代替本质的现实。同时,也会把马克思列宁主义的原理,脱离现实的基础抽象地应用在作品里面,成了干枯的公式教条。所以这两种现象常常会结合表现在同一个作品里面,尤其当作家没有真正地深入生活,全身心地和人民结合,参加战斗,仅仅只是以一个

---

[1] respective,亦即。
[2] 列宁就在这篇文章里说过:"唯心主义就是僧侣主义。"
[3] voila,这就是。

"作家"的身分旁观现实,用"观察—收集分配材料—描写"的方法来写作的时候。

这样的作品,虽然写的是现实的题材,有革命的主题、阶级分明的人物,可是它仅仅止于表面的现实,没有血肉的生命,妨害真正地深入现实、表现现实,形成了创作上的一种新的自然主义的倾向。

这样的倾向,这样的现实主义的方法,"对于作家倒是方便的,而对于他们的创作却未见得有益"(拉发格)。

五

像这样一种创作态度和方法,在战斗实践里,有更严重的影响。

因为这样的现实主义仅仅止于鞭挞表面的现象或者暴露琐细的事象,描写图式的人物,不能深入现实的内部,掘出旧社会腐烂的根和丑恶的本相,给与致命的打击,没有力量创造有血有肉的生命,表现现实,深刻动人。现实主义是战斗的,可是这样的现实主义削弱了战斗的力量。

这个倾向的影响,今天不但在创作上表现着,就是在理论上也表现着的。

我们不仅看到无视恩格斯关于巴尔札克和左拉的原则性的提示,宣称弗罗贝尔和左拉的"现实主义"比巴尔札克还要高级的说法,我们还看到有人认为师承自然主义是无可厚非的,左拉和巴尔札克无分轩轾。就在这种种说法被指出不能成立之后,还有人用一种第三者的"客观"的姿态说道:"这是一个文学史上的论争。"

这样,今天不但有人对文学创作实践上的重要问题没有认识,不能区分文学创作方法上现实主义和自然主义的差异，不了解这个问题的意义，甚至有人在明了了这个差异之后，还故意地对这个问题闭上眼睛，希图用"时代"和"历史"做护符，掩护自然主义倾向的存在，避开这个问题。

这是人民的作家创作实践上的问题，人民的作家要在创作的领域完成他的战斗任务，这样讳疾忌医的倾向和态度，是有害的。

"自然主义"的创作倾向，对于为人民战斗，从事严肃的创作，有创造伟大作品的才能的作家，是一个大的雾障，因为它引导作家从开始就走上了歧途，不能达到他的战斗目标和成果。

现实主义要求作家透过事物的表象把握本质，创造"典型环境中的典型人物"，因为不这样就不能够表现真实的现实。一个作家如果只是客观地把观察到的许多表面的生活事象如实地描写出来，没有深入到社会生活的内部，追求它的本质，再通过人的典型来表现它，这样，在作品里，不论作家多么地忠实于写实，也只能写些人物的小动作，像怎样喝茶、抽烟、走路、谈话、哭笑等等，并且这些小动作也只能表现生活的表象或是人物的外貌，没有更深更广的内容。这样的人物不论多么真切，都只是一些模糊的影子；小说只是各种生活场面的拼凑，表面事象的铺张，一幅幅事件画的汇集。小说尽管是"真实"的，可是没有现实社会血肉的"真实"，发生不出巨大的力量。

虽然，作家可能"并不是仅'铺张偶然的情节现象来代替本质'，倒是企图'集中地、有意识地把握要害或本质'的"，但是，当作家所企图集中地、有意识地把握的"要害或本质"本身，只是一些偶然的情节或现象，或者只表现成偶然的生活中的现象的时候，在这里，在作家的创作方法上，就有可以商讨的地方在。

这里所谓"创作方法"的含义，决不是说什么创作的手法或者技巧。我们不是"唯方法论"者。在战斗实践上，在创作实践上，并不是有了"方法"就有了一切。仅仅是"方法"的研究，不但是无用的，而且也是无意义的。在文学上的"创作方法"，这意义包含着对于社会本质的认识，对于现实生活的态度，以及对于艺术创作的表现，这些整个的创作实践上的课题。

如果我们以为今天没有创作方法上的问题，现实主义素质和自然主义倾向的问题，仿佛只要作品里写的是现实的生活和人物，有了革命的主题和出路，这就完成了新现实主义的作品。这是把新现实主义文学的规范和任务形式化，也就是空洞化、贫乏化了的说法。

如果我们以为这是客观现实的结果，只要作者加以主观精神和心理的绘画，问题就解决了，可是，如果不能深入现实，把握本质，用主观的精神琐事的描写来代替客观的生活琐事的描写，同样是非现实主义的，甚至更远离了现实。有些唯主观的作品已经给我们作了说明。

新现实主义要求表现现实，变革现实。如果仅仅是生活的表象画、事件的静物画，不能把握、表现现实的本体，又如何能达到变革现实的目的？如果作者不以生活的表象画为满足，就必须面对思想、生活、创作上的课题，逐一地与以实践。作者如果不能彻底地解决这些问题，仍然以知识分子的形式了解、旁观生活，用"观察—收集分配材料—描写"的方法写作，就必然要发生"自然主义"的倾向。

高尔基在《和青年们谈话》里写道："我不是自然主义者，我赞成文学站在现实之上，多少从上而下来俯视现实，因为文学的任务，不仅仅是在于现实的反映；同时还必须不是一味描写现存的事物而是联想希望的事物和可能的事物。必须把现象典型化。采取虽然细小而是特征的事物，制造大的典型的事物——这是文学的任务。我们拿优越的作品来看，就是十九世纪也不要紧，我们会看见它们是在尽着这样的任务，而且巴尔札克那样大作家，是很完美地尽了这种任务的。可是我们许多文学者，虽然开口闭口讲巴尔札克，其实十分理解他的人并不多。"

怎样从人民的立场，从马克思列宁主义的观点，"站在现实之上，俯视现实"，"把现象典型化"，把现实提高到诗，完成文学的任务呢？这是一个从认识到生活到创作的课题，当我们解答了这个课题之后，我们才能够创造伟大的新现实主义作品。

革命在前进，人民的作家在前进。人民的作家正在完成新现实主义文学的任务，并且一定会完成他的任务。

一九四九年三月

# 释"自然主义"

在文学上，我们常用"现实主义"这个名词，可是，什么叫做现实主义？它的内容是什么？

恩格斯在《给哈克纳斯女士的信》里，就写下现实主义的定义。现实主义是表现现实的文学，它要求的是"除开详细情节的真实性以外，还要表现典型的环境之中的典型的性格"。它要能"见到"旧的必然没落的命运和代之而起的"真正的将来人物"，而且要能"写出"这一切。

这样的现实主义，它要求作者面对现实，并且深入现实，它包含着"有远见与勇气去发见萌芽，集中地、有意识地抓住本质"的素质。恩格斯在《给哈克纳斯女士的信》里，举了巴尔札克的作品做现实主义的例子，还举了另外一个作者来和巴尔札克对照，那就是自然主义的左拉。因为自然主义创作方法的要素是观念的思维、客观现实，并且浮化现实，铺张生活细节的枝叶来代替社会现实的本质，表面上和现实主义很相似，实质上是很不同的一种创作。

我们今天有些作者在创作上的缺点，有和左拉的作品类似的情形，表现着"自然主义"的倾向。

可是，"自然主义"这个名词引起很多的疑问。

例如说：自然主义把自然的因素看成历史现实底根源，今天的作者却自以为是站在历史唯物主义的立场上面，肯定而且反映历史现实底必然规律的,所以这不是自然主义,而是客观主义。

是的,"把自然的因素看成历史现实底根源",这是自然主义的思想内容,这个思想内容的本质是观念论。可是,"自以为是站在历史唯物主义的立场上面,肯定而且反映历史现实底必然规律的"今天的作者,如果在运用历史唯物主义去肯定而且反映历史现实底必然规律的时候,"不把它当做研究历史(或现实[1])的指导的线索,而把它当做现成的滥调,就这么勉强地去凑合历史(或现实[2])上的事实",就要发生唯物论的思想内容"变成了它的反面了"(恩格斯:《给爱伦斯堡的信》)。这样的"变成了它的反面"的思想内容,它的本质也是观念论的。所以思想观点上的客观主义者并不妨碍他做文学创作上的自然主义者。而文学创作上的自然主义者,在生活态度、创作态度上,必然的是客观主义者。

再例如说:自然主义是个历史名词,左拉是自然主义者,他主张的是生物社会学、自然遗传论,今天的作者没有人再有这种思想,所以不是自然主义。

这个论点拿作者的思想内容代替了创作内容。要是按照这样的论点推论起来,就要得到:现实主义也是个历史名词,巴尔札克是现实主义者,可是他主张的是保王主义的思想,今天的作者谁也没有这种思想,所以今天的文学也不能叫做现实主义。——十分明白,这是一个纯形式逻辑的错误的结论。

是的,"自然主义"是个历史名词。但是,当它作为一个文学名词而使用的时候,它概括的是作品的创作方法的要素。凡是左拉以

---

[1] "或现实"三字为吕荧附注。
[2] "或现实"三字为吕荧附注。

前的、同时的、以后的作者，他们的作品的创作方法的要素跟左拉类似的，都可以称为"自然主义"，不一定非讲生物学或遗传论不可。正是在这个意义上，恩格斯不仅提出左拉的艺术和巴尔札克对照，他提出"过去的、现在的、将来的一切左拉"。正是在同样的意义上，我们称巴尔札克以前的、同时的、以后的许多作者叫"现实主义"作者。

再例如说：今天被称为"自然主义"倾向的作者，有的恐怕还未必读过左拉的作品，更不一定去师承他的方法，所以并不是什么"自然主义"，而是一种在中国社会里此时此地产生的一种倾向。

是的，这是在中国社会里此时此地产生的一种倾向。这是一点不错的。但是，这个倾向叫做什么倾向？总得给它个名字。名字本身并不重要，重要的是由它来总括这个倾向的具体内容，我们好认识未来发展的方向和道路。

"自然主义"作为概括这样的创作倾向的一个名词，并不是第一次使用，苏联的作者早就用过这个名词。高尔基就常常在他的论文里提到"自然主义"。

"自然主义"概括作者艺术创作方法上全部问题的内容，并且指出带有这样缺点的文学倾向的根本的所在。

"自然主义"（左拉只是一个例子）的阶级本质是小资产阶级，它的思想内容是观念论，它的生活态度是客观主义，它的创作方法是"自然主义"。今天小资产阶级出身的作者，虽然采取了人民的政治立场，为革命写作，如果在这几方面没有能突破旧的限制——在思想内容上只是用唯物史观"勉强地去凑合"历史或现实上的事实，而不是用它做深刻研究认识历史或现实的"指导的线索"，就会出现观念论的东西；在生活态度上不是深入现实，全身心和人民结合，以人民的生死哀乐为自己的生死哀乐，而采取冷冷的客观的态度，就会产生新的客观主义；在创作方法上不深入现实，把握本质，表现典型的环境中的典型的人物，而用生活表象代替现实本质，铺张事物的枝叶来凑合理论教条，就会产生新的"自然主义"；这样的作品实际上或多或少地重复了左拉的创作道路。所以，作者并不一定读过左拉，或是意识地去师承左拉，也可能发生"自然主义"的创作倾向。而这样的作者一旦碰到左拉的作品，一定会衷心地倾服，赞扬他的匠心独运、出神入化的艺术，乃至认为巴尔扎克还不如他，至少也和巴尔扎克几乎是无分轩轾的，师承他无可厚非，等等。

马克思、恩格斯在他们的著作里所赞赏爱好的作者，像荷马、但丁、莎士比亚、巴尔扎克……他们的创作方法里都具有"把握本质""发现萌芽"的艺术素质，这不是偶然的巧合，这是现实主义艺术方法的要素的具体说明。而今天违反恩格斯的理论，赞扬弗罗贝尔、左拉的作者，在作品里也用表象代替本质，铺张生活细节的枝叶来代替典型的社会现实和人物，这也不是偶然的现象或者巧合，它也是一个具体的说明。说明在这两方面有相通的东西和类似的素质存在，也说明这种倾向的实质是"自然主义"的。

但是这个"自然主义"的倾向，和左拉的"自然主义"不同。今天的作者的政治立场不同，文学观点不同，工作意义不同。左拉为个人写作，今天的作者为人民战斗。所以今天所说的"自然主义"，不是说什么思想上的流派，而是说文学上的一种"创作倾向"。

如果听到"自然主义"，就以为这应该说的是一种带有生物社会学之类的思想流派的文学作品，这是因为左拉对于我们的印象太深而巴尔扎克太浅；同时，我们习惯于资产阶级文学书上"自然主义"这个名词的定义，对于自然主义生物社会学的思想本质没有辨明，对于文学创作上的"自然主义"特质没有理解的原故。

如果说,即使说是"自然主义"吧,它不是反映出若干的真实,起了若干战斗作用么?是的,这是应该肯定的,今天的作者无论在政治战斗上,在文学创作上,都有了相当的劳绩和贡献。就是说左拉,他的作品也起了暴露资本主义社会丑恶黑暗的作用。不过,反映出若干的真实,这是"自然主义"的范畴;表现出典型的现实,这是"现实主义"的范畴。我们不能仅仅满足于起了若干战斗作用,而是要彻底地摧毁旧世界,完成革命文学的任务。

"自然主义"倾向就是不能彻底完成这个任务的,而公式主义、主观主义也不能够。所以我们须要突破这些倾向,须要从思想到生活到创作,再向前进,把握现实主义的艺术创作的方法,创造新的人民的文学。这是我们今天迫切需要解决的一个问题。

一九四九年三月

# 海隅感言

## 一个新文学运动

雷雨的季节，夏天来到了，人民解放战争进行着。

在这个人民解放战争里，多少年来被统治阶级像牛马一样驱使压榨的人民，现在翻身站起来了。他们认识了自己的力量，认识了他们是新中国的主人和创造者，他们用排山倒海的力量，击毁旧势力的抵抗，推倒旧政治制度的残骸，建设新中国的新社会。

今天，进行创造新中国的战斗的人民，他们不但在建设新政治和新经济，同时也在建设新文学和新艺术。

这个新文学和新艺术，是直接在人民中间，以人民做读者，以人民的生活做题材，以人民的愿望、爱好、情绪做对象来进行创作的。这样的作品，我们今天看到的，秧歌剧是一个形式，年画、窗花又是一种，板话又是一种，各种真实的故事、英雄的传说又是一种。

在这样的创作里，文艺的大众化，诗与现实结合，与人民结合，这些人民艺术的创作原则，今天已经得到了实践。这个实践不但把文学从知识阶层狭小的圈子里解放出来，而且使它从内容到形式起了一个大变化。

中国的新文学从"五四"时代开始，但是那是以知识分子为主体开始的。后来的革命文学，怀抱着为人民战斗的意旨，原则上以现实生活做题材，以马克思列宁主义作指导，不过在实践里也还没有能脱离知识分子的圈子。革命文学不但以知识分子做主要的读者，以外国文学做主要的范本；在作者本身方面，依然存在着不少小资产阶级的气息、爱好、作风，乃至于情绪、意识。环境迫害束缚作者，断绝作者和人民的接触，作者也只蹲在那个黑暗的角落里，没有冲出来突破重围的力量。

今天，这种新文学、新艺术是"从人民中间来，到人民中间去"的。创作这种作品，不但要求作者深知人民的生活和情感，而且要求作者克服自己的旧气息的根底，向人民学习，追求广大的强有力的人民性的艺术，来表现他所要写的人民。在这一个克服、学习、追求的过程里，作者和他的艺术也将冲破旧的圈子和气氛，得到新的生命。

今天看到的解放区的作品，虽然还很粗朴简略，没有达到深广的高度，也有些需要改进的地方；但是，它所表现的强壮的力量、真实的生命，不是脱离了生活的作者，拿生活的碎屑当作现实、拿文字的技巧掩盖空虚、苍白的凝固了的作品所能比的。新的艺术的鲜明的光辉和内容，说明只有人民和生活才是艺术生命的泉源，生根在广大的土地和人民中间的新文学创作，它在内容、形式、结构、语言各方面所酝酿的新的变化，将要产生脱离欧化，真正中国气派中国作风的文学，人民的文学。

在中国文学史上，这是一个新的划时代的运动。

**枯黄的花草**

在今天革命战争的大风暴里，我们感到非解放区许多作者的作品落后于现实。可是，在这个新艺术的光辉之下，我们更感到要提出一个问题：是不是今天的作品在方向上有值得考虑的地方？

好像是在一九四三年，中国木刻在苏联开过一次展览会。苏联的木刻家参观过之后，曾经有过一次座谈会，把他们的集体批评，由苏沃罗夫执笔，写了一封信给中国的木刻家，信里除了批评个别的作者和作品之外，整个的说来，他们很佩服中国作家优秀的技巧、精美的画面，尤其是套色的木刻，不过他们觉得学习欧洲艺术的地方太多，表现中国自己艺术的特点很少，他们提出一个意见，希望中国作家能在木刻艺术"民族特点"方面有更大的深入的成就。

这一个客观的正确的意见，不独对木刻作家是宝贵的，就是对文学作家也是宝贵的。因为在文学方面的情形也是如此。我们欧化得太多，中国气息太少。我们自己蹲在欧化的知识阶层的小圈子里，并不觉得怎样，可是在旁边的人，一眼就看出来了，这到了人民大众的跟前，一下子也就显露出来的。

这一个意见的内涵，显然决不仅仅指形式或是技巧，而是指整个作品的内容、风格、气氛。这里正提示我们深入现实、深入人民的重大的课题。今天的创作，它之所以不为人民所喜爱，主要是由于内容远离人民和生活的原故。

今天的时代，是一个空前未有的大时代。人民的强大的力量在成长前进，旧势力在动摇、挣扎、崩溃。黎明和黑暗交战着，雷电交闪着，大地震动着，革命的大风暴在奔驰前进。这样一个伟大的时代，可是，在非解放区文学作品里表现得非常不够。这固然由于环境的迫害，使作者没有畅言的自由，但是我们也不能不承认一个事实，就是许多作者游离了现实。作者浮游在生活的表面上，也浮游在创作的表面上，只有拿表象的生活枝叶、空虚的精神影象来代替深刻的典型的现实和人物，拿机械的公式教条来代替能够显示历史和社会动向的人生。这样的创作，很难突入现实的深处和战斗的中心。文学的作品，当它离开了现实的土壤，只靠知识阶层的微温的理想、情感，以及外国搬来的文学技巧来培养的时候，不论在外表上有些什么成就，在实质上只能是枯黄的温室里的花草。它在真正的大太阳光下面，在真实的战斗里面，就不得不失掉了颜色；自然更经不起历史和时代的风雨，也不会被人民所喜爱了。

**散漫的阵线**

文学，和其他的艺术部门一样，必须要和现实结合，和战斗结合。

现实主义的路，并不只是一条认识现实或者表现现实的路，它包含着变革现实的意旨。它要求为人民事业献身的意志，科学的辩证的思维，艺术的创造的力量，参加现实战斗。在本质上这是一条战斗的路。

游离了现实战斗的文学，知识分子个人主义就要侵入，旧的气息、情绪就会滋长起来，作者就容易停滞、凝固、庸俗、衰落。例如作者中间的自我满足、自我尊大、自我放任的倾向，使革命作者的自我批判、自我学习的精神、前进追求的勇气，都失去了。甚至有的作者，到今天还没有一个完整的马克思列宁主义理论基础，也没有严肃地进行实践的决心。这样，在文化思想上，或者理论批评上有一个问题讨论了，不仅是肤浅地、片面地去了解它，而且是形式地、懈惰地去实践它。作者既不能正视现实，也不能正视思想问题、文艺问题。

例如现实主义的艺术要求创造"典型环境中的典型人物"，这要求深入生活和艺术，完成艰苦的概括的雕塑。但是，在对于艺术创作没有严肃的实践的作者，这只是被当作一个时髦的口号而已。而且因为脱离了生活实践的原故。根本上也没有力量去创造这样的人物。于是这个要求被减削掉了一半，只剩下"典型人物"四个大字。这个脱离了"典型环境"（社会生活）的"典型人物"，这个没有根的人物，就只有寄生在公式教条上面，听任剪刀、浆糊的摆布，成了枯槁的纸人了。后来有人提到形象化。是的，这是因为没有"形象化"的原故。于是讲技巧，弄形象，在这枯槁的纸人身上做了许多涂脂抹粉的工作，甚至把弗罗贝尔、左拉捧出来做大师，恰恰走了和现实主义创作艺术分离的方向。

例如，看到公式教条主义的缺点，提出反公式教条的论点，这原是希望战斗实践能够更有效更活跃地进行，更深刻地理解融会马克思列宁主义的理论原则，创作更有力的、更有深度的艺术。可是结果，有的作者连仅有的一些马克思列宁主义理论也抛弃了，只剩下自己的主观认识来驰骋应战。可是这种主观认识是在观念论的思想教育中形成长大的，于是结果就是自动解除了新思想的武装，做了唯心论的俘虏。而自己却以为是凌空一跃，跳出了公式教条，得到了最新的思想方法和创作艺术。

创作的实践是这样理解和进行的。甚至于，在理论和批评方面，也表现着同样的情形。

今天，写理论批评的作者，如果连最基本的马克思列宁主义思想都没有建立，只是凭着一些"革命""人民"的名词，一点肤浅的概念，一套半唯物半唯心的理解，小资产阶级的意识观念，就这样地从事理论批评，这不仅使理论批评降低了水准，而且混乱了观点，损伤了它的意义。

作者远离着人民，脱离了生活，抛弃了思想，失去了集体，奔忙着个人的生活利益，这种纯粹知识分子个人主义的生活，又怎么会不滋生出这样的果实？

例如，解放区的"年画""窗花"一类的作品，原是人民生活的赞美、健康的劳动的诗，而到了非解放区有的作者手里，就变成了一种病态的、市民生活的装饰画，弄得人不像人，物不像物，人物都成了玩偶和玩具。而对于这样歪曲游离现实的作品，许多人认为新奇，许多刊物刊载，甚至选作封面，大受欢迎，认为这是"新的"艺术，这种现象说明了今天文学理解脱离了战斗实践，一般的无原则的混乱的情形，说明了没有被克服的旧艺术观念的遗留，说明了散漫的个人主义生活造成的结果。

### 要有一个"实践运动"

今天，由于现实战斗形势的迫切和作家阵线的散乱，为了清除旧的负累，开展新的道路，文学工作者需要从思想、生活，到工作，作一个彻底的检查和革新，文学工作者需要有一个实践运动。

我们都知道，对于一个人民的文学工作者，思想是首先重要的。没有马克思列宁主义的思想就不能有正确的行动，也不能清除知识分子的根——旧的气息、情绪、意识。思想的光引导作者深入现实，走向人民。我们都知道生活是一个熔炉，生活实践可以增强革命思想的坚度和战斗精神的旺盛，同时，艺术生命也只有在这个熔炉里才能锻炼形成。我们都知道创作方法是创作的指针，只有从革命的现实主义的路，才能走到深广的艺术，和人民会合。但是我们很少严肃地逐一地去实践它们。这些原则的实践关联着根本的问题，这是一个艰苦的战斗和克服。今天的思想运动就要求这些原则的严格的实践——这不是一个纸上空谈的"运动",而是脚踏实地的"实践"。

文学运动不是形式上的运动。一个作者,如果自己旧的负累和弱点依然存在,自己无心也无力去革除它,只是打起新的旗号,高唱新的艺术,这固然可以得到一些力量;可是,有一个陈旧的内心灵魂存在,这种"新"也只能做些新的形式上的事物罢了。文学工作者如果不能在实践中革"新"自己,深入现实,就是和人民在一起,写的是人民的生活战斗,说的是人民的土话俗语,结果也脱不了公式主义、形式主义的老套,这我们在有的作品里不难看到它的痕迹。

今天的新文学运动不仅仅是一个形式、语言、技巧上的革新运动,主要的有决定意义的因素,还是内容。希腊史诗的形式已经过去两三千年,可是我们仍然爱读,仍然被它感动;今天的秧歌剧里,也采用了一些外国文学创作的表现方法。形式并不是作家和人民中间不能沟通的永久的障碍(自然,在目前是一个障碍)。人民是智慧的,有接受力,有创造力,也有判断力。新文学如果没有真实的深刻动人的内容,只是空洞的形式上的新文学、新的公式教条,人民也不会喜爱它的。

今天知识分子出身的革命作者,也只有在革新自己、深入现实之后,才能突破懈惰迟滞的状态和欧化的圈子,创造新的艺术。我们今天不能再关在房间里或是跳到半空中去创造,必须走到人民中间去"脚踏实地"地创造。只有从这个路走去,才能和人民的新文学运动的主流相会合。

让我们努力。

一九四八年五月

第三辑

# 鲁迅的艺术方法

一

鲁迅是一个作家，然而首先，他是一个战士。

鲁迅写了许多的小说、散文、杂文、历史小说，这一切作品正像一株蓊郁苍茂的大树所分生的枝叶，它们都是从一个根苗上生长起来的。这就是"爱"与"憎"，对人民大众的爱与对反动势力的憎，是战斗。

在《而已集》里，鲁迅自己写着："创作总根于爱。"（《小杂感》）又在《且介亭杂文二集》里写着：

> 至于文人，则不但要以热烈的憎，向"异己"者进攻，还得以热烈的憎，向"死的说教者"抗战。在现在这"可怜"的时代，能杀才能生，能憎才能爱，能生与爱，才能文。彼兑飞说得好：
> 我的爱并不是欢欣安静的人家，
> 花园似的，将平和一门关住，
> 其中有"幸福"慈爱地往来，
> 而抚养那"欢欣"，那娇小的仙女。
> 我的爱，就如荒凉的沙漠一般——

>一个大盗似的有嫉妒在那里霸着：
>
>他的剑是绝望的疯狂，
>
>而每一刺是各样的谋杀！
>
>（《七论"文人相轻"——两伤》）

于是，在一九一八年，怀着"毁坏这铁屋的希望"（《呐喊·自序》），鲁迅发表了第一篇小说《狂人日记》。这是一篇向古老的"吃人"的封建社会宣布无情的斗争，揭示新的社会观、人生观、历史观的宣言。在以后的一连许多篇小说里，鲁迅暴露了社会的黑暗，描写了人民的苦难，对旧社会和反动势力进行了猛烈的致命的攻击。

然而应合着半殖民地半封建的中国革命过程的复杂性与特殊性，作为人民的战士的作家鲁迅底发展过程是曲折而且艰苦的。鲁迅生活在十九世纪末期二十世纪初期，经历过清朝的统治、封建军阀的统治、新的法西斯军阀的统治，他的《呐喊》和《彷徨》，以及进一步的前进，清晰地显示出一个勇往直前、百折不回地为人民的自由幸福而斗争的革命作家的真实的形象，体现了一个人民的战士底真正的伟大。

早在辛亥革命之前，鲁迅就加入过光复会，是一个积极的新派革命分子（许寿裳编：《鲁迅年谱》）。可是，由于辛亥革命的妥协性，革了命之后，"民国"虽然成立了，国民们脑子后面的辫子是"革"掉了，而腐朽黑暗的封建势力仍然统治着中国，残害着中国的人民。鲁迅——一个正直的忠实的革命者，眼看着这种情况，感到巨大的失望和痛苦，然而丝毫没有减弱斗争的意志和对将来的希望。所以在五四运动的前一年，一九一八年，鲁迅就开始"呐喊"了。他写小说，同时也写许多攻击封建势力、"礼教制度""国粹主义"

的辛辣的短文（收在《热风》与《坟》中），这也就是鲁迅写杂文的开始。

可是没有经过多久，参加革命运动的资产阶级在抬起了头之后，高高在上了，就妥协了，反而和帝国主义、封建势力结成一气去了。对于资产阶级的不可靠、自私虚伪，鲁迅很早就意识着的。在一九二〇年写的《头发的故事》里，鲁迅沉痛地写着：

> 我要借了阿尔志跋绥夫的话问你们：你们将黄金时代的出现预约给这些人们的子孙了，但有什么给这些人们自己呢？

在一九二一年，鲁迅又写了一篇杂文式的小说《智识即罪恶》（《热风》）。在这篇小说里，富翁朱朗翁做了阎王，而被新文化运动唤醒的人民都下了地狱。在一九二五年又写了一篇散文诗《失掉的好地狱》（《野草》），写人民大众在"反狱"（即辛亥革命）之后依旧"呻吟，宛转"于油锅、刀山、火聚的苦难。这都是资产阶级和封建势力结成一气的军阀政权的尖锐的讽刺画。

在这个时候，鲁迅的知识分子的战友死的死了，降的降了，"《新青年》的团体散掉了，有的高升，有的退隐，有的前进"，只剩下鲁迅一个人"落得一个'作家'的头衔，依然在沙漠中走来走去"（《南腔北调集·〈自选集〉自序》）。这时候，鲁迅看出了那班人用黄金的光彩粉饰着的黎明的虚伪，但是不能看见希望中的新的世界，也"不知道这'新的'该是什么；而且也不知道'新的'起来以后，是否一定就好"（《且介亭杂文·答国际文学社问》）。"新的战友在那里呢？"光明和真理的道路在那里呢？而四周又是"无物之阵"，一切都是黑暗的势力，"于是失望，颓唐得很了"（《〈自选集〉自序》)。在这个时候，鲁迅写了悲愤的《影的告别》(《野草》)：

> 有我所不乐意的在天堂里，我不愿去；有我所不乐意的在地狱里，我不愿去；有我所不乐意的在你们将来的黄金世界里，我不愿去。
> 然而你就是我所不乐意的。
> 朋友，我不想跟随你了，我不愿住。
> 我不愿意！
> 呜乎呜乎，我不愿意，我不如彷徨于无地。
> ……………

鲁迅写了小说集《彷徨》。

不过这"彷徨"，在鲁迅，它是人民的战士寻找新的革命道路的艰苦的过程。《彷徨》的书前就写着："路漫漫其修远兮，吾将上下而求索。"因为鲁迅"见过辛亥革命，见过二次革命，见过袁世凯称帝，张勋复辟"，"又经验了一回同一战阵中的伙伴还是会这么变化"(《南腔北调集·〈自选集〉自序》)，却没有见过一个真正为了人民的革命(《且介亭杂文·答国际文学社问》)。虽然如此，他仍然奋勇地前进和求索，终于当他从现实中看清楚了共产党是真正为人民大众的自由幸福而斗争的革命的党，他于是束起他的长袍，走到这方面来了。

正当着这个时代，新的法西斯军阀与人民之间的斗争日益尖锐了，浓重的黑暗与革命者的鲜血污塞了鲁迅的呼吸。作为战士的作家，"敢于直面惨淡的人生，敢于正视淋漓的鲜血"的"真的猛士"，(《华盖集续编·记念刘和珍君》)，需要用最敏捷最锋利的武器来应战，于是鲁迅终结了小说的时代，开始了长期的杂文的写作。同时，融和着鲁迅底战士气质与艺术天才的杂文，成了尖锐的斗争的文学形式。

鲁迅的作品：从一九一八年到一九二五年写了小说集《呐喊》《彷徨》，还有三篇历史小说——《补天》（一九二二）、《奔月》、《铸剑》（一九二六）。一九二四到一九二七年写了散文集《野草》《朝花夕拾》；在同时，鲁迅也写杂文：《热风》（一九一八——九二四）、《坟》的一部分（一九一八——九二五）、《华盖集》（一九二五）、《华盖集续编》（一九二六）。而在一九二七年之后，小说和散文都停止了，连续写了十年的杂文：《而已集》（一九二七）、《三闲集》（一九二七、一九二八、一九二九）、《二心集》（一九三〇、一九三一）、《伪自由书》（一九三二）、《南腔北调集》（一九三二）、《准风月谈》（一九三三）、《花边文学》（一九三三）、《且介亭杂文三集》（一九三四、一九三五、一九三六）、《集外集》（一九〇三——九三三）、《集外集拾遗》（一九〇九——九三六），只在一九三五年曾经写过几篇历史小说。

终鲁迅的一生，战士的作家的本质：对人民大众的爱与为人民大众而战斗，这是一条内心的红线，贯穿了鲁迅底全部作品——这决定了他的作品从小说到杂文的表现形式的遭递，决定了他的小说的现实的内容和战斗的性质，并且开创了战斗的现实主义的道路。这一切，说明了鲁迅的伟大光荣的价值：中国现代第一个人民的革命作家。

二

关于创作小说的意向，鲁迅自己写着：

我怎么做起小说来？……不过想利用他的力量，来改良社会。

…………

自然，做起小说来，总不免自己有些主见的。例如，说到"为什么"做小说罢，我仍抱着十多年前的"启蒙主义"，以为必须是"为人生"，而且要改良这人生。

（《南腔北调集·我怎么做起小说来》）

自然，在这中间，也不免夹杂些将旧社会的病根暴露出来，催人留心，设法加以疗治的希望。……

（《南腔北调集·〈自选集〉自序》）

……所以我的取材，多采自病态社会的不幸的人们中，意思是在揭出病苦，引起疗救的注意。……

（《南腔北调集·我怎么做起小说来》）

由于这一意识而产生的鲁迅的小说，它的内容具有明确的社会性、现实性，而且，作品中的人物多半是否定的形态，因此，根据作品的内容，我们可以通过社会生活的基线，把鲁迅的全部小说编成二部社会性的著作。（附注：《呐喊》里的《兔和猫》《鸭的喜剧》，近似回忆的散文，不列入这两部作品之内）

第一部作品是辛亥革命前后农民底生活与形象的图画，可以编集的小说有《阿Q正传》《药》《明天》《风波》《故乡》《社戏》《祝福》《长明灯》《离婚》。在这部作品里，我们看到农民生活氛围的画幅（《风波》《明天》《社戏》），看到朴质、良善、坚强，遭受反动统治势力的残害和压迫的农民的形象（《阿Q正传》《故乡》《祝福》《离婚》），看到买卖婚姻、礼教制度之下的女性牺牲者（《祝福》），看到辛亥革命的脱离人民与"革命"的妥协性（《药》《阿Q正传》），看到残余的封建势力和人民的反抗意识（《阿Q正传》《长明灯》《风波》《离婚》）……

第二部作品是五四运动前后新旧知识分子底生活、思想与代表人物的剪影，可以编集的小说有《狂人日记》《孔乙己》《一件小事》《头发的故事》《端午节》《白光》《在酒楼上》《幸福的家庭》《肥皂》《示众》《高老夫子》《孤独者》《伤逝》《弟兄》。在这部作品里，我们看到新时代的革命斗争的宣言（《狂人日记》），看到旧时代的"士"的没落的命运（《孔乙己》《白光》）；看到革命后旧知识分子腐臭和丑恶的形态（《肥皂》《高老夫子》），看到新知识分子生活状况的一角（《端午节》），道德观念的一面（《弟兄》），不满思想的一影（《头发的故事》）；看到战败了的各式各样的新知识分子："敷敷衍衍""模模糊糊"的悲观的消极者（《在酒楼上》），空做"幸福"的幻梦的投降者（《幸福的家庭》），受伤的失败者（《孤独者》），新女性的牺牲者（《伤逝》）。而素描的《示众》，正是这些知识分子生活在那里面，充满了污暗的旧势力与浑浑噩噩的小市民的社会氛围的写照；速写的《一件小事》，则显示出在这些人们中间唯一的"巨大"的人——劳动人民（车夫），他给与作者以"勇气和希望"。

我们都知道，巴尔札克曾经把他的小说编成一部"人的喜剧"，作为表现从封建制度的没落到七月君主国的告终这一时期的法国社会底伟大的史诗。鲁迅在最初写这些小说的时候，并没有意识地表现一个时代的社会的历史或生活的企图，因此，他这两部作品不能够做到巴尔札克所说的那样：不遗漏人生的任何一方面，不遗漏任何一种典型，任何一个男人或者女人的性格，任何一个职业，任何一个生活方式,任何一个社会集团,任何一个法国区域,不遗漏儿童时代、老年时代,不遗漏政治、法律和军事生活。

鲁迅的这两部作品虽然没有众多的人物、广大的生活方面以及精细的描写,但是也正具有同样的史诗的意义和价值。因为首先,鲁迅的作品所描写的是"真实"。鲁迅从小和农民常常接近,很熟悉他们的生活,后来与旧势力作战,看见过许多腐朽的旧人物,又接触过一些新知识分子的战友,于是十分自然的,鲁迅以这两个社会集团的人物与生活作为小说的内容。通过典型形象的刻划与艺术风格的独创,鲁迅表现了辛亥革命与五四时代的两个社会集团底简朴的风俗画与素描的人物志。

鲁迅在他的小说里,决不仅止于"暴露病根"而已,他同时也写着对未来怀抱无穷希望的远景。像在《药》里"瑜儿的坟上平空添上一个花环",在《孤独者》里死去的魏连殳"像一匹受伤的狼",在《伤逝》里活着的史涓生向着"新的生路"前进,这一切,都通向《好的故事》(《野草》)里对于"美的人和美的事"底诗的憧憬。鲁迅对未来的希望和憧憬不是空洞的个人的幻梦,而是寄托在人民大众身上的理想。在《故乡》里,鲁迅悲痛于他与闰土之间的社会的障壁,写道:

> ……我想:我竟与闰土隔绝到这地步了,但我们的后辈还是一气,宏儿不是正在想念水生么。我希望他们不再像我,又大家隔膜起来……然而我又不愿意……他们都如闰土的辛苦麻木而生活,也不愿意都如别人的辛苦恣睢而生活。他们应该有新的生活,为我们所未经生活过的。

鲁迅以人民的未来为战斗和写作的目的。在他的思想的本质上，已经孕育着将来的新的方向。同时，也正是这一思想，它使鲁迅的作品丰富着现实的内容和战斗的情感，放射着天才的光辉——超越过阶层的界限和时代的阴影，永生在人民大众的心的深处。

## 三

叙述鲁迅的艺术方法，我们除了探讨他的作品底内容而外，还需要研究他的作品的形态，从结构的体式到人物、风景、意境的写法。这样，我们才能接触到鲁迅作品的风格的全貌，才能理解他的艺术方法的完整的形象和发展的历程。

鲁迅的小说，一般地说来是散记体的形态，它的结构是直述的散记，它的风格是叙述的诗，含有情感的彩色，跃动着生命的呼吸。

虽然，鲁迅的小说《药》《风波》《明天》《示众》《弟兄》《离婚》，都描写许多人物的错综关系，用了比较复合的结构，不过在战士的作家鲁迅的小说里，还是直述的散记体占有主导的地位。因为散记体是表现作者思想和憧憬最亲切的形式，在散记体的作品中，作者常常不需要经过什么特别的艺术的手法，就可以直接倾诉出他的内心的语言，可以直白地、尽情地呐喊、放歌、痛苦、欢笑……鲁迅的名著《阿Q正传》实际上可以说是一篇散记体的小说。鲁迅写作最后两篇小说《弟兄》《离婚》以及后来的历史小说，日渐注意结构方面的完整，更着重情节的布置与人物的刻画，显示着鲁迅底小说结构形态的发展。

散记体的鲁迅的小说，很少不必要的繁复的画幅与错综的情节，它以主题为中心，作简洁而又深刻的叙述。在结构的开展上，他很少运用复合的交互错综的手法，多半运用朴素的直线起伏的布局；布局上最大的曲折，也只是构成情节峰峦，形成高峰，或者形成回旋，扩展作品主题内容的深度和广度。例如《狂人日记》的主题"意在暴露家族制度和礼教的弊害"（《中国新文学大系·小说二集·序》），它的情节就在借一个狂人的话揭露残酷的无人道的封建社会吃人的本质，宣传必须推翻这个"吃人"的社会的革命思想。在前二章里，鲁迅描写一个狂人精神错乱的心理状态，布置了峰峦的来脉；在第三章里提出了"吃人"两个字，这是第一座峰峦的出现；在第五章又叙述了狂人对于吃鱼和医生看病这两件事的感想，加强了狂人精神错乱的真实性，同时也扩深了"吃人"两个字对于读者的感印；这样一步步地深入下去，在第十三章——最高峰上，小说的结尾，鲁迅喊出了"救救孩子"的呼声。

在鲁迅的作品里，这样朴素的单纯的结构，虽然缺少情节的曲折，缺少人物间相互错综的联系、结合、对立等关系的戏剧性的因素，可是情节的每一步起伏都是人物事态本身的发展，并不是牵强造作而来。因此，由于内容的真实和深刻，这样的情节直接诉诸读者的心灵，具有丰富的感动力和艺术的情趣，使人读了之后，不能不深思它的意义，并且像一首诗一样，深远地、长久地存留在记忆里。

结合着散记体的叙述的形态，鲁迅在小说里常常配合人物事态的开展，直白地插入自己的独白。这种作者底自我独白的插话，本来十分容易成为烦琐的议论与沉闷的说教，就是在托尔斯泰和高尔基的一些作品里，也不能免除这种缺憾。但是鲁迅的独白的感情氛围早就在小说里形成了，作者的独白不仅不是多余的，而且是小说中具有结构意义的一种抒情的诗的插曲。这种自然流露、感人至深的独白，常常含有深刻的社会性的内容，正如在《生命的路》(《热风》)里鲁迅的一个朋友所说的一样："是 Nature（自然）的话，不是人们的话。"

在《孤独者》的结尾，鲁迅这样写着：

> 我快步走着，仿佛要从一种沉重的东西中冲出，但是不能够。耳朵中有什么挣扎着，久之，久之，终于挣扎出来了，隐约像是长嗥，像一匹受伤的狼，当深夜在旷野中嗥叫，惨伤里夹杂着愤怒和悲哀。

这一段独白正放在魏连殳死了之后，凄厉地刻画出了那一时代战败者的悲愤与伤痛——由于这，我们认识了魏连殳的形象的本质，我们接触到那一时代悲剧的性质。

L.托尔斯泰曾经在他的日记里写道："为了使作品有魅力，不只是用一个思想指导作品，那作品底一切还非被一个感情所贯穿不可。"（一八五三年十二月二十日）

又写道："在艺术作品里面，主要的也是作者底灵魂。"（一八九六年十月三十日）

鲁迅正完成了这样的艺术，他的作品里都包含着深刻的思想主题和深厚的爱与憎的情感，由此也就产生了鲁迅小说结构的另一个特征：诗的结尾。这种结尾的形态有论理，有抒情，也有象征和讽刺。

谁都知道，《狂人日记》的最后一句是有名的"救救孩子……"，《故乡》的结尾是："……希望是本无所谓有，无所谓无的。这正如地上的路；其实地上本没有路，走的人多了，也便成了路。"此外，

《孤独者》《伤逝》都是散文体的抒情的结尾；《幸福的家庭》《肥皂》《高老夫子》《端午节》的结尾都是讽刺的刻画；《明天》《白光》的结尾隐喻着诗的象征；《长明灯》的结尾是孩子们的歌，也就是诗。其他的作品，像《孔乙己》《风波》《阿Q正传》《药》《社戏》《祝福》《在酒楼上》《示众》《弟兄》《离婚》，这些小说的结尾虽然近似纯正的叙事，然而严格地分析起来，也都含有诗的意旨。

事实上，在短篇的作品中，作品内容底深度并不一定借情节上的结局来完成，有时需要一种诗的结尾。这种结尾具有抽象的诗的融和力，凝化作品的思想主题，人物的身世与形象，片断的终结形态的事物，成为一个有机的整体，更真实更深刻地在读者的印象中表现出来。这样的小说，它也是诗。

别林斯基在论《俄国小说与果戈理的小说》里，曾经这样深刻地评论了果戈理的作品：

……你说吧，果戈理底每一篇小说，对于你所发生的首先是怎样的印象。难道他不会使你这样说吗？"这一切是多么单纯、普通、自然与真实，同时可又多么独创与新鲜呵！"难道你不会这样惊奇吗？为什么你自己不能想到这同样的思想，为什么你自己不能构想出这些同样的人物，他们是那样普通，那样熟悉，那样常见，而他们周围的环境，又是那样日常的，那样普通的，那样在实际生活中被你所厌恶了的，但是在他诗的表现中，却是多么有趣与迷人呵！这就是真正艺术作品的第一个标志。再则，你和他小说中的每一个人物，不是很快就熟识，像是很久就已认识而且相处得很久了吗？（略一句）你不是还能凭你的想象，将他的肖像加以补充吗？你不是还能补加一些特点，像被作者所遗忘了的吗？你不是还能讲出几段关于那个人物的故事，像被作者所忽略了的吗？你不是很能自信而且可以赌咒地说，作者所写的一切，都是千真万确的事实而不是幻想的捏造吗？这到底是什么原因呢？因为那些作品如果带上了真天才底标志，那总是依照着不易的创作规律创造出来的。那种构思底质朴，事件底明显，那种戏剧性底贫乏，作者所描写的那种事件琐碎与平常——这些就是那创作所以能如此真实与可靠的原故。这是现实的诗，是现实生活底诗，为我们所熟知的那种生活底诗。……故事愈通俗，愈平常，这就是说，假使那小说底内容愈能引起读者的注意，那末作者方面也就愈需要有伟大的天才。当一位中才的作家，来描写强烈的情感与深刻的性格之时，他能怒立，能紧张，能说几句响亮的独白，讲几件美丽的事物，也能以漂亮的结构、雅致的形式、美好的内容、圆熟的叙述、绮丽的词藻，即以自己的博学、智慧、教育与生活经验底结果来欺骗读者。但如果要他描绘生活的日常的图画，描写普通的与散文式的生活，那你相信吧，这将成为他真正的绊脚石了，他那滞钝、冷淡与无灵魂的作品将永远不能副你的期望。……

这一段话用来评论鲁迅的小说也是完全适合的，因为鲁迅的创作道路正是果戈理和一切伟大的现实主义作家所走的共同的途径。

鲁迅的散记体的小说以叙述为主，常用自我的独白和诗的结尾，近似散文的体式——这说明了鲁迅的散记体是一种最朴质的小说的形态。同时，这种散记体的小说的开展，几乎无法借助于错综的布局、繁多的人物的发展、细致的描写、复合的结构……这些高度发展的小说的手法。因此，这种形态的作品，作者本身如果没有非凡的天才、深刻的思想、挚热的情感、精纯的语言的艺术，就不可能把它运用为表现深广的思想和典型的人物的文学形式。

正是运用散记体，鲁迅表现了典型的形象、社会的画幅，独创了艺术风格，他的小说也正是诗。

## 四

散记体是表现作家的感情与思想的最亲切最朴素的文学形式，然而作品中的感情与思想必须通过人物的生命和生活而体现，而人物是鲁迅的艺术的辉煌的成就之一。

由于短篇小说的画幅的局限性与人物、事件的片断性，因此，鲁迅绘写人物和事件不作繁琐的枝叶的描画，更不作社会生活形态的表象的自然画，他总是首先把握人物性格的本质和人物生活中的社会的有机联系。他在小说的事件发展中表现人，通过社会生活的有机联系结合人，描写人。

在《故乡》里，一个贫穷的曾经是少爷的新知识分子，因为搬家的事回到了"故乡"，于是，很自然地，鲁迅让这个"老爷"（曾经是"少爷"）和他的佃户（曾经是"少爷"的童年的好友）在"一层可悲的厚障壁"（阶级）之前见面了。在《药》里，用人血馒头治痨病的故事，反映了清末社会生活的一面，革命党人的被惨杀以及他们和人民的距离。在《明天》里，借单四嫂子死儿子的故事写出了鲁镇生活的一景。在《祝福》里，逼死祥林嫂的是"吃人的封建社会"，鲁迅十分成功地表现了这一主题，并且刻画了一个被迫害的女性的形象，而没有作任何繁琐的人物描写和事实叙述。《阿Q

正传》里阿Q的典型形象与社会时代的表现是鲁迅这一艺术方法底真实的容貌与巨大的成功。

因此，鲁迅作品中的人物底形象的描写，常常包含着深刻的内容。鲁迅描写阿Q的个体形象的"瘦""癞疮疤""黄辫子"，这一切决不是为描写而描写出来的特征，而是因为这一切特征在小说中有它们的作用和意义的原故（它们说明着阿Q生活的贫困）。在人物的生活、性格、思想、情感的表现上，鲁迅具有更深刻的目的与含意，例如阿Q的贫困、被压迫、被侮辱、被杀害，他的朴质、良善、守旧、愚昧，以至他的精神胜利法和他的革命愿望，不仅表现了农民的形象，也表现了封建社会的面貌。阿Q的一切都仿佛是平常的、随手可到的、简单得很的描写，然而却具有深刻的无比广大的内容。这真正是非凡的艺术。

与鲁迅的朴素的散记体的风格一致，鲁迅在作品里描写人物不采用细密的工笔画的手法，而采用传神的轮廓画的手法。在这一手法上，鲁迅运用了创造艺术典型的基本的原则。鲁迅作品里人物底传神的轮廓画的特点，并不是人物外形的细节的描画，而是叙写足以具现人物的思想、情感、性格的行动和对话，是一种典型环境中的典型人物的概括。

关于这一点，鲁迅自己在《我怎么做起小说来》里这样写着：

> 忘记是谁说的了，总之是，要极省俭的画出一个人的特点，最好是画他的眼睛。我以为这话是极对的，倘若画了全副的头发，即使细得逼真，也毫无意思。我常在学学这一种方法，可惜学不好。

（《南腔北调集》）

通过日常生活中人物的行为描写典型的手法，这是一切伟大的现实主义作家创造典型的基本的手法之一。因为人物底外形的揭示与描画，无论如何详尽，并不能表现一个人物的内心深处，不能表现一个人物底真实的性格与灵魂。一个人物的思想、情感、性格，总是在日常生活的过程中生长起来，总是在日常生活的诸事态中，通过内心的活动，表现为行动、语言的。因此，鲁迅在作品里常省去人物肖像的刻画，而写人物的动作和对话。《风波》里九斤老太的"一代不如一代"，赵七爷的"穿竹布长衫"与"盘辫子"，《药》里康大叔的口吻，《离婚》里七大人的气派，都是很好的说明。而孔乙己的形象，祥林嫂的身世，阿Q的典型……他们的逼真、生动、感人，并不是人物外形的刻画的力量，而是心灵和性格的素描的成功。

例如鲁迅对孔乙己的描写：

> 孔乙己是站着喝酒而穿长衫的唯一的人。他身材很高大；青白脸色，皱纹间时常夹些伤痕；一部乱蓬蓬的花白的胡子。穿的虽然是长衫，可是又脏又破，似乎十多年没有补，也没有洗。……孔乙己一到店，所有喝酒的人便都看着他笑，有的叫道，"孔乙己，你脸上又添上新伤疤了！"他不回答，对柜里说，"温两碗酒，要一碟茴香豆。"便排出九文大钱。他们又故意的高声嚷道，"你一定又偷了人家的东西了！"孔乙己睁大眼睛说，"你怎么这样凭空污人清白……""什么清白？我前天亲眼见你偷了何家的书，吊着打。"孔乙己便涨红了脸，额上的青筋条条绽出，争辩道，"窃书不能算偷……窃书！……读书人的事，能算偷么？"接连便是难懂的话，什么"君子固穷"，什么"者乎"

之类，引得众人都哄笑起来……

　　…………

　　孔乙己喝过半碗酒，涨红的脸色渐渐复了原，旁人便又问道，"孔乙己，你当真认识字么？"孔乙己看着问他的人，显出不屑置辩的神气。他们便接着说道，"你怎的连半个秀才也捞不到呢？"孔乙己立刻显出颓唐不安模样，脸上笼上了一层灰色，嘴里说些话；这回可是全是之乎者也之类，一些不懂了。在这时候，众人也都哄笑起来……

　　……孔乙己自己知道不能和他们谈天，便只好向孩子说话。有一回对我说道，"你读过书么？"我略略点一点头。他说，"读过书，……我便考你一考。茴香豆的茴字，怎样写的？"我想，讨饭一样的人，也配考我么？便回过脸去，不再理会。孔乙己等了许久，很恳切的说道，"不能写罢？……我教给你，记着！这些字应该记着。将来做掌柜的时候，写账要用。"我暗想我和掌柜的等级还很远呢，而且我们掌柜也从不将茴香豆上账；又好笑，又不耐烦，懒懒的答他道，"谁要你教，不是草头底下一个来回的回字么？"孔乙己显出极高兴的样子，将两个指头的长指甲敲着柜台，点头说，"对呀对呀！……回字有四样写法，你知道么？"我愈不耐烦了，努着嘴走远。孔乙己刚用指甲蘸了酒，想在柜上写字，见我毫不热心，便又叹一口气，显出极惋惜的样子。

　　有几回，邻舍孩子听得笑声，也赶热闹，围住了孔乙己。他便给他们茴香豆吃，一人一颗。孩子吃完豆，仍然不散，眼睛都望着碟子。孔乙己着了慌，伸开五指将碟子罩住，弯腰下去说道，"不多了，我已经不多了。"直起身又看一看豆，自己摇头说，"不多不多！多乎哉？不多也。"于是这一群孩子都在笑声里走散了。

在这短短的不过一千字之中，孔乙己——一个没落的旧时代的知识分子的形象，封建社会崩溃时期的"士"的命运，整体地显现出来了。

再如对于祥林嫂的描写。最先，鲁迅写她的来历和容貌：

> 她不是鲁镇人。有一年的冬初，四叔家里要换女工，做中人的卫老婆子带她进来了，头上扎着白头绳，乌裙，蓝夹袄，月白背心，年纪大约二十六七，脸色青黄，但两颊却还是红的。卫老婆子叫她祥林嫂……

祥林嫂改了嫁之后，因为死了丈夫和孩子，又回到鲁镇来做工，受到人们的冷淡、嘲笑、厌弃、卑视，这使她"整日紧闭了嘴唇，头上带着大家以为耻辱的记号的那伤痕，默默的跑街，扫地，洗菜，淘米"。后来，捐了门槛之后，又受了一次致命的打击。在这里，鲁迅描写了她的凄苦的容貌之外，又描写了她的受了创伤的灵魂：她"不但眼睛窈陷下去，连精神也更不济了。而且很胆怯，不独怕暗夜，怕黑影，即使看见人，虽是自己的主人，也总惴惴的，有如在白天出穴游行的小鼠；否则呆坐着，直是一个木偶人。不半年，头发也花白起来了……"

她在临死之前的形象是更凄惨的：

> 五年前的花白的头发，即今已经全白，全不像四十上下的

人；脸上瘦削不堪，黄中带黑，而且消尽了先前悲哀的神色，仿佛是木刻似的；只有那眼珠间或一轮，还可以表示她是一个活物。她一手提着竹篮，内中一个破碗，空的；一手拄着一支比她更长的竹竿，下端开了裂：她分明已经纯乎是一个乞丐了。

像这样一种结合着人物身世发展的真实的深刻的描写，是鲁迅的艺术方法的高度的成就，同时也是一幅现实主义的辉煌的彩画。

虽然，概括的传神的轮廓画的手法有它的困难和缺点，常常不免过于简略，但是鲁迅把握了一切伟大的作家创造"典型环境中的典型人物"的主旨。鲁迅底素描的散记体的作品，它们的结构的中心不在情节的变异，而在人的性格、人的生活、人与人的关系的扩深。在《明天》和《离婚》里，我们能够看见在契诃夫的小说里闪烁着的诗的晶体。在《阿Q正传》里，鲁迅表现阿Q的形象的艺术方法的原则，果戈理也正采用来创造了乞乞科夫。鲁迅描写人物，不仅把握着人物的典型的性格，而且把握着人物的社会的本质。就以《故乡》里的闰土来说，在三十年中，闰土从一个"紫色的圆脸"，"红活圆实的手"，"项带银圈，手捏一柄钢叉，向一匹猹尽力的刺去"的活泼可爱的少年，变到一个苦累于"多子，饥荒，苛税，兵，匪，官，绅"的农民，脸色灰黄，皱纹很深，眼睛肿得通红，手粗裂得像是松树皮，而且"像一个木偶人了"，正写出一幅反动社会制度怎样剥削残害人民的鲜明的图画。同样，《伤逝》里代表五四时代新女性的子君，她的形象有坚强面，也有平庸面和怯弱面，反映着那一社会时代的面影。只有这样，小说里的人物才不是一个肤浅地表象化了的形象，而是一个真实地、深刻地描写了的人物，成为永生的艺术的形象。

与素描的人物的画面相调和，鲁迅作品里的风景也是十分素朴的叙述，不作冗长的描写。一般地说来，鲁迅的作品里没有纯写景的画面，写景总是与叙事交织着结合着。例如在《风波》里：

> 临河的土场上，太阳渐渐的收了他通黄的光线了。场边靠河的乌桕树叶，干巴巴的才喘过气来，几个花脚蚊子在下面哼着飞舞。面河的农家的烟突里，逐渐减少了炊烟，女人孩子们都在自己门口的土场上泼些水，放下小桌子和矮凳；人知道，这已经是晚饭时候了。
>
> 老人男人坐在矮凳上，摇着大芭蕉扇闲谈，孩子飞也似的跑，或者蹲在乌桕树下赌玩石子。女人端出乌黑的蒸干菜和松花黄的米饭，热蓬蓬冒烟。……

这一幅平静的日常生活的画面，作为一场"风波"的背景，具有重要的意义。这写景，同时也是叙事。

还有在《社戏》里：

> 两岸的豆麦和河底的水草所发散出来的清香，夹杂在水气中扑面的吹来；月色便朦胧在这水气里。淡黑的起伏的连山，仿佛是踊跃的铁的兽脊似的，都远远地向船尾跑去了……

这段写景也是景和人的合写，它在人物的身世上、行动上，也就是在小说的结构中，具有构造环境氛围的意义。

同时，鲁迅的写景常常通过感情的溶化而着笔，例如《在酒楼上》有一段废园的描写：

> 窗外沙沙的一阵声响，许多积雪从被他压弯了的一枝山茶树上滑下去了，树枝笔挺的伸直，更显出乌油油的肥叶和血红的花来。天空的铅色来得更浓；小鸟雀啾唧的叫着，大概黄昏将近，地面又全罩了雪，寻不出什么食粮，都赶早回巢来休息了。

在这一段描写里，所有的景物的声响、动作、色调，都在表现一种凄凉的景象，使全篇小说的阴暗气氛更为冷凛。这种描写的着色，不仅需要作者作文字的精思，更需要有情感的融和。作者对这些人物的身世与这些景物的彩色，非有深的感动不可。

通过散记的叙述，以传神的人物画，以朴素的风景画，鲁迅凝化叙事、写景、抒情为一个整体。鲁迅的作品的最完成的形态是和谐的诗篇，全文中没有一点紊乱的支节与堆砌的穿插，没有一个废字废词，一切的描写与叙述都经过挚热的爱与憎的融和、精深的语言的洗炼，文字如流水，如醇酒，全篇像一幅淡色的墨水画。这样的艺术的"单纯"的作品：如《孔乙己》，如《祝福》，如《孤独者》，如《伤逝》，如《野草》里的"过客"……

## 五

鲁迅远在五四运动前一年就开始写小说了。在他的全部作品里，鲁迅不仅绘写了人民的苦难和现实社会的黑暗，而且宣布了新的历史观、社会观、人生观，显示了未来的"新生活"的希望和远景，向"吃人"的旧社会进行了猛烈的坚韧的斗争。鲁迅的小说和杂文，对于战斗中的人民大众，比一切外国作家的作品不仅更为现实，而且更为具体，也更为感人。因此，我们应该首先学习鲁迅的作品。

虽然在创作的时候，鲁迅怀着极强的爱憎而写作，但是并没有因此失去客观的现实的体认。他写作《阿Q正传》，搏击了旧社会的意识形态，同时也创造了阿Q的典型，体现了社会时代的面貌。——在《阿Q正传》里，鲁迅的艺术方法正显示着革命的现实主义与革命的浪漫主义结合的本质的形态。

鲁迅出生在一个士绅的旧家，从小读过私塾，有相当广博的中国旧文学的造诣。后来留学日本的时候，又读到许多外国作家的作品。在他的文学作品中正存在着这两种力量的交流。无论是小说的形态，结构的体式，人物的描写，都表现着这一交流的形态和它的发展。

关于外国作品的影响，鲁迅曾经在《中国新文学大系·小说二集·序》里写道：

> 凡是关心现代中国文学的人，谁都知道，《新青年》是提倡"文学改良"，后来更进一步而号召"文学革命"的发难者……
>
> 在这里发表了创作的短篇小说的，是鲁迅。从一九一八年五月里，《狂人日记》《孔乙己》《药》等，陆续的出现了，算是显示了"文学革命"的实绩，又因那时的认为"表现的深切和格式的特别"，颇激动了一部分青年读者的心。然而这激动，却是向来怠慢了绍介欧洲大陆文学的缘故。一八三四年顷，俄国的果戈理（N. Gogol）就已经写了《狂人日记》；一八八三年顷，尼采（Fr. Nietzsche）也早借了苏鲁支（Zarathustra）的嘴，说过"你们已经走了从虫豸到人的路，在你们里面还有许多份是虫豸。你们做过猴子，到了现在，人还尤其猴子，无论比那一个猴子"的。而且《药》的收束，也分明的留着安特莱夫（L.

Andreev）式的阴冷。但后起的《狂人日记》意在暴露家族制度和礼教的弊害，却比果戈理的忧愤深广，也不如尼采的超人的渺茫。此后虽然脱离了外国作家的影响，技巧稍为圆熟，刻划也稍加深切，如《肥皂》《离婚》等，但一面也减少了热情，不为读者们所注意了。

不过这种"外国作家们的影响"，在鲁迅自己，有许多显然是自谦之辞。即以鲁迅的《狂人日记》而论，与果戈理的《狂人日记》比较起来，不仅"比果戈理的忧愤深广"，内容、情节、风格也都完全不同。更不用说尼采的《苏鲁支语录》了。鲁迅从他写第一篇白话小说起，就是一个创造者，而不是一个模仿者。他在一九一二年在《小说月报》上发表的文言小说《怀旧》，朴素清新，生动淳厚，发人深思，已经预言着后来的天才的创造的光辉。

鲁迅在他的小说里，不铺张繁复的结构，不杜撰惊奇的故事，他叙写真实的人与生活，创造艺术的典型，在艺术典型的生命中体现社会的形相与思想的憧憬。通过人的真实具现历史时代的真实和诗的真理，这是莎士比亚、巴尔札克、普希金、托尔斯泰、高尔基……一切伟大的现实主义作家的道路。也正在这条道路上，鲁迅完成了孔乙己、阿Q、祥林嫂、魏连殳等艺术雕像，绘写了辛亥革命前后农民底形象与生活的图画，绘写了五四运动前后旧知识分子底生活、思想与代表人物的剪影，表现了一个时代的中国社会。

中国的古典文学与外国作家的作品培育了鲁迅，然而鲁迅远远地、高高地超越了这一切，他运用现实主义的艺术方法，独创了新的诗，开辟了中国文学史上新的时代。

在艺术上，这是天才的艺术，这是真正的伟大。

虽然，如鲁迅自己所说，在《呐喊》里，"在《药》的瑜儿的坟上平空添上一个花环，在《明天》里也不叙单四嫂子竟没有做到看见儿子的梦"（《自序》），而用了曲笔；在《彷徨》里"战斗的意气却冷得不少"（《〈自选集〉自序》），然而这正是社会的现实和心理反映在革命作家底艺术作品中的形象。

终他的一生，鲁迅以极严肃的态度从事创作，他从不写他不深知的生活、为他所生疏的人物。在晚年，因为生活行动受反动派严厉的迫害和限制，杜绝了与人民大众一起生活的机缘，鲁迅写作的小说都采用历史的题材（即《故事新编》中的《理水》《采薇》《出关》《非攻》《起死》），但是他同样深刻地暴露了、攻击了丑恶的现实，并且用彩笔绘写了为人民的幸福而斗争的历史人物。

鲁迅生活在十九世纪末期和二十世纪初期，中国社会的特质以及它的发展的路，决定了鲁迅不仅是一个执笔的作家，同时是一个持戈的战士，要作持久而又激烈的战斗。这样，从一九二七年起，随着反动统治的加强和人民苦难的加深，鲁迅放下小说和散文，连续写了十年（一九二七——一九三六）之久的杂文，因为它是他攻击反动派最灵敏最锋利的武器。鲁迅的简洁、明快、精炼，同时辛辣、尖锐、深刻的杂文，和他的小说一样，反映了现实社会的面貌，刻画出人物的形象，跃动着战斗的情感，并且在思想上展开更高、更深、更丰富多彩的境地。这些战斗的诗作和他的小说一样，永远是中国文学的宝贵的遗产。

鲁迅以他的作品，无论在思想的高度上和内容的深度上，在艺术的创造性和完成性上，无论在中国人民底现代第一个伟大的作家的意义上，他能够而且应该说是世界的伟大的作家。他是二十世纪的伟大作家之一。

鲁迅死了，鲁迅的艺术永生。

一九四〇年十二月昆明

# 论《战争与和平》的艺术、历史、哲学

## 一

在伟大的灵魂，仅仅表现真实的艺术，领域和范畴都太狭小了，于是他走向历史，但是这仍是时空之内的世界，他于是走向哲学的境地。

托尔斯泰在《战争与和平》里写了社会和人物，也写了历史、哲学。

但是无论多么伟大的灵魂，他的思想的路走得愈远、愈深，即使是愈哲学，也就愈明晰地写出他自己来。

在思想上，愈抽象的也就是愈具体的。

《战争与和平》显然分成两部分，第一部分（一、二部）人的故事构成社会的历史，第二部分（三、四部）则在战争和历史中叙写人物的故事，论证哲学的命题。

历史以战争为中心，战争的中心在一八一二年。托尔斯泰于是从一八一二年的战争，从历史事件的原因，探求历史与社会的哲学。

托尔斯泰认为历史事件的原因不是英雄和君主的"权力"，"而是参与事件的一切人们的活动"（尾声二部七），这"一切人们"是一个整体，他们联合的关系像一个"圆锥体"，"权力"行使人是圆锥的顶，"他最不直接参与事件，而比一切的人更将自己的活动用于布发命令"(二部六)。拿破仑下令法军开到俄国,或是亚历山大下令拥护布旁皇室,这并不是拿破仑或是亚历山大的意志,而是"参与事件的一切人们的活动"。但是这"一切人们"中的每一个人都有他的自由意志,同时每一个人还有他感觉不到的对必然律的服从,所以,"为什么发生战争与革命?我们不知道。我们只知道为了完成这件事或那件事,人们联合在某种团体中,并且全部参与事件。我们说,这是人类的本性,这是定律"(尾声二部七)。

在这个结论和定律里,托尔斯泰离开了现实社会的分析,进入形而上学的思考。他把一定阶层的"政权"看成是一个人,一个人或是几个人的"权力"。他使现实世界中的"权力"脱离社会学的领域,化成玄学中的抽象名词;并且和自由意志论相结合,把一定阶层的"权力"的意志和全体人民(所有的阶层)的意志看做是一个意志、一个整体(圆锥);又和必然律相结合,认为这意志是必然的,是"我们感觉不到的服从"(二部十二)。于是一定阶层的"权力"的一切行为,都是必然的,因为是全体人民的意志,所以也是合理的。如果这"权力"的行为"恶",这是全体人民的意志参与的活动,所以这是全体人民的"恶",责任不在一定阶层及其"权力",而在全体人民。并且因为有"必然律",因此,这"恶"是必然的,是不可否定的。可否定的现实世界中的"恶",看成玄学中的不可否定的"恶",于是托尔斯泰无路可走,只有走向玄学中的"善",走向宗教。

依据他的哲学,托尔斯泰写了他的历史。

为什么有一八〇五年以来十年间的法俄战争?它的意义是什么?托尔斯泰解释道:"十九世纪初叶欧洲事件的基本重要的现象,是欧洲各国人民自西向东以及后来自东向西的军事运动,这个运动的开始是自西向东的运动。为了西方人民能够完成他们向莫斯科的军事运动，必须：（一）他们在军事团体中容纳众多的人数，以便能够克服东方军事团体的抵抗，（二）他们否认一切已有的传统与习惯，和（三）在完成这个军事运动时，他们要在顶上有一个人，这个人为了自己及他们，要能够辩护这个运动中所发生的欺骗、抢劫与屠杀。"于是，在历史上产生了一七八九年法国的革命，破坏旧的政制，逐步产生新团体、新习惯、新传统；于是兴起了拿破仑，为了完成这个目的，"一个没有信仰、没有习惯、没有传统、没有名望的人，甚至不是法国人"，升到法国和西方人民的头上。（尾声第一部二）

这正仿佛托尔斯泰自己提出来的，有这么一个问题："苹果熟时下坠——它为何下坠？是因为地心吸引，还是因为果柄萎枯，还是因为被太阳晒干，还是因为风吹动，还是因为站在下边的小孩想吃？"（三卷一部一）而不幸的是他竟作了最后一个回答。这在思想本身，是真挚的回答，而在事实本身，是完全的错误。

这样纯主观的论断，不仅误解了历史的性质，进一步也误解了历史的内容。

为什么发生一八一二年的战争？"因为什么产生了这非常的事件？它的原因是些什么？"

在批评了历史家们之后，托尔斯泰回答了："拿破仑和亚历山大的话似乎能决定战争发生或不发生，他们的行为是同样的非本意的，正似每个兵士的行为，他由于抽签或征发而从军，这是不得不然的，因为要使拿破仑和亚历山大的意志得以执行（似乎事件是这两个人决定的），无数的条件的凑合是必要的，这些条件中没有一项，事件便不能发生。这几百万人（真正的大权是在他们的手里），这些放枪运送给养和大炮的兵士们，必须同意去执行这些单独而软弱的人的意志,并且被无数复杂不同的原因引入战争中。"(三卷一部一)所以,战争的原因,不是拿破仑或是亚历山大,而是几百万兵士的意志,他们有"真正的大权",他们开始了战争。拿破仑或是亚历山大是"权力"圆锥的顶,他们单独而软弱,他们的战争意志实际上是几百万兵士的意志。但是意志有它的必然性,所以几百万兵士的意志正就是历史的意志。于是托尔斯泰认为:"帝王的心在上帝的手里。""帝王——是历史的奴隶。""历史:即是人类无意识的共同的群体的生活,利用每分钟的帝王生活,作为到达它的目的之工具。"(三卷一部一)

严肃的思想家的托尔斯泰,以追究到底的执着与真挚,"把人类看作各种观点——神学的、历史的、伦理的、哲学的——上的观察对象",寻找并且"找到一般的必然律"(尾声二部八)。他已经遥遥接近事物的本体了,只要从形而上的世界跨进现实世界,把人类看作社会学观点上的观察对象,他立刻就能得到真实的结论。但是他停留在观念论的领域里,他在精神世界里行走着,并且把现实世界也升华到形而上学的领域,和他一同行走。他在意识的根柢上认为一切现存的都是必然的,而且合理。有时思考深了,虽然不免发生怀疑(例如破坏现存体制的革命和战争),但是这怀疑不能达到否定现存体制的结论,因为他的哲学中没有包含否定的命题。于是他由思考进一步为一切现存体制来作解释,而当不能解释时,最后他就抓住"自由意志"和"上帝"。

一八一二年的战争结果是俄国胜利了。关于胜利的原因,在一切的历史里都记载着俄国农民的功绩,因为没有广大的农民的激起,法军在莫斯科无需撤退,在撤退的路上也不会招致如此惨重的伤亡。

托尔斯泰在他的历史里写了什么呢?虽然托尔斯泰承认了这个

事实:"法国拿破仑军队败亡的原因,一方面是他们在很迟的时候,没有冬季行军的准备,便深入俄国腹地,另外一方面是战争与焚烧毁国城市,引起了俄国人民对敌人的仇恨。"(三卷二部一)他写了法军的深入,占领莫斯科,抢劫与莫斯科大火,法军等待和撤退的失策。但是托尔斯泰把民众的激起跟皇帝联系了起来:"民众的激起(这大概是皇帝亲自莅临莫斯科而产生的)是俄国胜利的主要原因。"(三卷一部九)民众又是怎样激起的呢?——托尔斯泰写了保古治佛罗村的农民,他们发动了叛乱(三卷二部九至十四);托尔斯泰写了莫斯科的工人,他们发生了暴行(三卷三部廿三至廿五)。当然,这在动乱的时代充分可能发生,而且在俄国的社会和历史上是真实的,在某种程度上还是俄国革命的镜子,然而这不是一八一二年战争中民众活动的真实的全貌。托尔斯泰把这片面不全的画面写在他的历史里,代替了"俄国人民的激起"。托尔斯泰也写到游击战争(四卷三部二),但是那不是人民的激起,那是军队的"士气",而军队是将军们率领的,所以与人民很少关系。在这个题目下面,托尔斯泰只在一句话里提到农民,"在游击战获得我们政府的正式承认之前,已有成千的敌军——落伍的盗贼、抢劫者——被哥萨克兵和农民们消灭了,他们本能地杀死法军,正如狗本能地咬死逃跑的疯狗"(四卷三部三)。他用一大段士气("这个未知因子")的学理上的分析代替游击战的叙写,并且把"最先认识了这个可怕的武器的价值","不顾军事学的原则,消灭了法军"的功绩归在皆尼斯·大卫道夫身上。农民的游击战是"本能",将军的游击战是科学和功绩,所以战事胜利的原因是——将军和皇帝。

在战争的开始里,托尔斯泰看到"帝王——是历史的奴隶",战争的原因是"人数最多的兵士"——"圆锥体的最下层与基础"。(尾声二部六）但是在战争的胜利里，这时托尔斯泰就没有看到"圆锥体的最下层与基础"，没有看到"兵士"和兵士所由来的广大的人民。在他所谓的该有"几百万"的原因中他只看到圆锥体的最上层与顶，沙皇贵族和将军。这里存在着观念论的自我矛盾，也存在着它的阶层性的特质。它在历史上投下了阴影。

这特质，在更深的哲学命题里，在纯正的形而上学里，表现得更加地明晰。

在《战争与和平》里，托尔斯泰讨论到生命的意义，生和死，他的思想借安德莱公爵表现出来。

安德莱觉得自己接近死亡的时候，他想："爱？什么是爱？""爱扰乱死。爱是生。一切，一切，我所了解的，只是因为我爱我才了解。一切有，一切存在，只是因为我爱。一切与爱关联。爱是上帝，而死——意思是，我是爱的一部分，回返普遍的永久的源头。"……安德莱于是睡着了。他在梦中看见死来推门，"一个苦恼的恐怖支配了他。而这种恐怖是死的恐怖，它站在门外"。他抵门，抵不住，最后"两扇门无声地打开。它，进来了。它是死。于是安德莱公爵死了"。"但是他死的顷刻之间，安德莱公爵想起他是睡着的；在他死的顷刻之间，他自己出力，醒了过来。""'是的，那是死。我死——我醒了。是的，死是——醒觉'，这思想忽然出现在他的心灵中，先前遮隐'未知物'的幕，现在，在他的心灵的眼界中升起了。他似乎感觉到先前束缚在他心中的力量现在解放了。感觉到那种稀有的轻飘，这轻飘一直未离开他。"（四卷一部十六）

托尔斯泰的这段描写，虽然如他自己所说的，"这些只是思想而已。这些思想中缺少什么，有的是片面的个人的，智慧的，缺少明显。还有同样的不安与含糊"。但是无疑的"他觉得这些思想是安慰的"。在这里托尔斯泰将生死和爱联结起来,他在自我,在个人的"了解"里,寻求生命的意义和灵魂的生路。

托尔斯泰的"爱",正如他的哲学中的"善",只是个人的精神世界的东西。这个"爱"不包含现实的社会的意义,这是一种非人间的"神圣的爱"(三卷三部二十二)。安德莱在昏迷中仔细地思想过它:"是的,在我面前展开新的快乐,它是不能从人身上被夺去的快乐,在物质力量之外,在对人的、物质的、外界影响之外,唯一的心灵的快乐,爱的快乐!……""是的,爱,但不是那种爱——为了什么,要获得什么,或因为什么目的而爱……爱邻人,爱仇敌。爱一切——在一切的表现中爱上帝。……"这在本质上,正如《复活》里涅弗留托夫在到西伯利亚的路上所感到的,是一种"对一切人类的""同情与怜悯的纯粹的感情"。这个"爱"的根本是个人的善,是"心灵的快乐",自己的灵魂的生路。所以爱人和行善的意义根本是在自我。彼挨尔解放农奴,他的意义只是他"为自己而生活,毁坏了自己的生活",而"为别人而生活时,才明白了一切人生的快乐"。(二卷二部十一)这固然是为了人民和世界的幸福,但出发点则是为了"自己"。安德莱的话,表面上在和彼挨尔争论,实质上是完全一致的,他为"毁坏了自己的生活"的贵族们,那些"生长在有无限权力的传统中,多年来,他们变得更暴躁,变得残忍、野蛮,他们知道这个,但他们不能约束自己,并且变得更不幸,更不幸"的"好人们""觉得可怜",他"为人类的尊严,为良心的平安,为纯洁"主张解放农奴,同样,"不是为农奴们的脊骨和额头"。

寻求自我的灵魂的生活的托尔斯泰,由于没有着眼现实的世界意义,他有时甚至对自己的生活也充满消极的失望,他在《忏悔录》里写道:"你的名声,驾乎果戈理、普希金、莎士比亚、莫里哀等世界上一切作家的名誉之上——但是，结果得到的，是什么呢？我找不出一点答复来。"

志愿为人类献身的托尔斯泰，真诚的"生命的意义"的探索者和虔诚的上帝的信仰者，他这一段真挚的自白，正宣布了一切脱离现实世界寻求自我生路的唯心论哲学（以及宗教）的空虚的内容和必然没落的命运。

## 二

托尔斯泰的历史里，一八一二年的战争占了很重的分量，差不多有一卷（全书四分之一）的篇幅用来描写法俄两军的军事行动。托尔斯泰为什么要描写得这么详尽？除了描写而外，他还反驳这位那位历史家，说他们关于拿破仑的天才，俄军的侧面行军的成功，俄军追击法军的计划，乃至于关于拉斯托普卿在莫斯科的布置……他们关于这一切作肯定论的错误，这又是为了什么？严正的艺术家托尔斯泰，他是在浪费笔墨去画历史的细节吗？炫耀他的历史研究吗？发挥他的军事学识吗？不，他是严正地用这一切来论证他的哲学——他的玄学的"权力"论和他的必然的自由意志论。

哲学的投影不仅仅映照着结构，同样也映照着现实人物的创造。在《战争与和平》里，凡是托尔斯泰加以同情的、肯定的人物，像彼挨尔、玛丽亚们，都笼罩着善和爱的光，不能像他不加同情地否定的人物那么浮雕一般的明确，像瓦西里公爵、爱仑、道号洛夫们。尤其，凡是他加以同情的人物，都或早或迟地信仰了上帝；凡是他不加同情的人物，和上帝都没有关系。玛丽亚、彼挨尔都是热诚的上帝的信徒。理智坚强的无神论的安德莱，在受伤之后就忽然皈依了《福音书》和托尔斯泰的"爱"(三章三部三十二),这正如同宗教信仰忽然淹没娜塔莎的感情生命一样。她是一个天真的孩子,在一次祈祷之后(三卷一部十八)就能忘记心灵上的伤痛,并且"穿着在祈祷时所穿的淡紫色衣服",重又歌唱青春的声音。(三卷一部二十)

娜塔莎,托尔斯泰称她是"俄国的灵魂",她"从她所呼吸的俄国空气中吸取了俄国的精神","能够了解每个俄国人心中的一切"(二卷四部七)。但是她的"俄国的精神"不是来自人民世界的对生活的严肃和刚毅,而是来自贵族社会的对生活的享受与柔顺。她的最好的对照者是普希金的"俄国的灵魂"达吉雅娜。达吉雅娜在生活的悲痛里挥泪拒绝了奥涅金,娜塔莎仅仅在爱情的别离里就痛苦着,时时地想:"她最好的时光,却空空地不为任何人而损失了。"(二卷四部十三)于是她爱了阿那托尔·库拉根。达吉雅娜和娜塔莎都是真实的,而在称呼她们为"俄国的灵魂"的意义里,映照着两个巨人思想理念的影子。

在唯心论的托尔斯泰,他的人物形象里,他的"爱"与"善"里,能够容忍娜塔莎式的自私和柔弱,却不能容忍任何社会意义上的反抗和坚强——他叫做的"暴力"。

于是,代替人民激起的真象,代替农民的社会抗争与游击战斗,托尔斯泰在《战争与和平》里写了一幅保古洽罗佛村庄的农民,"粗野的""草原的人"叛乱的图画(三卷二部九至十四)。而在实际上,这是他自己的经验的复写。在俄皇亚历山大二世一八六一年宣布解放农奴之前,一八五六年夏天,托尔斯泰曾经自己草拟了一个解放农奴的方案,他召集了农民大会,提出他的方案。但是令人惊异的是农民们不接受他的提议。托尔斯泰在一封信上写道:"我惊讶的是农民们拒绝了它，虽然有可以维持我的意见的意思，但是他们问我：是不是把我自己的土地也全部给他们。……他们，在我的言辞和提议里，只认为我是努力在欺骗他们，掠夺他们。他们茫然地抱着一种空想——他们像岩石一般的坚信：新皇即位典礼的那天，一切农奴都可以获得自由；我们不但有土地，恐怕地主们的全部土地都要拿来分配给我们的。"

托尔斯泰的形而上的"爱"和"善"里不包含社会学的否定的命题。在他的哲学世界里，理想的社会应该是协调的成果，不应该是抗争的产物。所以他的教义是："毋抗恶"。在《论莫斯科人口调查》中，托尔斯泰写道："大家在喊着关于我们社会制度的不安定，关于戒严令，关于革命的空气。一切的根源在什么地方呢？革命者指示的是什么呢？他们指示出贫穷，他们指示出财富的分配不均……假如革命者的意见是对的，就该做些什么呢？减少贫困与财富不均。怎么做呢？富人和穷人相分……但是照我看来，为善与施舍不但不是一件事，而且是两件完全不同的事，一部分还是相反的。金钱本身是恶……善却不是施舍，善是人们的态度。善是唯一需要的。"

在这样的意义上，娇弱的贤妻良母娜塔莎实在是托尔斯泰世界里一个理想的"灵魂"。忠良浑厚的彼挨尔是地主贵族理想的"善"的代表者。而"良善"的农民普拉东·卡拉泰耶夫，托尔斯泰称为"一切良善圆和的俄国人的化身"，"一个不可衡量的、圆和的、永久的、简单与真实精神的化身"。这化身在本质上，他是托尔斯泰哲学的基础。他是农民的理想的"善"的代表者，托尔斯泰伯爵理想的"权力圆锥"的最下层和底，一匹辛勤而又温顺的羔羊。他一起来，便立刻着手做事，"他烘面包，炒菜，缝衣，削木，补鞋。他总是忙着做事"。他"快乐"而又"庄严"地忍受自己的命运,被人枪毙的时候,默默地"用良善的,含泪的圆眼睛"看着人……以如此的贵族与农民,以理想的顶和底构成的圆锥体的和谐,罗斯托夫管理之下的农奴就是一幅插图(四卷尾声第一部七)——虽然我们可以说,托尔斯泰是否定他的罗斯托夫的。

早在一八五六年的《地主的早晨》里,托尔斯泰就写下了幻想地主与农民协调生活的牧歌:"……为正义的事业奉献一生的他,在自己的眼前,看见了毕生无限的活动的分野,在他面前的是农奴。从他们身上解除贫困,把他们移到幸福的环境里,给他们传播教化,健全他们的道德……那是多么清高和应该感激的工作呵。……并且,地主的妻子,穿着素朴的白衣,到灰尘层积的农民学校、医院,以及不幸的农民那里去,给他们帮忙和安慰。"这牧歌,也正是彼埃尔曾经向往过的憧憬。

在这个牧歌的世界里,卡拉泰耶夫是典型的。彼埃尔和卡拉泰耶夫一同表现着托尔斯泰的思想,但是彼埃尔获得了真实,卡拉泰耶夫只是一个假象。因为在现实中,这样的一个贵族是存在的(像托尔斯泰本人),这样的农民则是一个理想。而这样的理想本身是属于贵族阶层的东西。

固然,卡拉泰耶夫也是作为资本主义社会拿破仑精神的对立者出现的。生活在资本主义发展时代的俄国,眼看着自己的阶层与人民濒于危困的托尔斯泰,他对资本主义以及它的个人主义的精神抱极大的憎恶,他反对俄国走这条道路。拿破仑的精神的批判,这是《战争与和平》伟大的光辉的内容之一,然而托尔斯泰以卡拉泰耶夫的和平温顺来对立拿破仑的野心和私欲;并且以这个作为沉沦于恶德中的地主贵族们的北极星,彼埃尔——也就是托尔斯泰——首先向着他走去。

但是，一如《战争与和平》结尾所写着的：当罗斯托夫带着兵拔出剑，站在前面挡住的时候，以和平温顺就能通过，达到理想么？

这只是形而上的观念的玄想而已。

三

这样，我们能说托尔斯泰的《战争与和平》是主观主义的作品吗？

V. 弗理契（V. Friche）就大胆地作了这个论断。

在他的《L. 托尔斯泰》里，弗理契写道："在今天，想举出一位如托尔斯泰般的主观的作家来是极端困难的。——这里，所谓主观的这用语，以极普通的意义说，就是把完全个人的、主观的（那只有间接的客观的意义而已的）经验，艺术地客观化的意义。"

弗理契依据 A. 格里科夫斯基的"优秀的托尔斯泰的研究"达到他的论点，他认为"把托尔斯泰创作的这一特色，暴露得几乎肌肤毕露的，不是别人，就是非马克思主义者的 A. 格里科夫斯基"。

他写道："托尔斯泰，不单是简单的字义上解释的主观的艺术家，也是阶级的主观的艺术家。这，在非马克思主义者的 A. 格里科夫斯基，也极纤巧地把它指出来了：'根本地说，他不过是把他自身的世界，他自身的社会圈——过去现在的上流贵族，一切的鲍尔康斯基，一切的罗斯托夫，一切的阿普浪斯基以及其他，用自信把它浮雕地描绘出来而已。'"

并且，弗理契认为，托尔斯泰"把自己环境的黑暗面隐蔽了。换言之，他把面前的现象，不是从一切方面作客观的检视，反之，却把它作'倾向的'解释"。所以,在《战争与和平》里,地主与农民的关系当作牧歌般的描写了,甚至于都看不到农奴。沙皇与议员们的关系也是一样,《战争与和平》里议员们一八一二年以感激欢迎了亚历山大第一,"但是实际上,为保障这种表面的感激的欢迎,拉斯托普卿不能不作特种处置",这处置就是在贵族院门口,摆上两辆流送囚犯到西伯利亚去的马车。而当时的贵族对政府的国防案既不感激,商人因为被榨取了财富,同样也不感激。在人物身上,"托尔斯泰,把劳动者,特别是革命的劳动者,也和布尔乔亚与民主主义的代表者一样,作偏颇的、一面的、倾向的描写"。所以,"像这样,托尔斯泰的一切创作,否定了倡言把托尔斯泰当作'天才的巨匠',当作'客观的历史家'","他的创作是阶级底主观的、倾向的东西,倾向于封建大贵族阶级的方面,反对布尔乔亚、民主主义,以及普罗列塔利亚特"。

尽管有这一切的论断,尽管这其中有某些点是真实的,然而,在我们读过《战争与和平》之后,我们并看不到这是一部"阶级"底主观的"倾向的东西",却深深感到这是一部真实的现实的史诗。

这里存在着 A. 格里科夫斯基所不能理解,V. 弗理契未能解析的,旧时代里人和艺术的生命的奥秘,托尔斯泰和《战争与和平》,巴尔札克和他的作品的奥秘。

《战争与和平》同样地是一部艺术方法与世界观搏斗而来的诗。

据 G. A. 伏尔科夫(Volkov)的研究,《战争与和平》原先的构图,想写的是一个十二月党人,在流放西伯利亚三十年之后,在一八五六年和他的家庭回到莫斯科的故事。一八六〇年托尔斯泰开始写这部书,不久他就放弃了。三年之后,他又拿起这个故事,但是观点扩大了,他回溯到一八二五年,从十二月党人政变的一年开始。

后来,他又进一步推展到主人翁的少年时代,那就是一八一二年战争与和平的时代。开了几回头之后,托尔斯泰把故事推展到更早的时代:一八〇五至一八〇七年,这个短篇小说的计划,现在发展了一个包含半个世纪的俄国历史与生活的内容的长篇了。这本书托尔斯泰想叫做《三个时代》(*Three Periods*)(一八一二、一八二五、一八五六),它们内容很像巴尔札克的《人间喜剧》,不过它的形式是用托尔斯泰十分欣赏的英国的"家庭小说"的形态,历史和社会事件不是独立的,而是交织着,作为主人翁的命运发展的背景。经过十次以上的开始,写得初初有个头绪,托尔斯泰又放弃了这个计划。他想单写一部关于一八一二年和它的前一个时期一八〇五年的故事,这就是《战争与和平》的计划。

经过三年苦力劳作之后,到一八六六年中,第一次草稿完成了。内容约当今天看到的《战争与和平》的前二部以及第三部的开头,广大地绘写了贵族生活,战争到拿破仑和亚历山大一世的会面止,没有一八一二年的描写,小说的最后一部分也没有,而且也没有写到人民。那里面的主要画幅是安德莱和罗斯托夫的家庭,安德莱没有死,娜塔莎也没有和库拉根相爱,安德莱看到她对彼挨尔的情感,自动地放弃了他的未婚妻。安德莱又说服索尼亚放弃尼古拉,并且撮合尼古拉和玛丽亚的婚事。两对新人在奥特拉德诺结了婚。法国人被赶出了俄国。安德莱和尼古拉参加了一八一四年的国外战争,然后回到家里,被战争中断了的生活又回复到正常的状态。小说里没有哲学的形象普拉东·卡拉泰耶夫,也没有抗战的将领库图佐夫,代替他有一个奸狡、自负、醉生梦死、一心致力于朝庭阴谋的老头子;拿破仑与其说是否定地,不如说是肯定地表现出来。托尔斯泰那时候,想把这部小说叫做《善有善报》(*All's Well That Ends*

Well）（伏尔科夫：《〈战争与和平〉是怎样写作的》，《莫斯科新闻》英文版，一九四〇年七月二十五日）。

后来，在写作过程中，托尔斯泰开始发觉一八一二年的事件应该比他起初所想象的更深刻地影响到俄国的社会和他的人物。通过历史文献的研究，由于他对事实的深知，托尔斯泰把握着一八一二年的意义，他看到了"家庭小说"的狭仄，他看到了在这一时代中真正的社会和人的生活的形态。于是，托尔斯泰扩深小说的历史背景，展开社会生活与历史人物的图画，参入哲学的观念。原先的主人公们退到背景中去了，安德莱和彼挨尔的性格描写中添进新的因素，引出农民卡拉泰耶夫。安德莱家和罗斯托夫家人们的生活与苦痛，汇合了生活的主流，汇合了整个俄国人民的苦痛，引出历史与社会的远景。

这样写出来的《战争与和平》，这样艰苦的创作过程以及这个过程的成果告诉我们：作者的主观决定人的真实的影响，远不及人的真实决定作者的主观之强，之有力——自然，这是说总的方面，全部的作品。

所以，《战争与和平》依据哲学写出了历史，依据主观经历写出了人物。但是在真实的历史与人物之前，作者不能不变更他的意念，修改人物的形象，扩深他们的社会关系，乃至于影响到他们的性格。整个的小说所表现的历史与现实生活本身的运动，它的方向，甚至与作者的哲学方向是相反的。

托尔斯泰的哲学是主观主义的。但是他的主观理念的对象是善和爱，是人类的真正的幸福。虽然这是形而上的玄想，但是这样的至善的灵魂被许可了以无私的心去接触现实，并且以严肃的生命的笔把它表现出来。这接触不是表象的，是内心的、深刻的。这形成了托尔斯泰的艺术的特质,并且以内在生活的画幅,以心灵的绘写,以生命的呼吸,丰富了作品的内容。

托尔斯泰的艺术辉煌着生命的光。《战争与和平》中一切战争与和平的生活画面,没有不是与人的生命联系着展开的。谢恩格拉本村之战(一卷二部十六至二十一)中活跃着安德莱的坚强,留下了年青的罗斯托夫的痛苦的呼声:"我为什么到这里来!"奥斯特里兹的卜拉村之战(一卷三部十一至十九)中,安德莱认识了他的英雄(拿破仑)以及他的渺小,思想到生命和死亡的空无,"伟大的整体或空无",或者是"上帝"。保罗吉诺之战(三卷二部)中,安德莱想着"难道这是死亡吗?……我不能,我不想死,我爱生命,爱这个草、土地、空气……"但是,在冒出烟缕的旋转的黑球的爆裂中,"安德莱跄到一边,举起手,俯跌下来",遇到了死亡。英国俱乐部中庆贺巴格拉齐翁的胜利引出彼挨尔与道号洛夫的决斗。决斗的结果是道号洛夫为他的母亲他的天使流下良心的泪,彼挨尔决心离开他的妻子,美丽、骄傲、愚蠢而又淫荡的女人。(二卷一部一至七)共济会入会仪式完毕之后,"彼挨尔觉得他是从什么长途旅行中回来的,他在这段旅行中走了好几十年,他完全改变了,并且放弃了从前的生活秩序和习惯"(二卷二部一至四)。罗斯托夫家猎狼的画幅,娜塔莎以农民的舞蹈与歌声,显露出她对"每个俄国人心中的一切"的了解,她的灵魂的欢乐与纯真。(二卷四部七)在圣诞节的典礼中,娜塔莎向索尼亚发出生命的呼声:"索尼亚!他什么时候回来?我什么时候才看见他呢?我的上帝呵!我多么为他为我自己而怕呵,我觉得一切是可怕的……"

不止是人的身世,而且是人的心灵、生命,贯连着一切场面,全部的结构,成为一个整的生命。

这样的艺术，在本质上，是一切伟大的史诗作家，从荷马到普希金的艺术；而且托尔斯泰以远为复合的结构，广阔地展开了社会的画面，周密地描写了生活的细节和众多的人物，并且深入到内心的一切方面。《战争与和平》全书包含许多章节，每一个章节中人物活动和家庭生活错综交织着，总起来，又以这一切构成社会生活的图画。托尔斯泰的《战争与和平》完成了精深以及精深的博大。

这精深与博大的整体，然而又如此地单纯与和谐。在人物，人生，在历史，战争，悲欢离合的海里，只有一二个支节：罗斯托夫的猎狼（二卷四部三至六），俄军撤离莫斯科前拉斯托普卿伯爵的活动的辩驳（三卷三部二十四），因为膨大而显得不甚均匀。其余全部的形象、场面，各有它的特征和世界，各如其分，明晰如画。形象与形象，场面与场面，每一形象、场面与全部人物及历史，不可分离地融合为一。在结构的形体上，前二卷纯写人的真实，后二卷渗写哲学的论证，略有不一致的形迹。但是在结构的内容中，生活的万象和战事的全景，如精工的彩绘，而哲学的命题则如书中的水色和油光，晕润着全幅图画，全部历史的叙写充溢着深思。

托尔斯泰继续普希金的路，扩展了它而且超过了它，达到了近代史诗艺术的峰巅。《战争与和平》如一幅深广的工笔的油画、巨大的浮雕。

这油画与浮雕的完成，它的力量，动人，不是以虚构，而是以真实。

当然，在《战争与和平》里，个别的人物和个别的事象，在许多地方作者以主观代替了客观，但是那不是主要的东西，不是全部的现实，以人的真实的生命和社会生活为内容的历史。

V.弗理契以为托尔斯泰描写了"他自身的世界，他自身的社会圈"，这是主观。事实上，那个作家所写的，不是他自身的经历以及生活的世界？离开了生活，还有什么创作？主观或客观，应该看人物和世界表现得真实或是虚假。托尔斯泰没有描写沙皇莅临时议院门前的囚车，这并不就显示着他的主观及"'倾向的'解释"，因为在那样激动而又危险的情况中，在皇帝（贵族阶层的首领）的颤抖的声音中，贵族们发出热情的欢呼，这是十分自然的情势。而在皇帝莅临之前，贵族们都乘车而来，于是"在十五日早晨，斯洛保大宫前停着无数辆马车"（三卷一部二十二），又有谁能分出那两辆是囚车？虽然，在亚历山大第一身上，托尔斯泰时时加以辩解和颂扬，尤其是对他后来的反动，但是，亚历山大在我们眼中浮起的形象，并不是一八一二年的英雄，只是一个软弱无能的君主，这不写出了一个真实的人吗？贵族议会之后，"第二天皇帝走了。所有被召集的贵族们脱下制服，又回到家里和俱乐部里，并且呻吟地向管家们发出命令征集民团，并且对于他们所做的事情觉得惊异"。贵族议会本身也许有"倾向的"片面化的地方，这结尾不真实地写出了贵族们热情的欢呼的内容？而在议会中彼埃尔的热情决心与慷慨，这不写出了主人翁性格的一点？

托尔斯泰的哲学是矛盾的，托尔斯泰的艺术也是矛盾的。但是在这矛盾中有一个主导的力与光，这就是对于人民的爱。

托尔斯泰的哲学显示出一个灵魂对于人生、对于土地的执着，对于爱和善的渴望。托尔斯泰的艺术则显示出这是一个属于人民的灵魂，诗学地说来，这是一个农民群中的灵魂，以粗大而坚韧的手，以真挚和纯善的心，写下了人的故事与人的历史。所以，托尔斯泰的繁复、博大、精深的作品，它的风格沉重、浑厚、质朴，没有一丝的轻巧与浮华。

《战争与和平》里没有正面绘写过地主与农民的生活关系，甚至于也没有农奴，只是一个意象化了的普拉东·卡拉泰耶夫。这虽有哲学的根源，不过，并没有妨害彼挨尔、安德莱、娜塔莎、瓦西里、爱仑……的真实，这些贵族的形象与贵族的社会是托尔斯泰史诗的主题。

　　这个贵族的社会，在昏庸的亚历山大之类的皇位之下，在残暴的朝臣阿拉克捷也夫之类的斧钺之下，充斥着奸狡的官僚瓦西里公爵之类，糊涂的老罗斯托夫之类等等的人物；并且有年青的尼古拉，罗斯托夫等领着大军做卫护的中坚，听阿拉克捷也夫的命令，"杀那向前进的第一个人"……而尼考林卡的梦境，显然决不是彼挨尔和普拉东·卡拉泰耶夫以和平温顺就能通过到达的。在这里，托尔斯泰底艺术的真实对托尔斯泰底哲学的假象施了致命的一击。然而这是人的真实，托尔斯泰不能隐瞒，非写在他的书里，写在他的历史的总结处不可。

　　托尔斯泰的艺术，伟大的艺术——真实，否定了他的哲学。这是现实主义底伟大的胜利之一。

一九四三年八月

# 论《奥涅金》

一

《叶甫盖尼·奥涅金》，普希金的"诗体小说"，诗和小说艺术的综合，用"铅笔和淡淡的彩色"画出来的一部素朴的史画。从这本诗里，俄国后来的伟大的作家，从果戈理到高尔基，都曾经吸取过诗的艺术的素质；从这本诗起，俄国的文学开始了现实主义的路程。

《叶甫盖尼·奥涅金》开始写作在一八二三年，那是普希金因为他的革命诗被沙皇政府流放到南俄去的时候。这时候，俄国的诗坛上流行着古典主义、浪漫主义、伤感主义、神秘主义的作品，许多诗人还没有摆脱西欧文学的影响，他们距离人民和现实都十分遥远，他们的诗的光辉因此也十分微弱，不能以强大的光和热照耀辽阔的俄罗斯原野，感动人民的心。

这时候，普希金走出来了，他开始了一条完全不同的道路。他以"一八一九年彼得堡青年人的社交生活"[1]的画面：起身、饭店、剧院、卧室、舞会、睡觉，展开一部交织社会、人物、历史的巨作——从时髦的新都彼得堡，到古老的乡村，到白石的旧都莫斯

---

[1]《奥涅金》第一章在1825年出版时，书前有一篇序言，里面写道："第一章是一个整个的部分。它只限于描写1819年末彼得堡青年人的社交生活……"

科;从厌倦一切的冷淡的奥涅金,到纯真的热情的诗人连斯基,到真挚的理想的灵魂达吉雅娜;从奥涅金的苦闷,到达吉雅娜的悲哀,到连斯基的死;从都市和乡村的日常生活,到战争和革命的风暴……从人的生命、人的灵魂、人的典型,从人的故事到社会的生活、风俗,到俄国的历史……

普希金的时代(一七九九——一八三七),正是法国大革命之后的时代,欧洲和俄国的社会这时候都开始发生变化。生活在这个时代,具有革命思想,并且眺望着变化的远景的诗人,他的诗也勇敢地投入了革命的洪流。诗人曾经写过古代的民间传说《鲁斯朗和刘德密拉》(一八二〇),浪漫的诗篇《高加索的俘虏》(一八二〇——一八二一)和《巴赫齐沙拉伊泉水》(一八二一——一八二三)。这时候,诗人在人民(虽然是异族的)中间进一步"变粗野了,并且忘记了神的语言"(《奥涅金》八章五),诗人"在诗的酒樽里,渗了许多的水"(《奥涅金的旅行》)。诗人抛弃了古典主义文学语言底僵死的"崇高"的"典雅"的传统,将"奇特生动"的"平民的语言"(八章二十三节别稿)引进诗中,同时将俄国文学语言的精华和这人民的纯朴的生活语言相融和,写了一部优美、谐和、清新的"诗体小说"。

《叶甫盖尼·奥涅金》是伟大的小说,同时也是完美的诗。正如别林斯基所说,是"第一部真正的俄国的创作",是"俄国生活的百科全书"[1]。

但是当时在古典主义和浪漫主义影响支配之下的人们,完全不

---

[1] 别林斯基(В. Г. Белинский,1811—1848)的名言,见他的长篇论文《亚历山大·普希金的作品》。

能了解这部以平凡的日常生活为内容的诗作的意义。当《奥涅金》第一章出版的时候,有些批评家(如"祖国之子")认为在《鲁斯朗和刘德密拉》里比在《奥涅金》里看到更多的"民族的气质"。而诗人自己的朋友们,他们在这部作品里看到有能以使微琐的题材迷人的"了不起的天才",但是他们都说《奥涅金》不如《高加索的俘虏》和《巴赫齐沙拉伊泉水》。甚至于前进的十二月党人中的作家,雷莱叶夫(Рылеев)和柏斯图冉夫(А. А. Бестужев)也力劝普希金还是写浪漫诗。他们觉得普希金的诗体小说"平凡无味"。

普希金在一八二五年一月写信给雷莱叶夫,说:"柏斯图冉夫关于《奥涅金》给我写了很多。告诉他,他不对。难道他想把一切轻快的和欢乐的都逐出诗的领域?那末讽刺和喜剧将要置身何地呢?因此,这就应该毁掉《勇猛的奥兰多》《胡吉布拉斯》《奥里安女郎》《青青》《列纳狐》《杜新卡》的最好的部分,拉丰旦的故事,克雷罗夫的寓言[1],等等,等等。这有点太严了。社交界的生活的图画也可以进入诗的领域。"

深知生活的真实,博学古典文学遗产的诗人,他怀着崇高的思想,坚持一条新的创作道路。他对于当时流行的古典主义、伤感主义、浪漫主义的作品,在《奥涅金》里都作了诗的评论。

---

[1] 《勇猛的奥兰多》(Orlando-Furioso),意大利诗人阿里奥斯妥(Ariosto, 1474—1533)的名诗,奥兰多就是法国的英雄罗兰(Roland)。《胡吉布拉斯》(*Hudibras*),英国讽刺作家巴特勒尔(Butler, 1612—1680)的诗作。《奥里安女郎》(*La Pucelle*),法国作家伏尔泰尔(Voltaire, 1694—1778)的反宗教的讽刺诗,写圣女贞德(Jeanne d'Arc)的故事。《青青》(*Vert-Vert*),法国作家格莱塞(Gresset, 1709—1777)神父所作的幽默的爱情诗。《列纳狐》(*Reynard the Fox*),1100年左右,源于法国北部(亦说德国西部)的一部讽刺的叙事诗。《杜新卡》(Душенька),俄国诗人波格达诺维奇(Богданович, 1743—1802)的作品。拉丰旦(La Fontaine, 1621—1695),法国寓言诗作家。克雷罗夫(Крылов, 1769—1844),俄国寓言诗作家。

《奥涅金》是"诗体小说",普希金又称它为"自由的小说"(八章五〇)。在这个自由的诗体小说里,从内容到形式,到语言和格律,都破坏了古典主义的规范。诗人并且将古典主义史诗照例在卷首献给诗神缪司(Muse)的"序诗",写在第七章的末尾(七章五五),嘲笑了古典主义的公式:

"我歌唱一位年青的朋友
和他的幻想的纷纭。
祝福我的长久的劳作吧,
你呵,史诗的缪司!
你要给我可靠的牧杖,
不要让我在歧途上漫游。"
够了。从肩上卸下这个重担吧!
我对古典主义表示了敬意:
虽然迟了,可是序诗却是有的。

对于十八世纪的感伤主义的作品,李卡德森(Richardson)的《克拉丽莎》(*Clarissa*)和卢骚(Rousseau)的《新爱罗伊斯》(*La Nouvelle Héloïse*),诗人称之为"杜撰"(二章二九),"幻景"(三章九),他不同意他们的创作的路。普希金把他们归在一起,加上斯泰尔夫人(Madame de Staël)的《黛尔菲娜》(*Delphine*)(三章十),这些作品都是:

按照主调构造自己的文章,
往常,热情的作者
总是把他的主人公

写成一个十全的模范。

..............

并且在最后结尾的部分,
总是恶受到了惩罚,
善得到了应得的花冠。

(三章十一)

对于十九世纪初期风行的浪漫主义,诗人也不赞同。看了德国浪漫主义诗人"歌唱爱","歌唱别离和悲伤","歌唱不知什么的什么"……(二章十)"晦暗"而且"消沉"的作品,他愤愤地写道:"这个我们叫做浪漫主义,虽然在这里一点浪漫主义我都没有看到。"(六章二三)

同样,普希金也严正地批评了英国浪漫主义诗人拜伦:

拜伦爵士凭借巧妙的幻想,
在消沉的浪漫主义里
掩藏着绝望的自我主义。

(三章十二)

当时许多人根据普希金在南方写的一部分诗作,认为普希金是拜伦的学生,并且甚至于认为《奥涅金》是模仿拜伦的《唐·璜》(*Don Juan*)的作品。对于这样的曲解,普希金自己在一八二五年三月写给柏斯图冉夫的信里回答道:

你的信很聪明,然而你不对,你看《奥涅金》总不是从那个观点来看的,无论如何它是我的最好的作品。你拿第一章和《唐·璜》比较。没有人比我更尊重《唐·璜》(开头的五章——其余的没有读),但是在那里面跟《奥涅金》没有任何共通的地方。你说到拜伦的英国人的讽刺,拿它来和我的诗比较,并且要求我也和他一样。——不,我的至友,你要求得太多了。我有什么地方是讽刺?它在《叶甫盖尼·奥涅金》里连影子都没有。如果我是带有讽刺的话,就是石头也要碎的。这三个字"讽刺的"不应该是在序言里找到的。等着别的几章吧……你可以看到,如果拿《奥涅金》来和《唐·璜》比较,那就只有在这一点上:谁更可爱而且更美(Gracieuse),达吉雅娜还是尤丽亚?第一章只是一个简略的引子,而我对它是满意的(这在我是很少有的事)……

显然的,不论在思想上、在主题上、在方法上,普希金和拜伦,《奥涅金》和《唐·璜》,都有本质的差异。拜伦浪漫地看,浪漫地写,而普希金是严肃地看,真实地写。唐·璜也许是拜伦的化身,奥涅金决不是普希金自己,尽管诗里的生活有许多是普希金亲身经历过的,普希金的否认并不虚假(一章五六)。奥涅金是十九世纪初期彼得堡贵族青年中的一个典型,一个俄国历史和社会中的真实的人。

自然,普希金在早期也曾经写过浪漫主义的诗篇,但是,那不是"粉饰现实,努力使人与现实妥协,或使人逃避现实,躲藏到自己内心世界里去,使人沉溺于'人生命运之谜'、爱、死等思想中"的"消极的浪漫主义",而是"强固人们对生活的意志,在人们心中唤醒对现实一切压迫的反抗意识"的"积极的浪漫主义"。[1] 普希金的浪漫主义是"胸中燃烧着烈火"(《乡村》),"为了世界的幸福而生的""鼓舞"人民的诗人(六章三七)的心,这个诗人永远地:

在光荣与至善的希望中
我无畏地向前远眺。

(《八行诗》,一八二七年作)

只有一个这样的浪漫主义的诗人,才能看到德国浪漫派的"晦暗"与"消沉",拜伦的"绝望的自我主义",才能越过浪漫主义的界限,创作现实主义的史诗。

普希金的路是现实主义的路,他的《叶甫盖尼·奥涅金》是俄国文学中第一部现实主义的诗。

一八三〇年《叶甫盖尼·奥涅金》完成了。这一年,大革命后的法国浪漫派在法兰西剧院里战胜了古典派[2]。可是,雨果(Hugo)用来跟古典主义决战的《哀纳尼》(Hernani),并没有能起决定性的作用。而在沙皇专制政府统治之下,普希金则以社会的史画,以完美的诗,击倒了俄国的古典主义者。这里存在着如何悬殊的天才的本质,如果一方面是浪漫主义的浮嚣,那末另一方面就是现实主义的深沉。斯汤达尔(Stendhal)的《红与黑》在一八三〇年出

---

[1] M. 高尔基:《我的文学修养》。
[2] 1830年2月15日,巴黎法兰西剧场上演雨果的《哀纳尼》,这是一个浪漫的悲剧,对当时的古典派是一个直接的挑战。这一天,高第叶披着长发,穿着短外衣(jacket),和别的穿着故意违反习俗的浪漫服装的青年,占领剧场的正面,古典派的人也占领了楼座和露台,一方面喝采,一方面乱喊乱闹,结果是浪漫派得了胜利。

版,巴尔札克(Balzac)的伟大的《人间喜剧》也在一八三〇年之后方才陆续出世。普希金正是现实主义开山的巨人中的一员。

## 二

《奥涅金》是诗,普希金称它是"小说",小说和诗在这里得到了最高的艺术定义。同时,《奥涅金》开辟了一条广阔的道路,将俄国文学引入伟大、丰富、壮丽的现实主义的世界。它扩展了小说的含义和诗的观念,这部现代的史诗影响了后来的许多作家。

在普希金之后,果戈理创作了他的"长诗"——《死魂灵》[1],托尔斯泰创作了伟大的史诗《战争与和平》,在《奥涅金》之后绘写俄国社会生活的第二部"百科全书"。

在《奥涅金》里,普希金以新都彼得堡、古老的乡村、旧都莫斯科这三点做中心,展开诗的画幅,素描了整个俄国的社会生活。这样的画幅的展开,决不是随意的偶然的结构,具有深刻的表现现实的内容,因为只有这样才能展开都市和乡村的全景。同样,在诗里的人物的选择和创造上,也存在着深刻的艺术的题旨。

普希金在他的史诗里,在俄国生活百科全书的深广的画幅里,为什么选择彼得堡的公子奥涅金做主人公,并且让他和达吉雅娜相遇而且相爱了?为什么主人公不是浪漫的诗人连斯基?同时,为什么普希金的"理想",真挚的达吉雅娜是一个乡下的姑娘,不是一个莫斯科小姐或者彼得堡美人?这是偶然的吗?

在这里,在诗人的社会史画里,奥涅金和达吉雅娜不是单纯的

---

[1] 《死魂灵》是小说,但是果戈理在书前题为"长诗"(Поэма)。

两个人，两个小说的情节和结构上的主人公，他们是两个社会、两个世界中的人物的代表。

奥涅金生长在彼得堡。十九世纪初年，新兴的彼得堡和古老的莫斯科不同。虽然它是沙皇的京城，但是也是商业和文化的港口，英国、法国运来日用品和奢侈品（一章二三），同时也传来民主自由的思想和资本主义的幼芽。在一八一二年俄国已有二千三百三十二家工厂，十一万九千零九十三个工人，一八二八年就有五千二百四十四家工厂，二十二万五千四百个工人（《真理报》社论）。这一时期的俄国，资本主义正在展开它的黄金的暗影和罪恶的魔手，农奴制度的经济与社会关系正在动摇。而奥涅金正是在这一个时代、这一个社会中长大的孩子。他正直而且高尚，他有自尊的"骄傲和真正的光荣"（八章四七），他不顾自己的损害（一章五一），他"不想欺骗天真的灵魂的信赖"（四章十一）。他首先在闭塞的乡村里实行用"地租"代替"力役"（二章四），他是一个亚丹·斯密士（Adam Smith）派的经济学家（一章七），在他的书房里还有拿破仑的像和拜伦的诗（七章十九、二二）。同时，他的性格里充满复杂的矛盾，充满虚伪，充满懦弱和自私。他窒息于上流社会和它的霉烂的生活，他厌倦，得了忧郁病，他苦闷，打呵欠，却又无力振奋，寻觅新的道路，他只有逃避生活，把自己关进书房（一章四三）。他对生活完全冷漠了。到了乡村里，过了两天，"他清清楚楚地看到了，在乡村里也是一样的气闷"（一章五四）。他轻蔑蠢才们的世界，"蠢材们的哈哈大笑"和"公论"（六章十一），却又不敢和他们斗争，他在日记里写道："轻蔑所有的他们，这就困难。"（《奥涅金手册》）。他在他们的"公论"之前屈服，用自己的手打死自己的朋友。他不安，心情愤激而又烦躁，于是他去旅行：从莫斯科到下新城，到阿斯特拉罕，又从那里到高加索，然后访问克里米（达夫里达），到了奥德萨（《奥涅金的旅行》）。"奥涅金走着——他看见了神圣的罗斯，她的田野、村庄、城市和海洋。"（草稿）但是，"接着旅行在他，好像世界上的一切，厌倦了"，换换地方——仍然是俄国的地方，仍然是"苦闷！"他回来了，"下了船就到了舞会"（八章十三）。这时候的奥涅金——

> 活着没有目的，没有工作，
> 直到二十六岁，
> 在闲暇无事里苦恼着
> 没有职务，没有妻子，没有事情。
> 无论什么都不会做。
>
> （八章十二）

> 我年青，生命在我里面是强壮的；
> 我等待什么？苦闷，苦闷！……
>
> （《奥涅金的旅行》）

于是，这个冷淡而又苦闷的人，仿佛一只无路可走的受困的野兽，寻路脱逃自己的生命。他终于找到了一条道路——他自己也不知道因为什么（八章二一），忽然，疯狂地热爱达吉雅娜，不爱一个贫穷的乡下的倾心的姑娘，爱一个豪华的高傲的涅瓦河畔的女神，然而他根本不了解她。他倔强而又固执地追求着，"不顾理智的严峻的谴责，每天跑到她家的台阶，玻璃的门厅"（八章三〇），到处地跟踪着她，像是影子。他病了，"比健康的人还更勇敢，用虚弱的手给公爵夫人写热情的书信"（八章三二）。在信里，没有一句想到达吉雅娜的处境，只说到，只要求自己的幸福。——这是他的苦闷的生命解脱的路。

奥涅金的这种受困的野兽的勇敢和毅力，如果结合了嫉怒，他能杀人，像《茨冈》里比他更弱的弃世的阿莱科；如果秉有狡猾，结合了野心，就是一个果敢的乞乞科夫；如果再秉有狠毒，结合了兽性的欲望，就是一个赫尔曼（《铲形皇后》中的主人公）。奥涅金渴望幸福，赫尔曼渴望金钱。赫尔曼，那个"在他底良心里至少有三件罪恶"，"没有道德和信仰的人"，那个"有一副真正的罗曼蒂克的脸，有拿破仑的侧影，有梅菲司托菲尔底灵魂"的，资本主义社会中创业者的精神的化身，他"大胆的，顽强的"追求伯爵夫人的养女，为的全不是爱情，而"金钱——才是他的灵魂所渴望的"。他吓死了伯爵夫人，"在良心里没有感到一点后悔"，他所悲痛的是："他打算借以发财的秘密丢失了，永远找不回来。"他舍弃了人性和一切的善和爱，他只知道"金钱"。但是奥涅金的路和赫尔曼的路隔着一个很大的距离，他没有赫尔曼那么"强"，他还有正直和高尚，虽然他"把自己好的行为和坏的行为全都看成一样"，自私的欲望（金钱是其一）还没有完全吞没他的心。

达吉雅娜和这样的一个奥涅金相遇了，并且倾心地爱上了他。她生长在乡村里，从小她就爱听老乳母菲力普叶夫娜"在冬天，在夜的黑暗里"给她讲"那些怕人的故事"（二章二七），所以乡村的风俗和民间的传说，生活在她的心底。后来长大了，她又读到"李卡德森和卢骚的幻想"（二章二九）。在这两个知识源流里长大的达吉雅娜，是一个"手里拿着法文小书的乡下小姐"（八章五），一个"羞涩，忧郁，沉默"（二章二五）的"柔情的女梦想家"（三章九），一个质朴和诗的灵魂。她没有经验，天真，"就像是一个可爱的小孩"（三章二五）。她相信一切，她相信占卜和预兆（五章五、六），因此"颤栗""苍白""焦虑"。她相信真有"十全的模范"的格郎吉松，真有"恶受到了罚，善得到了应得的花冠"的团圆（三章十一）。她年青，"她的想象早就燃烧着柔情和苦闷，渴望命定的食粮；心的苦痛早就压迫着她的年青的胸膛，她的灵魂等待着……一个什么人"（三章七）。这时她遇见了彼得堡的公子奥涅金，她听到了"流言"，她回想奥涅金的"奇异的眼神"，她不知道这是时髦的彼得堡社会里最通常的眼神。她幻想，于是她爱了，于是她又幻想：他是尤丽亚的情人，玛拉克·阿戴尔、德·里纳尔、多情的维特、无双的格郎吉松等等的总化身（三章九），爱和诗的形象。而她自己就是克拉丽莎、尤丽亚、黛尔菲娜（三章十）。她不但幻想着，而且还相信着，如此地深情，如此地真诚。她爱了，她苦闷（三章十九），她于是写了信。但是遭受了拒绝。幻想毁灭了，"健康，生命的花朵和甜蜜，微笑，处女的安静，全都消失了，仿佛虚渺的声音，亲爱的达尼亚的青春暗淡了：暴风雨的阴影就这样笼罩着刚刚出生的日子"（四章二三）。接着，诗人死了，奥涅金去游历，妹妹嫁了，母亲把她带到莫斯科。豪华的都市代替了宁静的乡村，生活代替了诗，现实代替了想象，母亲带着祈祷的眼泪恳求她，她想"什么样的命运全都一样"，她嫁给一个显要的将军。达吉雅娜由一个乡下的"柔情的丫头"变成一个豪华、冷淡、庄严的公爵夫人。这时她又遇到了奥涅金，而她以坚强的"勇敢"（八章二〇）和毅力拒绝他的热烈的追求。——这种"勇敢"和"毅力"的由来，并不如朵斯妥夫斯基所说，由于"谦卑的自我牺牲"，这是由于高傲的自我牺牲，由于她对生活的真挚和严肃。她曾经真挚地爱过，她"无条件的委身给爱,就像是一个可爱的小孩"(三章二五)。现在,她严肃地生活,她不懂掩饰,她就她的思想情感所能理解的,信守着神坛前面的婚约(八章四七):

> 我嫁给了别人;
> 我要永远对他忠实。

奥涅金后来也"像一个小孩似的爱着达吉雅娜"(八章三〇),然而他不是"真挚"的孩子,他是"自私"的孩子,所以他,当然不能懂得达吉雅娜的"勇敢"而且觉得惊奇(八章二〇)。同时,他在达吉雅娜则是一个难解的谜(七章二四):

> 他是个什么?难道真的是个模仿,
> 一个不足道的幻影,
> 或者是个穿哈罗德大氅的莫斯科人,
> 外国的幻想的注解,
> 充满时髦字汇的辞典?……
> 他是不是一首打油诗?

这个谜,达吉雅娜当然不能解答,这是一个复杂的社会的谜。

普希金将奥涅金和达吉雅娜牵引在一处,借着他们的结合,普希金用真挚对照自私,用一个世界中的人性的完美对照另一个世界中的人性的残伤。

奥涅金也曾经有过对生活热烈的日子,他的性格,他的冷淡、忧郁、苦闷、愤世、自私,不是天生的,这是在资本主义社会关系里受了残伤的人性,在霉烂的上流社会的生活里薰陶生长出来的形态。

达吉雅娜则来自另外一个世界,她也出身贵族,但是她家不但不显赫,而且式微了,她生长在乡村生活、人民风俗、老乳母的故事和爱护里,她爱田野和迷信,十足是一个乡下的姑娘。李卡德森和卢骚的幻想只茂发了她的枝叶,她的真挚、忠诚、坚强,是人民的纯朴的根上萌发出来的性格和灵魂。

普希金在草稿里,曾经想把达吉雅娜的家写成一个完全的乡下人家(三章三节别稿):

> 朋友们飞驶到了女邻居家里;
> 隆重召待他们两人的
> 是古来的憨憨的
> 有时是累赘的款待;
> 这是全都知道的款客的仪式:
> 送上几小碟果酱
> 一瓶红复盆子露
> 西瓜和金黄的桃子;
> 在乡村里一天就是吃饭的连环;
> 姑娘们聚在一起,从过道里,
> 抄着手,在门口
> 看看(瞧瞧)新邻居,
> 而在院子里
> 人群在评论他们的马匹。

并且,想把达吉雅娜直接写成一个"人民"教养大的孩子(二章二二节别稿）：

> 既没有英国派头的呆瓜，
> 也没有任性的法国女教师
> （多谢时髦的法规
> 直到今天都是不可少的）
> 娇养过可爱的奥尔伽[1]：
> 而是法吉叶夫娜用衰弱的手
> 摇晃她的摇篮……
> 替她铺孩子的床铺，
> 教她读"上帝保佑我"，
> 在夜晚讲波瓦王子，
> 在早晨倒上茶——
> 并且偶而的纵容她一下。

后来，她成了显贵的公爵夫人，在彼得堡，仍然说的是"平民的语言"（八章二四至六节别稿）：

> 在真正贵族的客厅里，
> 没有浮夸的言辞，
> 和杂志上吹毛求疵的评论的
> 市俗的猥琐。

---

[1] 这里的"奥尔伽"，从下句的老乳母法吉叶夫娜和"在夜晚讲波瓦王子"可以知道，就是后来定稿中的"达吉雅娜"。从这里又可以知道，达吉雅娜的名字经过再三的考虑，曾经用过"奥尔伽"。这一节当是起初的草稿。

> 女主人,大方而且从容,
> 她用的是平民的语言,
> 并且它的奇特的生动
> 没有惊吓任何人的耳朵……

也许是怕"批评家"吧,普希金在小说里删去了这些描写。代替了这些,普希金只将一个人民的名字给了这个贵族的小姐。"达吉雅娜",当时除了老年人,只有丫头们才叫这个名字,在普希金的时候,这个名字本身就是一个"平民的"声音。只是这个人民的达吉雅娜,普希金才称她是"我的理想""俄国的灵魂",自信她的可爱超过荷马的海伦(五章三七),超过拜伦《唐·璜》里的尤丽亚(给柏斯图冉夫的信)。

在这样的对照和体现里,也正表现着普希金对于奥涅金的性格本身,以及对于他所生根的社会关系与社会生活的否定的态度;普希金对于达吉雅娜的性格所长成的世界与土壤的肯定的态度,也正映照着他的社会思想,以及他所憧憬的方向。

只有憧憬着人民的方向的诗人,他才能够不把达吉雅娜和奥涅金的故事写成一部恋爱小说,而是写成一部社会史诗。并且在这部史诗里,奥涅金也才能够不是一个温柔多情的公子、爱情小说的主角,而是一个遭受了社会生活的残伤,不满现实而又找不到出路的人,一个社会的典型。

奥涅金是一个典型——因为他是当时俄国社会中许多人物的代表,他的形象中包含着对于社会的揭露和控诉。自然,奥涅金十分可能走一条新路。诗人在《奥涅金》最后一章告诉我们,奥涅金旅行回来之后已经进步了,他读历史、社会学、怀疑论、解剖学,读客观和科学的作品(八章三五)。诗人劝过奥涅金"丢开陈旧的样式"(八章八),而且,"他会做出什么来的!"(八章三八)奥涅金起初是个花花公子,后来是个冷漠的愤世忌俗的不满现状的怪人,常常,这种人是进步的知识分子的同路人,是革命的知识分子的追随者和后继者。在第十章里,当故事发展到十二月党人的时候,也许,奥涅金会和他们接近起来,也许,他甚至可能加入他们,他可能革命。但是,在表现社会的意义上,作为当时俄国社会中许多人物的代表,奥涅金不可能有任何成就。社会环境生成了他,养育了他,限定了他。他不愚蠢,他有"聪明的脑子"(一章四四)和"冷静的性格"(一章四五),年青、强壮,有才能和力量,但是"社会"不容许他有作为,只容许他爱自己,以幸福作为出路,随着人群做一个自私自利的人。这个社会湮没残伤一切纯真的人性,使人卑劣、平庸、腐朽或是罪恶,领着人群走向坟墓的道路。

别林斯基在《亚历山大·普希金的作品》里深刻地写道:"我们已经证明奥涅金并不是一个冷酷、无情、没有灵魂的人;但是一直我们避免用'自私者'这个名词——而且,因为情感的丰富,对于美的要求并不是完全没有自私心,所以我们现在要说,奥涅金是一个'痛苦的自私者'。……他可以称之为'追不得已的自私者';在他的自私里应当看到那个古代人所说的'fatum'('命运')。良善的,造福人群的,有益的事业!为什么奥涅金不去献身于它?为什么他不从这种事业里去寻求满足?为什么?为什么?——因为,诸位先生,这是一个空谈的人易于发问而切实的人难于回答的问题……"别林斯基在他的最后的虚点中包含了许多话,当时沙皇政府的检查制度不许可他写出来,那意思就是:俄国的腐败的反动的社会不许可奥涅金去从事那种事业。——于是,通过奥涅金的痛苦的形象和达吉雅娜的不幸的命运，暴露了俄国专制政制和贵族社会的反动、丑恶、腐败的面目。

在俄国文学上奥涅金是第一个痛苦的，迫不得已的自私者。跟着，莱蒙托夫在《现代的英雄》里写了彼秋林，更深地发掘出那一个时代里的一个不满不安，对一切都冷淡，只除去对他自己，这么一个人的灵魂。屠格涅夫的罗亭也是一个发展了的奥涅金式的人物。柴霍夫在他的作品里画出了俄国社会发展史上下一个时代这种人底更平庸，更渺小，更多样也更悲黯的生活和形象。这些人物同样标志着俄国社会的腐败和丑恶。

在《叶甫盖尼·奥涅金》里，普希金不单是用这个深刻的典型性的艺术绘画奥涅金，就是其他的人物也是如此。拉里娜，从恋爱的姑娘到嫁女儿的老太婆，一个十八世纪末期的旧式女子。奥尔伽，从竖琴上的鸽子到骁骑兵的夫人，一个十九世纪初期的女子。连斯基，诗人，"自由和光荣的崇拜者"，甚至于是个"煽动者"（草稿）；他早丧了，然而他的发展，十九世纪初期俄国社会中的诗人的发展，普希金用抒情的笔写得比叙事的笔更为辉煌，更深地写出了他对"浪漫的"诗人的希望，也更深地写出了他对资产阶级自由主义的诗人的认识和批评（六章三六至三九）。这种艺术的光辉照耀着整个的作品，甚至于是露一露面的沙莱茨基和那些有名字或是没有名字的人群。达吉雅娜未来的发展我们不知道，可是，纯真的灵魂达吉雅娜已经是一个"忠实的妻子"，显然，将来只能是一个"贤德的母亲"，正如拉里娜生活过来的路，正如达吉雅娜自己在信里所说的一样，十九世纪的姑娘仍然要走十八世纪的母亲的道路，虽然形式或多或少地变化了，因为俄国的社会决定了如此。

普希金的艺术在本质上，正是恩格斯要求的创作"典型环境中的典型人物"的艺术，这艺术只有以现实以人民为主题的作家才能深澈理知它的意义。这是一切伟大作家塑造典型的艺术的基本。由于这，普希金的史画和他的人物能以经历百年的时光和风雨，仍然是活生的，将要永远卓立在世界艺术的殿堂之上。

三

在艺术上，能够从文字创造风格的作家，能够从生活创造形象的作家，像弗罗贝尔（Flaubert）所说的，能够将自己眼睛前面坐在门口的杂货商人和抽着烟斗的门役，描写得和任何旁的杂货商人和任何旁的门役不同，能够从事物里面发现还不曾被任何人见过说过的状态，能够"独创"的作家，这仅是寻常的作家。非常的作家是真正能够从昏乱中灼见艺术的道路和文字的性质，从现实中看出典型人物的根、历史和社会的未来方向的作家。

普希金在艺术上，超越当代流行的派别的界限，开辟了一条新路，并且高升在他的阶级的观点之上，使这条道路与人民的未来相结合。他的这种卓越的创造力是从什么地方来的？何以他能够如此深刻地认识社会人物乃至于艺术的本质？

这来源在根本上，是他的怀着至善的"崇高的希望"的纯真的"人民"的理解，以革命思想为本质的理解。这样的理解，不仅在艺术上达到纯正的高度，在思想上，他也达到纯正的深度。

《叶甫盖尼·奥涅金》绘写了一八二〇年左右的社会史画，同时，诗人在"诗"里也叙写了"一些冷静的幻想，一些严正的忧思"，一些"在世界的喧哗里也在静寂里，惊扰诗人的心灵的幻梦"（六章四三）。在这些心灵的自白的光和影里，映照着诗人的思想和观点，包含着诗的哲学。

《叶甫盖尼·奥涅金》也是思想的诗。在抒情的诗里诗人歌唱，而在叙事的诗里诗人绘写。

普希金在他的史诗里，不像托尔斯泰在《战争与和平》里那样，"把人类看作各种观点——神学的、历史的、伦理的、哲学的——上的观察对象"，观念论地在人类活动的事件里寻找并且"找到一般的必然律"（《战争与和平》四卷尾声二部八）。诗人这样地观看人们（四章三六）：

> ……每一个人都有自己的志趣，
> 自己爱好的事情：
> 有的用枪瞄准鸭子，
> 有的胡绉些韵律，像我一样，
> 有的用蝇扑打讨厌的苍蝇，
> 有的想统治人群，
> 有的借战争娱乐，
> 有的沉溺在悲伤的感情里，
> 有的被酒所占有——
> 并且把善和恶混淆起来。

这里的人和生活，是社会中的、现实世界的人和生活，没有升华到观念领域里去，化成形而上的东西或是谜。像托尔斯泰，像彼挨尔，以为"有人用野心，有人用牌，有人用法律的写作，有人用女色，有人用玩具，有人用马匹，有人用政治，有人用狩猎，有人用酒，有人用政事……"是在"逃避生活"（《战争与和平》二卷五部一）。普希金正正相反，认为他们是在"生活"。在这种对于生活的纯正的社会学的观点里，也包含着他对生活的总体和生活的根源，对于"社会"的纯正的社会学的观念。所以普希金的"必然律"是"大地"的"严厉的声音"，而不是观念论的虚幻的玄想。

意识着纯正的社会学的诗人，他以无比的真实写人的社会和人的历史，他不是作为一个贵族或是一个诗人来绘写世界，而是作为一个俄国的人民和一个大地的人民，走进生活和诗的领域，拿起笔来。他不为自己的阶级辩解，他不掩饰他在里面游泳的深渊，是靠蠢材们的公论旋转的世界（六章十一），是"空虚的社会"（七章四八）。在这里，"在上流社会的麻木的狂欢里面，在没有灵魂的骄傲的人们中间，在显赫的蠢才们中间"，"灵魂变冷，变硬，变干，终于变得像是石头"（六章四六节别稿），"至美的希望，新鲜的幻想，飞快地输到了腐朽，像秋天霉烂的叶子。不能忍受的看着在自己前面只是餐食的长列，凝视着生活，好像是看着仪式……"（八章十一）

结合着诗人连斯基的死，普希金引用了彼特拉克的诗句：

> 在那里，在日子阴暗而且短促的地方，
> 生长着一个不以死为痛苦的种族。

这是对没有自由和欢乐的阴霾世界多么强力的否定，而在另一方面，又是对革命者的种族和未来的幸福的世界多么坚定的信念：日子虽然"阴暗"，然而是"短"的。"不以死为痛苦"，就是不以为无意义的生命足以留恋，而为了有意义的生，就可以勇敢地面对着死。

诗人的生命意义存在于生活意义之中。生活意义不是为了自我，为了自我的灵魂，或是为了自己的朋友、亲戚、爱人（四章十九至二二），而是超乎个人的自我和个人的阶层，向人民和世界的幸福献出心灵。正是这样，诗人在十二月党人中间，"农民的解放者们"中间唱了《圣诞歌》（十章十五），他知道：

> 幸福的是，谁懂得大地的必然底
> 严厉的声音，
> 谁在生活里走的是大路
> 宽大的马路，
> 谁有了目的并且向它迈进，
> 谁知道，为什么他生在世界上面，
> 并且把灵魂交给上帝，
> 像包酒税的人或者是将军一样。
> 塞纳加（Seneca）说过，"我们生来是
> 为了亲人和自己的利益！"
> 不能够再简单再明白了！
> 但是痛苦的是，活过了半百，
> 在过去里面只看到丧失了的（愚蠢的）
> 年岁底（令人悲痛的）遗迹。

（八章十节别稿）

作为一个憧憬"世界的幸福"，"懂得大地的必然底严厉的声音"的诗人，他欢迎新世界的到来和旧世界的逝去，他欢欣地写道：

> ……………
> 将要来到了，我们的时候将要来到，

而我们的子孙到时候,
就要将我们逐出这个世界!

（二章二八）

而在坟墓门口
让年青的生命欢跃,
让冷漠的自然
辉耀永恒的美丽。

（抒情诗）

在这样的歌声里,没有一点个人的东西,燃烧着的是希望的热烈的崇高的声音。这希望所憧憬的、所歌唱的,是人民的世界和人民的幸福。正由于这,诗人于是和贵族阶层的社会意识以及文学道路诀别了,对诗,对自己展开伟大的广阔的远景。

诗人的诗,不是为了当时社交界的翩翩贵族,他"没有意思娱乐上流的社会"(《给普莱特纽夫》),而是为了革命民主主义者,为了人民、农奴和门房里的读者:

但是或者——而这个甚至于
有一百倍的可能,
撕破了的,满是灰尘和煤烟的,
我的没有读完的小说,
跟柯兹罗夫[1]一起从化妆室里被驱逐出来,

---

[1] 指尼基达·柯兹罗夫（Никита Козлов）,从小照顾普希金的一个农奴。

(终身)羞辱的蹲在门房里,
像"残废军人",或是历本,
或是弄脏了的三字经……
............
我不是第一个,我不是最后的一个……
这又有什么呢?在客厅里或是在门房里
读者都是一样的〔聪明〕,
对于书他们的权利是平等的。
我不是第二个,我不是最后的一个,
我要倾听他们对我的评判,
审慎的,严格的和愚鲁的。

(二章四○节草稿)

诗人愿望的,不仅是俄国人民的幸福,而且是世界人民的幸福。诗人的思想中孕育着今天苏联民族政策下的灿烂的世界,在《纪念碑》里诗人写着:

不,我永不会死亡——在神圣的诗歌中的灵魂
将比我的骨灰活得更久,永远的不会腐朽——
我将永远的光荣,即使在人间的世界上
活着的只有一个诗人。
我的名声将要传遍整个伟大的罗斯,
它的所有的人民都会讲起我的名字,
无论是骄傲的斯拉夫的子孙,是芬兰人,
现在还是野蛮的通古斯人,或是草原的朋友卡

尔美克人。……

但是，人民的自由和幸福的世界，只有"在专制政治的废墟上"才有可能建立起来。普希金理解着这个，从他执笔的早年开始，他就为人民拔出攻击的剑来，他的诗呼吸着战斗的气息。就是在叙事的史诗《奥涅金》里面也是一样。在第十章里，普希金斥责"愚蠢的俄国人民"底等待主义的口头禅"或许"，并且将画幅扩展到一八一二年俄国的战争、一八二〇年欧洲各国的革命、一八二五年十二月党人的起义，诗人所寄与同情的战争，和今天的"正义的战争"有同样纯正的含义。

但是，普希金时代的俄国正当着一个"铁的时代"，在沙皇尼古拉的严酷的专制之下，这样的诗句不仅"惊吓人的耳朵"，而且可能遭受流放西伯利亚的命运。诗人只有将第十章烧毁了，存留下的一些残篇，也是用暗码写的。为了《安德莱·谢尼叶》和《迦布里颂歌》，诗人两次被人控告，受到沙皇政府的审询。虽然这样，诗人并没有放下他的剑来，他变换了攻击的战略和方式。诗人更为深沉了。《奥涅金》的后半部，抒情的诗句里虽然有忧郁伤感的声音，却展开了远比前几章深广的贵族社会的画幅。诗人并且用暗示、反语、隐语，抒写他的思想和心情。在《希勒德沙里》里，诗人"装做谴责的样子"，用轻蔑的语气，描写了一八二一年希腊独立战争的血的战斗，使沙皇和贵族战栗的诗人的"狂暴的思想"穿上了更巧妙的"美装"。在《奥涅金》第五章里，诗人写了一个预言"丧亡"的占卜的歌（五章八）：

那里的农夫呀全都有钱：

都用铲子来耙银子；

唱的是谁呀，谁就幸福和光荣！

普希金的"这支古时小调"，如果不看注释的特殊的意义（预言"丧亡"），我们立刻就看到这是农民的颂歌，这正是今天苏联农民生活的预言。将这支小调和普希金在十二月党人集会上唱的《圣诞歌》（十章十五），和普希金对哲学表上五百年后"受过洗礼的世界"的憧憬（七章三三）结合在一起，我们立刻就意识到它仍然是预言的，它预言着沙皇和贵族阶级的"丧亡"。

这种"美装"，在普希金后期的诗作里，成了重大的特色之一。它的价值和苦心，只有生活在"日子阴暗而且短促的地方"的人才能了解。

曾经有不少的批评家和作家，例如《叶甫盖尼·奥涅金》的世界语本译者，世界语学者 N. V. 涅克拉梭夫在《序言》里认为普希金是代表古老而日渐衰落的中等贵族的作家："在《叶甫盖尼·奥涅金》中浸透了的这普希金的写实主义，第一表现了这作品的阶级性……""地主的贵族阶级的意识形态在《叶甫盖尼·奥涅金》中处处可以明白地见到。……普希金自己，完全无意地，在他的故事里表现了为他的社会群所特有的一切意识。他表现了他的对于作为地主贵族的经济基础的田产地产的愿望。他毫无恶意地表示，好几处举出了正在产生的资产阶级的要素，然而，对于作为他和他的阶层群的社会的敌人的优越的新贵族'世界'，却下了冷酷的嘲笑。"

但是，任何一个读过《叶甫盖尼·奥涅金》的人都能够看到，普希金在全部小说里面，不论是写彼得堡的显赫的新贵族，或是莫斯科古老的旧贵族，或是乡下衰落了的贵族地主，用的都是同一个客观和真实的笔,并没有偏袒。例如参加达吉雅娜命名日的地主们,不仅是他们的生活行为,就是他们的姓氏里也隐含着诗人的批判:肥胖的布斯甲珂夫音近布斯甲克(草包),精明厉害的格伏兹金音近格伏兹金克(钉子),生了一大堆儿女的斯珂金尼音近斯珂金那(家畜),乡下的小花花公子别杜希珂夫音近别杜赫(公鸡)……后来,我们都知道,果戈理在《死魂灵》里,用同样的笔法,明白地把他的地主贵族们比做动物:梭巴开维支是熊,乞乞科夫是阉猪,彼得·彼得罗维奇是公鸡……这些乡下地主并不是"新贵族",当然是"古老而日渐衰落的中等贵族"或者是他们的后裔了,普希金为什么对他们也下了"冷酷的嘲笑"呢?

事实上,在《叶甫盖尼·奥涅金》里所表现的一切"意识",不仅不是"地主贵族阶级的",而且是违反地主贵族阶级的。普希金一再歌唱他爱"乡村""田野",但是并没有一点"对于作为地主贵族的经济基础的田产地产的愿望"。借达吉雅娜的口诗人说得很明白,这是留恋人民世界的纯真与安静,厌恶贵族社会的丑恶和喧嚣。诗人爱的不是贵族的田产和领地,而是俄国的、农民的乡村:

> 我爱砂土的斜坡,
> 茅屋前面的两棵山梨树,
> 耳门,残破的栅栏,
> 天上的灰色的云朵,
> 打谷场前面的干草堆——
> 和茂密的杨柳荫影底下的池塘,
> 幼小的鸭子的安闲,
> 现在我觉得可爱的是

  小酒店门前的三弦琵琶

  和醉后的特莱巴克舞的踏步。

  我的理想现在是——主妇，

  我的希望是——安静，

  还有"一钵菜汤，还有自己是个主人"。

（《奥涅金的旅行》）

  请想一想看：当每一个农奴"自己是个主人"（сам большой）的时候，还有贵族地主存在的余地吗？无疑的，普希金是主张农奴解放的革命作家之一。正因为如此，后来才有他的《普格乔夫史》和《上尉的女儿》等表现农民起义的作品。其实，在诗人的强盗兄弟、希勒德沙里、铁匠阿尔希普（《杜布罗夫斯基》），那些纯真、朴实、勇敢的人民形象里，也鲜明地表现着人民性的思想和情感。

  在一个世纪之前，普希金在思想上所达到的至善的境界，和我们今天的境界有很多相通的地方。在这种深刻的社会学的理知里，存在着诗人的现实主义艺术的道路的指针。

  普希金是一个天才，鲁迅先生在《未有天才之前》（一九二四）里写道："天才并不是自生自长在深林荒野里的怪物，是由可以使天才生长的民众产生，长育出来的，所以没有这种民众，就没有天才。"又写道："不但产生天才难，单是有培养天才的泥土也难。我想，天才大半是天赋的；独有这培养天才的泥土，似乎大家都可以做。做土的功效，比要求天才还切近；否则，纵有成千成百的天才，也因为没有泥土，不能发达，要像一碟子绿豆芽。"

  普希金正是在纯真的人民的泥土上生长出来的天才，所以他能在俄国的历史的寒冬里，超升在本身阶级的意识和庸俗的文学流派之上，创造伟大的不朽的作品，放射出"诗的太阳"的光辉。

## 四

普希金在《叶甫盖尼·奥涅金》里将"社会生活的图画"和人的典型引进"诗的领域"，以人的笔和诗的笔完成了伟大的艺术的创造。

普希金的艺术的根源在于真实。唯有真实的才是感人的，并且是感人最深的，才是最诗的。

然而，诗的真实首先在于人的真实。关于奥涅金，A. 柏斯图冉夫在一八二五年写信给普希金说："……这是一个我在现实生活中碰到过千万次的人，因为冷淡、愤世、奇怪，现在正是梳妆台上的东西。"连斯基是当代自由主义思想的浪漫诗人的画像。达吉雅娜虽然是诗人的"理想"，她的性格却有一个真实的原形，诗人在小说结尾（八章五一）写明了：

> 而她，由她形成的
> 达吉雅娜这个可爱的理想……

将这些真实的人物，普希金绘写在真实的诗中。在达吉雅娜的身上普希金寄托了他的"理想"，他爱她，为她的不幸"流下眼泪"（三章十五）。但是，普希金没有粉饰、没有辩护他的达吉雅娜，他还她一个典型的贤妻良母，让她做了将军的妻子。诗人删去了一节奥涅金的"奇异的装束"的诗（四章三七），本来奥涅金十分可能穿这种"既不正经又不庄重"的服装："俄国的衬衣，宽幅丝腰带，敞摆的鞑靼人的长袍和白遮阳的帽子。"但是普希金没有这样。他不让他的"奇怪的伴侣"穿"奇异的服装",诗人竭力不使他的人物戏谑化,不用能以引起任何表象的讥讽的印象的字句描写他。普希金不是把奥涅金当做一个怪物或是废物在绘写,而是当做一个社会中的"英雄"和他的"朋友"绘写着。只有通过这种严肃的真挚的笔,他的人物才是诗的真实中的人物,他们的形象才能以生命辉耀诗人的艺术。

同样,在"真实"的严格的意义上,普希金将他自己的生活经历作为素材,配合着人物形象织入史画,绘成小说中生活的画幅。奥涅金的彼得堡社交生活,正是普希金高级学堂毕业之后在彼得堡的生活的素描,在塔龙(Talon)等候奥涅金的是普希金的友人卡维林(一章十六)。乡村画幅,莫斯科彼得堡贵族世界的画幅,下新城、高加索、克里米、奥德萨的风光,都是诗人个人经历的复写。连斯基对于"人类的神圣的友人"的确信(二章八),他"对美善的真爱","在诗歌里总是骄傲地保存着崇高的怀感、童贞的幻想的激动以及庄严质朴的美",他对奥尔伽的纯真的爱,在或种程度上,正是早年的普希金自己的写照。普希金爱听老乳母在夜晚给他"讲死鬼","讲波瓦王子的武艺",而达吉雅娜也有一个年老的乳母,她也同样:

……在冬天,
在夜的黑暗里,
那些怕人的故事更能迷住她的心。

《奥涅金》是人的真实的诗。但是在艺术上,诗的真实并不就是诗的完成。为了能使人的真实活生在诗的和谐之中,活生在人心的深处,成为浮雕的艺术形象,诗人普希金不是凭着天才的灵感,而是经过艰苦的努力,方才获得他的艺术的成果。

《奥涅金》的草稿真实地表现着一个天才的艰苦的足迹。

普希金在他的草稿上,用这样的诗句写过奥涅金的才能(一章五节草稿):

> 人都怀疑他的才能,
> 事实上,叶甫盖尼也会
> 讲动听的谈话,
> 而有时也会热烈的争辩
> 关于玛尔蒙泰尔先生,
> 关于烧炭党人,关于巴尔尼,
> 关于朱米尼将军。[1]

能够"热烈的争辩"这一切的人,又是古典悲剧,又是革命运动,又是抒情诗,又是军事学,显然的,在才能之外,还需要具有学识和对学识的兴趣。但是小说开始时的奥涅金是一个自以为"优越"的、一无所成的人,他厌恶轻蔑蠢才们和他们的世界,他对一切都厌倦冷淡,同时在实际上他也是平庸的人们中的一个。这样的一个人只需要有点聪明,只要给他以机敏的才能,"会在谈话中随意

---

[1] 玛尔蒙泰尔(Marmontel, 1723—1799),法国悲剧作家,多写古代题材。烧炭党(Carbonari),十九世纪初意大利拿不勒斯(Naples)工国革命党人的秘密组织,以推翻王政建立共和为目的。巴尔尼(Parny, 1753—1814),法国抒情诗人。朱米尼将军(Henri Jomini, 1779—1869),法国名将,十九世纪初有名的军事学家。

的略略的谈谈一切，会带着专家的博学的神气在重大的争论里守着缄默，还会发些意外的警句逗引太太们的微笑"（一章五），会背两句《伊尼德》（Aeneid），记住一点"轶事"（一章六），顶多，让他成个"经济学家"（一章七），这就够了，不需要给他以广博的学识和争辩学识的兴趣。他读书，只是为了解闷（一章四四）。他喜欢的，也只是拜仑之类几本时髦的书（七章二二）。他的观念是由现实生活而来的，并且也只限于现实生活的范围。他使达吉雅娜惊颤的只能是他留在书上的"指甲的记号"，"铅笔的笔划"，"短短的话，叉子，疑问的小钩子"，而不能是"奥涅金在他年青的日子写下来的"，隐约着思想和见解的"手册"。奥涅金开始能对"学识"发生兴趣，并且"几乎没有成了诗人"，那是他"旅行"回来之后，蹉跎了八年的光阴之后，不是十八岁的他，而是二十六岁的他（八章十二），这时年纪大些了，也深沉了些。或许，在他听从诗人的劝告，"丢开陈旧的样式"（八章八）之后，在第十章里，他会热烈地争辩烧炭党人和军事学的，但是不能在第一章。在第一章，奥涅金绘画的开初，广博的学识和对学识的兴趣只是削弱了典型，阻碍了人物的发展。虽然使人物脱了俗，同时也就浮了空，远不及"聪明"和"机敏的才能"更能使形象活生。于是普希金更换了这节描写，并且删去了"奥涅金手册"。

普希金在草稿里，也曾经用这样的诗句来描写奥涅金的性格和行为：

　　好像女仆的敏捷的爱物，
　　仓库的看守，大胡子的猫，
　　偷偷地从炉台上跟在老鼠后面

伸个懒腰，走着，走着，
半闭着眼睛（走近了），
蜷成一团，回旋着尾巴，
准备好了狡猾的掌上的爪子——
忽然的就抓住了那可怜的小东西。

（一章十一节草稿）

好像掳掠无厌的狼，苦于饥饿，
从森林中的荒野里出来
急急的走到大意的群狗附近，
无经验的羊群周围。
全都睡了——忽然那凶恶的强盗
把羔羊飞快的拖进了茂密的松林。

（一章十三节草稿）

可是，在同样深长的审慎考虑之下，普希金删去了这些诗句。因为"痛苦的迫不得已的自私者"奥涅金的性格，在本质上不是这样的狡猾和凶恶，而且一无所成的人也不需要写得这样的强，这样的有力。

在他的"可爱的理想"达吉雅娜身上，诗人也费了许多的苦心。起初，在第四章里，普希金就想让达吉雅娜去莫斯科，那时候，奥涅金拒绝了她（四章二四节草稿）：

达吉雅娜消瘦憔悴，
悄悄的哭泣而且沉默，
什么东西也引不起她的兴趣，

>什么东西也不能使她动心。
>……摇着头，
>邻居们彼此叽哩咕噜的低语：
>是时候了，是时候她该出嫁了。
>母亲也是这么想，到朋友们那里
>悄悄的征求意见；
>朋友们劝她——在冬天
>全家搬上莫斯科去——
>或者在上流社会的人群里，
>求婚的会发现达吉雅娜，
>比别人更可爱也更幸福。

但是这时候，奥涅金还没有用自己的手打死自己的朋友，奥尔伽还是连斯基竖琴上的鸽子，如果达吉雅娜走了，连斯基和奥尔伽就没有合适的结局。如果拉里娜一家还留在乡下，那就可以用连斯基的死结束浪漫诗人的命运，也写出了奥涅金性格的另一面，同时用奥尔伽的出嫁勾勒出一个十九世纪的姑娘的形象。为了这个，所以达吉雅娜必须第二年冬天才能动身。

达吉雅娜到了莫斯科之后，普希金也曾经想让她立刻得到人群的注目。她到了剧院（七章五〇），在草稿上，并不是"太太们的嫉妒的观剧镜，包厢和正厅里许多排的时髦的鉴赏家们的望远镜，没有一个转移向她"，而是：

>全转过来向她——
>太太们的嫉妒的观剧镜，

> 包厢和正厅里许多排的
> 时髦的鉴赏家们的望远镜。
>
> 在底下问话骚扰着：
> 左边的这个是谁，
> 在第四号包厢里？……

但是这时候画幅的重心在莫斯科上流社会的素描（七章四五至五五），如果在中间绘写达吉雅娜的"成功"，重心就转移了，将要破坏画面的和谐。而且，达吉雅娜是一个乡下姑娘，以她的"乡下的朴质的显眼的特点"（七章二七），受诗人甫雅柴姆斯基老人的注意（七章四九）是可以的，要获得"花花公子和塞尔西（Circe）们"的赞赏就不可能。所以，将达吉雅娜"成功"的描写移到她结婚之后，奥涅金游历回来的时候，社会的画幅和故事的情节都得到了完美。

为了画幅的完整与和谐，普希金不仅深深思考它的构图，甚至于注重它的彩色的调和，第三章末尾女孩子们唱的歌，在草稿上是这样写的：

> 杜娘出来走到路上，
> 也没有祷告上帝，
> 杜娘哭泣，悲叹，
> 她送朋友——
> 朋友动身到外乡去，
> 到遥远的地方去。

> 唉，我多么讨厌这个外乡，
>
> 那遥远的地方！〔别稿：苦痛的悲伤〕
>
> 在外乡有年青的女子
>
> 有美丽的姑娘；
>
> 剩下年青的我，
>
> 一个悲苦的寡妇。
>
> 想想年青的我吧，
>
> 不然我要想念坏了。〔别稿：我要嫉妒坏了〕
>
> 想想不在跟前的我吧，
>
> 那怕那是偶然的。

在定稿里，普希金将这首悲伤的恋歌换成一首欢乐的歌。第三章写达吉雅娜的爱和痛苦，情调已经悲黯，末尾如果又是悲歌，全章的画面都灰暗了。而换上欢乐的声音，整个的画幅的光彩顿时明亮绚烂起来。

以无比的严格，诗人创作他的史诗，甚至于一个音节、一个韵脚、一字或是一句。《奥涅金》的十四行体以它的独创的韵律，获得流水的律动和声色；每个诗节中诗句的排列，极尽语言的艺术，凡有重复的都删去了（参看《附录》）。内容简单的《回到奥涅金》，普希金重复地、一遍又一遍地修改格律，变换诗句，写了七遍之多，仍然不是最后的定稿（参看《附录》）。诗人不仅要求格律的和美，更主要的，他要求恰当、具体、简洁、明了——诗的真实与单纯的语言。他以坚忍的苦力锻炼他的语言，他将诗句涂改又涂改，他将文字更换又更换，仿佛一个淘金者从沙中寻觅黄金。八章二六节在草稿上最后的两句是：

> 而迅速地交换的视线
> 正是对他的公共的评判。

在定稿上就是：

> 而默默地交换的视线
> 正是对他的公共的评判。

大概再没有比"默默地"更能恰切地写出当时人们的态度和神情来了，这不多于真实，也不少于真实，这正正恰是真实，而且是生动的浮雕的一笔。诗人写成《奥涅金》的诗章的，正是这样深思精炼的语言。《奥涅金》里遍布艺术的照映、深藏的暗示、明晰的思想、纯朴的感情、巧妙的讥讽、睿智的格言……诗人用这一切构成他的和谐的诗，单纯、真实、明确，完成了诗的纯朴的美。

正是这样，天才的诗人方才能够成为艺术的大师。他的通过情节、通过人物的遭遇描写人物，展开生活画幅，在生活画幅中彩绘"典型环境中的典型人物"的艺术，是一切伟大作家塑造典型的原则。

但是这样的社会史画和精深的艺术的作者，正如一切伟大的天才，并不是没有缺点或是弱点。普希金生长在一百年前，古典主义势力支配之下的俄国文学园地上，生长在新兴的小说初初出生的世纪。由于社会和文化发展的连续性与阶段性，由于历史成果的限制，普希金虽然可以超越他的阶级意识和时行的文学流派，但是不能超越这种限制，不能和他自己生长出来的土地脱离，不能不带着历史的标志。他用抒情的笔写现实的诗，他向读者感慨，并且常说到自己的朋友，虽然这并不妨碍他的诗章，甚至在某种程度上增加了恳切的质朴，纯净了诗的结构，然而毕竟不是体现真实的真切的笔法。他在诗里引用希腊罗马神话里的人物来作比喻，带有古典主义史诗的痕迹。他的史诗作为一幅社会生活的百科全书的巨作，画面不够深广，结构也不够完善。他以"诗体小说"开创的路也还不够完整，要经过后来的现实主义作家的发展，方才成为一条广阔的道路。但是我们不应该忘记，《奥涅金》完成的时候，斯汤达尔不过才写出他的《红与黑》，巴尔札克不过才开始他的"人的喜剧"。而《奥涅金》的艺术风格的完成和诗的精纯，在今天仍然是诗的典范。

普希金的纯朴、真实、深刻的诗显示着：诗的真实必须在人的真实、诗人的现实生活中完成。普希金的诗，决不是一个为艺术而艺术的诗人所能想象的，更不是古典主义者或者浪漫主义者所能企及的。现实主义者的普希金，"他的惊人的绚烂清新的天才开花在一个冬天还没有过去的凛冽的俄国，在那个差不多完全黑暗着的俄国"（卢那卡尔斯基：《俄国的春天》）。——在那样的俄国，一个这样的诗人，只有生根在人民的纯朴的土壤里，而不是在腐烂的贵族阶级的尸骸上，方才能够开花。

一九四三年二月至三月

## 莎士比亚的诗

有些批评家,因袭有些"学者们"的见解,形式主义地理解莎士比亚,认为莎士比亚只是一个平庸的经验主义者,认为他"可以说是一个不自觉的、非意识的作家。他创作时的主要动机似乎就仅仅是为了牟利,为了可以博得王公们的赏识。所以到了已经成为一个团团富家翁的时候,他就把笔投掉,息影田园了。在他的作品中间,虽然也随时都有关于人生的启示,那都是自然的吐露,不是意识地作出来的……"

这样的理解,表面上看来,好像是十分真实的。因为莎士比亚出身不高,只是一个小地主和小官吏的儿子。因为家境中落,他只读过拉丁文的学校,没有进得起大学,学历很浅。在一生中,也许偷过人家的鹿,算是一件越轨的事,此外就住在伦敦,演戏编剧,出了名,由贫寒而小康,过着安分守己的日子。晚年回到故乡终其天年,如此而已。实在平庸得很。

但是,断定一个作者的思想,决不能不顾作品的内容或是生活的内容,只凭作者生活经历或是作品题旨的形式立论。而且,真正的思想的理解,那不仅应该考量作家在历史时代中不可免的退守和矛盾,而且应该考量他的艺术活动中有价值的进步的东西,全部作整个扩深的认识。

因此,这样的批评家,对于莎士比亚,什么也不能说明。莎士比亚是怎样一回事呢？回答就是：因为他的作品不是意识地作出来的，"——因此，他的作品常有不能解决的问题，用去古往今来许多学者的多少光阴还是不能把他们弄清白，其实是根本弄不清白的，因为我们是意识的——而他却是非意识的。因为他是非意识的，所以在形象上有些地方显得凌乱、不一致"。这样，碰到了《仲夏夜之梦》一类的作品，也只好认为是幽默剧，或是超人类趣味的抒情的浪漫剧，或者竟或断为呓语、梦话，如此了事。

可是，莎士比亚是否就是这样一个简单的人呢？果然这样，莎士比亚为我们尊崇的伟大，就只有文字技术上的意义而已。但是，可曾经有过任何一个平庸的经验主义者，以偶然的感想，以无意识的描写，以幽默或呓语、梦话，达到哲学的深思，汉姆莱特的典型或《仲夏夜之梦》的诗境，成为艺术大师的么？

在现实的世界里，没有一桩伟大是偶然的，在艺术创作上，也没有任何伟大是偶然的。

莎士比亚的时代（一五六四——一六一六），在英国，那是资产阶级兴起、封建贵族没落的时代，用恩格斯的话来说，那是一个"损毁了一切旧社会的联系，并且动摇了遗传下来的观念"的时代，"这是给从来人类不曾经历过的伟大进步的转变"。

生活在这样的一个时代中，莎士比亚——是矛盾的也是有限制的，他向往新的时代，然而，却是从旧的社会生长出来的。确实，在莎士比亚的作品里，浓布贵族趣味的遗迹、资产阶级生活观念的阴影，表面上一看，只能说是一个"为了牟利"与"博得赏识"因循平庸的作家，并且是"根本弄不清白"的。

然而，在这一切阴影中，虽然模糊，虽然隐约，如果我们不以懈惰的平庸的理解为满足，至少在诗的意象上，可以看到一个，历史地、社会地来说，代表人的觉醒的革命的人道主义者的形象。

这形象是莎士比亚真正的内心，也是他思想的本质，这形象在初期作品中比较朦胧，愈到后期就愈明晰，这一形象的发展是贯穿莎士比亚全部作品的线索。

正是在这一意义上，莎士比亚方才突破他的阶层意识的局限，展望最远的诗，与后代伟大的诗人和战士，与现代人民世纪的我们，有了交流的可能。也在这一意义上，我们才能进一步理解，为什么直到十八世纪末年，莎士比亚在英国不仅没有殊荣，甚至于被认为还低于他同时的剧作家如般·蒋森（Ben Jonson，一五七二——一六三七）等人。

作为文艺复兴期（Renaissance）伟大的人文主义者代表之一，"真正的人"的觉醒意识的戏剧家，莎士比亚在他的作品里，深深地坚持着人、人的生活、人的命运的意义。这坚持不是表面的形式的，而是深刻的内心的。正像普希金所说的，莎士比亚的悲剧的目的在"人和人民、人的命运、人民的命运"。而且，"这是为什么莎士比亚是伟大的，尽管有完成上的不均、疏忽、残缺"。

莎士比亚的作品，尤其是喜剧和悲剧，是以诗人诚挚的生命和思想的光来烛照的。在那里明晰地表现着戏剧家莎士比亚的界限，也表现着人文主义诗人的理知。[1]

在作品里，诗人首先猛烈地、明确地写着他对封建制度的攻击。

《马克伯斯》里，一出场，在雷电交作的荒野里，走出三个女巫，这三个预言人的命运和行为，"隐秘，黑暗，属于午夜的丑婆

---

[1] 苏联莎士比亚学者 A. 斯米尔诺夫（A. Smirnov）写过一篇辉煌的研究——《论莎士比亚及其遗产》。斯米尔诺夫的论文主题在莎士比亚思想根底的阐明、思想界限的规则，为理解莎士比亚开了新道路。

子",以她们做引导,开始马克伯斯的悲剧。

在剧里(第四幕),当她们在地穴中央,用"癞虾蟆的毒质,水蛇的精肉,水蜥的眼珠,田鸡的足趾,蝙蝠的毛,狗的舌头,蝮蛇的舌叉,蛇蜥的针,蜥蜴的腿,猫头鹰的翅膀",还有"蟒的鳞,狼的牙,女巫的干尸,贪得无厌的咸海里鲨鱼的胃和食道,在黑夜里掘起的毒芹的根,渎神的犹太人的肝,山羊的胆,月蚀时割下的紫杉的枝子,突厥人的鼻子,鞑靼人的嘴唇,娼妇在阴沟里生下,才生就被闷死的婴孩的手指",这一切丑恶中的丑恶,放在一锅加火熬煮,用"老虎的肚肠"做"作料",用"狒狒的血液使它冷凝",炼成那些"血腥,纵欲,贪婪,虚伪,狡诈,冲动,作恶,沾染着每一种叫得出名字的罪恶"的东西,进行她们所谓"没有名字"的事情,这时候,马克伯斯来了,一个女巫说:

我的指头刺痛了一下,
有一个凶恶的东西来了。

在诗人,这三个"丑婆子"是人的现实世界中血腥、纵欲、贪婪等等罪恶的象征[1]。血腥的马克伯斯,在她们炼成的"东西"当中,只是一个所谓"凶恶的东西"。在作品里,除他之外,诗人还写了许许多多其他的"东西",而这些,都是"天生伟大",或者"成为伟大",或者"于无意中变为伟大"(《第十二夜》三幕四场)的人物,这些人物高高在上,统治着世界,决定人和人民的命运。所以,不是偶然的,在这些人物的生活中心,也在诗人的戏剧中心,交集

---

[1] 在这一意义上,所以这三个女婆子只是女巫,而不是仙女。

着如此复杂的各色各样的谋杀、篡位、逆伦、乱伦、复仇、阴谋、毒害、争斗，甚至就是在所谓"魅人的皆大欢喜的"他们的喜剧里，常常也不比悲剧里面较少人的丑恶和悲痛。

当然，在诗人的剧里，这一切并不是如此显明地揭示出来的，甚而至于在外形上，尤其常常在结尾、在插曲上，还起伏着贵族趣味灰暗的余波。可是，在内心里，虽没有与他的阶层割断，却决非偏狭平庸的市民阶层所能臆想的，瞩望着更远之处的诗人，从这样的意识出发，更进一步就是：载着这些"东西"的船，应该在"暴风雨"中，在雷火、电光中，破碎，沉没，变换一个面目。

而在英国，这个面目诚然是在变换着，资产阶级代替封建贵族兴起了。

可是，变换了之后，那些新的人物又是怎样？诗人的认识是——在《凡隆纳的两个绅士》（*The two Gentlemen of Verona*）中间，伴着正直勇敢的瓦伦丁（Valentine）的，是那个狡猾奸诈的勃罗修斯（Proteus），还有一个懦怯自私的"富有的驴"修里欧（Thurio）。在《威尼斯商人》里，和正直良善而且慷慨好义的安东尼欧（Antonio）同行的，是那个鄙吝凶残，抛弃了爱、同情、良心，只图攫取金钱和利息的夏洛克（Shylock）。而且，不论勃罗修斯做出了什么忘恩负义的罪恶，他还是被再一次接受了"诚实的友谊"，依然是一个"绅士"，并且占有了朱丽亚（Julia）的挚爱。尽管夏洛克整个的灵魂都出卖给了金钱（这魔鬼），如狼狗一般凶残的人，最后还是允许他，甚至于还强迫他，"变成一个基督徒！"……

在这样的世界里，人是怎样生活着的呢？

这样几乎是沉痛的（决不是诙谐！）在《如愿》（*As You Like It*）里，那个躺在阳光里晒太阳，却被杰克斯（Jaques）叫做"傻子"

的，这样地回答他，说了一篇生命的故事：

> 不要叫我傻子，除非老天爷给了我财富……
> 现在十点钟；
> 这样我们就可以知道，世界怎样的在变迁。
> 九点钟的时候不过是一个钟头之前；
> 而过一个钟头就是十一点了；
> 如此，一个钟头又一个钟头，我们成熟又成熟，
> 于是，一个钟头又一个钟头，我们老朽又老朽；
> 并且这样就是一个故事。
>
> （《如愿》二幕七场）

这故事是怎么回事呢？这故事是：

> 世界不过是一个舞台，
> 所有的男男女女都是演员：
> 他们全有出场和入场；
> 每个人入场都演许多的戏文，
> 他的表演分做七个时期。
> 最初是婴孩，在乳母的怀里啼哭，吐奶。
> 然后是呜咽的学童，带着书包
> 和朝霞一般红润的脸，蜗牛似的拖着脚步
> 懒懒地上学校去。
> 然后是情人，像火炉般叹息，把悲伤的歌曲
> 献给他的爱人的眉毛。

然后是兵士，满口奇怪的咒语，留着络腮胡子，

爱好荣誉，动不动就要打架，

寻找虚浮的名誉，

甚至于寻到大炮的口里。

然后就是法官，鼓着漂亮的圆肚子，里面装满了阉鸡，

带着严厉的目光和剪得整齐的胡髭，

满口智慧的格言和时行的例证；

他就这样的演着他的戏文。

第六个时期变成功一个羸瘦的拖鞋的老丑，

鼻梁上架着眼镜，身边挂着钱袋；

他的年青时的长袜，收藏得很好，

现在套在皱缩的小腿上面却嫌太大了；

他的粗大宏亮的声调，又变得孩子似的尖细，

就用这样的声音他高谈而且阔论。

那最后的一幕，结束这个奇怪多事的历史的，

是第二次的童年，糊糊涂涂——

没有了牙齿，没有了目光，没有了口味，没有了一切。

（《如愿》二幕七场）

这生命，对于"真正的人"是太悲哀、可怜、昏暗而且愚蠢了。

人，在文艺复兴思潮全新意义上的人，他们的世界和生命，将永远地如此么？这一切，是怎样来的？由于命运，还是由于自然的大力？

在《如愿》里，诗人约略地回答了：不，命运与自然都没有力量。[1]

那末，这一切，将决定于谁呢？诗人的进一步回答是：这一切将决定于人，决定于人的意志。

为什么《仲夏夜之梦》要叫做"梦"？那"梦"，不明明的是爱，是生？在那里，人演出了爱的抗争的喜剧，然而却有一个小仙勃克（Puck）参与人的命运，在最后，勃克唱道：

你只当在这里假睡过，
那时这些景象方才出现。
而这个模糊无谓的题旨，
仅仅只是一梦而已，
先生们，不要责备：
如果你们原谅，我们将要补救。

（《仲夏夜之梦》五幕）

勃克是有力量补救的。所以在"梦"里，爱人们终于在他的帮助之下得到了胜利，完成了生的喜剧。底米特里厄斯（Demetrius）把对赫米亚（Hermia）的爱归之于海仑娜（Helena）；雅典的大公爵希修斯（Theseus）也对海米亚的父亲宣布"我决意阻拦你的意志"，准许这两对情人的婚姻（四幕一场）。并且在"梦"的结尾，自然的精灵（小仙们）对人和世界，对他们的子孙歌唱，人间的精灵（勃克）也对人们预约了祝福。

---

[1] 关于这个问题，《如愿》值得加以研究。

这勃克以及这个"梦",诗人借了织布工人包吞姆(Bottom)的口说道:"我做了一个梦——尽了人们的智慧也说不出是一个梦——倘若人们企图解释这个梦,那么他只是个笨驴而已。"(四幕一场)正有诗人——明智的人文主义者——对"笨驴"们的警告,这个梦以及梦中的精灵,决不仅仅是"一梦而已",当有更深的内容。

勃克,从诗人理知深处化身出来的精灵,他有诗的象征的意旨。[1]

这精灵在诗人底天鹅的歌《暴风雨》里,更强有力地现出身来。《仲夏夜之梦》里的勃克只是一个游戏人间的小仙,隐在"实际上就是名叫罗宾好人(Robin Goodfellow)"的精灵的名下。《暴风雨》里爱里尔(Ariel)就是一个明明白白的勇敢精明、神通广大的"命运的使者",他主持着惊天动地、惩恶扬善的义举。普罗斯勃罗(Prospero)的善的波涛,只有经过他的手,才能溢过那些国王大公"污塞着污浊的理知的恶的高岸"。不仅这样,爱里尔还有更深的内容,勃克虽然听仙王奥伯隆(Oberon)的指挥,他却是一个相当自由的"夜的游荡者",但是爱里尔则失去了自由。他要在正义和平完成之后,善克服了恶之后——在《暴风雨》的收场,当普罗斯勃罗复得了他的公国的时候,爱里尔方才获得自由。

在《暴风雨》里,不仅爱里尔要求自由,想望着"骑在蝙蝠的

---

[1] 这是一个诗的理解的尝试。单由勃克来看,显然不能肯定这个理解的意义。但是,当勃克又在诗人大声疾呼他的"人道主义政纲"的《暴风雨》里,以更大的力量与更强的形象出现的时候,勃克和梦就显出和诗人后期悲剧中心题旨的诗的联系,当然,这联系比较隐约而且遥远。《仲夏夜之梦》,诗人大约写于1593年至1595年,在诗人的生活上、写作上,那只是初初的起点,所以一切的意象显得模糊,光影朦胧。至于"学者们"的高见,有的以为是宗教气味的剧,有的以为是超人类趣味的浪漫的抒情诗,有的竟武断为"呓语、虚言",这是难以同意的,因为他们只说到形式,而没有触及内容。

背上追逐夏季"，在枝头垂垂的繁花之下快乐地过活的日子，就是普罗斯勃罗，在最后也感人至深地祈祷着，要求自由。这原是十分悲痛的呼声，但是在一个"丑即是美，美即是丑"的世界里，以封建与黄金为砖石建筑起来的世界里，负着历史与生活重负的人及其意志，是不自由的。

这不自由的人及其意志的阴影，笼罩着莎士比亚的悲剧。这在表现文艺复兴期的人反抗封建制度及其宗法道德规律，争取人的爱情自由的《罗米欧与朱丽叶》里，直接地显露；在《汉姆莱特》《奥塞罗》《李尔王》《马克伯斯》里就深刻而隐藏。这意旨指引莎士比亚后期的悲剧走向现实世界中人的悲剧性格的绘画，人的诗。[1]

汉姆莱特，一个纯正的人道主义者，有一颗善良智慧的心，本是"最高度地适于摄取一切生活的欢乐与美丽"（A. 斯米尔诺夫），但是生在一个卑鄙、奸恶、虚伪的世界，而且陷在复仇的网里：父亲被害，母亲变节，又正嫁给害死父亲的篡夺者。汉姆莱特是英武的，有复仇的力量，但是他是善良的，"他的意识中没有一种以个人残杀的手段来复仇的迫切感觉"，他悲痛、犹豫、审慎、准备、迟疑，决心是下了，但是不能意识地举起杀人的剑来，虽然那是复仇的剑。直到最后，狡恶的克劳第斯（Claudius）的毒手也伸到他身上来的时候，他才在一种正义的而不是私怨的愤怒中，一剑刺穿克劳第斯的身体。这正对照着另一个复仇者李尔特斯（Laertes），在他复

---

[1] 通常，对于莎士比亚悲剧的理解，是把它和诗人的思想中心割断了来看的。有些学者们，完全认为莎士比亚只是一个不自觉的、非意识的作家，平庸的经验主义者，一笔抹杀了他的思想。有些观念论的批评家，以为是自由意志的悲剧。进步的批评家，指出这是性格的写实的诗，这原是真实的，但是没有指出和思想的联系。莎士比亚为什么不写观念的命运悲剧、浪漫的英雄悲剧，写的却是真实的人的悲剧？是什么意旨指引着他的？这是我们希冀进一步探讨的。

仇就是复仇，原是十分简单的事。汉姆莱特的性格掘发得愈深，他的人道主义者的形象也愈辉煌，他的悲痛因而也就愈深。

奥塞罗，一如斯米尔诺夫所说，"完完全全直到他的骨髓，是一个新人，在其宇宙观方面说也好，甚至在其'传记'方面也好"。他的人道主义的形象显露在爱的光辉中，由于他和黛斯德孟娜（Desdemona）纯真地也至深地爱着，他的妒嫉和悲痛也就愈深；由于他的真挚、正直和英勇，奸恶才有施展毒计的援手，这在"人"，是最大也是最深的悲剧。

正由这样深远的全新的"人"的理知，才能有对现实世界整个的生活形态：王位、继承、名望、财富、虚伪的爱和友谊的否定（《如愿》二幕七场），才会一再沉重地重复："世界不过是一个舞台，其中每一个人都扮演一个脚色。"[1] 才有这样的识力，宣称"世界是个大牢狱"，"一个壮丽的牢狱"，"乞丐是本体，专制的帝王，高视阔步的英雄是乞丐的影子"（《汉姆莱特》二幕二场）。在《威尼斯商人》里，诗人才把给与一个基督教的小姐鲍西亚（Postia）的美德，"机智，美丽和忠诚"，同样地也给与了犹太人的女儿杰西加（Jessica）。于是那个威尼斯的商人，犹太人夏洛克，成为一个社会的典型。因为《威尼斯商人》中的"犹太人"着重不在信仰犹太教的种族，着重是在那个信仰着金钱以及由交易获得正当的利益——"利息"的阶层。于是在剧的结尾，有纯正的诗的喜剧的趣旨，"犹太人"夏洛克也变成了一个"基督徒"。

与这样的理知关联着的，是黄金的悲剧《雅典的泰孟》；是他在

---

[1] 一见《威尼斯商人》一幕一场，安东尼欧语。一见《如愿》二幕七场，杰克斯语。

天鹅的歌《暴风雨》里净化的纯诗的意象：在善的国土，通过爱里尔的掇引，人与人——菲迪南（Ferdinand）与密兰达（Miranda）——作纯真的会合，这时他借冈扎罗（Gonzhalo）的口，半呆半傻地唱出自由共和国理想的歌：

> 在这个共和国里我要相反的
> 实施一切事情；任何种类的贸易
> 我都不许；没有官吏的名目；
> 学问不许知道；富，贫，
> 雇用役使，一概没有；契约，继承，
> 界限，地界，耕作，葡萄园，一概没有；
> 不用金属，粮食，也不用酒和油；
> 没有职业；所有一切的人全都闲散；
> 女子也是如此，只有天真和纯洁；
> 没有君主——
> 万物都自然地产生，
> 不用辛劳或者苦力：背叛，重罪，
> 剑、矛、刀、枪，任何种类的兵器，
> 我都不要；只让自然自然而然地孳生，
> 一切丰富，一切充裕，
> 养育我的天真的人民。
> 我要治理得如此完美，先生，
> 还超过那黄金的时代。

（二幕一场）

然而，这一切，虽然如此，却没有得到更明确的进一步社会学的结论。而且，也没有能与那些朴质的灵魂，哲学家和诗的歌唱者，由于社会的畸形，不得不"跌在愚蠢里，污损了聪明"（《第十二夜》）的傻子、小丑、市民、工匠，以更大的意义。虽然《汉姆莱特》里出现了"掘墓者"，但是空洞而且模糊，并且在加里本（Caliban）身上，听得见有责备抗争的人民的声音。[1] 这，与以罪恶者的悔改做剧的结局一同，是英国社会革命的协调性的历史的反映，也是莎士比亚的界限。

于是，这样：在莎士比亚的剧作中交织着复合的理知的光和影，在剧作历程上起伏着剧与历史、剧与生活、剧与诗的结合形态的波动，以及深入的思想性的特质。

从《维纳斯与阿东尼斯》（Venus and Adonis）到《罗米欧与朱丽叶》《仲夏夜之梦》《威尼斯商人》，到《如愿》，到《汉姆莱特》

---

[1] 关于加里本（Caliban），狄纳摩夫（Dinamov）在苏联版《莎士比亚全集》的序里，提到高尔基在一封回答青年问题的信里说到加里本："加里本的性格使我想起了泰勒（Walter Tyler），他是英国的拉辛。加里本又叫我们联想到一些专门叫老爷们食不甘味的捣乱鬼来。"狄纳摩夫觉得："高尔基认为莎士比亚创造这个人物是对英国人民为自由斗争的敌视的表示。可是莎士比亚是英国人民底诗人，而不是英国人民底反对者。他底伟大就正在于虽然对人民底争斗抱了否定的态度，依然却表现了时代的前进的思想，不甘心做一个旧的封建的英国底撒谎的辩护者。"高尔基的见解和狄纳摩夫的解释，都是真实的。加里本，诚然是英国的拉辛，不过，这个加里本是一个女巫的儿子，这个"两眼发绿，作恶多端"的女巫，大约也是《马克伯斯》里女巫的姊妹之类，所以她的儿子是这样一个愚蠢、无知、粗野、奇丑的怪物。在诗人，这怪物很可能是当作一个代表愚蠢无知的欲望的化身来看的，所以才有那么严峻的痛恶的声音。莎士比亚在他的剧里，向来都以温情的微笑来写工匠、小丑等人民形象的。就是在这个怪物身上，我们也看到有人民的勤劳、忠诚与朴质，在他高歌"自由呵，美哉！美哉，自由呵，自由……"的时候（二幕二场），我们觉得也有同情的微温在的。当然，这里有非常之大的历史与社会观点的限制，诗人让加里本做了普罗斯勃罗的奴仆，斥责他的抗争，却不知道他原来应该是主人。

《奥塞罗》《李尔王》《马克伯斯》，到《暴风雨》，现出诗人在时代的阳光与风雨中发展的过程。

诚然，在莎士比亚的早期作品中满盈着欢乐，到后期就显出忧郁与哀伤，但是这决不是说诗人从生活退却了才写他的悲剧，反而是，更深入也更深藏了。"这——那句名言'与生活协调'，一般资产阶级莎氏研究者所乐于称道的，而在我们的眼中看起来无非是一种相当的妥协"，实际上，不管社会情况的转化怎样重大，"在莎士比亚著作全部领域中，在其所有三个时期中，他的宇宙观的基本特点及其风格始终没有变动。这便是战斗的革命人道主义的特点……"（A.斯米尔诺夫）

诗人的剧，那是从思想的海中，更深地，从争战的现实生活的海中升起的诗，正如浩瀚无涯的海洋，汹涌冲击着，说着永恒的语言。

通常"学者们"仅仅认识莎士比亚是深广的，这是不够的。在莎士比亚的时代，本质上他是战斗的，唯其他是战斗的，他才能够深广。观念论的学者们肯定莎士比亚悲剧的中心意识有两种，一种是"命运的悲剧"（Fate Tragedies），如《罗米欧与朱丽叶》，另一种是"自由意志的悲剧"（Free Will Tragedies），如《汉姆莱特》《奥塞罗》《马克伯斯》《李尔王》等，剧中的人或因意志的薄弱（如汉姆莱特），或因意志的错误（如李尔王、奥塞罗），或因良心的负咎而意志颓落（如马克伯斯），演出他们的悲剧。但是在实质上，诗人是既不相信命运，也不相信自由意志的。意志并不是超然独立的存在，意志是属于人的，人则生活在一定的社会之中；意志有它自身的活动，但是它总是人的意志。所以在《罗米欧与朱丽叶》里，如果有"命运"，那就是封建社会中被决定人的命运。而马克伯斯的残酷，李尔王的专横,以及他们的不安与苦痛,这是在一定社会生活中被决定了的形象的人的悲剧。

莎士比亚的悲剧中心决不是神性论的"自由意志"(Free Will),以自由意志做人格中心,这是中世纪遗留的基督教的观念[1]。莎士比亚如果只是一个资产阶级的作家,很可能接受这个理论,写点市民道德的伦理剧就满足了。但是以莎士比亚对人物性格绘写广大与深度看来,显然是超出这种庸俗的主题之外的。在伟大的人道主义者,他的悲剧是人的诗,他的人的理知的憧憬是——全新的人性论的"意志自由"(Freedom of the Will)。基督教的自由意志是上帝授与的,一切都可以假上帝之名而行,实际上宣传维护反动的封建统治的定命论思想。意志自由要人在善克服恶的世界里才能达到,包含着民主主义者"自由意志是大自然的自由"乃至社会的自由的思想。正如巴尔扎克在二百多年以后所说,"欧洲,特别是法国,用了两世纪来争论自由意志,为了到达引起摆脱宗教的信仰自由。信仰自由通到政治自由"。而"自由意志、信仰自由、政治自由。它们的表现就是革命"。("杂论"之四:"自由意志")莎士比亚的这一憧憬显示着与封建统治教会信仰斗争的意旨,是具有社会学内涵的诗,闪耀着莱奥那多·达·文西和米开郎基罗画幅中的光。

---

[1] 法兰西斯派(Franciscan)的哲学家约翰·斯考特斯(John Duns Scotus,约1265—1308)第一个发扬这个观念。约翰·斯考特斯认为人有自由意志,其根源在上帝有自由意志。上帝创造这样的宇宙、这样的人,这是上帝的自由意志。即以人的道德标准而言,上帝也有自由更改的力量。如赎罪卷(indulgence)可以免罪,也是一例。至于人的意志,是上帝授与的,上帝授人以完全自由的意志,可以任意选择一切,而人因受情欲的蒙蔽,在善中选择许多道路,又在恶中选择许多道路,所以人应当对自己的行动负责。意志是人格的中心。——但是,在这种主张人的自由意志的哲学里,主要的却在肯定上帝的意志,人是附属的,并且辩护了教会的罪恶。

正以理知的非常的诗的深度,莎士比亚才能出自玛尔罗[1]而又越过玛尔罗,成功一个"无比的更深湛而成熟的人道主义者",以"明确与贤智"对立玛尔罗的"盲目自发的冲动"(A. 斯米尔诺夫),以更巨大的宽广与锐利的目光,更深入到客观的真实之中,以人的悲剧盖过玛尔罗的英雄的悲剧。

正是这样,诗人越过资产阶级意识的范围,展开非常广阔的界线,与我们的现代有了交流的可能。

在当时,当诗人在资产阶级世纪和封建世纪争流的海,汹涌的英国十六世纪中,被激荡的思想的波涛洗洁白了生命,带有黎明的天宇的彩色和深广,还有暴风雨的清新,从喧嚣苦暗的时代的海上升起,这时候,在人间笼罩着昏黄的光芒,这光芒不但掩映着诗人所来自的海,甚至也映照在诗人的身上。然而诗人的大智慧的深奥的眼睛看到,这不是人的世界的太阳,黎明。所以诗人歌唱的,是争战的大海的歌,而不是弥漫资产阶级世纪的黄金的光芒的歌。

一九四四年十二月

---

[1] 玛尔罗(Christopher Marlowe, 1564—1593),英国无韵诗及悲剧的创造者,如斯米尔诺夫所说:"早年夭寿的英国文艺复兴期的绝世天才,在其著作中表现了初期资本积累时代正成长起来的英国布尔乔亚的伟大憧憬。"他的悲剧都是"具有强烈性的激情的"英雄悲剧。

# 后　　记

　　这本书是十五年来（一九四〇——一九五五）的文字选集。其余的文字，有些需要补充修改，有些甚至需要写续篇（如《人的花朵》等），有些想另外列为一集（如《美学问题》等），都没有放在这本书里。

　　全书分为三辑。第一辑是解放后的作品。第二辑、第三辑是从《文学的倾向》和《人的花朵》里选出来的，另外加进了同一时期写的几篇东西。这些文字时间距离很长，先后不一，涉及的方面很多，并且有些是结合不同的现实情况和文艺问题写作的。不过总起来看：第一辑解说社会主义现实主义文艺理论的基本原则和个别问题，第二辑研讨文艺上的几种倾向（公式教条主义、自然主义、主观主义）和现实主义的创作方法，第三辑叙述现实主义的作家和作品以及艺术创作的因素。它们的目的都在加强和扩深社会主义现实主义的理解，它们的内容都和艺术创作有关，所以总名之为《艺术的理解》。

　　文学艺术方面需要研究的东西实在太广大了，太多了，不但当前的革命文学艺术创作上的许多问题需要研讨，几千年来人类的文学艺术遗产都有待我们用马克思列宁主义的观点去重新分析和评价。可是，"即令是唯物的观点在一个单独的历史实例上的发展，也是一种需要数年静心研究的科学事业，因为很明显的，在这里徒托空言是无益的，只有多数经过批判的选择与全部的精细研究过的历史材料才能解决这样一个课题"（恩格斯：《马克思底〈政治经济学批判〉》)。恩格斯的这一段话同样适用在文艺科学的领域,指示着从事文艺研究的人需要做切实和繁重的工作。对于这一工作,许多年来是向往着的,并且愿望能够尽力这样做去,这本书里的一部分文字,可以说就是这样向往和愿望的表现。

这本书里的文字比较着重创作方面的问题,因为这些问题直接关连着创作的实践,而且颇为不少的人所忽略。我们要用社会主义现实主义的文艺进行战斗,就必须要有创作上的表现,要有具体的作品,也就有对于创作问题进行分析研究的必要。资产阶级唯心论的文艺理论总用"天才""灵感"乃至"直觉"之类来解释艺术创作,竭力使它神秘化、玄虚化,宣扬文艺上的"不可知论"。虽然,艺术创作有它自身的特性,但是我们如果加以具体的研究,是可以找到艺术创作的基本因素和它的规律的。这是唯物论和唯心论对于文学艺术根本不同的理解之一。

这一次,这些文字全部修改了一下。把在反动统治下面不得不隐晦曲折的文字改成明白直达的话,同时把早年的作品里那些冗长枯涩的地方,以及可有可无的字句,也加以删改。文艺理论批评和研究的作品本来应该是艺术的创作,不过在这方面,只能说是作了一些微末的努力而已。

马克思说过:"在科学上是没有平坦的大路可走的,只有那在崎岖小路的攀登上不畏劳苦的人,才有希望到达光辉的顶点。"(《资本论》第一卷法文译本《序》)

马克思列宁主义的文艺创作也可以说是如此,没有平坦的大路可走。让我们记住这一句名言,攀登崎岖的小路继续前进。

一九五五年五月北京

# 美学书怀

## 美学问题

——兼评蔡仪教授的《新美学》

关于美的问题，从古以来，各个时代的哲学家和文艺家都有过直接间接的讨论。到了十八世纪，美学（Aesthetica）这个名词被德国哲学家使用，并且先后提出各种美学理论；其他国家的哲学家和文艺家也各自提出他们的美学，各以他们自己的观点来解释美。他们的美学，和他们的哲学思想体系是一致的，大都是唯心论的美学。

中国美学家所著的美学，也大都是唯心论的美学。朱光潜教授的《文艺心理学》是一个例子。后来蔡仪教授写了一本《新美学》，想给美的问题以新的解说。不过这本《新美学》基本上还是没有脱离旧美学的窠臼。在这篇文章里，想就本书来探讨一下关于新美学的一些问题。

一

在美学里，有一个基本的问题，那就是对于美的本质的了解："美是什么"。一切的美学家，都以各自的理论来解释和回答这个问题。

蔡仪教授在《新美学》里，也对这个问题提出解答：

> 我们认为美是客观的，不是主观的；美的事物之所以美，

是在于这事物本身，不在于我们的意识作用。但是客观的美是可以为我们的意识所反映，是可以引起我们的美感。而正确的美感的根源正是在于客观事物的美。没有客观的美为根据而发生的美感是不正确的，是虚伪的，乃至是病态的。

然而究竟怎样的客观事物才是美的客观事物呢？美的客观事物须具备着怎样的本质的属性条件呢？或者说美的本质是什么呢？

我们认为美的东西就是典型的东西，就是个别之中显现着一般的东西；美的本质就是事物的典型性，就是个别之中显现着种类的一般。于是美不能如过去许多美学家所说的那样是主观的东西，而是客观的东西，便很显然可以明白了。

孟德斯鸠（Montesquieu）有一段话说："毕非尔神父说，美就是最普遍的东西集合在一块所成的。这个定义如果解释起来，实是至理名言。他举例说，美的眼睛就是大多数眼睛都像它那副模样的，口鼻等也是如此。这并非说丑的鼻子不比美的鼻子更普遍，但是丑的种类繁多，每种丑的鼻子却比美的鼻子为数较少。这正像一百人之中，如果有十人穿绿衣，其余九十人的衣服颜色都彼此不同，则绿衣终于最占优势一样。"在他这一段话里，说美就是最普遍的东西集合在一块所成的。并举实例说，美的眼睛就是大多数眼睛都像它那副模样的，叫我们更能明了所谓美的就是典型的，典型就是美。

再引宋玉《登徒子好色赋》来说："天下之佳人莫若楚国，楚国之丽者莫若臣里，臣里之美者莫若臣东家之子。东家之子，增之一分则太长，减之一分则太短，着粉则太白，施朱则太赤。"在这里很显然的，这位美人的形态颜色，一切都是最标准的，也就是概括了"臣里""楚国"，天下的女人的最普遍的东西了。由此可知她的美就是在于她是典型的。

(《新美学》六八—六九页)

我们，我想，每一个人，看了这个理论之后，都不免要提出一个问题：究竟什么样的眼睛才是"典型的眼睛"，眼睛的"本质的属性条件"是什么？究竟什么样的女人才是"典型的女人"，女人的"本质的属性条件"是什么？

蔡仪教授在全书里，对于这些关乎他的理论的基本问题，始终不能具体地加以说明，只是把朱光潜教授用在《文艺心理学》（一四四页）里的两个例子（毕非尔神父的美的眼睛和《登徒子好色赋》的美女）搬来解释他的理论，认为美的眼睛就是"大多数眼睛都像它那副模样的"眼睛，而典型的女人就是"增之一分则太长，减之一分则太短，着粉则太白，施朱则太赤"的女人。但是，究竟什么是"典型的眼睛"或"典型的女人"，对于我们仍然是一个谜。而什么是《新美学》所说的"典型的事物"和它的"属性条件"，对于我们也是一个谜。

科学的理论决不是谜。科学的理论应该是从实践产生而又为实践所证实的理论。那末，我们就先从这方面开始，看看"典型就是美"的理论是否能为生活实践所证实。

我们还用"东家之子"来做例子。《登徒子好色赋》里对于"东家之子"还有几句具体的描写，但是被略去了。这描写是："眉如翠羽，肌如白雪，腰如束素，齿如含贝。嫣然一笑，惑阳城，迷下蔡。"（《文选》第十九卷）从这段描写，我们可以看出来，这并不是一个什么抽象的一般的典型的女子，而是封建社会贵族阶级心目中所爱好的典型的女子。

关于这个问题，唯物论美学的创立者车尔尼雪夫斯基在一百年前已经说明过了。他在《生活与美学》里说：

"美是生活"……任何事物，我们在那里面看得见依照我们的理解应当如此的生活，那就是美的；任何东西，凡是显示出生活或使我们想起生活的，那就是美的——
............

在普通人民看来，"美好的生活""应当如此的生活"就是吃得饱，住得好，睡眠充足。但是在农民，"生活"这个概念同时总是包括劳动的概念在内：生活而不劳动是不可能的，而且也是叫人烦闷的。辛勤劳动，却不致令人精疲力竭那样一种富足生活的结果，使青年农民或农家少女都有非常鲜嫩红润的面色——这照普通人民的理解，就是美的第一个条件。丰衣足食而又辛勤劳动，因此农家少女体格强壮，长得很结实——这也是乡下美人的必要条件。"弱不禁风"的上流社会美人在乡下人看来是断然"不漂亮的"，甚至给他不愉快的印象……乡下美人因为辛勤劳动，所以不能有纤细的手足——在我们的民歌里是不歌咏这种美的属性的。总之，民歌中关于美人的描写，没有一个美的特征不是表现着旺盛的健康和均衡的体格，而这永远是生活富足而又经常地、认真地，但并不过度地劳动的结果。上流社会的美人就完全不同了：他的历代祖先都是不靠双手劳动而生活过来的，由于无所事事的生活，血液很少流到四肢去，手足的筋肉一代弱似一代，骨胳也愈来愈小，而其必然的结果是纤细的手足——社会的上层阶级觉得唯一值得过的生活，即没有体力劳动的生活的标志。[1]

彻底的唯物论者车尔尼雪夫斯基,他不是从抽象的一般的美的标准或事物的属性条件来谈美的,他从现实生活出发,两只脚坚实地立在生活的基础之上。他的美学理论,和《新美学》的理论是一个鲜明的对照,基本论点完全不同。

美,这是人人都知道,但是对于美的看法,并不是所有的人都相同的。同是一个东西,有的人会认为美,有的人却认为不美。甚至于同一个人,他对美的看法在生活过程中也会发生变化,原先认为美的,后来会认为不美;原先认为不美的,后来会认为美。所以美是物在人的主观中的反映,是一种观念。

美是人的一种观念,而任何精神生活的观念,都是以现实生活为基础而形成的,都是社会的产物、社会的观念。"经济发展是社会生活底'物质基础',它的内容,而法律——政治的和宗教——哲学的发展是这个内容底'思想形式',它的'上层建筑'"[2],美的观念也是如此。在这一意义上,作为社会意识形态之一的美的观念,它是客观的存在的现象,但是是在一定的社会生活中和历史条件下的客观的存在的现象,并不是离开社会和生活的抽象的客观的存在的现象。所以,美的观念因时代、因社会、因人、因人的生活所决定的思想意识而不同。正如上面说的,贵族地主和农民对于女子的美的观念不同,而那个"眉如翠羽,肌如白雪,腰如束素,齿如含贝"的"东家之子",在认为纹身、穿唇、穿鼻是美的澳洲原始民族

---

[1] 车尔尼雪夫斯基:《生活与美学》(即《艺术与现实的美学关系》),第6—7页。
[2] 斯大林:《无政府主义还是社会主义?》,第84页。

看来，也只是一个怪物。

可是，《新美学》不是这样看的。《新美学》认为美和现实生活无关，是一种超社会超现实的东西，是一种抽象的客观的存在。所以他说："美的东西就是典型的东西，就是个别之中显现着一般的东西；美的本质就是事物的典型性，就是个别之中显现着种类的一般。""所谓美的就是典型的，典型就是美。"

《新美学》认为美是客观的存在，但是书里所说的"典型"，客观事物的"本质"，实际上抛弃了客观事物的现实性的本质，把事物当做孤立的、固定的、不变的个体，把现实的事物的本质看做是一种各个个体所共同具有的抽象的东西，因之把它"只能理解为一种'种'，只能理解为一种内在的、仅靠自然的连结把无数个体联系起来的盲哑的共同性"[1]。换言之，就是把现实的事物的本质变为一种形而上学的观念。

但是现实生活、实践，否定了这个观念。

我们只要举一个简单的例子。如果说，"典型就是美"，那末，我们要问：典型的恶霸，典型的帝国主义者，是不是也美？他们不也是"个别之中显现着种类的一般"么？回答是否定的。那末，这就推翻了《新美学》的"典型就是美"的定义以及关于这一定义的论证。

我们全都熟知这一节名言：

> 既然自然界、存在、物质世界是第一性的现象，而意识、思维是第二性的现象，从生的现象；既然物质世界是不依赖于

---

[1] 马克思：《费尔巴哈论纲》。

人们意识而存在的客观现实，而意识是这客观现实底反映，那末由此就应得出结论：社会底物质生活，社会的存在，也是第一性的现象，而社会底精神生活是第二性的现象，从生的现象；社会底物质生活是不依赖于人们意志而存在的客观现实，而社会底精神生活是这客观现实底反映，存在底反映。

由此可见，社会底精神生活所由形成的来源，社会观念、社会理论、政治观点和政治制度所由产生的来源，并不是要到观念、理论、观点和政治制度本身中去探求，而是要到社会底物质生活条件中，要到社会存在中去探求，因为这些观念、理论和观点等等，是这社会存在底反映。

由此可见，如果我们在社会历史各个不同的时期可以看见各种不同的社会观念、理论、观点和政治制度，如果我们在奴隶制度下所遇见的是一种社会观念、理论、观点和政治制度，在封建制度下所遇见的是另一种，在资本主义制度下所遇见的又是一种，那就不是由于什么观念、理论、观点和政治制度本身底"天性"和"属性"，而是因为在各个不同的社会发展时期有各个不同的社会物质生活条件。

社会存在怎样，社会物质生活条件怎样，社会观念、理论、政治观点和政治制度也就会怎样。因此马克思说："并不是人们底意识决定人们底存在，恰巧相反，正是人们底社会存在决定人们底意识。"[1]

由此可见，为了在政治上不犯错误，为了不致陷入空洞臆想家的地位，那末无产阶级党在自己的活动中，就不应从抽象

---

[1] 马克思：《〈政治经济学批判〉序言》，第2页。

的"人类理性原则"出发,而应从具体的社会物质生活条件,即从社会发展底决定力量出发;不应从"伟大人物"底善良愿望出发,而应从社会物质生活发展底现实需要出发。[1]

由此可见,"社会存在怎样,社会物质生活条件怎样",美的观念也就会怎样。

由此可见,没有超社会超现实存在的"客观的美",没有超社会超现实的抽象的美学。

由此可见,为了在理论上不致陷入空洞臆想家的地位,那末马克思主义文学理论家在自己的著作中,就不应该从抽象的"艺术原则"或"美的规范"出发,而应从具体的社会物质生活条件,即从社会发展的决定力量出发;不应从"伟大天才"的善良愿望出发或以"艺术""普遍的美"等等要求为基础,而应从社会物质生活发展的现实需要出发。

历来的唯心论的美学都是从抽象的"艺术原则"或"美的规范"出发,以"艺术""普遍的美"等等要求为基础的。《新美学》正重复了他们的道路,但是,为着要使美学变成科学,就首先必须使美学立足于真实的基础之上。

二

在这里,蔡仪教授会提出反对:在《新美学》开宗明义第一章里不是就说过:"一切观念论者的世界观是颠倒的,他们认为客观事

---

[1] 《苏联共产党(布)历史简要读本》,第150页。

物的根源在于观念,而其实是观念的根源在于客观世界。观念原是客观事物的反映,没有所谓先验的观念或本有的观念。而他们的认为美在于观念,则是因为他们的世界观的颠倒而颠倒了的,因此他的论证的前提就是错误的。"(六页)——这不就是主张"自然界、存在、物质世界是第一性的现象,而意识、思维是第二性的现象"么?

在这一点上——"观念的根源在于客观世界"——《新美学》确实是唯物论的。而且应该肯定,《新美学》是一本宣扬唯物论的著作。但是,《新美学》的唯物论仅仅到这里为止,仅仅是一个前提。当从这个前提前进一步的时候,它就离开了唯物论,陷于理论上的混乱,走上了唯心论的歧途。

唯物论,正如恩格斯所说:"在口头上承认这个思想是一回事,而在每一个别场合和每一具体研究领域内应用这个思想,却是另一回事。"[1]

《新美学》一再说明是由"客观事物"去考察美,去把握美的本质的。那末,我们就先看一看什么是这个"客观事物":

> 宇宙间的事物是不断变化的,是互相关联的,但就其属性条件来说,则是在某种限度内变化之中仍有不变的,相异之中也有相同的,于是便有事物的种类。换句话说,种类就是一些有相同的属性条件的事物所构成的。
>
> 所谓有些属性条件是相同的,也有些属性条件是相异的,所以在某一种类之中的各个单位,还是有独自性的个别。于是

---

[1] 恩格斯:《费尔巴哈与德国古典哲学的终结》,第49页。

在种类中的各个别事物的相同的属性条件，就是这种类的所以构成的属性条件，也就是种类的属性条件。各个别事物的相异的属性条件，就是这个别的所以为个别的属性条件，也就是个别的属性条件。因此任何客观事物，都是种类的属性条件和个别的属性条件所构成的。

种类是依存于个别的，不是离开个别而独立地存在的，离开个别便没有所谓种类。但种类也是客观存在的，任何个别都属于某一种类，也就是任何个别都表现着种类。换句话说，任何个别事物是个别的属性条件和种类的属性条件的统一。

(《新美学》八〇—八一页)

《新美学》认为：物是"属性条件的统一"。但是属性条件还不是最后的东西，在属性条件之下还有"属性条件"。《新美学》后来又写道：

可是任何事物有许多属性条件，任何属性条件又有低一级的属性条件，而分析到一个适当的阶段时，这低级的属性条件便都是单纯的现象了，如形体、音响、颜色、气和味、温度和硬度等都是。

(一七七页)

这样，物就是"形体、音响、颜色、气和味、温度和硬度等"的统一。

在这里，不由地令我们想起大名鼎鼎的马赫的物是"感觉底综合"的学说来。马赫在他的《力学》(一八八三)里写道："世界底真正'要素'不是物（物体），而是颜色、声音、压力、空间、时间（即我们通常叫做感觉的东西）。"[1] 我们还知道，远在马赫以前，著名的唯心论者巴克莱（George Berkeley，一六八五——一七五三）牧师就论证过物是"一定的颜色、口味、气味、形态、密度"的集合。——"巴克莱是拿'硬、软、热、冷、色、味、香'等等作为他的哲学底基础的。对于巴克莱，物是'观念底集合'。而'观念底集合'则恰恰是指上述的质或感觉，而不是指抽象的思想。"[2]

无论是巴克莱牧师，无论是马赫主义者，都是取消物的客观存在的现实性，把物还原为"感觉底综合"或"观念底集合"，变为主观观念中的存在。同样的，《新美学》虽然承认物的客观的存在，但是当它把物还原成"属性条件的统一"的时候，就在实际上取消了物的现实性的客观存在，把它变成了抽象的主观观念中的存在，走上了主观唯心论的道路。

关于这种学说，列宁曾经深刻地、明确地批判了它的本质：

> 任何遁词，任何诡辩（我们还会遇到许许多多）都不能抹煞这个显明的不可争辩的事实：马赫把物当作感觉底复合的学说，乃是主观唯心论，巴克莱主义底简单的反刍。如果物体像马赫所说的是"感觉底复合"，或者像巴克莱所说的是"感觉底结合"，那末不可避免地会得出这个结论：整个世界不过是我的表象而已。从这个前提出发，除自己以外，就不能有其他的人存在：这是最纯粹的唯我论。[3]

---

[1] 列宁：《唯物论与经验批判论》，第 63—64 页。
[2] 列宁：《唯物论与经验批判论》，第 47 页。
[3] 列宁：《唯物论与经验批判论》，第 65 页。

取消物的现实性的存在,把物看做是"感觉底结合",或"感觉底综合",或"属性条件的统一",或"观念的集合",这是唯心论哲学的基本的特质,这就是:否认"从物到感觉,到思维",认为"从感觉、从思维到物"。

《新美学》就这样在唯物论的前提之下发展了唯心论的美学理论。所以后来继续写道:

> 不过所谓客观事物的相同的属性条件和相异的属性条件,都不是绝对的,而是相对的。因为在实际的客观事物之中,相同的属性条件便渗透着相异的属性条件,相异的属性条件也渗透着相同的属性条件,二者原是"相盈而不相离的"。所以对于某一客观事物的属性条件,只有在某种特殊规定之下,我们可以说,这些属性条件是相同的,那些属性条件是相异的;而在另一规定之下,相同的属性条件也可以成为相异的,而相异的属性条件也可以成为相同的。这就是相同的属性条件和相异的属性条件的互相推移,也就是种类的属性条件和个别的属性条件的互相推移,也就是种类范畴的互相推移。
>
> 因此某一客观事物,由于不同的规定和种类范畴的推移,可以属于许多不同的种类,横的方面可以属于它的属性条件相关联的许多并列的种类范畴;纵的方面可以属于包涵它的属性条件的许多系列的种类范畴。要之某一客观事物的种类范畴是错杂的,而且是无限的。
>
> (八一——八二页)

根据这样的理论:客观事物的属性条件可以互相推移,种类范畴也可以互相推移，而且是错杂的，而且是无限的。那末，究竟什么是客观事物的属性条件和种类范畴呢？

于是，在"事物的属性条件""事物的典型性""可以互相转化，互相推移"的情况下，在逻辑上必然的结论就是："事物的属性条件""事物的典型性"不是绝对的，而是相对的，也就是不可确知的——这是不可知论。但是事实上人们知道"美"，怎样知道呢？这只有由人们的主观认识去决定了——这就是主观主义。完完全全正如列宁所说："……把相对论作为认识论底基础，就是说不可避免地把自己陷入或者是绝对怀疑论、不可知论和诡辩主义，或是主观主义。"[1]

《新美学》认为客观事物的"种类范畴"决定事物的美（《新美学》八七页），但是竟是不可知的东西，那末，《新美学》全部理论内容和它所论证的定义："美的本质就是事物的典型性，就是个别之中显现着种类的一般"，"典型就是美"，又有什么意义呢？

事实上，当《新美学》既不能确定事物的种类范畴，又不能具体说明什么是事物的"本质的属性条件"和它的"典型性"，而用事物的种类范畴、属性条件、典型性"可以互相转化，互相推移"来作遁词的时候，"典型就是美"的理论已经破灭了。

《新美学》一再说明"美是客观的"，可是我们知道，所有的客观唯心论者（古代的柏拉图、近代的黑格尔）都认为美是客观的、独立的，有人类以前的存在。并且所有的唯心论者都认为，事物必须适合某一特定的理念或观念，方才是美。《新美学》的"个别之中显现着种类的一般"的"典型"，其实也是这样一种特定的观念。

---

[1] 列宁：《唯物论与经验批判论》，第163—164页。

《新美学》肯定"美是物的属性",如果这是正确的,那末,所有的物应该都有美,正如所有的物都有运动、存在一样,也就没有"典型"才是美的理论。

所有唯心论的美学,和唯心论的哲学一样,虽然有各种各样的分歧的学说,它们都是从主观观念出发,从主观观念中构造引申出来的理论。它们都认为观念决定存在,观念给与客观世界以法则,给与美以标准。这样,古典唯心论者从观念论和形式论构成美学(康德、黑格尔等),后来的实证主义者从生物学(泰纳等)、物理学(费徐纳等)、心理学(李普斯等)构成美学,现代的神秘主义者从直觉论构成美学(克罗齐等)。

《新美学》认为美是客观的,但是不从客观现实出发,不客观地从美的发生和发展去研究问题,而主观地断定:"美是物的属性",是有人类以前的存在,"典型就是美",正也是一种从主观观念出发构造引申出来的理论。这样的理论发展到后来,就不能不否定和它全不相干的借用来的唯物论的前提。所以《新美学》第二章《美论》里说:

> 如上所述,宇宙万物有两大系列的种类范畴,一是自然的种类范畴,二是社会的种类范畴,这两大系列的种类范畴是决定宇宙万物的存在的,也是决定宇宙万物的美的。
>
> (八七页)

于是,我们在明快的形式中看到"意识决定存在"的思想,看到《新美学》的唯心论的实质。

## 三

《新美学》不仅从超社会超现实的观点来看美,把美看作超越人的生活和人的意识的客观存在,而且也从超社会超现实的观点来看人,把人看作不属于任何历史时代、任何社会、任何阶级的客观存在,一种生物学上的种类。

《新美学》里写着:"任何个别事物是个别的东西和种类的东西的统一。""而美的事物则不仅是个别的东西和种类的东西的统一,而是个别的东西显现着种类的东西。"(七九页)"人的本然的种类范畴便是人"(九〇页),"例如某一个人既是属于人的种类,同时也属于动物的种类、生物的种类"(八六页)。"人是动物的种类范畴中其种类的属性条件是优势的",而牛,"其动物的种类的属性条件是比较劣势的",所以"美的人必是美的动物,而美的牛则不是动物中的美的"。(八六页)正如"显花植物之于植物便是典型的种类,人之于动物也是典型的种类"(八九页)。

《新美学》告诉我们,人是"典型的"动物。

但是人这种动物,我们知道,自从开始进行生产以来,就"离开狭义的动物"了。"生产曾经在物种关系方面把人从其余动物中提升出来","把人从动物的状况提升到人的状况"。[1] 人在生产过程中改变了自然,同时也改变了自己,创造和发展了自己的官能、情感、思维。而人与人之间则发生了必然的一定的生产关系,这些生产关系的总和形成了社会的经济结构,并且在这一经济结构的基础

---

[1] 恩格斯:《〈自然辩证法〉导言》。

上形成了政治、法律、宗教、艺术、哲学等上层建筑。所以马克思说:"人的本质在其现实性上,乃是社会关系的总和。"[1]

可是,《新美学》超越了一切的社会关系和历史过程,用抽象的生物学上的"人类"来代替现实生活中的人类,并且在这一观点上来观察自然、社会,以至于美,构成了"事物的种类""美的本质""美的认识""美的种类",整个的理论体系。

蔡仪教授也知道,人和事物并不是存在于抽象的自然之中,而是存在于具体的社会之中。他为了调和这个理论上的矛盾,就在他的自然范畴之中划出一小块地方,给与社会范畴。这样,《新美学》把"宇宙万物"分为"两大系列的种类范畴":"即是(一)自然的种类范畴的系列,和(二)社会的种类范畴的系列。前者是自然的种属关系所决定的,后者是社会的阶层关系所决定的。"又说:"客观事物大致是可以分为两大类,一是自然的事物,二是社会的事物。自然的事物是种属的属性条件所决定的,社会的事物是阶层的属性条件所决定的。"(八三页)

虽然如此,但是在蔡仪教授的美的理论里,却丝毫没有这个"社会的种类范畴"的地位。当论到事物的本质的时候,《新美学》认为"事物的分类应当按照事物的本质,事物之所以为该事物的普遍的必然的属性条件,就是它的种类的属性条件"(二四九页)。当论到美的事物的时候,《新美学》认为"美的事物就是典型的事物,就是种类的普遍性、必然性的显现者"(八〇页)。当论到美的本质的时候,《新美学》认为"美的本质就是个别事物中显现着的种类的普遍性"(七六页)。

---

[1] 马克思:《费尔巴哈论纲》。

从这里我们可以知道，所谓的"社会的阶层关系"只是"种类"的代名词，而所谓的"社会范畴"和"社会的事物"也只是"第二种自然的范畴"和"第二种自然的事物"而已。

很明显，正如一切庸俗的社会学一样（如泰纳的《艺术哲学》），生物学上的规律（"种类"）在这里被任意地移植于社会中，应用于一切社会生活的现象。这样，在《新美学》里的社会学，只是一种生物社会学，生物学与庸俗社会学的混合物。

这样，《新美学》把事物的美也分为二种——"自然美"和"社会美"，并且接着就把"社会美"还原为"善"（二一〇页），为"人格美"（二一二页），说它不是"肉体美"或"实体美"，而是"必然与自由的协调"，意志和精神上的东西（二一二页）。正如一面承认"美的观念为阶层的意识形态所制约"，但是接着就把"阶层的意识形态"还原为"艺术遗产的承受"和"个人美的修养""个人精神的发展"（一五五页），明白地表现出在这种生物社会学背后的唯心论的内容。

不过，这样一种唯心论的以种类观念为基础的美学，并不是《新美学》首创的，而是德国唯心论者的。《新美学》的美的定义："美的东西就是典型的东西，就是个别之中显现着一般的东西；美的本质就是事物的典型性，就是个别之中显现着种类的一般。"（六八页）——这是许多德国唯心论美学都讲到的理论。

最早，康德（Kant，一七二四—一八〇四）在他的《判断力批判》里，从先验论和形式论出发，把审美的判断分为二种，经验的判断和纯粹的判断。前者断定快适不快适，后者断定对象的美或对象的表现形态的美。他把美又分为二种，自由美和从属美。自由美不需要有关于对象的概念（如自然美），从属美则需要对象适合一定的概念（如人、马、建筑的美）。最不自由的美是含有理想的美。理想是适合于某一理性观念的某一特殊事物的表现或想象。在每一个人类的种族或者动物的种族中都有一个不知的典型，或称为自然的意图，这样一个典型是由想象从看见过的千万个个体中自动形成的一个平均的形象。每一个动物的种族和人的种族都表现和具有这样构成的一个"正常的观念"，而这就形成该种族的美的表现的基础或"必要条件"。[1] 康德在《判断力批判》前几版里认为这种"正常的观念"就是美的理想，但是他后来修改了、发展了这个见解，认为这种平均的典型如果不能包含一个人的特性的东西，它只是正确的而不是美的，不过，这种正常的形体仍是真正的美所据以建立的"必要的"限制或条件。——这里面正包含着"美就是个别之中显现着种类的一般"的思想。

康德的美的基础的"正常的观念"，可以追溯到古代希腊唯心论者柏拉图（Plato，公元前四二七—公元前三四七）的美的理念。柏拉图认为理念是万物的根源，感觉到的物体只是理念的反映和不完全的模仿，理念离开物体存在着，它是真实的实体。美的理念也是如此，人和物的美都只是美的理念的反映和不完全的模仿。美的理念是实体的原型，它是永远的、固定的、不变的、绝对的存在。康德从二元论的观点赋予这个抽象的无形的理念以理性的实体的内容，用了生物学上的种族来说明这个原型。谢林（Schelling，一七七五—一八五四）更扩大了这个观念，称之为"种属"的典型。这种种族（或种属或种类）的永远的、固定的、不变的、绝对的原型（或典型）观念，是跟唯心论的形而上学的世界观相适应的，也是跟当时

---

[1] 康德：《判断力批判》，英译本，第81—90页。

的自然科学（生物学）的状况相适应的。事实上，直到达尔文（Darwin，一八〇九——一八八二）发表了《物种原始》（一八五九）之后，才结束了把动物和植物的种类看作是丝毫没有联系的、偶然的、"神所创造的"、不变的东西的见解。于是在哲学上也就推翻了唯心论者用观念代替的神，所以在一八六〇年以后，在美学上我们就很少看到这种种类的"原型"（或典型）观念的理论了。

这样，继承柏拉图和康德（以及谢林）的学说的庸俗的唯心论者叔本华（Schopenhauer，一七八八——一八六〇），在他的《意志与观念之世界》（一八一八）里称康德的"物自体"为意志，柏拉图的理念为意志的客观化；认为意志的客观化表现为自然中的一定的种类，它也就是"种类"；大肆发挥了"意志美学""种类观念"的美学理论：

> 意志在宇宙中不是表现在暂存的现象的变化中，而是表现在永存的种类中、长在的种属中，种类、种属照它的原样而更新。个体消逝了，但是种族日益增多。典型长存着，而个体只是近似它。宇宙，这唯一真实的"物自体"，它的种属的意志，是在一切个体背后的原型的观念。个体愈能近似它，它们就是美的；艺术家愈能借直觉把握它，也就"洞察了事物的生命"……
> 
> 一个事物被认为是美的，既非由感官的感觉，亦非由科学的理解，而是由直觉；并且这直觉觉知它的对象，不是作为一种孤立的现象、一个个体，而是作为一个种属的、典型的，或理想的事物，这个事物我们看它美，不是在于它的功用，而是

在于它的本身，在于它自身的显著的自我完满性。[1]

这理论正就是说："美的东西就是典型的东西，美的本质就是事物的典型性，就是个别之中显现着种类的一般。"（六八页）

到了叔本华的时代，德国哲学家已经"把辩证法和黑格尔派一起抛丢在九霄云外去了——因之又无可奈何地堕落到旧形而上学跟前。从此以后，在公众中间获得广泛流行的一方面是叔本华，后来甚至是哈特曼（Hartmann）底适合于市侩的平凡思想的反映，另一方面是各种伏格特（Vogt）与布希纳（Büchner）底庸俗的巡回宣教师的唯物论。大学里有各式各样的折衷主义互相竞争，它们只在一点上是一致的，即它们都是由过时了的哲学底纯粹废物杂凑而成，并且全都同样是形而上学的东西"[2]。

这种"由过时了的哲学底纯粹废物杂凑而成"的形而上学之一就是黑巴特教授（J. F. Herbart，一七七六——一八四一）的"现实主义"。黑巴特自称是唯心论的敌人，实际上他和叔本华一样，是康德的门徒，不过他发挥的是康德形式论的思想。他宣称美学决不能容忍形而上学的错误，美学的任务是决定艺术和美的本质。他主张美的判断的客观真实性，认为美的客观的判断标准是纯粹的形态，而纯粹的形态是由"美学的基本的诸关系"构成的，详细叙述这些关系就是美的科学的任务。因此，他的美学注意单纯的形态、"基本的因素"的研究。他所谓的纯粹的形态就是典型的形态，它的美的基本的因素就是声音、颜色、线条、思想、意志。在他之后，黑巴特

---

[1] William Knight：《美的哲学》，英文本，第78—79页。叔本华的原文见《意志与观念之世界》第1册及第3册。
[2] 恩格斯：《辩证法与自然科学》，中译本，第219—220页。

的学生，奥国唯心论者冉摩尔曼教授（R. Zimmermann，一八二四——一八九八）更进一步发挥了他的学说，主张美的研究应从基本的或单纯的形态的"结合"开始。什么是美？美是诸多形态的结合，就是一个具有雄伟、完美、秩序、调和、正确、齐全诸形态的模型，完全显现于具有特性的形体的模仿中。黑巴特和冉摩尔曼的美学只有形态的意义、形式的意义，所以反对这种理论的美学家很恰当地把他称之为"形式主义的美学"。

可是，正是在这种"形式主义的美学"理论里，我们看到《新美学》的《美的种类论》（一七一——二二四页）和《艺术的种类论》（二四五——二八五页）的基本原则：

> 严密的现实事物的美的分类，只是按照事物的构成状态，分为单象美、个体美和综合美这三种。这是美学上的一个重要的关键，也是艺术分类上一个值得注意之点。
>
> 因此我认为艺术的分类的正确标准，就是艺术所反映的客观现实的这种美的种类。于是艺术便有：一是反映单象美的艺术，二是反映个体美的艺术，三是反映综合美的艺术。
>
> （二四九——二五〇页，又见一九三页）

不仅原则相同，纯自然观点地观察美和美的事物，然后形式主义地加以分类，而且在个别的具体论点上也有许多一致之处。例如黑巴特认为伦理学是美学的一个分支，善包括在美之中；《新美学》认为"善便是一种美，即社会美"（二一〇页）。冉摩尔曼把美分为自然美与人类美，认为人类美即意志或道德之美；《新美学》把美分为自然美与社会美，认为"社会美不仅显现着必然，而且显现着人的意志自由","社会美是人格美"(二一二页)。黑巴特认为单纯的形态没有美学的价值,冉摩尔曼推进了这个理论,否定单独感觉中的声音和颜色的美;《新美学》把单纯的形态称为"单纯现象",认为"所谓客观事物的单纯现象本来很多,如颜色、形体、音响、气和味、温度和硬度等都是",而"客观现实的单象美""往往是低级的","只有形体、音响、颜色这三者有单象美"(二五〇一二五一)……

最后,我们再看一个黑格尔派的美学家,终生致力于发现一种美的学说的维齐尔(F. T. Vischer,一八〇七——一八八七)。维齐尔被称为黑格尔的学生,但是实际上抛弃了黑格尔美学辩证的丰富的深刻的内容,形而上地发挥他的"绝对观念"和理论要点,不仅堕落到旧形而上学跟前,而且堕落到庸俗唯心论和形式主义脚下。他在四大卷《作为美的科学的美学》(一八四六——一八五七)里认为:每一个体事物,它合乎法则、合乎自然中的典型,而又与典型局部地、稍微地有所差异,于是有美。美是绝对精神的第二种形态,是观念的显现,它不是抽象的概念,而是概念与实体的统一。观念自身分为若干种类。每一种类的观念,即使是最低级的,它也是美的,因为它是观念的总体的一个不可缺少的部分。观念的等级愈高,它的美也愈高。最高级的美是人格的美。他于是把美分为若干种类:自然美——无机体的自然美(光、热、气、水、土),有机体的自然美(四种植物类型,脊椎动物和非脊椎动物);人类美——种属美(一般形态、特殊形态、个体形态),历史美(古代、中古、现代)。维齐尔正是在最广义的种类观念上和个别显现一般的典型就是美的理论上建立了他的"美的科学",正是在这样的"美的科学"里我们看到了《新美学》的主要论点。

所以,《新美学》实际上是折衷德国唯心论各派美学的产物,从

古典唯心论者到近代唯心论者。作者自己也提到了这一点,他说:

> 这样的美是典型的意见,其实也并不是过去的美学家、哲学家完全没有触到过,还是因为他们的整个思想系统陷于观念论,及他们的对于美和美感的混同不分,以致他们的正确的解答,都是片断地或弯曲地提出来了。
>
> (六九页)

可是,"整个的思想系统陷于观念论"的人,能够对美提出正确的解答来么?

并非偶然的,《新美学》认为过去唯心论美学的错误只是"方法的错误"(一页),不是根本上思想本质的错误。这在实际上说明了《新美学》和它们有共通的一面存在,《新美学》的理论则具体地表现出了这个存在。

自然,作者是反对唯心论的,所以《新美学》并不单纯是折衷德国唯心论各派美学的产物,而且是用唯物论的前提去解释唯心论理论的产物,换言之,是调和唯物论和唯心论的产物。正是因此,《新美学》的基本论点——例如对于"物"的理解——才和马赫主义的理论(当然,作者是反对马赫主义的)那样近似。

其实,自从十九世纪中叶以来,资产阶级唯心论哲学都很少以纯抽象的形而上学的姿态出现,而是以"科学的"姿态出现的,它们把哲学和自然科学——生物学、物理学、生理学、数学等理论结合起来,杜撰出各种形态的"时髦的"体系和学说,在"科学的"旗帜掩护下进行唯心论的说教。它们有的甚至提出打倒形而上学的口号,有的甚至承认脱离人的意识的物的存在。实证哲学(孔德、斯宾塞),"最新的实证哲学"马赫主义(阿文纳留斯和马赫),都是代表性的例子。在这里,我们更深深地感到列宁的《唯物论与经验批判论》在哲学思想上的伟大意义。列宁这部著作综合了从恩格斯逝世起到它出版问世时止这整个时期内科学方面最重大的成果,同时也批判了这整个时期内伪装"科学的"唯心论的本质,这部著作是一个指南,指引我们在哲学的海洋上突破现代资产阶级"科学的最新成就"的各种唯心论的烟幕,正确地达到辩证唯物论的真理的港口。

## 四

这样超社会超现实的美学观点,当它表现在艺术理论上的时候,就必然走上超社会超现实的"美学至上""为美而艺术"的道路。

什么是艺术的本质呢?

《新美学》说:"艺术的本质是什么呢?我们知道就是艺术的美,也就是艺术所反映的现实的美、现实的典型。"(二四九页)

什么是艺术的目的呢?

《新美学》认为:"艺术就是现实的美的认识的表现,无论这所表现的是有些艺术家一样特意地从许多同种类的事物,观察、研究、概括而得的,或者如另一些艺术家一样,无意地从许多同种类的事物,观察、研究、概括而得的。换句话说,或者是自觉的美的认识,或者是不自觉的美的认识。"(二一三页)

又说:"艺术所要表现的是现实事物的种类的一般性,是它的本质真理,是它的典型性,而不是它的杂乱的浑沌的现象。"(二二〇页)

然而,每一个辩证唯物论者都知道:艺术是社会的意识形态,是社会的上层建筑。所以,艺术的"本质真理",既不是"事物种类的一般性",也不是"它的典型性",而是它的社会现实性、阶级性。

同样,每一个辩证唯物论者都知道:社会的上层建筑是随着基础变化的,而且,上层建筑并不"只是反映基础,只是消极的、中立的,对自己基础的命运、对阶级的命运、对制度的性质漠不关心的。相反地,上层建筑一出现后,就要成为极大的积极力量,积极帮助自己基础的形成和巩固,采取一切办法帮助新制度来摧毁和消灭旧基础与旧阶级"[1]。所以,艺术的目的无论自觉或不自觉,都不是"现实的美的认识",而是作为社会的意识形态,为帮助一定的社会基础而战斗。自从有艺术的历史以来,就没有什么纯粹的"美的艺术",或超社会超历史的"美的认识的表现"的艺术,只有社会的阶级的艺术。

社会主义现实主义要求艺术表现典型,但不是为表现典型而表现典型,也不是为美而表现典型,而是为表现现实、为改造现实的斗争而表现典型。社会主义现实主义艺术上的典型,是社会生活与社会关系的本质的表现,但不是生物学上的"现实事物的种类的一般性"的表现,更不是形而上学的"现实的美"的表现。社会主义现实主义的艺术要求美,艺术上的典型是美的,但是典型并不就等于美,美的也并不仅仅只是典型。

《新美学》把典型还原为"事物种类的一般性",认为"事物种类的一般性"就是"本质真理",就是"美",从而构成种类观念的美学,并且把艺术表现现实的命题修正为"现实的美的认识的表现",于是认为艺术的本质就是"艺术的美",艺术是"美的认识"。这样的"以新的方法建立的新的体系"(《新美学·序》),实际上是

---

[1] 斯大林:《论马克思主义在语言学中的问题》,第3页。

以新的形式逻辑重复了旧的唯美主义的理论。

其实,这是一切形而上学的唯心论美学必然的结论,除此之外,没有别的路可走。否则,就必须根本推翻这种超社会超现实的美学。

正是因此,战斗唯物论者车尔尼雪夫斯基在一百年前(一八五三)就完全否定了当时流行的德国唯心论美学,"观念(或典型)完全实现在特殊的事物上,这就是美"[1]的理论。他把美安置在生活的基础上,创立了唯物论的美学理论。

虽然,"由于俄国生活的落后,车尔尼雪夫斯基不能够,更正确点说,不可能,发展到马克思和恩格斯的辩证唯物论"[2],这情形也表现在他的美学理论上,不过,他的关于美的原则性的定义——"美是生活","任何东西,我们在那里面看得见依照我们的概念应当如此生活的,那就是美的;任何东西,凡是独自表现生活或使人忆起生活的,那就是美的"——到今天仍然具有它的活生生的意义,并且是我们更向前进的起点。

我们认为:美是生活本身的产物,美的决定者、美的标准,就是生活。凡是合于人的生活概念的东西,能够丰富提高人的生活,增进人的幸福的东西,就是美的东西。美不是超现实的、超功利的、无所为而为的。美随历史和社会生活本身的变化和发展而变化发展,并且反作用于人的生活和意识。美不是超然的独立的存在,也不是物的属性。美和善一样,是社会的观念。

恩格斯这样说过:

---

[1] 车尔尼雪夫斯基:《现代美学观念评论》(见《美学与文艺批评论文选集》,俄文本,第70—87页)。

[2] 列宁:《唯物论与经验批判论》。

人们自觉地或不自觉地,归根到底总是从他们阶级地位所依据的实际关系中——就是说从生产和交换所依以进行的经济关系中,吸取自己的道德观念。

所有已往的道德论,归根到底都是社会当时经济状况的产物。而因为直到现在社会是在阶级对立之中发展,所以道德总是阶级的道德,它或是为支配阶级的统治和利益辩护,或者是当被压迫阶级足够强大之时,它表现对于这个统治的抗争,而代表被压迫者的将来的利益。自然谁也不会怀疑,在道德上和人类知识的所有其他领域上一样,一般地说有着进步。可是我们现在也还没有越出阶级道德的范围之外。[1]

善恶的观念是如此,美丑的观念也是如此。所以,任何美学(艺术)理论,直到现在,归根到底总是当时社会经济状况的产物。而因为直到现在社会总是发展于阶级对立之中,所以美学总是阶级的美学。自然,整个地讲,在美学(艺术)上,也和在人类其他一切知识部门上一样,发生着进步。可是,就在现在,我们还没有越出阶级美学(艺术)之外。

所以马克思主义的美学,必须在社会生活的基础上进行研究。

马克思很早就给了我们这种提示。他在《哲学经济手稿》(一八四四)里说"假如认为人的情感、热情等等,不仅是狭义的人类学上的定义,而且是人性的真正本体的确定",那末,就必须在现实生活的基础上,而不是在抽象的玄学冥想中,来考察它们。他接着引用了歌德在《浮士德》里和莎士比亚在《雅典的泰蒙》里关于金钱

---

[1] 恩格斯:《反杜林论》,第95—96页。

的诗句，指出金钱对于人的情感和意识的作用；美和丑、善和恶，都可以由金钱的力量转变为其对立物。对于这个问题，科学的美学就必须要予以回答，也就是必须从社会生活开始。

唯心论的美学正是离开了社会生活的基地，形而上地讨论美，因而只能在"玄学"世界里兜圈子，什么也不能说明。自然这也并不是说，在古典唯心论者的美学里完全没有值得我们参考的东西。例如恩格斯就这样说到黑格尔在美学上的成就：

> 黑格尔是企图说明历史中的发展、历史中之内在关联的第一个人……在现象学、美学及哲学史中，到处都贯彻着这伟大的历史观，而这种材料在任何地方都是历史地，在与历史之一定的——即使是被抽象地歪曲了的——关联上被研究了的。[1]

美学必须在历史的关联上进行研究，这是马克思主义美学的又一个基本的原则。

现代资产阶级的美学是现代资本主义社会的意识形态之一，是腐朽的没落的反动的思想意识的表现。例如被称为"在现代一般美学家中没有一个人比得上他重要"的克罗齐，是取消了美的任何内容，直接称"美是表现"或"直觉"，美学是"表现的科学"或"精神的科学"，就是"普通语言学"。他的《美学》[2]宣扬一种新的不可知论，完全是神秘主义的谵语，柏格森（H. Bergson，一八五九—

---

[1] 恩格斯：《马克思底〈政治经济学批判〉》（引自《政治经济学论丛》，第190—191页）。
[2] 书的全名是《作为表现的科学与普通语言学之美学》。全书分二部，第一部《美学理论》（中译本叫《美学原论》），第二部《美学史》（未译出）。

一九四一）直觉主义的翻版。这样一个美学家，十分自然地，宣称美和艺术是超社会超现实的，"对于功利，对于道德，以至对于一切实际的价值都独立的"（《美学原论》一四七页）。也正是这样一个美学家，毫不奇怪地，写了一本极社会极现实的，对于功利，对于道德，以至对于一切实际的价值都不独立的书——《卡尔·马克思的历史唯物论与经济学说》。在这本书里他认为："历史唯物论只是一个解释历史的教条，有形而上学的趋向。"（英译本第七七——八四页）"'资本论'是抽象的研究。"（英译本第五〇页）"马克思的经济学不是一般的经济科学，纯粹的经济学。"（英译本第六八页）"'剩余价值'在纯粹经济学上是一个无意义的名词，从这个名词本身就可以知道，因为'剩余价值'是一种'额外价值'，所以它在纯粹经济学的范围之外。"（英译本第六四页）"'社会主义'和自由贸易都不是科学的推论。旧的自由贸易理论是陈腐的形而上学；现代自由贸易理论的基础虽不是严格的科学的，但是是可能的；要求的不是科学而是切合实际。"（英译本第九三——一〇六页）最后更从道德上来评论马克思主义，说"马克思主义既不是道德的也不是反道德的"（英译本第一一五——一一九页）。

这样一个美学家，他的帝国主义时代的资产阶级代言人的立场是非常明显的，他主张的那种"对于功利，对于道德，以至对于一切实际的价值都独立的""科学的"美学在为资产阶级的利益服务，也是非常明显的。

所以，马克思主义的美学不仅应作社会的历史的研究和分析，批判地接受人类在历史过程中在美的方面的创造和成就，从而更向前进，而且必须彻底地批判各种超社会超现实的美的思想，使美学积极地为人民的利益服务，参加建设社会主义社会和共产主义社会的斗争。

马克思主义的美学决不是关于"美"的形而上的烦琐哲学，而是辩证的唯物的科学理论。人类的美的观念表现在社会生活的全领域中，特别具体地表现在艺术活动中，所以美学的观点也具体地表现在艺术理论中。

不是偶然的，斯大林在《马克思主义与语言学问题》里把"社会对于艺术的观点"和"美学观念"当作同义语使用。他在《论马克思主义在语言学中的问题》里说：

> 基础是社会发展在每一阶段上的社会经济制度。上层建筑是社会对于政治、法律、宗教、艺术、哲学的观点，以及适合于这些观点的政治法律等制度。

在《论语言学底几个问题》（答克拉舍宁尼科娃同志）里又说：

> 基础底专门特点就是：它在经济上替社会服务。上层建筑底专门特点就是：它以政治、法律、美学和其他的观念替社会服务，并且替社会创造相适应的政治、法律和其他的制度。
>
> （中译本一及三五页）

斯大林在这里明白地规定了：美的观念属于社会的上层建筑，美学的观念表现于"社会对于艺术的观点"中。

毛主席在《在延安文艺座谈会上的讲话》里说"文艺家几乎没有不以为自己的作品是美的"，正提示给我们美的所属范畴、美学观念和艺术理论的关系。

所以，一定的社会阶级的美学观念总是表现在一定的艺术理论中，表现在艺术与生活的关系、艺术对现实的态度、艺术的目的和任务、艺术的本质和内容等观点中。这样，反动的没落的资产阶级的美学主张超社会超现实的"纯艺术""为艺术的艺术"，主张艺术的本质和内容就是美，艺术的目的和任务就是美的创造或美的表现。

革命的劳动人民的美学观念，马克思主义的艺术理论，则要求艺术以现实生活为内容，表现现实，为改造现实、创造美好的现实生活而斗争。正是在这一斗争之中，人类改进了经济结构、政治制度，创造了优秀的文化和艺术，提高了美的认识。

在人类过去的历史上，在阶级对立的社会里，美的观念里也反映着这种阶级对立和矛盾。只有在未来的社会里，"在不仅消灭阶级对立，而且在实际生活中消灭了一切关于阶级对立的回忆的社会发展阶段上"，超越一切阶级矛盾及矛盾回忆之上的、真正人类的美的观念，方才能够形成；并且在这样的社会里，也将创造出空前伟大的美的文化和艺术。

一九五三年七月北京

# 美是什么

一

"美是什么"是一个存在已久的问题。在古代,柏拉图(公元前四二七—公元前三四七)在他的《对话集》里就讨论过这个问题。在近代,十八世纪以来的美学家有过种种不同的解说,终于由车尔尼雪夫斯基奠定了唯物论美学的基础。近来,也有不少美学家讨论过这个问题,有的美学家认为美是典型,有的美学家认为美是物的属性,有的美学家认为美是主观与客观的统一。不过这几位美学家的理论都还不能够使人完全满意。我对于这个问题也有一些意见,现在写出来供给美学家作为参考。

一切的理论,如果它是正确的,那末它一定是符合客观事实的。实践是检验理论的正确性的标准。现在让我们从事实上来看一看诸家的理论。

如果说,美是典型,这就是说,一切的典型都是美的。可是,为什么有许多的典型,如典型的猴子、鳄鱼、苍蝇、蛔虫……通常都认为不美呢?这些都是自然界的事物。还有社会中的事物,如典型的高利贷者、恶霸、帝国主义者,为什么都不是美的呢?看到了这些事实,我们觉得典型说不能够解释美。

如果说,美是物的属性,这就是说,一切的物都具有的一种性质。可是，世界上许多的物，如上述的猴子、鳄鱼等等，我们通常都认为是不美的。这些都是有生命的物。还有无生命的物，如煤、铁、灰尘、空气，那就更难说出这些物的美的属性何在了。至于社会中的事物，如上述的高利贷者、恶霸、帝国主义者，我们都认为他们没有美的属性。看到了这些事实，我们觉得物的属性说不能够解释美。

如果说，美是主观与客观的统一；如果说，这个"统一"就是"一致"，可是，人的认识就是主观与客观的一致。列宁在《黑格尔〈逻辑学〉一书摘要》里写道："观念（要读作：人的认识）是概念和客观性（'一般'）的一致（符合）。"（《哲学笔记》一七九页）当我们说这是人、物、山、水的时候，也就是主观与客观的一致。所以这一理论只说到美的认识，没有说到美的本质，因而不能说明美是什么。这是从唯物论的观点来看这个问题。如果说，这个"统一"还别有解说，那末，从二元论的观点来看，这就是说主观与客观是各自独立的存在，取消了主观的客观性。从唯心论的观点来看，这就是说主观（绝对观念）在客观（形象）上的完全显现，也就是说美是独立自在的绝对观念。看到了这些事实，我们觉得主观与客观的统一说不能够解释美。

然而美是什么呢？

我仍然认为：美是人的社会意识。它是社会存在的反映，第二性的现象。因此，美必须从社会科学观点、历史唯物论的观点加以说明，不是从离开了人的自然科学观点可以得到解释的。近一百年来许多从生物学、物理学、生理学、心理学来论美的那些美学理论的错误，已经告诉我们此路不通了。

自从"美学"提出以来，深思的唯物论者从来没有把美当做离开人的客观存在看待。费尔巴哈说:"我并不否认……智慧、善良、美,我只是不承认它们这些类概念是存在物,不管它们是表现为神或神的属性的存在物,还是表现为柏拉图的理念或黑格尔的自己成立的概念的存在物……——它们只能作为人们的属性而存在。"(《哲学笔记》四六页)列宁对这段话的评语是:"(唯物主义)反对神学和唯心主义(在理论上)。"

车尔尼雪夫斯基关于美的定义并不是简单的"美是生活"四个字,他还有补充的说明:"任何事物,我们在那里面看得见依照我们的理解应当如此的生活,那就是美的;任何东西,凡是显示出生活或使我们想起生活的,那就是美的。"(《生活与美学》六、七页)这就是说,美是通过生活概念被人认识的。因此车尔尼雪夫斯基不谈所谓"纯粹的美学","只把美学作为哲学的一部分来处理","只是把它看作自然观和人生观的总体系的一部分罢了"(《艺术与现实的美学关系·作者自评》)。车尔尼雪夫斯基把艺术包括在他的美学之内,而且是论述的主要部分。这些事实说明了他的美学思想的深刻和正确。

我们认识艺术作品的美,决不是只看它的形式而不问它的内容,决不是不通过世界观、人生观、艺术观这些社会意识。既然我们认为"艺术"和"美术"是社会意识,那末也需要研究和认识艺术和美术之美的科学——"美学",可以不是社会意识,而是一种自然科学吗。

这些都是日常生活中的事实,但是任何深奥的理论,如果它是正确的,都应该符合日常生活中的事实。马克思说过:"人的思维是否具有客观的真确性,这个问题并不是理论的问题,而是实践的问题。人应该在实践中证明自己思维的真确性,即自己思维的现实性和力量,亦即自己思维的此岸性。关于离开实践的思维是否现实的争论,乃是一个纯粹烦琐哲学的问题。"(《费尔巴哈论纲》)所以,由于同样的道理,车尔尼雪夫斯基不作烦琐哲学的讨论,而是根据一些生活中的事实来论美学,创立了唯物论美学的基础。

二

在《美学问题》发表之后,我接到一些同志的来信,提出一些很有兴趣的问题,其中有三个问题在美学上很为重要。

第一个问题——"美是人的一种观念,岂不是说美是主观的,没有客观性了吗?"

这个问题在《美学问题》里已经作了解答。就是:"作为社会意识形态之一的美的观念,它是客观的存在,但是是在一定的社会生活中和历史条件下的客观存在,并不是离开社会和生活的客观的存在。"马克思早就告诉我们:"不是人们底意识决定人们底存在,恰巧相反,正是人们底社会存在决定人们底意识。"因此,美的意识、美的观念,是由社会存在决定的。"社会存在怎样,社会物质生活条件怎样,美的观念也就会怎样。"(均见《美学问题》)——这就是美的观念的客观性。美的观念(即审美观),一如任何第二性现象的观念,它是第一性现象的反映,是由客观所决定的主观,在它里面,客观性和主观性是统一的。唯物论者所说的观念(社会存在决定的社会观念),跟唯心论者所说的观念(独立自在的绝对观念),有根本上的不同,不能用后者来代替前者。

第二个问题——"美是社会观念,怎样解释自然美的问题呢?许多自然界的物,如山水花草,人人都觉得美,而且历代的人也都认为美，这不是说明了美没有社会性吗？"

自然美问题是美学上的争论点之一，这里让我们作一个实际的考察，看看自然美有些什么内容。

恩格斯在《自然辩证法》里把他的研究结果告诉我们，人在劳动过程中逐渐地从猿变成人，不仅是脑，还有"感觉器官"——听觉、视觉、嗅觉、触觉。并且这样的人，在劳动生产的过程中"把全世界的动植物都改变了"。恩格斯说："不仅如此。植物和动物在人的手下，经过人工培养之后，改变了它们的模样，简直再也不能认出它们的本来面目了。我们至今还没有发现那演化成为谷类的野生植物。我们的各种各样的狗，或者我们的许多种类的马，究竟是从哪一种野生动物演化而来，至今也还是一个争论的问题。"（《自然辩证法》一四四、一四五页）我们再想一想古代历史上禹治洪水的事（《史记》）。可以知道，在中国，连山水都是人的手开辟整理过的。田野自然更不用说，没有畜牧就不会有《周书》里所说的商郊牧野，没有农业也就不会有诗人常常赞美的田野。人整个地改变了原始的自然的面貌。这些事实说明我们现在所说的自然，已经是人工改变了的自然——人化的自然。

这个人化的自然是人的劳动和历史社会的产物。一般地说来，人在征服了控制了自然，据有主人地位之后，才开始欣赏自然的美，并且在社会生活中发展了这种美。例如我们现在所欣赏的各种各样美丽的花，就是劳动人民许多年来辛勤培养的成果，并不是古来就如此的。古代的人把草本的植物一概叫做草，木本的植物叫做木；草木的花叫做荂或华（篆文像花叶之形），没有专门供人欣赏的花类。直到晋代（公元第三世纪）才有这个"花"字，它的意思就是"人化草"（花，从草从人从七，七即化）。然而这种"人化草"，如果没有发达的农业，自然也就不会产生。这具体地说明了在这个人化的自然里，自然美本身有它一定的社会内容，自然美也就是一种社会美。

历史的史实告诉我们也是如此。我们知道所有过狩猎生活的原始民族，他们欣赏的是动物的美，而不是花草的美。旧石器时代的原始艺术，绘画和雕刻的都是动物，没有植物。现存的非洲薄墟曼人和澳洲土人，虽然住在花卉极其丰富的地方，也决不用于装饰。他们跟其他的狩猎民族一样，以纹身、穿唇、拔牙等为体饰，用兽的牙、爪、角等为头饰，都是崇拜动物、模仿动物的表现。他们欣赏动物的美而不欣赏植物的美，显然是由他们的社会物质生活——狩猎生活决定的。他们的美的观念是他们的社会生活的反映。在这里有一个例外，澳洲的塔斯玛尼亚人据说也用植物的花做装饰的。塔斯玛尼亚人由于帝国主义残暴的殖民政策在十九世纪已经绝灭了。据最近的人文学的研究，知道他们因为岛上的自然条件贫乏，没有大的兽类可以猎取，只有依靠采集植物的根和果实，捕捉软体动物来生活，植物在他们的生活中有重大的意义。所以他们的这个例外，欣赏植物的美，也正说明了美的观念是社会生活的反映。

这种原始民族的美，对于生产力更为发展、文化也更为发展的社会里的人，就不能够欣赏了。社会生活不同了，美的观念也就不同了。至于我们，生产力大为发展、文化也大为发展的社会里的人，对于自然美历代诚然也有相同的看法，那是因为人们社会生活的物质基础相同，生活需要相同，并且，美的意识本身有它的连续性和继承性，有它的传统的东西的原故。但是，人们显然也有不同的看法。孔子就说过："知者乐水，仁者乐山；知者动，仁者静；知者乐，仁者寿。"（《论语·雍也》）对于山水之美，知者和仁者就有不同的看法。

而战国时代的诸侯大夫，他们爱好的是"堂高数仞，榱题数尺"，"食前方丈，侍妾数百人"，"般乐饮酒，驱骋田猎，后车千乘"（《孟子·尽心》），不爱好山水。这种不同是为他们的生活所决定，跟他们的世界观、人生观密切结合着的。同样的情形，也表现在艺术上面。唐代以来，我们看到出现了许多描金饰彩的山水画，象征富贵福禄的花鸟图。但是在另一方面，我们也看到朴素的墨笔山水花鸟。许多画家喜欢画傲寒不雕的松竹梅、出污泥而不染的荷花，特别是高节无华的竹，成为他们的象征和好友。山水花鸟是有彩色的，要画出它们的美，自然也需要用彩色，但是唐代以来有些画家只用墨色。我国彩色画和水墨画的产生，以及它们的风格之形成和发展，并不仅仅是个人的好恶，本质上是社会历史的产物。

在阶级社会里，只有劳动人民才对自然的山水花草有一种高贵的、纯真的、亲切的情感，重视它们的美，而且像亲人一样的关心它们。车尔尼雪夫斯基所说的美的事物在人心中所唤起的那种"明朗的欢喜，近似在亲爱的人面前洋溢于我们心中的那种欢喜"，就山水花草之美而言，只有劳动人民或者具有人民性的人才能够发生。我们都知道，陶渊明说过"采菊东篱下，悠然见南山"，也作过向往理想的乐土的诗：《桃花源记》。他是一个不满现实、逃禄归耕、具有人民性的诗人。所以在一个人的美的观念里，自然美和社会性以至艺术美是统一的。

第三个问题——"我们只知道事物的美引起我们的美感，并不知道美的观念，是不是只有美感，并没有美的观念呢？"

美感问题是美学上的又一个争论点。美感——这种感觉，是外物作用于我们的感官引起的。眼耳口鼻的感官，人皆有之，这些感官的感觉也是人人相同的。因此，悦目的美色、悦耳的美音、悦口的美味、悦鼻的美嗅，人人都感到一种快感（或美感）。但是人的感觉所知道的只是物的形状、颜色、声音、味道、气味等等，这些形色声味是美还是不美，以及美到什么程度，这种美的意义如何，就要通过意识的判断。拿花来说，人在生活中见过许多花，关于花的美的概念已经形成，所以对于花的美与不美可以进行直接的判断，不需要多加思考。表面上看来，人觉得花的美仅仅只是凭借感觉（美感），实际上这个判断是跟生活观念美的概念以至观念联系着的。这只要想一想我们判断一幅画或一首诗美与不美的过程就可以知道了。所以辩证的黑格尔在《逻辑学》里把"玫瑰花是红的"列为最低级判断（"实在的判断"），"这玫瑰花是美的"则列为最高级判断——"概念的判断"，即"这种判断表明一个对象（主词）是否符合其本性、概念，以及符合到什么程度"。

对人而言，美也是一种认识，它由感性认识上升为理性认识。美的认识必须经过感性阶段——美感，但是不能够用感觉（美感）代替乃至取消理性认识（美的概念、观念）。在人的认识中，美的感觉和美的概念、观念是统一的。

## 三

这是从理论上的探讨，现在我们从历史上探讨一下美的意识的起源。

"美"是一个很古的字。卜辞的甲骨文里已经有"美"字，中国最早的一部字典，许慎的《说文》（作于后汉永元十二年，即公元一〇〇年）里也有"美"字。许慎说："羙（美），甘也。从芉（羊）从大，羊在六畜，主给膳也。美与善同意。"后来的校定者宋徐铉注道:"羊大则美,故从大。"现在查考卜辞的甲骨文,美、羊、大的写法都和《说文》相同,羊字还有许多更象形更原始的写法,因此可以确定先有"羊"字后有"美"字。许慎的说法如他自己所说,是"言必遵修旧文而不穿凿","信而有证"的。

从这个最早的"美"字我们可以知道三桩事情:(一)我们的祖先造出这个"美"字,是在养驯了羊以后,它的年代当在商代以前。(二)"美"字最初表述美食,即好吃的食物。(三)最初"美与善同意",即"好"的意思。——这不仅与我们的象形文字本身的发展相合,也与人类进化的历史社会的发展相合。

当原始的人类,即我们祖先,还在窟居巢处茹毛饮血的时候,是说不出"美"这个字的。他们必须和虫兽、灾害、雨雪、饥寒作生死存亡的斗争,在现实生活中没有美的存在,因而在观念中也没有美的存在。但是,人在劳动过程中创造了人类本身和人类的生活,也随之创造了人的感觉和意识,美的意识也是其中之一。可以说,当人类在劳动过程中使自然界的自在之物成为为人之物时,真的意识即已萌芽;当人类使它成为好的为人之物时,善的意识和美的意识即已萌芽。真善美是亲兄弟,因而最初的美是"与善同意"的。

美的意识的萌芽,正如一切意识的萌芽一样,如果得不到发展的土壤,也仅仅只是萌芽而已。这种没有充分发展的美的萌芽,在现存的非洲和澳洲停留在野蛮阶段的民族中还可以看到,也是最好的见证,证明原始性的社会生活只能有原始性的美。美的意识生长和发展的土壤就是生活。在中国,见于卜辞也见于《说文》的甘("美也,从口含一")、吉("善也")、良("善也"),都可以说是美的意识的萌芽。这个萌芽随着人类社会生活的发展一同发展,终于在人类经过许多年与自然斗争的困苦,养驯了家畜的时候长成了。恩格斯说过:"在旧世纪(即东大陆),家畜底驯养与畜群底繁殖,创造了前所未有的富源,并产生了全新的社会关系。"(《家庭、私有制和国家的起源》五一页)家畜的养驯在人类生活中引起的改变是巨大的,特别是羊的养驯加甚了这种改变(至少在中国如此)。羊的肉可以食,乳可以饮,皮可以做裘,而且饲养容易,繁殖较速,它给人带来了富足的生活,使我们的祖先完全脱离了终年栖栖遑遑,为获得食物奔走,时而不免陷于饥寒的狩猎生活。这时候人初次得到足食丰衣、无忧无虑的生活,感到生活的美好,于是这时候现实中的美反映在人的意识中,形成了"美"字。"美"字"从羊从大",表述美食("甘"),显示着它的生活根源。这个字的产生,正说明了社会意识反映社会生活的真理。

最初的美就是社会生活的反映,在另一个有史可寻的古代国家——希腊,也可以看到。希腊神话里有一个美神,Aphrodite 或 Kipris,在古代她不仅同时是爱神,象征人的美,而且也是动物和植物繁荣的神,象征生活的美。据希腊古代诗人海西奥德(Hesiod,约公元前八世纪)在《神统记》(*Theogony*)里的记述,Aphrodite 的诞生远在 Zeus 神和人的主宰诞生之前,这就是说,远在社会生活中的统治者产生之前就诞生了,也符合我们在前面所说的美的意识形成的历史时期。所以在早期,她也和氏族社会的成员一样,是以持矛执弓的形象出现的。在荷马(Homēros,约公元前九—前八世纪)的史诗《伊里亚德》里,她已经没有矛和弓了,但是两次参加了希腊人和伊里亚人的战争,并且 Zeus 嘱咐她"也要看照一切,Ares(战神)和 Athena 疏忽了的事情"(第五章),这时候的爱和美的神还多少保存着古代的面貌。到了农业发达时期,当海西奥德幻想靠勤劳来建立丰衣足食的农家生活的时候,农业之神 Demeter 就变成了主要的诸神之一，而且成了象征人类的繁荣和生活的富庶之神，Aphrodite 则相应地变成一个园圃和种植的女神。后来，当希腊社会进入了奴隶制度的时候，人民受到残酷的奴役和剥削，生活在贫困和饥寒之中，生活中的美已经暗淡了，观念中的美神的形象也不得不随之暗淡，Aphrodite 主要的就以爱神为人崇奉了。到了希腊历史的末期，在奴隶社会的腐败生活中连纯真的爱也没有了的时候，Aphrodite 就不得不把爱神的位置让给她的儿子 Eros，一个无知淘气的孩子了。美神虽然只是美的意识的表现之一，而且和宗教意识结合着，尽管如此，它也显明地反映着人的社会生活，并且随着社会生活的发展获得相应的幻想中的形态。

最初的美的观念，因为人类的社会生活单纯，它也是单纯的，但是也决不仅限于表述口耳目鼻所感到的自然事物之美，逐渐地它就被引伸应用于社会事物。于是到了《尔雅》[1]，我们就看到"美"字有了广阔的含义和复杂的内容。《尔雅》释诂（古言）里所释的美字，例如"眭眭（旺盛），藐藐（远大）"，是说自然之美的，而"皇皇（庄重），穆穆（敬谨），休（福禄），嘉（佳庆），珍（珍宝），祎（神伟），懿（忠贞）"，就是说社会的行为事物之美了，而且已经表现出阶级社会中统治阶级的观念。甚至于"铄（金属之光彩）"，这种美也非到社会生产力和社会生活发展到更高的阶段不能够出现。

不仅如此，在《尔雅》释诂里我们还看到有释"善"：最初是"美与善同意"的，现在虽然也有一些字通用，但是社会生活的内容

---

[1] 《说文》成书在《尔雅》之后，但是所说文字的许多古写古义则在《尔雅》诸字之前，所以先讲《说文》，后及《尔雅》。

一天天复杂起来，美和善这两种社会意识就不得不区分开来，各自发展了。于是到春秋战国的时候，我们在诸子的著作里面看到善和美这两种意识在理论上的具体的形象。

美的起源和发展说明它是一种社会意识。作为一种社会意识，美为社会生活所决定，也反作用于社会生活，它随社会生活的发展而发展，在发展中美有它的相对独立性，有它的继承性和连续性，并且与其他的社会意识发生相互的影响，在阶级社会中美也有它的阶级性。因此美学是一门内容十分丰富的科学。美自古代以来，发展到今天，它的范围已经可以说是包罗万象了。我们平常用美这个字，不仅仅用于评价山水花草等自然界的事物，我们只有星期天才去公园里或者郊外走走，有时候也不一定去，主要的是用于评价社会生活和社会事物。一般地说来，有：美事、美谈、美名、美德、美梦、美好的生活、美好的心灵、美好的婚姻、美好的理想……并且还有美术和美学。在这样的情形之下，我们只用对于自然界的事物的美感来解释和代替社会生活中的美的意识，就不得不限于一偏之见了。

明确美是社会意识之后，我们就可以从马克思主义的观点进行新美学的研究，树立正确的审美观，批判地接受过去人类在社会生活中所创造的一切美的遗产，使美学积极参加创造社会主义现实主义的艺术和美术，为人类的幸福创造更光辉的更伟大的美。

一九五七年二月北京

# 美学论原

## ——答朱光潜教授

一

朱光潜教授在今年一月十六日《人民日报》上发表的《美就是美的观念吗?》一文里,批评我的"美是观念"之说,认为美是"艺术的一种属性",同时力持"美是客观与主观的统一"说。朱光潜教授的定义和他的批评是根据他的美学理论而来的,因此,在这里除答复外,有一并进行研讨他的美学及其源流的必要。

首先,我们简单地看一看"美是艺术的一种属性"的定义。

朱光潜教授的这个定义,跟一般的理解含义不同。一般的理解就是说艺术有许多属性,美是其中之一,通常称之为艺术性。但是朱光潜教授的这个定义是美本身的定义,那就是说,他把审美判断中的自然的事物(如花草),社会的事物(如生活、道德),都理解为艺术的作品,把这三者的美统称之为"艺术的一种属性"。然而我们知道,自然事物的美(如花草的美),社会事物的美(如生活的美、道德的美),并不能说它们是"艺术的一种属性"。而且自然的事物、社会的事物,与艺术作品有根本的区别。所以朱光潜教授的这一定义不合事实,不能够成立。

其次,我们再看一看"美是客观与主观的统一"说。

我在《美是什么》里已经说明,这个说法,如果从唯物主义的观点来看,把"统一"理解为"一致",那末,在认识论上只有一般的意义。因为关于任何事物的认识都需要"主观与客观的一致"。远在一八五三年,车尔尼雪夫斯基在《生活与美学》里批评黑格尔学派美学体系的时候,就论到当时流行的一种理论——"美就是观念与形象之完全的吻合,完全的一致。"[1] 车尔尼雪夫斯基是在实践论的意义上来评论的:

> "人有一种对美的渴望。"但是假如我们理解美……为观念与形式的完全吻合,那末,不单只艺术,所有人类的一般活动都可以被推断为这种对美的渴望的结果,因为人类活动的基本原则就是完全实现某种思想;渴望观念与形象一致,是一切技艺的形式的基础,这也就是渴望创造和改善一切产品或制品;把艺术当作对美的渴望的结果,我们就混淆了"艺术"这个词的两种不同的意义:一、纯艺术(诗、音乐等),二、将任何一件事做好的技能或努力;只有后者是追求观念和形式的一致的结果。[2]

所以,"'做每一件事都应当做好'就是'观念与形象的协调'这句话的意思的所在"[3]。正如普列汉诺夫在《车尔尼雪夫斯基的美学理论》里所说,"观念与形象一致"——不过是一个"普通的思想"而已。[4]

---

[1] 车尔尼雪夫斯基:《生活与美学》,第3页。
[2] 车尔尼雪夫斯基:《生活与美学》,第90页。
[3] 车尔尼雪夫斯基:《生活与美学》,第98页。
[4] 普列汉诺夫:《艺术与文学》,俄文本,第444页。

于是我们看到：朱光潜教授认为"美是艺术的一种属性"和"美是客观与主观的统一"的理论，正如车尔尼雪夫斯基所说："混淆了'艺术'这个词的两种不同的意义。"加之，"客观与主观的一致"可以有种种不同的理解。从唯物主义的观点来看，这个"一致"需要具有客观的真实性，即主观认识应该是客观存在的表象或映象。从唯心主义的观点来看，这个"一致"则需要具有主观的真实性，即客观存在是主观意识产生或创造的形象或心象，可以任意地加以主观主义的理解或领悟。朱光潜教授的美学正是从唯心主义的观点出发，借"客观与主观的统一"把客观存在"统一"于主观意识中，于是美的自然事物和社会事物也被理解为艺术的作品了。

然而，朱光潜教授的美学，如他自己所说，并不是根据黑格尔学派的美学来的。首先，他力持的"美是客观与主观的统一"，这个"统一"的含义并不就是黑格尔学派美学的"一致"。其次，他的这个"统一"是由"美感经验"论来的，他的"美感经验"论则来自克罗齐的美学，而克罗齐的美学则根据康德的哲学和美学。所以朱光潜教授的美学理论并不是属于黑格尔学派，而是属于康德学派。

朱光潜教授自信他的这种美学理论是"根据马克思主义关于意识形态的理论"而来的。就他近来的论文来看，他确实研究了马克思主义，并且在美学理论上改正了一些旧有的论点，表现了走向唯物论的愿望。但是他现在主张的"美感经验"论，基本上还是从前的旧说，即在《文艺心理学》里所讲的"美感经验的分析"，还是唯心论的学说。

"什么叫做美感经验呢？这就是我们在欣赏自然美或艺术美时的

心理活动。"[1]因而朱光潜教授的《文艺心理学》是"从心理学观点研究出来的'美学'"[2]。于是他的美学认为：美感经验，"这种经验就是形相的直觉，形相是直觉的对象，属于物；直觉是心知物的活动，属于我。在美感经验中心所以接物者只是直觉，物所以呈现于心者只是形相"[3]。又说："我们在上文说'直觉属于我，形相属于物'，原是一种粗浅的说法。严格地说，直觉除形相之外别无所见，形相除直觉之外也别无其他心理活动可见出。有形相必有直觉，有直觉也必有形相。"[4]——这就是说，在直觉中，物只有"形相"，没有内容。在这里，物变成了"形相"。更进一步，根据他的"严格地说"，可以知道物的形相是与直觉共存的，无形相即无直觉，无直觉也无形相。这个"形相"并不是物本有的实在的形象，而是主观心灵直觉或创造出来的意象或形相。所以他在《什么叫做美》（第十章）里写道：

> 美不仅在物，亦不仅在心，它在心与物的关系上面；但这种关系……是心借物的形相来表现情趣。世间并没有天生自在、俯拾即是的美，凡是美都要经过心灵的创造。我们在第一章已详细分析过，在美感经验中，我们须见到一个意象或形相，这种"见"就是直觉或创造……[5]

这种"形相直觉"说，即用主观的心造的意象代替客观的实在

---

[1] 朱光潜：《文艺心理学》，第3页。
[2] 朱光潜：《文艺心理学》，第1页。
[3] 朱光潜：《文艺心理学》，第7页。
[4] 朱光潜：《文艺心理学》，第14页。
[5] 朱光潜：《文艺心理学》，第154—155页。

的物的形象，由此解决心物关系。这样的哲学理论，正就是康德在论"先验的心理学"里所说的："物体仅为吾人外感之现象，而非物自体。"[1]"在吾人之体系中，此等所名为物质之外物（在其所有一切形态及变化中），皆不过现象而已，即不过吾人内心中之表象而已。"[2] 也就是他在论《纯粹心理学之全体》中所说的："我若除去思维的主体，则全体物质界将因而消灭，盖物质不过吾人主观所有感性中之现象及主观所有表象之形相而已。"[3] 康德并且说："吾人何以须仰赖完全建立于纯粹理性原理之心理学？毫无疑义，其主要目的在维护吾人之思维的自我，以防免唯物论之危险耳。"[4]

康德的哲学从二元论出发，归结到主观唯心主义。他承认物自体的存在，但是认为物自体不可知，只可思维，同时另一方面则承认这种思维的客观性和真理性，所以康德哲学中包含有唯物论的因素。他的主观唯心主义只止于以物为心。朱光潜教授的美学是由克罗齐来的，但是克罗齐是一个彻底的主观唯心主义者，他在《美学》里抛弃了康德哲学中的唯物论的因素，更进一步发挥了康德哲学的主观唯心主义。因此克罗齐的美学进一步达到了以物为心，以心化物的直觉创造论。经过这样一来，那个"物自体"就可以不存在，变为精神或心灵创造的意象或形象了。克罗齐的《美学》为了要化掉康德哲学里的那个"物自体"，化了许多力气，而且必然的只有建立在十分离奇而又极其费解的直觉论的基础之上。这一点，朱光潜教授在《克罗齐哲学述评》里说得很明白：

---

[1] 康德：《纯粹理性批判》，中译本，第291页。
[2] 康德：《纯粹理性批判》，中译本，第299页。
[3] 康德：《纯粹心理学之全体》，第306页。
[4] 康德：《纯粹心理学之全体》。

> 从前哲学家们所打不破嚼不烂底硬栗壳就是知识的对象，即与知识相对立底那个"物"或"外在底自然"，克罗齐在美学中把这硬栗壳打烂了，嚼破了。这个"物"原来只是知识主凭感官印象创造出来底……直觉创造了意象，就打消了外物存在的必要，所以克罗齐的直觉说是唯心主义的奠基石。[1]

所以，克罗齐在他的《美学》里直接宣称"事物就是直觉"（英译本第二二页），而"实质自身，作为单纯的实质，精神是决不能领悟的。精神要领悟它，只有与它以形式，在形式中"（第五页）。实质仅是直觉的内容，精神活动是直觉的形式，当"实质被形式所包裹，征服，于是产生具体的形式"（第六页）。这样的被精神"包裹，征服"了的实质，更进一步，他称之为"非审美地造成的感动，或印象"（第一五页）。于是事物不仅离开了人的主观是不存在的，而且是人的主观就"无形式的实质"创造的，这种"无形式的实质"就是"感觉"（第五页）。

正是在这种借"直觉"之名否定感觉能够认识事物，否定客观存在的物，不仅以物为心，而且以心化物的主观唯心主义的哲学基础上，克罗齐建立起了他的"美学"，以至于他的全部"精神哲学"。因而以克罗齐的美学为基础的朱光潜教授的《文艺心理学》，从他的"形相直觉"说到他的"美感经验"论，都是主观唯心主义的理论。

朱光潜教授在近作里所主张的"美感经验"论，虽然把"形相直觉"改为"形象思维"，但是详细研讨起来，这个"形象思维"里的"形象"，正就是过去"形相直觉"说里的"形相"，同样都是主

---

[1] 朱光潜：《克罗齐哲学述评》，第28—29页。

观心灵创造的意象。"美感经验"论的基础是"物甲"（物本身）、"物乙"（物的形象）说，我们现在先来看看这个理论。

在《美学怎样才能既是唯物的又是辩证的》里面，朱光潜教授写道：

> 美感的对象是"物的形象"而不是"物"本身。"物的形象"是"物"在人的既定的主观条件（如意识形态、情趣等）的影响下反映于人的意识的结果，所以只是一种知识形式。在这个反映的关系上，物是第一性的，物的形象是第二性的。但是这"物的形象"在形成之中就成了认识的对象，就其为对象来说，它也可以叫做"物"，不过这个"物"（姑简称物乙）不同于原来产生形象的那个"物"（姑简称物甲），物甲只是自然物，物乙是自然物的客观条件加上人的主观条件的影响而产生的，所以已经不是自然物，而是夹杂着人的主观成分的物，换句话说，已经是社会的物了。

又说：

> 物甲是自然存在的，纯粹客观的，它具有某些条件可以产生美的形象（物乙）。这物乙之所以产生，却不单靠物甲的客观条件，还须加上人的主观影响，所以是主观与客观的统一。

在这些话里，作者虽然承认"物是第一性的，物的形象是第二性的"，但是他在具体解说这个"反映的关系"（即心和物的关系）上，把物本身称为"物甲"，物的形象称为"物乙"，"区分物与物的形象";这样一来,就首先割裂了物和物的形象(现象),然后排除了这个第一性的物("物甲"),使之化为主观的第二性的物("物乙"),跟过去《文艺心理学》里的"形相的直觉"说完全相同。如果我们把这个"形象思维"与"形相直觉"对照起来看,就可以知道现在的这个"物乙"相当于过去的"意象",而现在的"思维"就相当于过去的"直觉"。可是在唯物主义的认识论来说,"把自在之物同现象割裂开来",这就是主观唯心主义。[1] 因为"现象是本质的显现"[2],"形式是本质的。本质是具有形式的。不论怎样形式都还是以本质为转移的……"[3] 因为对于唯物主义者,物就叫做物,物的形象就叫做物的形象。在感觉中,物和物的形象是不可分割的整体。当客观中存在的物的形象为人的感觉所反映,成为主观中的形象的时候,就叫做物的映象(或表象)。这物的映象,仍然是同样的物的形象,并不是"夹杂着人的主观成分的物"了。如果说,这种主观中的物的形象因为"夹杂着人的主观成分"而成为另一个"物"("物乙"),则这个"物乙"必定因人而异,那末对于物的客观存在的真实的形象、形态的认识就是不可能的,一切的科学也就是不可能的了。唯物主义的认识论就是科学的认识论,而唯心主义则否,它曲解科学。

关于这一点,列宁在《车尔尼雪夫斯基是从哪一方面批判康德主义的?》里详细地论到唯物主义的认识论的基本问题时写道:

> 告诉那些思想混乱已极的俄国马赫主义者:车尔尼雪夫斯

---

[1] 列宁:《哲学笔记》,中译本,第131页。
[2] 列宁:《哲学笔记》,中译本,第157页。
[3] 列宁:《哲学笔记》,中译本,第125页。

基对康德的批判同阿芬那留斯和马赫以及内在论者对康德的批判完全相反，因为在车尔尼雪夫斯基看来，就像在一切唯物主义者看来一样，我们感性知觉的形式和对象的真实的即客观实在的存在的形式是有相似之处的。……对象——用康德的过分矫饰的话来说，就是"自在之物"——是真实存在的、我们完全可以认识的；不论是它们的存在，或是它们的质，或是它们之间的真实的关系，都是可以认识的。……思维规律不是只有主观的意义，也就是说，思维规律反映对象的真实存在形式，和这些形式完全相似，而不是不同。……[1]

所以，在现代哲学的认识论上，除去物为第一性的存在，精神为第二性存在这个问题以外，凡是认为人的感觉中的物不是物自身的如实的反映，而是人的内心的表象（如康德），或主观精神产生、创造的形象——即心象、意象、形相等（如克罗齐、朱光潜），都属于唯心主义的阵营。相反的，凡是认为人的感觉中的物就是物自身在人的主观中的如实的反映，都属于唯物主义的阵营。唯物主义者认为"感觉是客观世界，即世界自身（an und für sich）的主观映象"[2]。唯心主义者则把感觉曲解成"感性知觉""直觉""形象思维"等等，借此否认物的真实存在的反映，或者排除客观存在的"物""外在的自然"、客观的世界，把它化为主观的精神或心灵所产生或创造的东西。

正如列宁所说："现象和自在之物之间的任何神秘的、古怪的、

---

[1] 列宁：《唯物主义和经验批判主义》，见《列宁全集》第14卷，第381—382页，人民出版社，1957年版。
[2] 列宁：《唯物主义和经验批判主义》，见《列宁全集》第14卷，第116—382页。

玄妙的差别，是十足的哲学胡说。事实上，每个人都千万次地看到过'自在之物'向现象、'为我之物'的简单明白的转化。这种转化也就是认识。"[1] 所以唯物主义的知识，是"同客体相符合的知识"，就是"真理"。[2]

## 二

因此，人对事物的美的判断或评价，不是"美感经验"论所能解释的。

朱光潜教授强调美的问题在心（主观）与物（客观）的关系上面，把主观与客观的统一提高到美的定义的地步，用意就在于否定那个客观存在的物，化物为心造的形象，使物"统一"于主观之中。所以在《文艺心理学》里他以此为"美的本质"，认为这个关系就是"表现"。而"美是创造出来的，它是艺术的特质，自然中无所谓美……在觉自然为美时，自然就已告成表现情趣的意象，就已经是艺术品"[3]。在近作《论美是客观与主观的统一》里他同样的认为"美感经验"即"艺术活动"，而且是"一个生产过程"，"这段生产过程的结果就是'物的形象'，生产的成品，艺术的作品"。所以"物的形象"即"艺术形象"。这些论点都跟克罗齐的美学以至康德的哲学是一致的。

唯物主义怎样了解人对事物的美的认识和判断（或评价）的问题呢？

---

[1] 列宁：《唯物主义和经验批判主义》，见《列宁全集》第14卷，第117页。
[2] 列宁：《哲学笔记》，第116页。
[3] 朱光潜：《文艺心理学》，第155页。

我们知道，凡人都不是生而知之的。人的一切知识、认识，都形成发展于一定的生活中。

美作为一种社会意识，有它在社会中形成发展的历史。同时它作为一个人的观念，有它在个人生活中形成发展的过程。一般的人，可以说是绝大多数人，都没有学过美学，甚至于不知道有美学，然而人人都知道美。这个东西美，那个东西丑。——人人在日常生活中都在下这种判断。这种判断，决不如《文艺心理学》所说，需要"物我两忘""物我同一"的"直觉"，即"心灵的创造"；或者这是一个"生产的过程"，即"艺术的创造"。

在美的判断或评价中，人需要运用的是人生活中形成的一定的美的观念，不是唯心主义美学家所说的"美感"。最初，当人在襁褓之中的时候，他就已经知道什么东西好或者不好，如好吃、好看、好玩等等。渐渐地随着年龄的增加和智力的发展，他就逐渐知道什么东西美或者不美了。这种"知道"也就是一种知识。起初是日常生活的事物，如美的食物，美的衣服、用具，美的人物、风景、花草，美的行为，美的态度，等等。后来，随着社会生活范围的扩大，这种美的知识的范围也逐渐扩大提高，终于形成一个整个的美的观念。因此人人都是从生活中得到他的美的观念的。

美的观念的形成，用哲学的语言可以这样说：起初，人所知道的，只有感觉和知觉到的个别美的事物的表象（即形象、现象）。这些表象是各种各样、形形色色的，有美的食物、美的声音、美的颜色、美的衣服、美的建筑、美的花草、美的器物，以至美的艺术作品、美的言行等等。这些多样的表象，以人的生活为基础，在意识中综合而成为一个美的概念，即在"意识的统一"中的一个概念。这个美的概念是客观现实在人的主观意识中的一种反映，它因为人的现实生活的不同而不同。社会生活近似的人通常有近似的美的概念，这就是阶级社会里美的概念和观念何以有阶级性的原故。这也证明着那个真理："社会存在决定社会意识。""人们底观念、观点、概念，一句话，人们的意识，是随着人们的生活状况、社会关系与社会存在的变动而变动着。"(《共产党宣言》中译本第八页)

但是在人的意识中，这个美的概念正如一切其他的概念——"每一概念都处在和其余一切概念的一定关系中、一定联系中。"[1] 但是"概念不是不动的，而就其本身，就其本性来讲——'转化'"[2]。"概念还不是最高的概念：更高的还有'观念'——概念和实在的统一。"[3] "单个的存在（对象、现象等等）（仅仅）是观念（真理）的一个方面。真理还需要现实的其他方面，这些方面也只是好像独立的和单个的（独自存在着的）。真理只是在它们的总和（Zusammen）中以及在它们的关系（Beziehung）中才会实现。"[4] 也就是说，人在现实生活的实践中，在概念具体运用于生活的一切方面中（判断、推理、创造等等），概念映证于客体或实现于客体，概念本身从客观生活中汲取一定的内容，继续不断地充实、提高、丰富、转化、更换，于是这个美的概念在其他一切概念的"总和中以及在它们的关系中"，经过和客观实在的统一，形成为一个美的观念。这一切概念及观念的总和，就是人的世界观念，即世界观。

这种从表象到概念到观念的形成发展的过程，全部是在"现实"中，在个人生活与社会生活中实现的。所以"观念是一个过程"[5]，

---

[1] 列宁:《哲学笔记》，第182页。
[2] 列宁:《哲学笔记》，第213页。
[3] 列宁:《哲学笔记》，第154页。
[4] 列宁:《哲学笔记》，第181页。
[5] 列宁:《哲学笔记》，第186页。

也就是"客观世界的反映"[1]，不独美的观念如此，人的一切观念都是如此。关于这一过程的丰富繁复的辩证的发展的内容，列宁在《黑格尔〈逻辑学〉一书摘要》里写下了简要的概略[2]。这一个过程，人人都可以拿自己某一观念或全部思想体系的发展来验证的。

观念是"概念和实在的统一"，是"最高的概念"，并不是人人都能明确的。观念的明确需要经过思维的抽象和生活的实践，所以一般的没有这样研究过美的事物的人，美的观念以至美的概念是不明确的，通常称之为"趣味"。普列汉诺夫在《艺术论》里所说的"美底趣味和概念"，就是这样一种不明确的一般的概念。对于思考过和创作过美的事物的人，如文学家、艺术家，这种概念或观念就明确起来了，通常称之为"鉴赏力"或"审美力"。其实，应该称之为审美观。然而，无论是美的概念或美的观念，都不是人"先天的"具有的，都是人在现实生活中形成的，都是客观现实的反映，都是社会存在决定的社会意识，所以美也是社会意识之一。

朱光潜教授在《美就是美的观念吗？》里面提出许多批评和质难。关于名词的"科学的明确的分析"以及它们的互换使用的问题，约略就是如此。但是，这只是说明了人的认识发展过程。唯物主义者并不如唯心主义者所主张的，认为主观的思想认识就是客观的真理。唯物主义认为人的认识是否是真理，必须由实践来证明。"认识是人对自然界的反映。但是，这并不是简单的、直接的、完全的反映，而是一系列的抽象过程，即概念、规律等等的构成、形成过程，这些概念和规律等等（思维、科学——'逻辑观念'）有条件地、

---

[1] 列宁：《哲学笔记》，第182页。
[2] 列宁：《哲学笔记》，第179—187页。

近似地把握着永恒运动着的和发展着的自然界的普遍规律性。"[1]所以,"当思维从具体的东西上升到抽象的东西时,它不是离开——如果它是正确的(注意)(而康德和所有的哲学家都在谈论正确的思维)——真理,而是接近真理。……"[2] 同样,换而言之,如果它是"不正确的",那末,它就不是接近真理,而是"离开"真理了。当一个人认为靠剥削他人的劳动(剩余价值)而生活是正确的,他对生活的抽象就离开了真理,而不是接近真理。当一个人认为终日无所事事坐在家里享福的生活是光荣的,或者认为人生的意义在于个人的享乐和消遣;这些抽象都是离开了真理而不是接近真理。美的抽象,美的概念、观念也是一样,不是人人都是正确的。因此我们有建立正确的美学,培养正确的审美观,进行社会主义的美育的必要。

在哲学史上,我们知道,唯心主义哲学家(自柏拉图起)通常是以"感觉与观念"并提的,即使对于研究理性的康德,观念也只有表象的意义。唯心主义者不仅否认物的客观存在,而且也降低人的思想认识的意义。因袭相沿,自亚里士多德以来,一般的"逻辑学"关于思维的基本规律只叙述到"概念"为止,关于"观念"略而不谈。然而要教人如何正确地思维,如何建立正确的思想体系,要使"逻辑学"具有思想性,贯彻辩证唯物主义和历史唯物主义,就需要按照列宁在《哲学笔记》里面的论述加以展开,也就是从感觉上升到最高的概念——"观念"。

朱光潜教授在《美就是美的观念吗?》里面还提出一个很重要的问题:《美是什么》里所说的"'现实中的美'是第一性的呢?还是

---

[1] 列宁:《哲学笔记》,第167页。
[2] 列宁:《哲学笔记》,第155页。

第二性的呢?"这是指第一性的。原文的"现实中的美"即指"现实中的美的生活"。社会意识是社会生活的反映,这是都知道的,当时为了文字的简洁,所以用了简称。例如孔子说"君子成人之美,不成人之恶"(《论语·颜渊》),这个美字也是简称。同样的情形,"美是人的社会意识"一语,并不是说只有美是社会意识,其他一切都不是的了。例如孔子说"里仁为美"(《论语》),孟子说"充实之谓美"(《孟子》),也都省略了前面的冠词("一种""一个"等)。因此,我的全部美学是从生活论证意识,不是从心灵论证意识;也不如朱光潜教授所认为的"只有这样几句话:'美的观念'就是美,就是美的原因,也就是美的结果"。况且,在哲学上,无论是关于社会意识的起源,无论是关于人的观念的形成,都不是"原因、结果""因果性"——"康德主义者所喜爱的这个题目"[1]所能解释的。因为"因果性只是片面地、断续地、不完全地表现世界联系的全面性和包罗万象的性质"[2]。

至于朱光潜教授认为我的观点是"太善变了",刚说了"美是人的一种观念",接着就说到用"美的观念"进行"判断"或"评价"的问题。这是因为美作为一种社会意识,要明确美是什么,需要从本质论、认识论、实践论三方面进行研讨。《美是什么》一文里的论点(非"观点")的转换就是为了这个原故。朱光潜教授的美学正如克罗齐的美学,跟康德的哲学一样,不谈"本质论"的问题。唯心主义者既然认为"物本身"不可知,或不存在,还有什么本质论的问题呢?康德的哲学只有认识论和实践论,没有本体论。克罗齐、

---

[1] 列宁:《哲学笔记》,第145页。
[2] 列宁:《哲学笔记》,第142页。

朱光潜也不谈美的本质问题,他们都逃避本质论,用认识论代替本质论,并且主张认识与实践的同一论。所以朱光潜教授在《文艺心理学》里把认识了解为欣赏,主张欣赏和创造的同一论,认为欣赏美的事物就是创造美的事物。他说"各人所欣赏到的古松的形相其实是各人所创造的艺术品","我们的学说否认创造和欣赏有根本上的差异"。[1]又说:"美感经验就是形相的直觉。……直觉是突然间心里见到一个形相或意象,其实就是创造,形相便是创造成的艺术。因此,我们说美感经验是形相的直觉,就无异于说它是艺术的创造。"[2]——这样,"美感经验"的"欣赏"就可以随心所欲地进行"艺术的创造",即"形相的直觉"或"形象的思维",明显地表现出这是一种"以心造物"的主观唯心主义的美学理论。

这样的理论,在朱光潜教授的近作《论美是客观与主观的统一》里也同样存在着。在这篇论文里,朱光潜教授在区分了"物与物的形象"之后,就宣布创造和欣赏的同一性。他说:"无论是创造还是欣赏,艺术都必须是在感觉素材上的加工。"从这一论点出发,他把审美活动和艺术活动同一起来,"美感活动阶段是艺术之所以为艺术的阶段,所以应该是美学研究的中心对象",而"美感经验或艺术活动是一个复杂的过程,它包括整个阶段的创造或欣赏活动的'意匠经营'……""这个阶段是一个生产过程。""这段生产过程的结果就是'物的形象',生产的成品,艺术的作品。"因而,"美是对于艺术形象所给的评价,也就是艺术形象的一种特性"。

在这里,朱光潜教授继续在前一篇论文(《美学怎样才能既是唯

---

[1] 朱光潜:《文艺心理学》,第156页。
[2] 朱光潜:《文艺心理学》,第14页。

物的又是辩证的》)里的论点,割裂了物(物甲)与物的形象(物乙),取消物的形象的客观现实性,把它化为主观中的"物乙",即主观生产、创造(即"形象思维")出来的"物的形象"。这个形象他称之为"艺术形象"。这个活动他称之为"美感经验"或"艺术活动"。因为朱光潜教授所说的"物的形象"不是客观的物的表象,而是主观的"反映了现实或者表现了思想情感"的"艺术形象",即以物为心,以心造物的产品;所以他所说的"反映现实",只是主观的生产创造的结果,主观的思想情感的表现,不是现实的如实的反映。

当一个美学学说认为在艺术创作上,主观的随心所欲的思想情感的表现就是客观的现实的反映,以至于用思想情感的表现来代替现实的反映,这在哲学上,正符合巴克莱主教的名言:"存在就是被感知"和休谟的学说:"我们的知觉是我们的唯一的客体。"而在美学上,朱光潜教授这种主观的思想情感的表现、生产、创造(或名"形相直觉",或名"形象思维",或名"美感经验"),就是"艺术",就是"美"的理论,仍然不外乎克罗齐《美学》里所说的"直觉即表现"[1],"直觉的或表现的知识即审美的或艺术的事实"[2],艺术"即直觉的活动"[3],等等的理论。朱光潜先生所力持的"美的客观与主观的统一"说,实际上也正是克罗齐的"以物为心,以心化物"的主观唯心主义的"统一",统一于主观的"直觉"(即表现,即艺术,即美)中这一理论的新发挥。所不同的,克罗齐仅仅"以物为心,以心化物",朱光潜教授则更进一步,"以物为心,以心造物"。而在唯心主义的哲学史上这也就是更退一步,从康德退回到

---

[1] 克罗齐:《美学》,英译本,第11页。
[2] 克罗齐:《美学》,英译本,第12页。
[3] 克罗齐:《美学》,英译本,第67页。

休谟、巴克莱。

正如列宁所说,在现代的哲学认识论上,有"两条基本路线底区别":"从物到感觉和思想呢?还是从思想和感觉到物?"第一条路线是唯物主义的路线,第二条路线是唯心主义的路线。[1]朱光潜先生的理论正属于第二条路线,即唯心主义的路线。

朱光潜教授的美学以这样的哲学认识论为基础,所以他不得不在美的理论上陷于唯心主义,而且在艺术的理论上也陷于唯心主义。例如艺术作品,唯物主义者认为它是现实的反映或再现,也就是认为主观意识是客观世界的反映。唯心主义者则认为它是美感经验或直觉的生产、创造、表现,即单纯的主观意识创造的意象,也就是否认主观意识是客观世界的反映。再例如艺术与现实的关系,艺术论上的一个主要的问题,唯物主义者与唯心主义者的理解也大不相同。

关于这个问题,毛主席在《在延安文艺座谈会上的讲话》里写道:

> 一切种类的文学艺术的源泉究竟是从何而来的呢?作为观念形态的文艺作品,都是一定的社会生活在人类头脑中的反映的产物。革命的文艺,则是人民生活在革命作家头脑中的反映的产物。人民生活中本来存在着文学艺术原料的矿藏,这是自然形态的东西,是粗糙的东西,但也是最生动、最丰富、最基本的东西;在这点上说,它们使一切文学艺术相形见绌,它们

---

[1] 列宁:《唯物主义和经验批判主义》,第30页,版本同前。

是一切文学艺术的取之不尽、用之不竭的唯一的源泉。……[1]

　　人类的社会生活虽是文学艺术的唯一源泉，虽是较之后者有不可比拟的生动丰富的内容，但是人民还是不满足于前者而要求后者。这是为什么呢？因为虽然两者都是美，但是文艺作品中反映出来的生活却可以而且应该比普通的实际生活更高，更强烈，更有集中性，更典型，更理想，因此就更带普遍性。革命的文艺，应当根据实际生活创造出各种各样的人物来，帮助群众推动历史的前进。……[2]

毛主席的这两段话，朱光潜教授的理解跟我的理解有很大的差异。朱光潜教授认为：

　　毛主席在前一段里是就文艺反映现实的局限性来说的，反映出来的东西比现实已有的东西要减少一点，要少一点。在后一段里他是就文艺反映现实的功用来说的，反映出来的东西比现实已有的东西要高一点，也可以说要多一点。现实通过了创造性的劳动（集中化、典型化等等）已经"理想化"了，得到改造了。毛主席这段话是辩证地看问题的范例，不但解决了自然美与艺术美孰高孰低的问题，也解决了"自然美"（"美"字的一般意义）不同于艺术美（"美"字的美学的意义）的问题……[3]

---

[1]　《毛泽东选集》，第3卷，第882页，1955年版。
[2]　《毛泽东选集》，第3卷，第883页。
[3]　朱光潜：《论美是客观与主观的统一》，《哲学研究》1957年第4期，第30页。

在我看来,首先,在艺术论上,毛主席说明的是,现实生活是文艺作品的源泉。文艺作品反映出来的生活,较之最生动、最丰富的全部的现实生活(并不是"现实已有的东西")要减色得多,要少得多,并不是"一点",而是"不可比拟";但是比较"普通的实际生活",即比较部分的现实生活(并不是"现实已有的东西")要更高更典型。因此,艺术家的课题是反映现实,"根据实际生活"进行创造,而不是任凭主观的"美感经验"随心所欲地"以心造物",来使"现实已有的东西""理想化","得到改造"。前者是唯物主义艺术家、现实主义艺术家信守的课题。后者是唯心主义艺术家、"为艺术而艺术"或"为我自己而艺术"等艺术家信守的课题。其次,在美学上,毛主席说明社会生活与文艺作品"两者都是美",即现实美(社会美、自然美)与艺术美;并且指出现实是艺术的唯一源泉,较之艺术"有不可比拟的生动丰富的内容",意思就是社会生活与艺术作品的美,两者都同属于美学意义上的美,而现实内容比艺术内容远为生动丰富。并不如朱光潜先生所说,"解决了自然美与艺术美孰高孰低的问题",即认为"'自然美'只是雏形的起始阶段的艺术美,艺术美当然比自然美要高些"。也不如朱光潜先生所说,"也解决了'自然美'('美'字的一般意义)不同于艺术美('美'字的美学的意义)的问题"。

朱光潜教授认为美有二种:"一般所谓'社会美'"和"自然美"只有"一般意义"上的美,只有艺术美才是"美学的意义"上的美。根据他的"美感经验过程"图表,这意思就是说,"物本身(物甲)"(即社会和自然)只是"感觉素材(原料)",必须经过"美感经验过程"("感觉阶段"及"欣赏或创造阶段")的"反映""改造",方才成为"物的形象(物乙)",即"艺术品",即"美(产品的质)"。因此他认为"自然形态的'美'(其实只是'美的条件')和美学意义的美","这两个概念之中的关系"是"本质异同的关系"。即没有经过主观的思想情感"改造"过的东西,没有经过以物为心,以心造物的美感经验过程的东西,都不能称之为"美学的意义"上的"美"。这样的"美学"就排除了现实美(社会美和自然美),只剩下主观的"以物为心,以心造物"的产品,即"美感经验过程"所"改造"——"创造"出来的艺术品(心象、意象),才是艺术,才是美了。

毛主席《在延安文艺座谈会上的讲话》里的话,是艺术与现实的关系这个问题辩证唯物主义的全面的解决,是艺术论上和美学上的一个基本原理。朱光潜教授也认为毛主席的话是"辩证地看问题的范例",但是他认为所"看"的"问题"不是艺术必须反映现实的问题,而是艺术反映现实时必须"改造"现实的问题;不是现实就是美的,现实内容比艺术内容更生动更丰富,而是现实只是原料,只有经过主观的美感经验"改造"或"创造"之后方才是美的。因此我们不能不说,朱光潜教授的美学是主观唯心论的、康德主义的美学。

## 三

朱光潜教授主张的康德主义的美学是一种"美感经验"的学说。这个学说,正如一切唯心主义的"美感"论的美学一样,不谈美的本质问题,把美的研究限于认识论(知识论)之内,并且用认识论来代替本质论(本体论)。

朱光潜教授曾经在《克罗齐哲学述评》的第一章《新唯心主义的渊源》里写道:"近代西方哲学把侧重点由本体的探讨移到知识本身的分析,知识论于是成为哲学的主要部门。"[1]为什么认识论(知识论)会

--------

[1] 朱光潜:《克罗齐哲学述评》,第2页。

成为近代唯心主义哲学上的主要问题呢？很显然，自从科学与唯物主义发展以后，为了要否认或排除那个像铁一般存在着的"物"，唯心论哲学在本体论上已经无能为力，只有在认识论上来进行形而上学的诡辩，当作抗拒唯物主义的阵地。于是近代唯心主义哲学家都在知识论（认识论）上，特别是从感觉论入手，来建立他们的学说。

十八世纪英国主观唯心主义者巴克莱（一六八五——一七五三）就是如此。他主张"直接所知觉到的东西，原来都是观念或感觉"。物是"感觉底结合"。他的名言是"存在就是被感知"。稍后的不可知论者休谟（一七一一——一七七六）也是如此。他认为"我们的知觉是我们的唯一的客体"，在知觉、感觉之外是否有真实的事物存在，是不可知的。因此，列宁在《唯物主义和经验批判主义》里批判马赫主义者的唯心主义的认识论时，首先从批判巴克莱和休谟的哲学开始。

十九世纪德国二元论者康德（一七二四——一八〇四）也脱不开这条道路。康德认为"物自体"不可知，因此他只有放弃本体论，把他的批判哲学限于知识论（认识论）的范围。同时，为了"给信仰开辟地盘"，他不得不"降低理性的力量"，"贬损知识"[1]；他的知识论就又不得不"局限于'现象'"[2]。康德虽然注重经验，但是不得不趋向形式主义；并且把"现象"与"物自体"割裂开来（即朱光潜教授的"物乙"与"物甲"），归结为主观中的存在。这就是说，把客观世界事物的"实质"与"形态"移到人的意识中去[3]，认为都是人的主观的产物，即"我们按照自己对物的理解去理解物，可说是我们的创造"[4]。因此，康德

---

[1] 列宁：《哲学笔记》，第154—155页。
[2] 列宁：《哲学笔记》，第192页。
[3] 列宁：《哲学笔记》，第131页。
[4] 列宁：《唯物主义和经验批判主义》，第207—208页。

的哲学从二元论出发,包含有"二重性,不彻底性","……在经验论(＝唯物主义)和唯心主义之间的动摇"[1],同时则采取中庸的道路,折衷调和各派的学说,最后则归结到主观唯心主义。如列宁所说:"康德把认识和客体割裂了开来,从而把人的认识(它的范畴、因果性,以及其他等等)的有限的、暂时的、相对的、有条件的性质当做'主观主义',而不是当做观念(＝自然界本身)的辩证法。"[2]

这样,康德的《纯粹理性批判》只有认识论的意义。在那里面康德意图用科学的方法"分解"(即"分析")人的知识[3],表述人的知识从感性上升到理性的过程。虽然"很不全面"[4],带有严重的分割性质(一方面割裂物自体与现象,另一方面割裂主体与客体、感性与理性),还不能构成合乎科学的完整的统一的发展过程(科学的体系到列宁《黑格尔〈逻辑学〉一书摘要》方才完成)。但是这种草创的研究,在许多地方有重要的贡献。例如他"提出了关于'统觉的先验统一'(意识的统一,概念是在这个统一中形成的)"[5],"重新提出辩证法"[6],等等。然而,在另一方面,在康德哲学中,处处都表现着他的"主观主义和片面性"[7],违反辩证法的形式演绎,以及调和神学与科学、唯心主义与唯物主义的"中庸的言辞"。例如他承认"物自体"的存在,可是以心为知识的"根本源流"[8];他承认概念

---

[1] 列宁:《哲学笔记》,第153页。
[2] 列宁:《哲学笔记》,第193—194页。
[3] 康德:《纯粹理性批判》,中译本,第492页。
[4] 列宁:《哲学笔记》,第153页。
[5] 列宁:《哲学笔记》,第152页。
[6] 列宁:《哲学笔记》,第211页。
[7] 列宁:《哲学笔记》,第193—198页。
[8] 康德:《纯粹理性批判》,第70页。

的客观性,"可是他仍然把概念当做主观的东西"[1];他推崇理性,可是却"降低理性的力量"[2],同时把理性认识分割为悟性与理性,又片面地、主观主义地夸张悟性的力量和想象("先天的"诸直觉之能力)的作用,最后则把理性归之于"神"[3]。——这里引录了列宁的许多话,因为列宁在《哲学笔记》里(参看《唯物论与经验批判论》)实际上写下了关于康德与黑格尔的论纲,而且,同时也完成了具体的辩证唯物主义的"认识论"的概要。

康德的论美学的书——《判断力批判》——也是同样的情形。对于康德,不仅物自体不可知,我自身、理性自身、神自身也不可知。美自身、美的本质自然也不可知。所以康德哲学拒绝讨论真理问题,只研究"现象"和"形式",这就是康德美学中的形式主义的由来。同时,这也决定了康德的美学同样只限于认识论的范围。对于二元论者的康德,他的唯心主义也是从感觉论开始的,于是他的美学的第一部分就是"美感论",他名之曰"美感判断批判";而这种"先验哲学"体系之内的,脱离了物自体和客观现实的美感论,最后不得不导向"先验心灵论",即列宁指出的"心理学的唯心主义"。

康德在《美感判断批判》里首先严设"感觉"(sensation)与"感情"(feeling)的区别,他认为美感是一种感情,"快或不快之感情"。他说:

>当快或不快之感情之状词名为感觉时,此一用语,较之我

---

[1] 列宁:《哲学笔记》,第152页。
[2] 列宁:《哲学笔记》,第154页。
[3] 康德:《纯粹理性批判》,第474页。

> 称一事物之表象（经由感官属于知识之能力的一种感受性）为感觉，具有完全不同的意义。因为在后一种情形中与表象相关者为客体，但在前一种情形中与表象相关者仅为主体，并且此表象不能用于任何认识，甚至于亦不能用于主体由之"认识"其自身之认识。
>
> 今在上述定义中，感觉一词乃用以表示感官之一客观的表象；所以，为避免继续犯误解的危险，吾人将以常用的名词，感情，以称另一种表象，此乃必定恒为纯粹主观的，而且绝对不能形成一客体之表象者。[1]

在这里，康德美学里的"感情"和"美感"，不仅与感觉不同，而且毫无感觉的意义。如他自己所说，美感判断"不依赖感觉"（第九〇页），"任何感觉均非美感判断之实质"（第六八页）。当他认为"感情"和"美感"的表象是"必定恒为纯粹主观的，而且绝对不能形成一客体之表象"，这就排除了感觉所反映的那个"客观的表象"，也就是"物自体"的表象和"物自体"本身。于是康德的"美感论"从一开始就离开了《纯粹理性批判》里二元论的"感觉"，建立在纯粹主观的唯心主义的基础之上。

康德的美学认为美感判断不仅"不依赖感觉"，"亦不依赖一确定的概念"（第九〇页），它"不以概念为'根据'，且亦不'有意的导向'概念"（第四九页），所以与认识无关。而且，它"独立于一切利害关系"（第四二页），即"脱离任何利害关系"（第五〇页），

---

[1] 文中引用《判断力批判》的文字，都译自 James Creed Meredith 英译本。译文用文言，因为康德认为"关于语言艺术的趣味之诸范型，必须用一种死去的学术性的文字写作"（英译本，第75页）。

所以也与生活无关，与经验无关（第六五页），与目的无关（第八〇页）。因此，"此理甚明：欲说此对象'是美的'，表示我有趣味，一切均应以我能够给予此表象之意义为转移，而非以使我依据对象之真实存在之任何因素为转移"（第四三页）。换而言之，"趣味判断仅仅是'静观的'，即为一种对于对象之存在漠不关心的判断"（第四八页）。这样一种脱离生活，脱离认识，甚至脱离"对象之真实存在"的漠不关心的"静观"，它的纯粹主观主义性质是十分明显的。所以康德认为美感判断是"心灵力量对于被称为美的之一种自由的而且无定限地终极的享宴"（第八八页）。然而这种"享宴"并不是一般所谓静观自得的欣赏，因为那样需要承认"物自体"是可知的。为了排除"物自体"的可知，康德的美学还要设法把这个二元论的客观的映象变为唯心论的主观的心象，即一种"直接拌随"美感的，"对象由之被给与（非由之被思维）之表象"（第七三页）。因此，康德还需要把他的"美感论"更进一步地向形而上学的心灵境界（即所谓"先验心灵论"）推移，就是从哲学的唯心主义进入"心理学的唯心主义"。

  康德在他的美学里认为，在这样一种"静观"的美感活动中，起主要作用的有两种心灵力量，即悟性与想象。然而在美感判断中"悟性乃为为想象服务者"（第八八页，第七一页），于是想象（"'先天的'诸直觉之能力"，第三〇页）就成为美的心象的"表现之能力"（第七六页），而"想象之自由"，想象"在外部形式之静观中大事游戏"（第七三页）就成为美感的必要条件。康德认为"快与不快之感情"（美感）为一种"心灵的能力"（第三九页），"趣味判断为美感的"（第四一页）。而在趣味判断中，对象必须"关联想象之'自由的合法则性'而被评价"。因此，康德论道：

现在，设若想象在趣味判断中必须被认为有其自由，于是，首先，如其遵从联想之诸法则，则并非视为再现的，而乃视为制造的，且竭力进行其自己的活动（作为可能的诸直觉之随意决定的形式之创造者）。再者，虽然在感官对一被给与的对象之领悟中，想象为此客体之一定的形式所束缚，以至于不能享受自由的游戏（如其在诗中所为者），然而此甚容易设想，即对象可以迅速提供想象以一复本之配置的形式，正如想象，假如任其自在自为，即在与一般的"悟性之合法则性"之谐合中，自由地外射而成者。但是"想象"必须既是"自由的"又是"自身合法则的"，即带有自律，此为一矛盾。唯有悟性给予法则。然而，当想象被迫遵循为一确定的法则所规定的道路时，于是产品之形式如何即必为概念所决定……而此判断即非起因于趣味者矣。因此，仅仅有合法则性而并无法则，有想象与悟性之主观的谐合而并无客观的谐合……方能与悟性之合法则性（此亦已被称为脱离目的之终极性）一致，亦与趣味判断之特殊的性格一致。

（第八五—八六页）

在这里，所谓"想象之'自由的合法则性'"，就是说：想象"有合法则性而并无法则"，"有与悟性之主观的谐合而并无客观的谐合"，既无法则又无客观根据，只要一任想象"自在自为"，"自由地外射"，经过"直觉"运用"联想"进行"随意决定的形式之创造"，即自然合乎法则而"与悟性之合法则性一致"。这才是真正的或纯粹的趣味判断、美感判断。——这种随心所欲、任意想象的"心理学的唯心主义"：想象这一心灵的力量，"在与'悟性之合法则性'之谐合中"的"自由的游戏",即以物为心,以物象为心象,就是康德美学的"美感论"的中心内容。

因此,为了保证想象的"自由的游戏",康德的美学不仅否定美感判断中有"趣味的规律"或"概念"(第七五页),而且否定"趣味之原型"或"美的理想"的意义(第七六页,第七九页);把一切都归之于"想象"这一"先天的"诸直觉之能力(第三〇页)。康德把他的美学里的二元论的,根据经验的概念而来的"自然之终极形态性"这一判断的原理,也一释而为"对于悟性之适合性",再释而为"想象的谐合"。"美的理想"也规定为"不得不仅仅为一想象之理想"(第七六页)。康德认为美的理想中包含有二因素:"第一,为美感的'范型的理念',此乃为个人的直觉(想象的)。……第二,为'理性的理念'。"(第七七页)但是这"美感的理念为一想象之表象"(第一七九页),而且是"想象(在其自由的游戏中)之一种'不可说明的'表象"(第二一二页)。至于这"理性的理念"(包含一"超感性之概念",第二一〇页),则是"理性之一种'不可表明的'概念"(第二一〇页),并且被归结到"超感性的基体之理性的概念"(第二一一页),即不可知的,"无限的,但亦为不能达到的原野——超感性之原理"(第一三页),亦即"先天的仅属主观的原理"(第一五页)。如此,在康德的哲学中,判断力就成为"悟性与理性之间之中介"(第一七页),"中间项"(第一五页),连接"自然之概念、感性之领域,与自由之概念、超感性之领域",这二者之间的"鸿沟"(第一四页)的桥梁(第三九页)。于是《判断力批判》一书就成为康德二元论的主观主义"形而上学"体系(从《纯粹理性批判》到《实践理性批判》)的中间部分,即如何使"自然之概念"(感性事物)归于"自由之概念"(超感性事物),以物为心的中介环节。因此在康德的美学里比在《纯粹理性批判》里更鲜明地表现着他的主观唯心主义。

这样的美学，就不得不在理论上承认判断力为人类知识能力之一，而在事实上则否定美感判断的知识意义，力述悟性、理性之无能。终而至于宣称美感判断、趣味判断的原理，即"自然事物与不可知的超感性事物之关系之原理"，是一个"谜"（第六页）。于是康德说："提供趣味之一确定的客观的原理，按此原理趣味之判断可以被推知、鉴别、证明是为一绝对的不可能性，因为如是即非一趣味判断矣。夫主观的原理——此即曰，吾人心中的超感性之不确定的理念——仅能被指示为此种能力之谜的唯一的钥匙，其自身则远离吾人隐匿于其本源中，且无法使之可以更加易于领悟。"（第二〇八—二〇九页）康德的这样的美学，就被决定了不得不是"谜"一样的美感论。同时，也就不得不把"美感的理念"归结为"一'直觉'（想象之直觉）"（第二一〇页），称之为"想象（在其自由的游戏中）之一种'不可说明的'表象"（第二一二页）。而此种"想象之直觉"，即"直觉之一种样式"，是为"象征"（第二二二页），从象征则进一步推论到"美为道德上的善之象征"（第二二三页），乃至于通向"一切吾人关于上帝之知识"（第二二三页），为信仰开辟地盘。从美感的想象、象征，到直觉、静观、领悟，实际上是与自然神论（Deism）的神的"默示"或"启示"相通的。这样的美学，正走上一切唯心主义的哲学不得不走的一条道路："关于本体论的证明、关于神的胡说！"[1]

康德的哲学和美学，自十九世纪以来就有巨大的影响。当黑格

---

[1] 列宁：《哲学笔记》，第169页。

尔学派流行的时候，许多唯心主义者都兼述康德哲学和黑格尔哲学的唯心主义学说。在黑格尔学派遭受彻底批判以后，康德哲学就成了现代唯心论者唯一的支柱，许多人都暗暗地师承康德的主观唯心主义。马克思在《对于欧仁·苏的小说〈巴黎的秘密〉的一个批判的考察》里，批判青年黑格尔派施里加—维什努"所体现的'批判的批判'"——如"把现实的'平凡的东西'变成了秘密"，"从现实世界造出'秘密'这一范畴……又从这一范畴造出现实世界"，"自由地从自身中 a priori〔先天地〕造出自己的对象"，"思辨哲学认为有多少事物就有多少化身……思辨哲学家最感兴趣的就是把现实的普通的果实的'存在'制造出来"，"每当思辨哲学家宣布这些或那些实物存在时，他也就是进行了一次创造"。——他不仅批判了黑格尔哲学，也批判了康德哲学；不仅论及哲学，而且也论及美学。因为康德主义唯心论美学家最感兴趣的，正是把现实的事物的"美"制造出来，每当唯心主义的美学家宣布这个或那个事物美时，他也就是进行了一次创造。

康德的哲学和美学对于现代美学的巨大影响，我们从"美感论"在欧洲和美国的流行就可以看到，其中之一就是克罗齐、朱光潜的美学。

克罗齐（一八六六——一九五二）号称黑格尔主义者，实际上当他在《逻辑学》里修改了黑格尔的辩证法，把"对立的统一"改为"相异者的同一"，把"正反合"改为"低高两度"时，他已经离开了辩证法，转为形式逻辑了。所以他主张"革新的论理学仍然将是形式的论理学"[1]。他的美学与黑格尔美学关系很少，基本上是从

---

[1] 克罗齐：《美学》，英译本，第45页。

康德美学出发的新的唯心主义的美学。

克罗齐主张"直觉论"的美学，认为"事物就是直觉"[1]，"直觉对于概念的独立"[2]，直觉即"表象或心象"[3]，亦即"表现"[4]。象征就是"直觉的同义语"，而"在艺术里，一切都是象征的"[5]，所以直觉即象征即艺术，"想象的科学（美学）就是表现的科学"[6]。同时，美感就是创造[7]，美感活动，"批评和认识美的事物的判断活动，与制作美的事物活动是同一的"[8]。于是美感活动也就是艺术创造。——这一切，他的美学的主要理论，虽然没有提到过康德，但都是从康德美学里来的，而且是从康德美学的结束处开始，重新出发的唯心主义。所以克罗齐的《美学》抛弃了康德美学里的唯物论的因素，更进一步发展了康德的主观唯心主义，不仅以物为心，而且以心化物。他主张"美感的意识"是"完全统一的，决非二元的"[9]，也就是心物应统一于人的主观、人的精神之中。"美学上的内容与形式"或"实质与形式"的问题，他认为应该"把实质了解为非审美地造成的感动，或印象，把形式了解为智力的活动及表现"[10]。而这种"智力的活动及表现"是一种"特殊的精神活动"。这种活动，在古代称为"精神的或高级的想象"，在近代

---

[1] 克罗齐：《美学》，英译本，第22页。
[2] 克罗齐：《美学》，英译本，第3页。
[3] 克罗齐：《美学》，英译本，第7页。
[4] 克罗齐：《美学》，英译本，第8—11页。
[5] 克罗齐：《美学》，英译本，第34页。
[6] 克罗齐：《美学》，英译本，第46页。
[7] 克罗齐：《美学》，英译本，第98—100页。
[8] 克罗齐：《美学》，英译本，第120页。
[9] 克罗齐：《美学》，英译本，第104页。
[10] 克罗齐：《美学》，英译本，第15页。

则常常称为"直觉的智力或智力的直觉"。[1] 于是这种直觉论的美学最终归结到"精神的科学"(即"心灵的哲学")与"神秘的美学"(六五页)。[2] 克罗齐写道:

> 这样的美学的概念,我们将称之为"神秘的"……我们在这里,已经不是在想象的科学的王国里;而是在想象自身的王国里;这种想象,是由种种从印象和感情取得的变化的元素来创造它的世界的。……此种神秘的能力,有时被领会为实践的,有时被领会为理论与实践之间的中介,又有时则被领会为与哲学及宗教并列的一种理论的形式。[3]

美,康德哲学中的先验心灵论之谜,于是在这里成了神秘的心灵之谜。

克罗齐在美学中,决不如他的英译者安斯莱(Douglas Ainslie)所说,是发现了新大陆的哥伦布,而只是力图从康德回到休谟、巴克莱,再向神秘论出发的唯心主义者。克罗齐在《美学》里也反对康德,然而他是从右边(即从主观唯心主义)批评康德的。例如他反对康德的形而上学,但是宣称:"我们却要自命为'极端形而上学者',唯此极端形而上学者一语,系用以主张及肯定精神的自觉为哲学的任务,不同于自然科学那种仅为经验的与分类的任务。"[4] 他也反对康德美学的形式论,虽然主张"美感的事实就是形式,且仅

---

[1] 克罗齐:《美学》,英译本,第65页。
[2] 克罗齐:《美学》,英译本。
[3] 克罗齐:《美学》,英译本,第65—66页。
[4] 克罗齐:《美学》,英译本,第64—65页。

为形式而已"[1]，但是他用美的表现（精神表现）的技巧论来代替康德的形式论[2]。并且认为语言即表现，美也是表现，所以美学就是"普通语言学"[3]。因而克罗齐的《美学》有这样一个很长的奇怪的书名：《作为表现的科学与普通语言学的美学》。克罗齐把美学和语言学同一起来，这不过是从康德的"修辞学"回到伏尔夫（F. A. Wolf，一七五九——一八二四）的"语言学"，然后向主观唯心主义前进，否定美的一切客观内容而已。

列宁在《唯物主义和经验批判主义》里引了拉法格在一九〇〇年论康德主义者的话："在历史上将被称为资产阶级世纪的十九世纪末期，知识分子们企图借助康德哲学来粉碎马克思和恩格斯的唯物主义。这个反动的运动开始于德国。"[4]在哲学上，马赫主义者就是一个例子，也就是列宁在《唯物主义和经验批判主义》里为什么一再论到康德主义的原因。在美学上也是同样的情形。不仅克罗齐，几乎所有现代主观唯心主义的"美感论"的或心理学的美学，如李普斯（T. Lipps，一八五一——一九一四）的将自己的感情生命化为客观的精神活动的"移情论"，都是以康德哲学和美学为出发点发展而成的美学。

这些美学，都不过是"穿上了二十世纪的服装"的唯心主义，生活在物质的中间而又力图用诡辩来否认物质的存在，站在唯物主义真理前面而又力图反对唯物主义真理的学说。因此，美学不能限于认识论，不能限于"美感论"，不能限于"心理学的唯心主义"，不能遵循康德哲学的"批判的途径"前进。这一十八世纪末[5]"批

---

[1] 克罗齐：《美学》，英译本，第16页。
[2] 克罗齐：《美学》，英译本，第93—114页。
[3] 克罗齐：《美学》，英译本，第140—143页。
[4] 列宁：《唯物主义和经验批判主义》，第209页，版本同前。
[5] 康德：《判断力批判》第一版序言作于1790年。

判"的和"分析"的途径,只是走向主观唯心论的杂草丛生,不开花也不结果实的荒芜的园地去而已。

## 四

既然心理学的或生物学的美学,康德学派或黑格尔学派的美学都是唯心论的,那末"美学"一词有重加衡定的必要。

"美感论"的美学始于德国哲学家邦格腾(A. G. Baumgarten,一七一四——一七六二)。他在一七五〇年出版的《美学》(Aesthetica)一书里,把美与哲学的其他诸论题分开,使它成为一种专门的学问;并且第一次用 Aesthetica 一词来称这一学问,即"美学"。aesthetica 源自希腊文 $\alpha\iota\sigma\theta\eta\tau\iota\pi os$,本意为"感觉的"。邦格腾认为美是感觉的完满,他称美学为"感性认识的科学"和"美的思想的艺术"[1],把美学的对象限于感性的事物($\alpha\iota\sigma\theta\eta\tau a$)。

车尔尼雪夫斯基在《当代美学概念批判》里写道:"美学这名词第一次见于伏尔夫[2]哲学继承者之一邦格腾的著作中,伏尔夫的哲学在康德之前曾风行于德国,一度由包迈斯脱(Baumeister)的教科书传到俄国来,我们许多学校都用过这教科书来讲哲学。伏尔夫哲学的第一部分是认识论,即关于认识能力及其正确活动之规律的科学。邦格腾在叙述伏尔夫哲学的引论的时候,发现了一个很重要的

---

[1] 邦格腾的论文开始云:"美学……为美的思想……为感性认识的科学。"("Aesthetica... ars pulchre cogitandi... est scientia cognitionis sensitivae.")又云:"感性认识的完满……就是美。"("Perfectio cognitionis sensitivae... est pulchritudo.")——见 William Knight: *The Philosophy of the Beautiful*, p. 51。参看 Bernard Bosanquet: *A History of Aesthetic*, p. 182—187。

[2] 伏尔夫(Christian Wolff, 1679—1754),德国哲学家。

缺陷：伏尔夫虽然把认识分为感性认识（通过感觉得来的）和智性认识（属于我们修正通过感觉得来的认识之理智），却只谈及智性认识的规律。照邦格腾的意见，研究感性认识的本质和规律是必要的，认识论的第一部分应该是感性认识的学说，他称此一学说为 Эстетика（译自希腊文，其义为'感觉之科学'）。然而，他的 Эстетика 一开始并不谈普通的感性认识而讨论美的认识，确实，美的认识之根源是在感性认识里面，但是美的认识与感性认识有本质的区别。所以，他把这两个不同的对象混淆到这种程度：'美学（邦格腾语）之目的是感性认识的完满，而感性认识的完满就是美（或美丽，pulchritudo）'；因为'美在于形象的和谐'（而形象的和谐乃是感性认识的完满之必要条件）。"[1]

邦格腾所述的美学和他用 Aesthetica 以称"美学"，含义过分狭隘，反对者甚多。约一百年后，Aesthetic 一词方才为人普遍采取以称美学，但拒绝用的哲学家亦复不少。

康德就反对这种用法，他在《纯粹理性批判》里解释"Aesthetic"一词说："德国人为唯一的民族，现在用此词以指他国人称之为趣味批判者。此种用法起于邦格腾（Baumgarten）之失望的希望，彼为一卓越的分析思想家，欲使美之批判归摄于理性原理之下，如是提高美的规律成为一种学问。但是此种努力殊属徒劳。盖此类规律或标准，就其主要源流而言，仅仅为经验的，因此决不能用为指导吾人关于趣味之判断之确定的'先天的'诸法则。反之，可谓吾人之判断形成有关原理之正确与否之正当的检验标准。因是之故，自以放弃使用此名词以指趣味批判为宜，仅应用之于该学说，此乃真正的

---

[1] Н. Г. Чернышевский："Критический Взгляд на Современные Эстетические Понятия".

科学——即感性之法则之科学。如此，既接近语言，亦接近古人区分认识之对象为'所感者与所思者'（αισθητα ϰαι νοητα）之意义，或者与思辨哲学应用此名词之命意相同，半为先验的而半为心理学的。"[1]

所以康德用 Aesthetic 一词，其意为"感性的"。但是康德论述先验哲学，主张"先验感性论"（Transcendental Aesthetic）。他写道：

> 一切"先天的"感性之诸原理之科学，我名之曰先验感性论。必须有此一科学为先验原理学说之第一部分，以与论究纯粹思维之诸原理之部分相对待，该部分名之曰先验论理学。
> 
> 因此，在先验感性论中，吾人首先，须孤立感性或感觉能力，即自感性中分开由于悟性之概念并归于其知觉之一切，俾除经验的直觉外无一物存留。其次，吾人须自此直觉中取去属于感觉之一切事物，俾除纯粹的直觉，与夫感性所唯一能"先天的"提供的现象之形式外，无一物存留。……[2]

康德的美学思想即由此处发端，所以后来他称他的美学为"感性判断批判"（Critique of Aesthetic Judgement）（为通俗易解起见，此处的"感性"通常译为"美感"，下同），包括"感性判断之分析"与"感性判断之辩证法"二部分，并且在全书第一节提出"趣味判断是感性的"（The judgement of taste is aesthetic）基本论点。[3] 康德的美学实为"先验感性"之判断学。克罗齐演述康德的哲学和美学，所以仍依康德"先验感性论"的原意，主张"直觉论"的美学，并且将他的"美学"名之为"Aesthetic（As Science of Expression

---

[1] 康德：《纯粹理性批判》，英译本，第22页。
[2] 康德：《纯粹理性批判》，英译本，第22页。
[3] 康德：《判断力批判》，英译本。

and General Linguistic)"。

关于这一点,朱光潜先生深究克罗齐美学源流,在《文艺心理学》第一章里略有叙述:"从康德以来,哲学家大半把研究名理的一部分划为名学和知识论,把研究直觉的一部分划为美学。严格地说,美学还是一种知识论。'美学'在西文原为 Aesthetic,这个名词译为'美学'还不如译为'直觉学',因为中文'美'字是指事物的一种特质,而 Aesthetic 在西文中是指心知物的一种最单纯最原始的活动,其意义与 Intuitive 极相近。本书为便利了解起见,仍沿用'美学'一个译名,不过读者须先明白本书所谓'美感的'和'直觉的'意义相近。'美感的经验'就是直觉的经验,直觉的对象是上文所说的'形相',所以'美感经验'可以说是'形相的直觉'这个定义已隐寓在 Aesthetic 一个名词里面。它是从康德以来美学家所公认的一条基本原则……"[1]

这里说的"康德以来美学家",即指宗述康德哲学的美学家,特别是"美感论"的美学家,他们都主张美学是一种"感性学"或"直觉学"等等。现在既已明了康德主义的美学,无论美感论或直觉论的美学,都是不合乎真理的唯心论。那末,即使不遵循或接受"从康德以来美学家所公认的一条基本原则",依然沿用 Aesthetic(英文)或 Эстетика(俄文),即"感性学"一词以称"美学",显然是很不适当的。因为这一名称含有明显的主观唯心主义的内容。

"美学"之名称,在中文十分确切,应当仍然沿用。在西文则宜依定立学名的通则,以希腊文为据,重加考虑。加之,美学最早乃始于古代希腊。在希腊文中,$αισθητικος$(aesthetic,эстетика)本义为知觉的或感觉的。$καλλος$(halon,каллос)的意思才是美的。所以

---

[1] 朱光潜:《文艺心理学》,第6—7页。

古希腊有"美善"（Каялокагатия）一词，述人的优良品质，即肉体与道德之美善，亚里士多德论悲剧时曾经阐述过这一论点。既然 Καλλos 本义是美的，那末，"美学"应该定名为 Каллотика（俄文）或 kaloiogy（英文）。这样，既符合原文，也合乎"美学"是"美的哲学"而非"感觉的哲学"之意义。我们废除了用 Эстетика 或 Aesthetic 以称美学之后，于是可以突破唯感觉论的肤浅的逻辑范围，清理康德主义之感性学或直觉学的美学思想，与近百年来唯心论的诸流派分手，明确地走上历史唯物论的社会学的，亦即科学的道路。这条美学的道路，它随着人类的社会生活、世界观念的发展而发展，与历史俱进，源远流长，前途是无限的。

一九五八年二月至四月北京

# 再论美学问题
## ——答蔡仪教授

### 一

在《北京大学学报》一九五六年十一月号上，蔡仪教授发表了一篇论美学上的唯物主义与唯心主义的文章，批判我的美是观念之说。我因为忙于别的事情，直到今天才能作答。

在这篇文章里，蔡仪教授关于美学之基本理论——美的定义问题，没有答复我在《美学问题》（载《文艺报》一九五三年第十六、十七期）里所提出之讨论，只是暂时收起美是典型之论，申述一个更基本的论点，美是物的属性说。

这个论点，在《新美学》里他就叙述过。

《新美学》第一章云："我认为美在于客观的现实事物，现实事物的美是美感的根源，也是艺术美的根源，因此正确的美学的途径是由现实事物去考察美，去把握美的本质。"又云："美既在于客观事物，那么由客观事物入手便是美学的唯一正确的途径。"（一七页）因此，《新美学》认为美的存在是"离开我们的意识而独立的客观存在"（二六页），美是"物的属性"（四八页）。

由于认为美是物的属性，于是在他的论文中，作者甚至于将美学归入自然科学之列。

作者云："至于美的观念的内容……它不是主体对于美的事物特

征的感受,而是美的事物的特征,它不是属于主体的,而是属于客体的,甚至关于自然事物的美的观念的内容则不是属于人类的,而是属于自然物的。"(《学报》四四页)

又云:"至于美感及美的观念只是社会的人才有的,也是在社会生活的基础上形成的,这是没有问题。但是这只能说明美感及美的观念一定受社会生活的制约,并不能说美感的对象一定是社会的,或美的观念内容一定是社会的。因为很显然的,对于客观事物的本质和规律的认识能力,自然科学有关的认识能力,都只是社会的人才有的,也是在社会生活的基础上形成的,却不能说自然事物的本质规律,自然科学的对象,也只能是社会的而不是自然的。否则不仅否定了自然科学,而且也否定了自然界的存在。"(《学报》四五页)

凡此皆表明作者有一个希望,即意图求得美之客观规律,建立一种客观的美学,自然科学的美学。此一希望很可同情。因为,如果美的根源能够在物,美能够是事物的客观规律;那末,美学即将如自然科学之简易明了。只需把物加以分类,美的特征加以定型,找出事物的美的规律,据之定出比例尺寸、长度、阔度、高度,或浓度、密度等,即可完成一部客观的"科学的"美学。

但是希望与事实往往相反。

在科学上来说,以今天自然科学的发展高度,对于物和物的属性,物的本质规律之研究,已经达到原子能的时代,但是无论物理学、化学、数学、生物学,都尚未能找出物有一种属性——美。如果像蔡仪教授所论,美是物的属性,自然物的美是属于自然物的。那末,人人可见可知的美,怎么会在自然科学中找不到它的形迹？既然美是物的属性说不合乎自然科学，它就不能够成立。

事实上，如果美仅仅在物，那末，不需要到今天，美的问题早已得到解决。例如胭脂和粉，是人美化自己的用品。如果胭脂不搽在脸上，搽在鼻子上，那就不美了。粉不搽在脸上，只搽在额头上或只搽在鼻子上，也就不美了。而且恰恰相反，红鼻子、白鼻子都是丑的，不是美的。胭脂、粉，这些客观存在的物，它们之属性未变，但于此则美，于彼则不美，能够说美在于"美的事物的特征"，美是"物的属性"，无关人的生活和人的主观意识么？

或者说，胭脂、粉是人制造之物，不是自然界的物，尚不足为据。那末，再看自然界的物。例如花，过去的人和现在的人都认为是美的。然而美的花只限于花之中有限的若干种，不是所有的花都是美的。什么花美，什么花不美，这是人的社会生活决定的，不仅仅是花本身的问题。没有培植出珍贵品种的花之前，一棵野花对于人就是美的。而培植出牡丹、芍药之后，野花就说不上美，只是普通的花草罢了。再例如风、雨、雪，这是人类有史以前的自然界之客观存在，人类过去和现在都赞颂它们。可是，风雨凄凄或大雪纷纷，一个蓬荜褴褛、冻馁交迫的人，即无法认为它们是美的。能够说美是"物的属性"，美在于"美的事物的特征"，"甚至于关于自然事物的美的观念的内容则不是属于人类的，而是属于自然物的"，与人的生活和人的主观意识无关么？

在美学史上，这种在事物本身寻求美之客观规律的事早已有人尝试过。车尔尼雪夫斯基在《生活与美学》里叙述过一个例子："画家们（其中有浦桑[1]）甚至企图去规定人体各种部分的比例，人体美所必须遵守的比例；他们规定了鼻的长短、眼的大小、口的宽度、额的高度，人的体态必须有此才能算美。然而，所有提供这种比例的尝试，只证明了一点：美是不能用规矩准绳来测量的。"浦桑生活在十七世纪，自浦桑的时代到今天，已经过了大约三百年时光，还没有一个科学家或者美学家能够定出人体美之比例尺度。如果像作者所说，美是事物的本质规律，美是种类的典型；那末，中国人之人体美的典型比例，即使一个约数，应该是可以确定的。如果不能够确定，那就说明了《新美学》的理论是不正确的。它不能够解释美。

这些事实，都说明了美学不是自然科学。

《新美学》之原理和定义：美是物的属性，美是典型，既无科学根据又无事实根据。然而，在他的论文里，作者又依据这些主观主义之原理和定义，进一步宣称，美学上的唯物主义与唯心主义的根本差异在于"认为美是客观的还是主观的"。认为美是客观的是唯物论，认为美是主观的是唯心论。

蔡仪教授申明他的理论根据为马克思列宁主义的反映论，我们现在先来看看他的理论根据。他如此写道：

> 唯物主义的根本观点，认为客观存在不依存于我们的意识，而我们的意识则反映客观存在，这就是列宁所说："物存在于我们之外，我们的知觉和表象乃是物的映象。"（《唯物论与经验批

---

[1] 浦桑（Nicolas Poussin, 1594—1665），法国历史画家。——《生活与美学》俄文版编者注。

判论》一三五页）反之，唯心主义的根本观点就是否认我们意识之外的客观存在，否认我们的意识是客观存在的反映。唯心主义既然否认意识之外的客观存在，也就必然否认意识之外的客观事物的美，必然否认美是客观的，而认为美是主观的。从唯心主义的观点说来，既没有意识之外的客观事物本身，当然不可能有什么意识之外的客观事物本身的美，所以美只能是在于主观意识，不能是在于客观事物，这就是他们的逻辑。如果认为美是客观的，不是主观的，这就是承认意识之外的客观事物本身的美，首先就要承认意识之外的客观事物本身，承认意识之外的客观存在，这不是和唯心主义的根本观点相反而和唯物主义的根本观点一致的吗？

唯心主义既然否认我们的意识之外的客观存在，否认我们的意识是客观存在的"映象"，就必然要否认美的观念是客观事物的美的"映象"，否认美的观念根源于客观事物的美。从唯心主义说来，既然没有意识之外的客观存在，没有意识之外的客观事物本身的美，当然不可能承认美的观念是客观事物的美的"映象"，客观事物的美是美的观念的根源。如果承认美的观念是客观事物的美的反映，承认客观事物的美是美的观念的根源，这就是承认意识之外有客观事物本身的美，就要首先承认意识之外有客观存在，首先承认意识是客观存在的反映，这不又和唯心主义的根本观点相反而和唯物主义的根本观点是一致的吗？

因此承认美是客观的，承认客观事物本身的美，承认美的观念是客观事物的美的反映，就是和唯物主义一致的，而这种论点就是唯物主义美学的根本论点。反之，认为美是主观的，不是客观的，否认客观事物本身的美，也否认美的观念是客观事物的美的反映，就是和唯心主义一致的，而这种论点就是唯心主义美学的根本论点。

（《北京大学学报》四六页）

于此，首先，当我们一直到今天，到原子能的时代，在自然科学上、在哲学理论上，都不能证明美是客观事物的属性之时，断然宣称如果承认"我们的知觉和表象乃是物的映象"，即必须承认"美的观念是客观事物的美的'映象'"，不论此间所谓"客观事物本身的美"在自然科学上、在生活实践中是否能够证明为第一性之存在。此仅为主观主义的武断，不是科学的理论。如此之论理的方法，如普列汉诺夫所云："假使康德只是简单得无以复加地宣布，'我们看见现象'，我们的'经验'和'现象'有关。那末这就等于说，他的哲学是以那糊涂的 petitio principü（缺证论法）为基础，即是说，正是把那还需要解决的问题认为已经解决。"[1] 而 "petitio principü 是不能成为任何哲学学说的基础的"[2]。

其次，在逻辑上，"物的映象"和"物的美的映象"是两个论点。列宁所说的"我们的知觉和表象乃是物的映象"，与蔡仪教授所说的我们的"美的观念是客观事物的美的'映象'"是两回事情，在这里引用列宁的反映论，必须要证明物的美是物的本质属性，是第一性的存在。然而作者并不能作出任何证明，却无条件地要求人们，如果承认列宁的"我们的知觉和表象乃是物的映象"，即必须承认他的"美的观念是客观事物的美的'映象'"，否则就是唯心主

---

[1] 普列汉诺夫：《康拉德·斯密特反对卡尔·马克思和弗里德里希·恩格斯》。
[2] 普列汉诺夫：《答波格丹诺夫先生》（第三封信）。

义。在这里，蔡仪教授虽然自称根据马克思列宁主义的反映论，实际上他修改了、歪曲了列宁的反映论。

不仅如此，蔡仪教授在这里还修改了、歪曲了马克思的意识论，杜撰了他自己的"马克思列宁主义的反映论"。卡尔·马克思于《〈政治经济学批判〉序言》中云："人们在自己生活的社会生产中参与一定的、必然的、不依他们本身意志为转移的关系，即与他们当时的物质生产力发展程度相适合的生产关系。这些生产关系的总和就组成为社会的经济结构，即法律的和政治的上层建筑所借以树立起来而且有一定的社会意识形态与其相适应的那个现实基础。物质生活底生产方式决定着社会生活、政治生活以及一般精神生活的过程。并不是人们的意识决定人们的存在，恰好相反，正是人们的社会存在决定人们的意识。"[1] 乌拉吉米尔·伊里奇·列宁于《唯物论与经验批判论》中，论"经验批判论底认识论与辩证唯物论底认识论"时云："物存在于我们之外。我们的知觉和表象乃是物底映象。考验这些映象，区别这些映象底真伪，乃是实践。"[2] 又于《黑格尔〈逻辑学〉一书摘要》中云："逻辑学是关于认识的学说，是认识的理论。认识是人对自然界的反映。"[3] 在马克思主义理论中，马克思的意识论是本质论，列宁的反映论是认识论。此为两大基本论点，互相关连，但是不能混同。然而蔡仪教授把这二者混同起来，在宣称"我们的意识是客观存在的'映象'"之后，进一步宣称"美的观念是客观事物的美的'映象'"。

K. 马克思所说为"社会存在决定人们的意识"。作者把这个"社

---

[1] 马克思：《政治经济学批判》，第2页。
[2] 列宁：《唯物论与经验批判论》，第135页。
[3] 列宁：《哲学笔记》，第167页。

会存在"一释而为"客观存在",再释而为"客观事物",于是"社会存在"即等于"客观事物"。В. И. 列宁所说为"我们的知觉和表象乃是物的映象"。作者把这个"知觉和表象"一释而为"意识",再释而为"观念",于是"知觉和表象"即等于"观念"。但是在马克思主义哲学中,"社会存在"不等于"客观事物","知觉和表象"不等于"观念"。作者如此主观主义地,一而再、再而三地置换概念,把不可等同的等同起来,又把马克思的意识论和列宁的反映论混同起来,加以改作,由此得到他的"唯物主义美学的根本论点":"美的观念是客观事物的美的'映象'。"这并不能说是"马克思列宁主义的反映论"。

当作者宣称"我们的意识是客观存在的'映象'"时,他的美学的根本理论已经排除了马克思的"人们的社会存在决定人们的意识"之论点,只包含"我们的知觉和表象乃是物的映象"之论点。当作者进一步把"客观存在"与"客观事物","知觉和表象"与"美的观念"混为一谈,宣称"美的观念是客观事物的美的'映象'",用以肯定美是物的属性时,他的美学就必然离开社会生活的基础,只能限于物本身立论,在物本身寻找美的规律(即种类典型),走生物学的美学的道路了。这样,《新美学》里面虽然也讲到社会学和社会美,但那是摈弃了马克思的"社会存在决定人们的意识"的社会学,也就不得不是"一种生物社会学,生物学与庸俗社会学的混合物"。

我在《美学问题》中云:"美是物在人的主观中的反映,是一种观念。"这里包含着两个论点,列宁的反映论(认识论)和马克思的意识论(本质论)。"美是物在人的主观中的反映"为认识论的论点,"美是一种观念"为本质论的论点。蔡仪教授认为这是"歪曲现实生活的实际,歪曲美学史的事实,更歪曲了马克思列宁主义的原则"。他的理论根据即为上述杜撰的"马克思列宁主义的反映论"。对于美学理论中排除了马克思的意识论,修正了列宁的反映论,没有"社会存在"之论点的作者,这两句话本是难以同意的。

综上所述,蔡仪教授的理论不仅是违反自然科学的,而且也是违反马克思列宁主义的哲学的。这不独在这篇文章里如此,在《新美学》里面就是如此。

例如《新美学》第二章论"美的本质"时云:"我们认为美的东西就是典型的东西,就是个别之中显现着一般的东西;美的本质就是事物的典型性,就是个别之中显现着种类的一般。"(六八页)第四章《美的种类论》中云:"所谓美原来就是'个别里显现一般'的典型,也就是事物的本质真理的具体的体现。"(一九六页)又云:"艺术所要表现的是现实事物的种类的一般性,是它的本质真理,是它的典型性。"(二二〇页)此为美的本质论。《新美学》第三章《美感论》中云"概念的认识是事物种类的反映"(一三四页),而"所谓美的观念,和其他概念一样是客观事物的种类性的反映"(一四五页)。此为美的认识论。

这样的本质论和认识论,与马克思的意识论、列宁的反映论,并无共通之处。列宁于《黑格尔〈逻辑学〉一书摘要》中云:"认识是人对自然界的反映。但是,这并不是简单的、直接的、完全的反映,而是一系列的抽象过程,即概念、规律等等的构成、形成过程,这些概念和规律等等(思维、科学='逻辑观念')有条件地、近似地把握着永恒运动着的和发展着的自然界的普遍规律性。"[1]自

---

[1] 列宁:《哲学笔记》,第167页。

然界中存在着亿万事物,它们的本质真理只是"种类的一般性"么?况且,人的概念是多种多样的,内容是复杂的,而且时时转化、更换、运动着。列宁云:"每一概念都处在和其余'一切'概念的一定'关系'中、一定联系中。""黑格尔在一切概念的更换、相互依赖中,在它们的对立面的同一中,在一个概念向另一个概念的转化中,在概念的永恒的更换、运动中,天才地猜测到了的正是事物、自然的这样的关系。"[1] 又云:"概念(认识)在存在中(在直接的现象中)揭露本质(因果律、同一、差别等等)——整个人类认识(全部科学)的真正的一般进程就是如此。"[2] 如此,人的概念的认识、美的概念的认识,就不能认为只是"事物的种类的反映"。

美是一个复杂的问题,它包含着物的因素,也包含着人的因素,还包含着美的概念与其余一切概念之一定关系和联系。《新美学》认为它只是一个事物之种类的典型的问题,这样的美之本质论和认识论,它的片面性、机械性、形而上学性,不合乎科学和生活实际,是显然可见的。如是,作者从唯物论的前提出发之后,在展开他的美的理论的过程中,就进行兼容并包,调和折衷唯心论各派的美学。既接受物的种类典型说(生物学的美学),又接受物的属性条件说(物理学的美学),又接受美感论(心理学的美学),等等,终于陷入唯心论之中去了。

例如《新美学》第一章《美学方法论》中云:"我们要了解美的存在,更要了解美的认识——美感。""美的认识……它一方面是对于存在的反映,另一方面又是对于个别存在在意识中的改造。这种

---

[1] 列宁:《哲学笔记》,第182页。
[2] 列宁:《哲学笔记》,第232页。

对于个别存在的在意识中的改造，换句话说就是一般所谓意识的创造。因此我们可以说人类的美的认识同时就是美的创造。"（二一一—二二页）第三章《美感论》中云："美的观念既是事物种类性的反映，于是对个别事物来说，它是根据其种类性而予以修正改造了的形象。"（一四五页）于此，当作者认为美的认识就是美感，同时就是美的创造，《新美学》的认识论即与康德学派的美感论，尤其是克罗齐的"美感就是创造"之理论殊途同归了。因而在实践论上，《新美学》就达到了"艺术就是现实的美的认识的表现"（二一三页），"艺术的本质是什么呢？我们知道就是艺术的美"（二四九页），"艺术美，一般地说是较之自然美或社会美要高"（二一五页），等等，又与唯美主义同调了。

《新美学》关于美之定义云："我们认为美的东西就是典型的东西，就是个别之中显现着种类的一般。"（六八页）当此一定义中之"典型"被取消了社会存在的内容，仅限于生物学的种类的典型，这个典型就失去了社会生活的基础。当这样的种类典型用之于释美，不仅用之于美的本质、美的认识，而且用之于艺术的创造，即与黑格尔学派的美学趋于一致了。黑格尔学派的美学关于美之定义为："美就是观念（种、类、属等等）在个别事物上的完全的显现。"[1]《新美学》所述之"典型""种类的一般"，实际上即为种类的概念或观念。所以，我们不仅在这个定义里看到黑格尔哲学里那个著名的"一般"，而且作者自己也说明："所谓美的观念，和其他的概念一样是客观事物的种类性的反映。"（一四五页）《新美学》的本质论及其主要内容是以黑格尔学派的美学理论为基础的。

--------

[1] 车尔尼雪夫斯基：《当代美学概念批判》，《生活与美学》。

《新美学》的理论和黑格尔学派的美学之不同，在于《新美学》采取了唯物论的前提和推论——即承认客观事物是第一性的存在。黑格尔学派的美学认为："美就有三方面，或者用哲学术语来说，有三个因素：（一）观念；（二）观念的可感觉的表现，即个体；（三）观念与表现观念的物象之统一，即它们结合为一个整体。"[1] 黑格尔学派是唯心论者，他们把美的根源归之于绝对观念。列宁说过："恩格斯说得对，黑格尔的体系是颠倒过来的唯物主义。"[2] 又说："我总是竭力用唯物主义观点来读黑格尔的著作：黑格尔学说是倒立的唯物主义（恩格斯的说法）。"[3] 于此，如将黑格尔之美学与黑格尔学派之美学混为一谈，再教条主义地理解列宁的话，结果将只能是主观主义的形而上学的幻想。如果不顾美的事实如何，以为只要反其理而论之，把黑格尔学派的美学理论颠倒过来，把美的根源归之于个体，归之于客观的物，就可以得到正确的唯物主义的美学，这是不可能的。

　　因此，《新美学》竭力主张"美是客观的，不是主观的；美的事物之所以美，是在于这事物本身，不在于我们的意识作用"（六八页）。这一次，作者在论文里也力述这个论点，甚至于认为美的观念有二种：一为"美感的观念"，一为"美的观念"。美感的观念的内容是属于主体的，属于人的，而美的观念的内容是属于客体的，属于物的。并且宣称：美学上的唯物主义与唯心主义的差异仅在于"承认美是客观的或主观的"。承认美是客观的是唯物论，承认美是主观的是唯心论。

―――――――

[1] 车尔尼雪夫斯基：《当代美学概念批判》。
[2] 列宁：《哲学笔记》，第223页，见《黑格尔〈逻辑学〉一书摘要》。
[3] 列宁：《哲学笔记》，第80页。

列宁在《黑格尔〈逻辑学〉一书摘要》里说得很明白，概念和观念都属于人的主观。概念和观念，都是人对自然界的认识和反映。[1]"在这里的确客观上是三项：（一）自然界；（二）人的认识＝人脑（就是那同一个自然界的最高产物）；（三）自然界在人的认识中的反映形式，这种形式就是概念、规律、范畴等等。"[2] 显然，人的一切认识、概念（判断、推理等等）、观念的内容里都包含着人和自然界、主体与客体的因素。没有人或没有物，都不能构成任何概念或观念。甚至于也没有人的感觉。一定要把某些"观念的内容"，有的归之于主体的人，有的归之于客体的物，这是违反科学的，也是违反马克思列宁主义，即辩证唯物主义的认识论的。

然而更重要的，是美的客观性与主观性的问题。

列宁在《黑格尔〈逻辑学〉一书摘要》里要我们"注意"这一段摘引："把主观性和客观性当做一种固定的和抽象的对立，这是错误的。二者完全是辩证的……"[3] 列宁又写道："存在和本质的差别，概念和客观性的差别，是相对的。"[4] 因为——"认识是人对自然界的反映。但是，这并不是简单的、直接的、完全的反映，而是一系列的抽象过程，即概念、规律等等的构成、形成过程，这些概念和规律等等（思维、科学＝'逻辑观念'）有条件地、近似地把握着永恒运动着的和发展着的自然界的普遍规律性"[5]。"人的概念就其抽象性、隔离性来说是主观的，可是就整体、过程、总和、趋势、

---

[1] 列宁：《哲学笔记》，第 167 页、184 页。
[2] 列宁：《哲学笔记》，第 167—168 页。
[3] 列宁：《哲学笔记》，第 169 页。
[4] 列宁：《哲学笔记》，第 183 页。
[5] 列宁：《哲学笔记》，第 167 页。

泉源来说却是客观的。"[1]"概念和事物的一致不是主观的。""观念（要读作：人的认识）是概念和客观性（'一般'）的一致（符合）。这是第一。第二，观念是自为地存在着的（＝似乎是独立的）主观性（＝人）对有区别（与观念有区别）的客观性的关系。""主观性是消灭这种区别（观念和客体的区别）的'趋向'。"[2]"观念是〔人的〕认识和意图（欲望）……（暂时的、有限的、局限的）认识和行动的过程把抽象的概念变成'完备的客观性'。""单个的存在（对象、现象等等）（仅仅）是观念（真理）的一个方面。真理还需要现实的其他方面，这些方面也只是好像独立的和单个的（独自存在着的）。真理只是在它们的总和（Zusammen）中以及在它们的关系（Beziehung）中才会实现。"[3]列宁还在《从主观的概念和主观的目的到客观的真理》标题之旁写道："卓越的地方是：黑格尔通过人的实践的、合目的性的活动，接近于作为概念和客体的一致的观念，接近作为真理的观念。极其接近于下述这点：人以自己的实践证明自己的观念、概念、知识、科学的客观正确性。"[4]

机械唯物论的认识论由于对立客体与主体，于是往往用形而上学的推论把客观性和主观性也抽象地与以对立。例如美，仿佛只有说它是客观的，属于客观事物，这才是唯物论。如果说它是主观的，属于人的意识，那就是唯心论。这是极其机械的看法。列宁说过："不仅本质是客观的，而且假象也是客观的。主观的东西和客观的东西的差别是存在的，'可是这个差别也有自己的界限'。"[5]辩证唯

---

[1] 列宁:《哲学笔记》，第195页。
[2] 列宁:《哲学笔记》，第179页。
[3] 列宁:《哲学笔记》，第180—181页。
[4] 列宁:《哲学笔记》，第176页。
[5] 列宁:《哲学笔记》，第73页。

物论的认识论要求辩证地、具体地来看待客观性和主观性的问题。

列宁说:"感觉表明实在;思想和词表明一般的东西。"[1]"概念不是一种直接的东西(虽然概念是一种'单纯的'东西,但这是'精神的'单纯性、观念的单纯性)——直接的只是那对'红色'的感觉('这是红的'),等等。概念不是'仅仅意识中的东西',而是对象的本质(Gegenständliches Wesen),是一种'自在的'(an sich)东西。"[2]"概念来自本质,而本质来自存在。"[3]"(抽象的)概念的形成及其运用,已经包含着关于世界客观联系的规律性的看法、信念、意识。把因果性从这个联系中分出来,是荒谬的。否定概念的客观性,否定个别和特殊之中的一般性的客观性,是不可能的。……即使是最简单的概括,即使是概念(判断、推理等等)的最初的和最简单的形成,就已经意味着人对于世界的客观联系的认识是日益深刻的。"[4]

"当思维从具体的东西上升到抽象的东西时,它不是离开——如果它是正确的(略一句)——真理,而是接近真理。物质的抽象,自然规律的抽象,价值的抽象及其他,等等,一句话,那一切科学的(正确的、郑重的,不是荒唐的)抽象,都更深刻、更正确、更完全地反映着自然。从生动的直观到抽象的思维,并从抽象的思维到实践,这就是认识真理、认识客观实在的辩证的途径。"[5]又说:"观念即真理,是过程——因为真理是过程——它在自己的发展中通过三个阶段:(一)生命;(二)认识过程,其中包括人的实践和技

---

[1] 列宁:《哲学笔记》,第278页。
[2] 列宁:《哲学笔记》,第286—287页。
[3] 列宁:《哲学笔记》,第161页。
[4] 列宁:《哲学笔记》,第163—164页。
[5] 列宁:《哲学笔记》,第155页。

术（见前）；（三）绝对观念（即完全真理）的阶级。""生命产生脑。自然界反映在人脑中。人在自己的实践中、在技术中检验这些反映的正确性并运用它们，从而也就接近客观真理。"换而言之："真理是过程。人从主观的观念，经过'实践'（和技术），走向客观真理。"[1]

列宁深刻地说明了人的主观认识的客观性。人的感觉、概念以至观念，如果它们是正确地反映自然界、反映客观现实的，它们就有客观真理的意义。反之，如果它们是不正确地反映自然界、反映客观现实的，它们就是主观主义的，没有客观真理的意义。检验这些反映的正确或不正确，就是"'经过''实践'"。

所以列宁论"辩证法的精华"时说："真理的标准（概念和实在的统一）。""这里重要的是：（一）辩证法的特征：自己运动、活动的泉源、生命和精神的运动；主体（人）的概念和实在的一致；（二）最高程度的客观主义（《最客观的环节》）。"[2]

因此，美是客观的或是主观的，美是物的属性或者是人的意识，这不是一个形而上学的逻辑问题，而是"实事求是"的实践问题。——即必须由自然科学来证明美是物的属性，不是将马克思的"社会存在"改为"客观事物"，将列宁的"知觉和表象"改为"意识"，臆造一个"马克思列宁主义的反映论"所能解决的。要想建立马克思主义的美学，必须根据列宁所说的辩证法的精华，以"最高程度的客观主义"研究美的"概念和实在一致"的问题；必须抛弃一切成见旧说，"实事求是"地从一切美的事物、美的现象入手研究

---

[1] 列宁：《哲学笔记》，第187页。
[2] 列宁：《哲学笔记》，第217页。

美的问题。

机械唯物论者割断主观与客观之间的联系来看问题，往往只理解"我们的知觉和表象乃是物的映象"这个论点，不理解"观念的东西转化为现实的东西"这个论点，不能理解主体与客体之间的辩证的关系。

马克思在《〈政治经济学批判〉导言》里说："艺术对象——任何其他生产物也一样——创造着有艺术情感和审美能力的群众。因此，生产不仅为主体生产着对象，并且也为对象生产着主体。"[1] 列宁在《黑格尔〈逻辑学〉一书摘要》里写道："观念的东西转化为实在的东西。这个思想是深刻的：对于历史是很重要的。并且就是从个人生活中也可看到，这里有许多真理。反对庸俗唯物主义。"[2]

在美的问题上，机械唯物论者只知道眼前的现存的美的事物与主体的反映关系，不知道这些眼前的现存的美的事物与主体有生产关系。它们都是人的生产直接或间接的产物，都是人类社会历史的产物。人类在生产中、在社会生活中创造了美的事物，形成了美的概念和观念，这种概念和观念又转化为实在的新的美的事物。如此生成转化，至于无限。今天我们眼前的现存的美的事物，决不是自太古时代起就是如此的，而是几千年来人类的社会生活、社会文化的成果。因此，美的研究还需要采取历史唯物论的观点。

我的研究结果为：美是人的观念，不是物的属性。人的观念是主观的，但是它是客观决定的主观，人的社会生活、社会存在决定的社会意识。在这一意义上它也有客观性。

---

[1] 马克思：《政治经济学批判》。
[2] 列宁：《哲学笔记》，第91页。

## 二

因此，当蔡仪教授说："承认美是客观的，承认客观事物本身的美，承认美的观念是客观事物的美的反映，就是和唯物主义一致的，而这种论点就是唯物主义美学的根本论点。反之，认为美是主观的，不是客观的，否认客观事物本身的美，也否认美的观念是客观事物的美的反映，就是和唯心主义一致的，而这种论点就是唯心主义美学的根本论点。"如此之论点实在并不能说明唯物主义美学与唯心主义美学差异之所在。

唯物论美学与唯心论美学之差异，正如唯物论哲学与唯心论哲学之差异。这种差异不在个别名词字句的差异，甚至于也不在美的定义的差异，而在于理论内容的根本观点。即恩格斯在《费尔巴哈与德国古典哲学的终结》里（一三——一四页）所论述的，列宁在《唯物论与经验批判论》里（五六页，一二四——一二五页）一再引述的"基本差别"："唯物论认为自然界是第一性的，精神是第二性的；唯心论者则相反。"因此，当作者任意"置换"概念，歪曲马克思和列宁的基本论点，认为必须"承认客观事物本身的美，承认美的观念是客观事物的美的反映"，方才是"唯物主义美学的根本论点"，否认这种理论的就是"唯心主义美学的根本论点"，他就又一度修改了恩格斯和列宁区分哲学上"两大营垒"的理论，充分表现了主观主义的观点与形而上学的逻辑。

形而上学的逻辑与主观主义通常是结合着的。例如蔡仪教授说"否认客观事物本身的美"，就是"否认意识之外的客观事物的美"，就是"否认我们意识之外的客观存在"。在理论上，这个逻辑推论必须有一个前提,即"美是物的属性"是科学的真理。否认这个真理就是"否认意识之外的客观存在"。但是这个"真理"在科学上证明了只是主观主义的假设,所以这只是形而上学的逻辑推论的游戏。

同样的情形,当蔡仪教授张大其辞危言耸听地论道"美不是客观的,客观的社会生活本身也无所谓美或不美;美是一种观念,也就是主观加在现实上面的幻想,因此被压迫的被剥削的人民过的虽是贫困的生活,只要幻想它是美的它就是美的;而统治者的反动派过的虽是腐朽荒淫的生活,也只要幻想它是美的也就是美的"(《北京大学学报》第五〇页);等等,也是上述的逻辑的推论游戏之一。

F.恩格斯在《给斯密特的信》(一八九〇年八月五日)里写道:"一般地说来,'唯物主义的'一词,对于德国许多年青的作者只是空洞的词句,他们把这个词句应用于一切的事物,却自己不肯从事进一步的研究,亦即,贴上这个贴签,就以为一切皆尽于斯了。但是我们的历史的理解首先是研究的向导,而不是黑格尔学派式的结构的杠杆。必须重新开始研究全部的历史,必须详细地探讨各种社会结构的存在的条件,然后才能够设法从它们中间引出与它们相适应的政治、民法、美学、哲学、宗教等观点。"[1]

F.恩格斯在这里把美学列入社会上层建筑之内,也就是肯定了美学是社会意识形态,美是人的社会意识。我们能够说恩格斯的美学观点是"唯心论"的以至于"反革命"的么?把马克思主义的社会存在决定的社会观念,理解为唯心论哲学中所说的观念,黑格尔的观念或李普斯的观念,一律视之为"主观加在现实上面的幻想",或"自己情趣的幻影",其结果正否定了美的观念的社会性、历史

---

[1] 译自《马克思恩格斯通信选集》,俄文本,第421页。

性、阶级性，使被压迫被剥削的人民永远不能建立自己的美学观点，而空谈一种没有社会性、历史性、阶级性的，常住不变的自然科学的美学。从这样毫无任何科学根据的"科学的美学"的理论里，我们看到的只是早已陈旧了的机械唯物论的形而上学的"幻想"。

如果如蔡仪教授所说，美的观念与道德观念不同，美的观念不是社会生活的物质基础的反映，不属于上层建筑。那末，首先，我们如何解释美德的问题？道德之美与不美，这种观念，显然不是客观事物的反映，而是社会生活的物质基础的反映，社会生活决定的社会意识。

其次，我们如何理解艺术美的问题？即以作者所举的云冈雕像为例。云冈石窟的雕像都是佛像，我们今天也认为它们是美的，然而今天再也没有人去雕塑这种佛像了。艺术创作的对象以何者为美、何者为不美，这不是客观事物决定的，而是社会生活决定的。云冈石窟创作于北魏时期，佛像的艺术风格大异于宋代的作品。北魏时代的佛像朴素庄严，宋代的佛像华丽多彩。这种艺术美的变迁，与艺术观念的发展密切结合着，与社会生活、社会意识的变迁密切联系着。古代罗马雕像之美，为全世界所公认。然而中世纪的罗马人不但对于古代艺术作品没有兴趣，而且烧毁古代的雕像，用以提取石灰。[1] 这是因为当时的罗马人与古代的罗马人美的观念不同的原故。仅仅谴责中世纪的罗马人不懂得美，或美的认识错误，是不解决问题的。重要的是要能够说明何以他们懂得的，他们有的是这样的美而不是那样的美。肯定美的观念的社会性、历史性，并不是否定过去的社会历史所创造的美的东西，不是说"不应该承认它们是

---

[1] 普列汉诺夫：《易卜生的成功》（《海上述林》上卷）。

美的东西"。无论在道德观念上、在艺术观念上,我们都必须继承过去历史时代的社会遗产,在美的观念上也是如此。许多过去认为美的东西,如自然界的花木、艺术的雕像等等,我们今天依然认为是美的,因为人类的社会生活共同以自然界为生活和生产的基地,共同进行艺术创作、欣赏艺术作品的原故。这种美的观念之所以有共通之处,仍然是社会生活决定的。然而,因为社会生活的物质基础改变了,我们今天关于雕像和艺术的美的观念,跟云冈石窟时代(五世纪)北魏人的雕像和艺术的美的观念有巨大的不同。历代的人都认为云冈雕像美,认为《水浒》《红楼梦》美,今天我们也认为它们美。共同认为美,但是这"美"字的内容,即历代的人和今天的人的世界观、艺术观、审美观能够说是相同的么?恩格斯于《费尔巴哈与德国古典哲学的终结》中云"中世纪把思想体系的一切其他形式,如哲学、政治、法律学,都合并在神学以内","群众的感情是仅仅由宗教食粮来滋养的"。(四六页)云冈石窟的雕像为什么是佛像?这些佛像为什么是如此的形态而非宋代的形态?这些佛像的美的内容和形式,只有在历史的、社会的观点上,而不是自然科学的观点上才能够得到说明。

人的道德美、艺术美的观念是随着社会生活和文化而变化、发展的,人的自然美的观念亦复如是。

例如山水之美。在中国古代诗文里,《诗经》《楚辞》偶及山水,旨在言志、抒情、叙事。汉赋叙及山水,则旨在赞颂物产的富饶、国家的福德,没有专咏山水之美的诗。刘勰《文心雕龙·明诗》云:"暨建安之初,五言腾踊,文帝、陈思,纵辔以骋节;王(粲)、徐(干)、应(玚)、刘(桢),望路而争驱;并怜风月,狎池苑……"故汉末方多感风咏月之作。"宋初文咏,体有因革,庄老告退,而山水方滋；俪采百字之偶，争价一句之奇，情必极貌以写物，辞必穷力而追新，此近世之所竞也。"至南北朝初期才有描绘山水的诗。考之绘画史，山水画也在这个时候兴起。山水是有人类以前的"按照自然界的规律形成的客观存在"，但是人类首先需要登山涉水，认识山水。其次需要开辟修理山水，使它适合于人类的生活，造福于人，然后才能谈到欣赏山水之美。山水美的发展是一个历史过程，这一过程是和农业的广大的高度的发展关连着的。周初至汉恰当这个时期。描绘、歌咏山水之美也是一个历史过程，这一过程是和人们的社会生活、历史情势、社会文化和心理关连着的。汉末至南北朝的乱离，正是富有人民性的诗人从朝廷到山水的一个重要因素。

蔡仪教授在论文里还引述了方志敏同志在《可爱的中国》里说的话。但是蔡仪教授只摘引了一半，就原文全段看起来，实际上包含着美的辩证的理解。与作者的解释相反，它说明美是人对物的观感和评价。人认为山水美或丑，不仅在于山水本身，决定的力量在于社会生活。实际上不是肯定而是否定了美是物的属性之理论。

列宁在《谈谈辩证法问题》里说："辩证法是活生生的、多方面的（方面的数目永远增加着的）认识，其中包含着无数的各式各样观察现实、接近现实的成分（包含着从每个成分发展成的哲学体系）——这就是它比起'形而上学的'唯物主义来所具有的无比丰富的内容，而形而上学的唯物主义的根本'缺陷'就是不能把辩证法应用于反映论，应用于认识的过程和发展。"[1] 不顾美的事实如何，也不研究美的事实，片面地、一成不变地在任何情形下都主张美是物的属性和美是物的种类典型，这样的学说并不是辩证唯物论

---

[1] 列宁：《哲学笔记》，第364页。

的，而是机械唯物论的。

同样，作者在同文里引述狄德罗和车尔尼雪夫斯基的美学以自固，但是他们的学说并不是证明作者的正确，而是动摇了美是典型之说。狄德罗与作者尚有论点上的共同之处。至于车尔尼雪夫斯基则与作者相反，因为他的美学里包含着社会生活、生活概念，"即社会存在"的观点。车尔尼雪夫斯基的美学是社会科学的美学，不是自然科学的美学。

狄德罗（Denis Diderot，一七一三——一七八四）是十八世纪的法国唯物论者，他认为美在于客观事物，客观事物有一种"实在的美"。他把美定义为"一切本身有能力在我的悟性之中唤醒关系概念的东西"，并且认为"组成美的，就是关系"。但是，他也说明人们关于美的判断的歧异有十二种根源。这些根源中有个人的才能和知识，对于物体实质的各种概念，适当的感官或官能，此外，还有"利害、感情、无知、成见、习惯、风俗、气候、习俗、政府、教派、事故等"。换而言之，他认为美是一个复杂的多方面的问题，美的判断与个人的生活、个人的主观有密切的关系。所以他说：

> "美"是一个我们应用于无数存在物的名词。……
> 
> 对于小孩，只须有对称及摹仿的痕迹便足以使其赞叹娱悦。对于成人，要使他惊异，却须宫殿和幅员广大的作品。野蛮人看到一串玻璃珠、一枚铜指环、一只铜铁臂钏就高兴，而已开化的人却只对最完美的东西才注意。邃古的人对茅屋、草舍、谷仓都滥用"美""瑰丽"等等名词，今天的人却把这些称谓限制在人的才能的最高努力上。
> 
> 人们知道须要见过好多玫瑰花、好多比目鱼才能在玫瑰花、

比目鱼中说出哪些是"美"的或"丑"的。要见过好多植物、好多鱼才能说出玫瑰花、比目鱼在植物和鱼类中是"美"或"丑"。更须对自然有大量知识，才能说出它们在自然物中是"美"或"丑"。

在"美"的事物中，我们只承认有见识的人能明白而容易掌握的关系。……在关系之中，可以区分出无数的种类：有的相互增强，有的相互减弱，有的相互调剂。在人们想到一对象之"美"，掌握了一切关系，或只掌握了一部分关系时，其间是什么样的差别呀！……

"在地球上或许就没有两个人对同一对象刚刚看到一样的关系，在同一程度上判断它'美'。"因此他认为美是"相对的"。[1]

狄德罗深思了美的各方面的问题，在他的美学论文里包含着辩证的因素，这是他和法国唯物论者远远超出于德国庸俗唯物论者的地方。

恩格斯在《自然辩证法》（《札记和片断·数学》）里写道："十八世纪的唯物论，由于它之在本质上是形而上学的性质，所以只就这个前提的内容去研究这个前提。它只限于证明一切思维与知识的内容都应当发生于感性的经验，而且它复活了这个旧的命题：Nihil est in intellectu, quod non fuerit in sensu（凡是感觉中未曾有过的东西，即不存在于理智中）。"[2]

又在《反杜林论》里说：

---

[1] 狄德罗：《美之根源及性质的哲学研究》（1751年作，亦名《美论》），见《文艺理论译丛》 1958 年第一期。
[2] 恩格斯：《自然辩证法》，第 224 页。

杜林先生的方法我们已经领教过不止一次了。他的方法是在于把每一类认识对象分成为它们的据说是最单纯的原素，而对这些原素应用同样单纯的、据说是不言而喻的公理，往后就凭借由此而得的结论继续加以运用。……

这仅仅是往昔爱用的观念论的或称为先验主义的方法之变相，按照这一方法，某一对象的本性，不是从对象本身中去认识，而是从对象的概念中去作逻辑的推论。首先，从对象上形成关于对象的概念，然后把首尾颠倒，而用关于对象的表象和概念去衡量对象。到了这时，已经不是概念应当与对象相符合，而是对象应当与概念相符合。……它不是从现实本身去演绎现实，而是从观念里去演绎现实。[1]

他又在《费尔巴哈与德国古典哲学的终结》里写道：

伟大的基本思想——认为世界不是由现有的既成事物所构成，而是各种过程的合成体，在这合成体中，表面上好像是一成不变的事物以及由人脑想象出的它们的形象即概念，都在不断地变化，有的在发生着，有的在消灭着，并且，一种前进的发展，不管有任何表面上的偶然性，也不管有暂时的倒退，终究会给自己开拓出一条道路——这个伟大的基本思想，特别是自黑格尔以来，可以说已经这样深入在一般人的意识的，以致大体上未必还会有人出来反对它了。不过，在口头上承认这个思想是一回事，而在每一个别场合和每一具体研究领域内应用

---

[1] 恩格斯：《反杜林论》，第97—98页。

这个思想，却是另一回事。[1]

在美学上也是如此。车尔尼雪夫斯基在《生活与美学》里就已经说过："尊重现实生活，不信先验的假设，不论那些假设如何为想象所喜欢。"不是形而上学地、机械地从某一定义出发去作逻辑的推论，从某一观念、某一前提出发去演绎美，"美是什么"，不是单纯地从作者的头脑中想象或演绎而出，而是借头脑之助，从现实生活与具体事物的过程之实事求是的分析研究中得出的结论，这才是辩证唯物论的美学的方法。

三

美是一个复杂的问题。我们在研究了自古迄今的美的事实之后，可以知道美不仅与事物本身有关，而且与人有关，与人的社会生活、历史时代、各种社会意识有关。并且，美不是固定不变的，它发生着，消灭着，变化着，发展着。即以自然界的事物，山水花草之美而论，如前所述，它也经历了自己的历史过程。更不用说人制造的各种美的事物的更替了。自然界的事物或现象本身无所谓美丑，它们美或不美，是人给与它们的评价。因此，辩证唯物论者认为美不是物的属性或者物的种类典型。它是人对事物的判断或评价。因为人总是生活在一定的历史时代，一定的社会制度、社会阶层、社会生活之中，"人是社会关系的总和"，所以人在对事物进行判断或评价中形成的关于客观世界、客观事物的美的概念和观念，只能是社

---

[1] 恩格斯：《费尔巴哈与德国古典哲学的终结》，第49页。

会存在决定的社会意识,而不是自然科学的概念和观念。

恩格斯在《费尔巴哈与德国古典哲学的终结》(一八八六)里,当论及黑格尔的时候写道:"精神现象学、逻辑学、自然哲学、精神哲学,而精神哲学又分成各个历史部门来研究,如历史哲学、法权哲学、宗教哲学、哲学史、美学等等——在所有这些不同历史领域的每一领域内,黑格尔都力求找出并指出贯穿这一领域的发展线索。因为他不仅有创造的天才,而且有渊博的学识,所以他的出现在各处都划了一个时代。"

在这里,恩格斯把美学归入精神哲学之内,即社会意识之列,并且规定了美为一"历史领域"。因此他在《论马克思的〈政治经济学批判〉》(一八五九)一文里,也述及黑格尔在美学中之"伟大的历史观":"黑格尔的思想方法比其他哲学家杰出者是那成为它的基础的伟大的历史感。形式尽管是那么抽象与唯心,他的思想发展却总是与世界历史的发展紧紧地平行着,而后者原来只是作为前者的例证的。……他是第一个想证明在历史中有一种发展、一种内在联系的人,不论在我们现在看来他的历史哲学中有许多东西是多么古怪,如果我们把他的前辈甚至把在他以后敢于对历史作总的考虑的人同他相比,他的基本观点之伟大,就是在今天都还值得惊异。在现象论中,在美学中,在历史哲学中,到处贯穿着这种伟大的历史观,材料到处都是历史地,即放在与历史的一定联系中来处理的,虽然这个联系是抽象地歪曲了的。"

辩证唯物论者不仅认为美的意识、美的观念具有社会的历史的内容,而且认为美的感觉,美感或快感也是如此。因为人的感官和感觉本身就是社会的历史的产物。马克思在《经济学—哲学手稿》(一八四四)里写道:

犹如音乐才唤醒人底音乐感觉，犹如对于非音乐的耳朵最优美的音乐也没有意义，不是对象。因为我的对象就只能是我的本质的诸力量之一的证实，所以对象仅仅当我本质的诸力量对于它有一种主观的能力时，对于我方才能够成为对象。并且因为一个对象的感觉，对于我，只有如"我的"感觉所及（它只有对于一种相应的感觉才有意义），因此社会的人的感觉与非社会的人的感觉完全不同。主观的人的感性的丰富性，诸如欣赏音乐的耳朵，观赏形式之美的眼睛，总之，种种能够具有人的享受并且证明本质上是人的力量的诸感觉，只有通过客观地展开的人类的丰富性，才部分地发展起来，部分地创造出来。因为，不但五官的感觉，而且所谓智力的诸感觉和实践的诸感觉（意志、爱情等等），总而言之，"人的"诸感觉和诸感觉的人性，其存在都是"人的"对象的存在之结果，人化的自然之结果。

五官感觉的形成，是自古迄今的世界的全部历史的工作。被粗野的实践需要所限制的诸感觉，只有一种狭隘的意义。对于饥饿已极的人，食物底人的形式并不存在，存在的仅仅是它的作为食物的抽象的本质。它可以是最粗砺的形式供人果腹，而且我们很难说饥饿已极的人的吃，和"动物"吃饲料的吃有什么不同。穷愁困苦的人，对于最美好的戏剧也没有心思欣赏，五金商人看见的只是金属的市场价值，而不是金属的美和珍奇。他没有矿物学的感觉。因此，人的存在的客观化，在理论和实践两方面，都意味着使人底"感觉"成为"人的"，并且创造那些与人的、自然的生活之广大丰富相适应的，人的"感觉"。[1]

马克思的话，说明人的感觉（五官的感觉、智力的感觉、实践的感觉）包含有社会的历史的内容，不是自然的产物，而是"人化的自然之结果"。因此，就是论美感，也必须是社会的历史的美感。许多美学家论美都把美限于美感，但是抛弃了美感的社会的历史的内容，取消了美感的社会性。而且，往往又只限于事物本身的特征，对于事物的特征又只限于事物的形体、形式，即仅限于"观赏形式之类的眼睛"的对象，抛弃了其余的感官的感觉，以至智力的感觉和实践的感觉。形式主义的美学、机械唯物论的美学大都是这样建立起来的。我们平常所说的"美"，范围十分广大，不仅限于眼睛所见的事物的"形式之美"。如果以一感官之美概括其余，以此片面而又片面的根据立论，怎么能够得以完成正确的美学呢？

孟子于《孟子·告子》中云："口之于味，有同耆也。易牙先得我口之所耆者也。如使口之于味也，其性与人殊，若犬马之与我不同类也，则天下何耆皆从易牙之于味也？至于味，天下期于易牙，是天下之口相似也。惟耳亦然，至于声，天下期于师旷，是天下之耳相似也。惟目亦然，至于子都，天下莫不知其姣也。不知子都之姣者，无目者也。故曰：口之于味也，有同耆焉；耳之于声也，有

---

[1] 重译自《马克思恩格斯论文学与艺术》(Literature and Art)，英文本，第14—15页。原文载德文本 Oekonomisch-philosophische Manuskripte aus dem Jahre 1844. 马克思在同书中还论道："作为族类意识，人类确认着他的实在的'社会生活'，并且在思维中只不过重复他的现实的定在而已……""'人的'眼睛的享用不同于粗野的非人的眼睛，人的耳朵的享用不同于粗野的耳朵，等等，是不言自明的。""一个对象对'眼睛'和对'耳朵'不同，眼睛的对象和耳朵的对象是不同的对象。"都可供参看。

同听焉；目之于色也，有同美焉。至于心，独无所同然乎？心之所同然者何也？谓理也，义也。圣人先得我心之所同然耳。故理义之悦我心，犹刍豢之悦我口。"又说："牛山之木尝美矣，以其郊于大国也，斧斤伐之，可以为美乎？……虽存乎人者，岂无仁义之心哉？其所以放其良心者，亦犹斧斤之于木也，旦旦而伐之，可以为美乎？"

孟子认为美不仅有口耳目鼻（如"西子蒙不洁，则人皆掩鼻而过之"）等感官之所美，如美味、美音、美色等，而且有心之所美，如理义、仁义。这就是说，美的范围不能仅限于感觉的美，而应包括心的美。应该从事物的美提高到道德和思想的美。一个人，只知道口之所同嗜，耳之所同听，目之所同美，而不知道心之所同然，无仁义之心，"可以为美乎？"对于人，思想的美、道德的美是主要的。这样的美的哲学里不仅包含着美感，而且包含着美的观念的论点。

孟子（约公元前三七二—约公元前二八九）在战国时代论感官的美的对象，首为味美，次为声美、色美、嗅美等。五官感觉的次序为口、耳、目、鼻、手（触觉）。孟子的时代去古未远，社会生活中仍然保留着古代的传统，所以首先重食，以味美为先。柏拉图（Plato，公元前四二七—公元前三四七）在《大希庇阿斯篇》里讨论美的物，谈到美人、美马、美的竖琴、美的汤罐、美的石头、美的汤匙。[1] 五官感觉亦已很为发达。近代美学家讲到五官感觉，其次序则为目、耳、鼻、口、手。大都注意视觉和听觉，而轻视味觉。例如狄德罗在《百科全书》里释"美"时，就将嗅觉和味觉逐出美

---

[1] 柏拉图：《文艺对话集》，第240—245页。

学领域之外。他认为："'美'不是全部感官的对象。就嗅觉和味觉来说，就既无'美'也无'丑'。"

五官感觉之美，从口耳目鼻手到目耳鼻口手，这种美的欣赏的变化，正是人类社会物质生活的变化之反映。在中国，上古时代的人，从获得羊肉感到了生活的美，所以首重味美。后来，经过千百年社会生活和文化的进步，人类逐渐发展了嗅觉与触觉的美，味美和声美都失去它们在古代生活中的重要性，目美开始占有首要的地位。当各种调味品成为日常生活的必需资料，人人可以随时随地得到美味的食物时，味美就退居极不重要的地位；甚至于视之为当然之事，美学家都要把它逐出美学领域之外了。这一切，都说明着人类之美的观念以至美感的发展和变迁是一个历史的过程，与社会生活俱进俱变。美是社会生活决定的社会意识。

因此，辩证唯物论与历史唯物论的美学不能把美的认识限于感性认识，美感，必须上升到理性认识，美的观念。

蔡仪教授在论文里把美感和美的观念对立起来，认为美的观念之外，还有一个"美感的观念"。其实，人对于某一事物的美的感受，通常称之为"美感"，严格地说来只能称之为"快感"。这种快感之生理学的基础，卢那卡尔斯基在《艺术论》（即《实证美学的基础》）里有科学的叙述。这种快感，当人称之为"美"的时候，它已经不是感觉，而是根据一定的生活概念和美的概念所下的评价或判断。不过这种评价或判断常常是紧接快感而来的直接的判断。通常人称某一事物美或丑，正如人称某一事物好或坏，一望而知，无需多加思索。许多人根据这种现象，未能深思，就以为美是一种感觉。德国美学家邦格腾（A. G. Baumgarten，一七一四——一七六二）的美学即主张此说，这是他和伏尔夫（Christian Wolff，一六七九—

一七五四）的哲学肤浅之处。所以在美学上，所谓"美感的观念"一词是毫无意义的。康德论美学远为深刻，所以他称美感为"感情"（feeling），并非仅仅是感觉（sensation）。不过康德认为物自体不可知，他的美学中之感情"不依赖感觉"，走上了主观唯心论的道路。康德美学以它的哲学思想的深刻性使"美感论"风行于世。甚至于许多唯物论的美学家也只承认美感，而否定美的观念。

人是理性的动物。美感是人的感性认识，美的观念是人的理性认识。人对事物的美的认识的基础，就是人的社会生活。美的评价或判断的标准，就是人的生活实践。一切合乎人的生活概念，对于人的生活有益，能够增进人的生活幸福的事物，人称之曰美。一切不合乎人的生活概念，对于人的生活有害，能够妨害或破坏人的生活幸福的事物，人称之曰丑。

美的反面，丑，对于一切唯心论的美学以至机械唯物论的美学都是一个难题。他们不是避而不谈，就是面遇无法自圆其说的理论矛盾。例如《新美学》认为美是物的属性，那末，丑是否也是物的属性呢？如果是的，由此前提而来的"美是典型"的定义就毫无意义。如果不是的，那就推翻了美是物的属性之理论。然而，车尔尼雪夫斯基于《当代美学概念批判》中云："……如果一个人的面部结构不佳，人们就说'容貌不美'。所以，一切不美的，一切妨碍美的，都可以归于对生活有害、对生活有损这一概念之下。"在美学史上，车尔尼雪夫斯基是第一个人，首先论究美丑概念与人的生活之关系，全部美学首尾一贯地包含着社会存在的论点，这就是他的美学深刻和伟大之处。

辩证唯物论的美学的认识论认为，人的知觉和表象是物的映象，是人对客观存在的物的反映。美的事物自身是不依赖人的意识为转移的客观存在，然而并不是世界上一切客观存在的事物都可以被人认为是美的。因此，美的事物需要具有一定的特征或条件（即美的条件），方才能够被人认为是美的。反对唯心论者所说，美是绝对的无条件的主观的观念或感情，任由感情外射或者感情移入就可以创造出事物的美。人认为事物具有这些特征或条件是美的，具有那些特征或条件是丑的，与人之一定的社会生活及这社会生活所决定的一定的观念有关。人的美的观念是一个过程。美的观念的形成需要知识和文化，需要认识理解以至创造各种美的事物。只有看过高山大水的人才能知道山的高、水的大，只有看过美的事物的人才能理解美。由此，才能创造新的美的事物。

事物之美的条件中包含着事物之美的许多规律或法则。

马克思于《经济学—哲学手稿》中云："确实，动物也生产。如蜜蜂、海狸、蚂蚁和其他的动物都能筑巢造窝等等。但是它们只是为它们自己或后代的迫切需要而生产；它们片面地生产，而人则全面地生产；它们仅仅在迫切的肉体需要的支配之下生产，而人则脱离了肉体的需要而生产，并且只有当解脱了这些需要时才能真正的生产。它们仅仅生产自己本身，而人则生产整个自然；它们的生产品直接属于它们自己的肉体，而人则自由地对待他的生产品。动物仅仅按照它所属的族类的尺度和需要来创造，而人类则能够按照任何族类的尺度来生产，并且能够到处提供对象赋有的尺度。因此，人也是按照美的诸规律（the laws of beauty）而创造的。"[1]

马克思所云事物的创造生产的诸规律就是"美的诸规律"，是在实践论的意义上而言的。事物的创造生产的规律，就是人创造生产

---

[1] 重译自《马克思恩格斯论文学与艺术》，英文本，第13页。

事物的规律。那意思也就是说，人类创造生产的事物，或为食用，或为欣赏，都是有益于人的生活的。无益而有害于人的事物，人类不会去生产它们。这些有益于人的生活的事物，能够改善人类的物质生活条件，增进人类生活的幸福；因此，它们也就是美的事物，"因此人也是按照美的诸规律而创造的"。人类创造生产的社会的事物具有这种性质，是很明显的。自然的事物也是如此。人类要创造生产出一种有益于人的生活，适合于人的食用或欣赏的动植物（如稻麦、花卉、牛羊、金鱼等），不仅需要按照它们所属的族类的尺度来创造，而且需要提供"对象赋有的尺度"，亦即人的需要之尺度。人的需要之尺度是由社会生活决定的，或为食用的尺度，或为欣赏的尺度。因此，可以称之为人的生活和文化（包括美的观念）之尺度。

例如金鱼，按其种类来说，它是鲫鱼的变种。人类创造出这种变种的鱼，是为了欣赏，不是为了食用。因此，人要求金鱼有适合于欣赏的美的条件，即它的颜色和形态。于是，人用一种不适合鱼类正常生活、很不卫生的方法来培养它。通常都把金鱼养在土盆里或瓦缸里，不常换水，使它空气不足，水不流动，也不清洁。这样，鱼卵的胚之生长力变得很衰弱，成长的鱼之头部、腹部、尾部都发生畸形的变态，终于形成现在的模样。这样的金鱼，它就是按照人类提供的"对象赋有的尺度"，即欣赏的尺度（美的观念的尺度）创造出来的。而且，金鱼的创造大约是在宋代，即人类已经注重欣赏目美的时候，不是在古代，即人类注重欣赏味美的时候。

能够把这种"美的规律"脱离生产创造，脱离人的历史社会、生活和文化，脱离人的生活实践来考察么？

这样，当美学家把这种"美的规律"孤立起来，脱离人的生活和实践，把它归之于事物的种类，看成事物的本质规律，他的美学就不得不讲述生物学或事物种类学。或者，把事物的生产创造的规律孤立起来，脱离人的生活和实践，把它当做事物的美的本质，他的美学就不得不降低到创造方法论的地步。然而，客观事物是无限种的，事物的生产创造的规律和方法也是无限种的。"眼睛的对象和耳朵的对象是不同的对象"，如果一一地胪列，他的美学即将是一部无限页的著作。如果不一一地胪列，从这些规律上升到理论的高度，可是已经离开了社会生活的基础，他的美学就不得不依据规律作形而上学的抽象和概括。其结果，或是把这种规律理解做事物本质的规律、种类的规律，趋向生物学；或是把这种规律理解做美本身的规律、形式的规律，趋向形式主义，否定美之社会生活内容和思想内容，以美的现象之规律代替美的本质，这是近代诸家美学失误之基本原因。于是我们在黑格尔学派的美学里看到生物学，在康德学派的美学里看到形式主义，甚而至于在克罗齐的美学里还看到语言学。

美有它的规律，但是不能够以规律代替本质。如以艺术之美而言，仅仅按照文字之美的规律，遵守语法学、修辞学诸法则写出来的作品，并不就是美的文学作品。往往用尽美的字汇，也依然不美。文学之美，除去遵守语法学、修辞学的法则之外，必须要能够表现深广的现实内容与思想内容。美不仅有关技术（创造的规律）和形式，而且有关思想与内容。

鲁迅先生于《拟播布美术意见书》（一九一三）中写道："故美术者，有三要素：一曰天物，二曰思理，三曰美化。"[1] 又在《美

---

[1] 鲁迅：《鲁迅全集补遗续编》。

术家必须有进步的思想与高尚的人格》一文里说:"美术家固然须有精熟的技工,但尤须有进步的思想与高尚的人格。"[1] 故美不仅是"精熟的技工"或恰当、对称、均匀、和谐、比例等等规律的问题,它还包含着世界观人生现的问题,"进步的思想与高尚的人格"的问题。美不仅关系着物,它也关系着人,人的社会生活和社会意识。问题不在物与物的关系,而在人与物的关系。美的规律是此而非彼,它是人的社会生活决定的。美的本质是它的现实性、社会性。在美学里,当排除了"社会存在"的论点,视客观事物的种类规律或创造规律为美的本质,也就必然排除了美的社会现实性与思想性的论点。如此的美学决不能够教人认识美,更不用说教人创造美了。

鲁迅先生于普列汉诺夫《艺术论》前之《序言》中云:美学必须"从生物学到社会学去","须从达尔文的领域的那将人类作为'物种'的研究,到这物种的历史底运命的研究去。倘只就艺术而言,则是人类的美底感情的存在的可能性(种的概念),是被那为它移向现实的条件(历史底概念)所提高的。这条件,自然便是该社会的生产力的发展阶段"。

鲁迅先生虽然沿用"美底感情"一词,但是这里明确地肯定了美学必须走历史唯物论的、社会学的道路,否定了生物学的"物种"论的美学。同时,也正否定了我们的美学家之美是物的属性,美是事物的种类典型的,超社会学的美学。

## 四

美的问题直到今天未能得到适当的解答,即因历来的哲学家与

---

[1] 鲁迅:《热风》。

美学家未能解决客观存在与主观观念、社会存在与社会意识之关系。唯心论者认为美仅仅在人的主观观念，机械唯物论者认为美仅仅在物的客观存在，这种一切归于主体或一切归于客体的美学，理论都带有片面的形而上学的性质。柏拉图在《对话集》(The Dialogues)里所述之"永恒的，无始无终，不生不灭，不增不减的"，"永恒地自存自在，以形式的整一永与它自身同一"的"美本身"，黑格尔在《美学讲稿》(Aesthetic)里所述之美是"绝对观念"对于感性之显现，康德在《判断力批判》(Critique of Judgement)里所述之美感判断之"谜"，都是一般人所不能理解的。狄德罗所述之"在我的悟性之中唤醒关系概念的东西"，也是空洞模糊的。至于其他的种种美学理论，更难以使人满意了。

此为就他们总的理论而言。如就个别的地方而言，过去的美学家也并非全无是处。无论柏拉图、亚里士多德、狄德罗、康德、黑格尔，他们的美学中都有丰富的深思的可供我们研究的论题，以及符合生活实际可供我们参考的见解。即使在维齐尔（F. T. Vischer，一八〇七——一八八七）之《美学或美的科学》(Aesthetik oder Wissenschaft des Schönen)中，如浦桑的例子，在费徐纳（G. T. Fechner，一八〇一——一八八七）之《美学导论》(Vorschule der Aesthetik)中，如红颜色的例子，都很有道理。车尔尼雪夫斯基和普列汉诺夫引述它们，不是偶然的。列宁于《谈谈辩证法问题》中云："从粗陋的、简单的、形而上学的唯物主义的观点看来，哲学唯心主义不过是胡说。相反地，从辩证唯物主义的观点看来，哲学唯心主义是把认识的某一个特征、方面、部分片面地、夸大地、过分地（狄慈根）发展（膨胀、扩大）为脱离了物质、脱离了自然、神化了的绝对。唯心主义就是僧侣主义。这是对的。但（'更确切些'和'除此而外'）哲学唯心主义是经过人的无限复杂的（辩证的）认识的一个成分而通向僧侣主义的道路。"[1]因此，唯心论的美学写下了人类对于美的认识的思想历程和道路，有历史的意义。而且，它们之中有许多论题，都可供我们思考研究，进一步发展辩证唯物主义与历史唯物主义的美学。

美是一个多方面的问题，它关系到物的存在、人的生活、人的概念和观念。因此，美的问题之正确的解决，只有在人能够正确地了解物的存在、人的生活、人的概念和观念之后，才能够实现。物的存在的问题，十九世纪自然科学已经基本解决了。可是人的生活、人的概念和观念的问题，要在马克思完成《政治经济学批判》，论证"人们的社会存在决定人们的意识"之后，方才得到解答。

马克思的这个论证，在人类文化史上有划时代的意义。此一原理使人类有可能辩证地、一如其实地探讨物质生活与精神生活之相互关系，对各种意识形态文化成果进行历史的唯物的科学的研究，使一切研究人类社会意识的学问结束形而上学的时代，终于成为科学。因此，恩格斯在《论马克思的〈政治经济学批判〉》里写道："'并不是人们的意识决定人们的存在，恰好相反，正是人们的社会存在决定人们的意识。'这个原理，不仅对于经济学，而且对于一切历史的科学（除自然科学外，一切的科学都是历史的）都是一个革命的发现。"

在这一意义上说，车尔尼雪夫斯基的美学是伟大的。

车尔尼雪夫斯基（Н. Г. Черньишевский，一八二八——一八八九）在《生活与美学》里把美定义为"美是生活"，他以贵族美人和农村

---

[1] 列宁：《哲学笔记》，第365页。

少女的两种不同的美为例，指出美的见解来源于生活，随人类生活的物质条件而变化，各个阶级各有其不同的美的理想。他把美学建立在社会生活的基础之上，而不是种类观念或绝对观念之上。车尔尼雪夫斯基在美学里肯定"美的概念"和"生活的概念"，在论美的种种概念时，他明确地提出那些概念（如崇高、悲剧）与生活概念的联系，特别是与生活的现实关系。他在《艺术与现实之美学的关系》（即《作者自评》）一文里说，他"只把美学作为哲学的一部分来处理"，"只是把它看作自然观和人生观的总体系之一部分"。他声明他"未免匆匆滑过了美学与自然观和人生观总体系相接触的交点"，并且指出："美学问题的解决有赖于其他的更有兴趣的问题的解决。"

车尔尼雪夫斯基所述之"其他的更有兴趣的问题"是些什么问题呢？那就是他后来从事研究的政治经济学的问题，也就是人的自然观和人生观的总体系与社会生活之关系问题。换而言之，即社会意识与社会存在之关系问题。只有解决了这个大问题，才能阐明"美学与自然观和人生观总体系相接触的交点"。

车尔尼雪夫斯基彻底推翻了当时流行的黑格尔学派的唯心论美学。他从费尔巴哈的唯物论出发，发展了费尔巴哈的哲学。关于美，费尔巴哈认为是"人们的属性"[1]，车尔尼雪夫斯基则前进一步，规定"美是生活"。列宁说过："……车尔尼雪夫斯基不善于，更正确些说，由于俄国生活底落后不能够上升到马克思与恩格斯底辩证唯物论。"[2] 不过，在他的哲学和美学中都含有辩证的因素。在美

---

[1] 费尔巴哈：《宗教本质讲演录》。
[2] 列宁：《唯物论与经验批判论》，第392页。

学里，当他论证美与生活的关系的时候，即蕴含着"人们的社会生活决定人们的美的意识"的思想。他说"只把美学作为哲学的一部分来处理"，"只是把它看作自然观和人生观的总体系之一部分"，实已指明美学的真谛之所在，可正自邦格腾以来美学研究侧重感性趋向自然科学之误。

车尔尼雪夫斯基的美学著作（一八五三——一八五五）完成于马克思的《政治经济学批判》（一八五九）之前。在马克思之前而达到如此的基本观点，所以车尔尼雪夫斯基的《生活与美学》是伟大的。在美学史上，如周扬同志所云，车尔尼雪夫斯基"奠定了唯物主义美学的基础"[1]。

在车尔尼雪夫斯基之后，普列汉诺夫进一步发展了唯物主义的美学。

普列汉诺夫（Г. В. Плеханов，一八五六——一九一八）在《艺术论》（即《没有地址的书信》，一八九九——一九〇〇）里从历史唯物论的观点考察美，深刻地、渊博地论证了美的概念与社会生活之关系。他举出种种原始民族的装饰美，以十七世纪英国的美俗美德以及戏剧为例，驳斥了生物学的美学与心理学的美学。他论述了风景画的变迁与法国社会关系变化之联系，原始民族的音乐与生产劳动之关连。……无论在哪一个论题上，都贯彻着"人们的社会生活决定人们的意识"之原理。

他说：

倘若美的概念，在属于同一人种的各种国民，是不同的，

---

[1] 周扬：《关于车尔尼雪夫斯基和他的美学》。

则不能在生物学之中，探求这样的种种相的原因，是分明的事。达尔文自己就在告诉我们，要我们探求，应该向着别的方面去。……"但在文明人，这样的（即美的）感觉，是和各种复杂的观念以及思想的连锁结合着的。"这——是极重要的指示。这使我们从"生物学到社会学"去，为什么呢？因为"文明"人的美的感觉和许多复杂的观念相联合着的那事情，据达尔文的意见，分明是就为各种社会底原因所限定的。

由对象的一定的色的配合以及形态所唤起的感觉，虽在原始民族那里，也还和最复杂的观念相联合着；还有，至少，这样的形态以及配合的许多，惟由这样的联合，在他们才见得美。

那是被什么所唤起的呢？又，和由对象之形而唤起于我们内部的感觉相联合的那些复杂的观念，是何自而来的呢？能回答这些问题的，分明非"生物学者"，而只有"社会学者"。而且，即使我们确信上述的联合和上举的复杂的观念，毕竟为所与的社会的生产力的状态及其经济所限定，所创造，但还必须认识，达尔文主义对于我在上面力加特色了的唯物史观，是毫无矛盾的东西。

人类的本性（他的神经系统的生理学底性质），给与了他认得韵律的音乐性，并且以此为乐的能力，但他的生产的技术，则规定了这能力的此后的运命。

"人类的本性"，使美底趣味和概念之存在，于人成为"可能"。"环绕着他的诸条件"，则规定"从这可能向现实"的推移。所与的社会底人类（即所与的社会、所与的民族、所与的阶级），有着"正是一种特定的这，而非这以外的东西的"美底趣味和概念的事，就由此得到说明。

> 我确信从今以后，批评（精确地说，则科学底美学说）只有依据唯物史观，才可以进步。

普列汉诺夫反对康德美学的美感论。他规定美感为美的感觉，美的感觉是和许多复杂的观念联合着的。他肯定美的概念和趣味的概念，将二者常作同义语使用，并且论证美的概念的内容是由人的生活之社会的诸条件所决定。他认为美的研究应该"从'生物学到社会学'去"，"科学底美学说"只有依据唯物史观才可以进步。在美学史上，普列汉诺夫是第一个人，确立了历史唯物主义的美学。

普列汉诺夫是一个彻底的唯物论者，但是他在哲学唯物论的认识论方面研究不够，辩证法不足。瞿秋白同志于《文艺理论家的普列汉诺夫》中云："列宁早就说明普列汉诺夫在理论上的主要错误是辩证法的不充分；列宁在《关于辩证法问题》的杂记里说：'辩证法就是（黑格尔和）马克思主义的认识论——普列汉诺夫恰好没有注意这一"方面"（这其实还不是什么"方面"，而是主要的实质），更不用说其余的马克思主义者了。'〔见列宁材料汇录，卷十二（三二五页）〕"[1] 由于这一原因，普列汉诺夫不能够解决"自在之物到现象的这个过渡，客体到主体的这个过渡"，不能够解决"概念的'联系'和'转化'"，不能够解决"观念（要读作：人的认识）是概念和客观性（'一般'）的一致（符合）"等问题[2]，即列宁在《唯物论与经验批判论》和《哲学笔记》中所论述之反映论与观念论。因此，他不仅在哲学上受到限制，在美学上也受到限制，仅限

---

[1] 瞿秋白：《海上述林》上卷。
[2] 参看列宁：《哲学笔记》，第 90 页、164 页、167 页、179—187 页、282 页等处。

于美的本质论。

列宁在《黑格尔〈逻辑学〉一书摘要》里写道:"马克思主义者们(在二十世纪初)批判康德主义者和休谟主义者多半是根据费尔巴哈的观点(和根据毕希纳的观点),而很少根据黑格尔的观点。"[1] 普列汉诺夫在当时也是如此。他在反驳伯恩施坦、康拉德·斯密特、波格丹诺夫等人的论文中,常常引述法国十八世纪的唯物论者——费尔巴哈、埃尔维修、拉·梅特里、狄德罗的理论,多半根据费尔巴哈的学说,很少运用黑格尔的辩证法。在二十世纪初,辩证唯物论哲学的认识论还没有建立,唯心主义者纷纷假借自然科学的理论,从认识论入手宣讲各种唯心论哲学(如新康德主义者、马赫主义者)。因此,马克思主义者不得不研究自然科学,据以批判这些理论,解决认识论上的许多问题。普列汉诺夫当时大概想要解决"自在之物到现象的这个过渡,客体到主体的这个过渡",所以他特别推重英国十八世纪唯物论者普里斯泰(Joseph Priestley,一七三三——一八〇四)的认识论[2]。不过他说,在人的"感知"实物的问题上,"我是抱着与我同时代的生理学家——唯物论者的观点,而不是十八世纪的自然科学的观点的"[3]。这种"生理学家——唯物论者"的观点,是从费尔巴哈来的。普列汉诺夫于《答波格丹诺夫》中云,"费尔巴哈说得好:'我完全不是作为和客体对立的主体,而是作为主体—客体,作为真正的物质实体在感觉和思想。而客体对于我不仅是可感觉的物体,而且也是我的感觉的基础,我的感觉的必需条件。客观世界不仅在我之外;而且也在我自己之内,在我

---

[1] 列宁:《哲学笔记》,第164页。
[2] 普列汉诺夫:《答波格丹诺夫》(第一封信)。
[3] 普列汉诺夫:《答波格丹诺夫》(第二封信)。

自己的皮肤之内。人不过是自然的一部分，存在的一部分；所以在他的思维和存在之间是没有矛盾的可能的。'他在'反对生命与灵魂、肉体与精神的二元论'的一个地方指出，'对自己说来，我是心理的客体，对别人说来，是生理的客体'"[1]。

由此，他才在哲学论文里写道："'唯物主义者'不可能回避对我们的精神组织的研究。不，当然不！但是为了研究我们的精神组织，'唯物主义者'求助于实验心理学，这一心理学只和现象打交道，而且它所使用的是从生物学方面借来的方法。这是比较正确的道路。""著名的英国生物学家赫胥黎在他的一篇论文中说过，'现代生理学是直接导向唯物主义的'……赫胥黎只是在一方面错了，就是他以为：唯物主义似乎在别一个时候还会有别的含义。用赫胥黎的话来说，一切唯物主义者都是像现代生理学所教导我们的那样去看待物质的。"[2]

由此，他才在《艺术论》里说到"人类的本性"，规定为"他的神经系统的生理学底性质"，并且认为音乐美的欣赏为一种"能力"。正如瞿秋白同志所云："他在论艺术的《没有地址的书信》里，还引证了达尔文的学说，把生物界的模仿和相反的'变态'过程，也归纳到'模仿律'和'相反律'的一般原则里去。本来'相反律'这个术语，就是达尔文造出来的。这样，普列汉诺夫就'沟通了'生物学和社会学、文化论和艺术论……而要造成全宇宙的总公律了。这里，就包含着'反具体性'的非辩证法的成分。"[3]

由此，他才在《从社会学观点论十八世纪法国戏剧文学和法国

---

[1] 普列汉诺夫：《答波格丹诺夫》（第二封信）。
[2] 普列汉诺夫：《康拉德·斯密特反对卡尔·马克思和弗里德里希·恩格斯》。
[3] 瞿秋白：《文艺理论家的普列汉诺夫》。

绘画》(一九〇五)里写道：

> 康德说过，欣赏即为趣味判断，它与任何利害关系无关，如果美的判断渗和了些微的利害关系，它就很有党性，也就决不是纯粹的趣味判断了。这应用之于"个别的人"，是完全正确的。假如我喜欢某一幅画，仅仅因为我可以出售它来图利，那么，自然，我的判断决不会是纯粹的趣味判断。但是当我们站在"社会"的观点上的时候，问题就改变了。原始民族的艺术的研究表明，社会的人起初是从功利的观点看对象和现象的，只是后来才在他们对于某些对象和现象的关系上转变到审美的观点。这在艺术的历史上倾注下新的光辉。不言而喻，并不是任何有益的东西社会的人都觉得是美的；但是无疑的，能够使他们觉得美的，仅仅是对于他们有益的东西，即在他们与自然界或者与其他的社会的人进行生存斗争中有意思的东西。这并不是说，对于社会的人，功利的观点与审美的观点是"相同的"。完全不是！利益是由"理知"而认识的；美则由"直观的能力"。前者的领域是"打算"；后者的领域是"本能"。……审美的欣赏的主要的特点是它的"直接性"。但是利益究竟是存在着的；究竟是审美的欣赏的基础（应该记住，这里说的不是个别的人，而是"社会的"人）；如果没有它，对象就不会显得美了。
>
> 但是，正因为我们所说的不是个别的人，而是社会（部族、氏族、阶级），所以我们也留一席地位给与在这个问题上的康德的见解：趣味判断无疑地是以作这种判断的个人没有任何功利

的考虑为前提的。……[1]

普列汉诺夫之"生理学家——唯物论者"的论点是从费尔巴哈来的。列宁在《费尔巴哈〈宗教本质讲演录〉一书摘要》里写道:"这就是为什么费尔巴哈和车尔尼雪夫斯基所用的术语——哲学中的'人本主义原则'——是'狭隘的'。无论是人本主义原则,无论是自然主义,都只是关于'唯物主义'的不确切的肤浅的表述。"因此,普列汉诺夫想从生理学入手解决"自在之物到现象的这个过渡"和"概念的'联系'和'转化'",自然是徒劳的。一方面,他不能肯定美感(美的感觉)已经是人的概念判断(根据概念对于现象的判断),这需要批判康德的美感论,于是他把美归之于生理学的范畴——"直观的能力""本能"。另一方面,他不能阐明美的概念与其他概念的联系和转化,不能从美的概念上升到美的观念,达到美的认识论与本质论的交点,美学与人的思想观念总体系相接触的交点。他只有把欣赏客体之美的主体分为"社会的人"(本质论上的人)与"个别的人"(认识论上的人),把它们对立起来列论。既然美与理知无关,由"直观的能力"而认识,美的领域是"本能",那末,他就自然地同感康德的见解,在美的认识论上向康德的美学作部分的让步了。马克思于《费尔巴哈论提纲》中云:"直观唯物主义,即不是把感性理解为实践活动的唯物主义,至多也只能作到对'市民社会'里的个别人的直观。""旧唯物主义的立脚点是'市民'

---

[1] 译自普列汉诺夫《艺术与文学》(Искусство и Литература),俄文本,第186—187页。原书的编者注云:这篇论文最初于1905年在《真理》杂志(九、十月号,第49—70页)上,以别尔托夫(Н. Бельтов)的署名发表。作者生前曾经重版多次,后来收入《普列汉诺夫全集》第14卷,第95—110页。

社会；新唯物主义的立脚点则是'人类'的社会或社会化了的人类。"普列汉诺夫把美的概念与"本能"联系起来，在他的理论里显然还存在着费尔巴哈的直观唯物主义的限制和生理学唯物论的阴影。这一阴影笼罩了、模糊了他的光辉的关于美的本质的论证。

"生理学唯物论"在普列汉诺夫那个时候是一个热烈的论题，许多马克思主义者都从事这种研究。卢那卡尔斯基（А. В. Луначарский，一八七五——一九三三）的《艺术论》（即《实证美学的基础》）即为一部从生理学论美学的著作。它科学地叙述了快感的生理学的基础，在美学上有它一定的意义。如他自己所说："这些感觉的解剖，是对于最广义的一切美底快感的理解，将确实的钥匙给与我们的。"不过那里面的"生物学底社会学"和生理学的美学理论问题很多，而且由于缺乏历史唯物论的论点，许多章节都很空泛。例如他在《美及其种类》中云："什么是美学底的呢？就是对于被消费的能力的单位，给以非常多量的知觉的一切。"显然是用生理学的经济学以释美学。卢那卡尔斯基哲学思想的弱点也在他的美学里面表现着。

我们说到美，确实常用"审美力"一词。如马克思在《〈政治经济学批判〉导言》里也说过："艺术对象——任何其他生产物也一样——创造着具有艺术情感和审美能力的群众。"但是这里所说的审美能力，是在实践论的意义上而言的，即人使"观念的东西转化为实在的东西"的能力，创造美的东西的能力。如果把这一意义理解为美的本质论，从生理学唯物论的观点来解释它，把美规定为人的能力，归入本能的领域；那就很容易与康德美学中所规定的美感为一种"心灵的能力"[1]趋于一致。辩证唯物论与历史唯物论肯定生理学的科学，肯定人有一定的本能和能力。但是即以人的耳目口鼻手五官的能力而言，它们都是社会历史的产物。社会的人之感官与非社会的人之感官是大不相同的。其中包含着生活、思想转化为现实，创造和改造现实的力量。人都生活在一定的社会之中，所以，必须在这一意义上来理解人和人的能力，即"就其现实性来说，人的本质乃是社会关系的总和"。

美感，就欣赏美的事物此一动作本身而言，它是人的感觉和判断；就人的生命过程而言，它是人的认识，同时也是一种实验。即人以一定的概念映证于外物，映证于生活。这就不仅是能力或本能的问题，而要接触到人的一定的政治、经济、文化的社会生活，接触到人在一定的社会环境中成长的世界观和人生观的总体系。列宁说得好："如果要研究逻辑中主体对客体的关系，那就应当注意具体的主体（＝人的生命）在客观环境中存在的一般前提。"（《黑格尔〈逻辑学〉一书摘要》）[2]

美的概念、美的观念，并不是固定的、不变的、绝对的。它只是暂时固定的，在相对之中有着绝对。它是在人的现实生活中变动的、发展的、转化的。因此，辩证唯物论的美学重视"认识论中的实践"，认为"实践是一个环节，并且也就是向客观的（在黑格尔看来是'绝对的'）真理的过渡"。[3]"理论的认识应当提供在必然性中、在全面关系中、在自在自为的矛盾运动中的客体。但是，只有当概念成为在实践意义上的'自为存在'的时候，人的概念才能

---

[1] 康德：《判断力批判》，英译本，第39页。
[2] 列宁：《哲学笔记》，第189页。
[3] 列宁：《哲学笔记》，第199页。

'最终地'把握、抓住、通晓认识的这个客观真理。"[1]美的概念、美的现念，只有经过生活实践，才能达到客观真理。

当黑格尔在《逻辑学》中写道："……既然自为的概念现在是自身规定的概念，那末观念就是实践的观念，即行动。"接着论述"B. 善的观念"。列宁写道："为什么从实践、行动只向'善'（das Gute）转化呢？这是狭隘的、片面的！然而'有益的东西'呢？毫无疑问，也包括有益的东西。或者，按照黑格尔的看法，这也就是'善'？"[2]这里，可以说，这种转化也包括美和美的东西。

人在生活中都要求改善他的生活，美化他自己和客观世界。这就是说：

"作为主观东西的概念（＝人）又以自在存在着的异在（不以人为转移的自然界）为前提。这个概念（＝人）是想实现自己的趋向，是想在客观世界中通过自己给自己提供客观性和实现（完成）自己的趋向。

"在理论的观念中（在理论的领域中），主观的概念（认识？）是作为普遍的和自身没有规定性的东西来和客观世界相对立的，它从客观世界中汲取一定的内容并得到充实。

"在实践的观念中（在实践的领域中），这个概念是作为现实的东西（作用着的东西？）来和现实的东西相对立的。

"主体在其自在和自为的存在，即作为规定的主体的存在中所具有的对自己的确信，就是对自己的现实性和世界的非现实性的确信。

---

[1] 列宁：《哲学笔记》，第198页。
[2] 列宁：《哲学笔记》，第198页。

"这就是说,世界不会满足人,人决心以自己的行动来改变世界。"[1]

当人以善或美为实践的目的的时候,在"实质"上,这里的"善"或"美"是"对外部现实性的要求"。所以,"目的的活动不是向着自己……而是为了通过消灭外部世界的规定的(方面、特征、现象)来获得具有外部现实性形式的实在性……"[2]人由此实现自己的目的和理想。

因此,"人的意识不仅反映客观世界,并且创造客观世界"[3]。

但是如列宁所说:"'客观世界''走着自己的道路',人的实践面对着这个客观世界,因而目的的'实现'就会遇到'困难',甚至会碰到'无法解决的问题'……"无论是"善"或"美"的目的和理想的实现,都决不是一帆风顺的平坦大路,它是风波迭起,险阻重重的。因为人不是在主观想象的虚空的单纯的世界里,而是要在"走着自己的道路"的具体的复杂的客观世界里实现自己的目的和理想。

事实上存在着"两个世界:主观的世界和客观的世界"。

"(人的活动的)目的未完成的原因(Grund)是:把实在当做不存在的东西(nichtig),不承认它(实在)的客观现实。"即没有正确地认识客观世界、客观现实。

"认识……认为在自己面前真实存在着的东西就是不以主观意见(Setzen—想象)为转移的现存的现实。(这是纯粹的唯物主义!)人的意志、人的实践,本身之所以会妨碍自己目的的达成……就是因

---

[1] 列宁:《哲学笔记》,第199—200页。
[2] 列宁:《哲学笔记》,第200—201页。
[3] 列宁:《哲学笔记》,第199页。

为意志把自己和认识分隔开来,并且不承认外部现实是真实存在着的东西(是客观真理)。必须把认识和实践结合起来。"[1]即以主观的意志代替客观的情势和现实的条件,以主观想象代替客观现实,以主观的认识代替了客观的真理。

人的认识极根据种种观念,所以必须注意这一点:"'观念实质上是一个过程'……因此,思维和存在、有限的东西和无限的东西等等的'统一'这个说法是'谬误的',因为它表达的是'始终静止的同一'。说有限的东西简单地中和着无限的东西并且反之亦然,这是不对的。事实上我们所看到的是一个'过程'。"

"观念即真理,是过程——……""真理是过程,人从主观的观念,经过'实践'(和技术),走向客观真理。"[2]

因此,我们要创造善的或美的事物,首先必须能够正确地认识客观世界,建立正确的世界观、道德观、审美观。善和美这两个意识有密切的连系。在古代,许慎《说文》(公元一〇〇)即训"美与善同意"。实际上,创造一个美的东西就是做了一桩善的事情,有益于人的事情。譬如一个人的面貌无论多么美好,假如他或她不做善的事情,专做恶的事情,道德卑劣,就没有人认为那是一个美人。对于美人的评定,内容美尤重于形式美,德行尤重于美貌。

恩格斯在《费尔巴哈与德国古典哲学的终结》里写道:"任何思想体系一经发生后,便与现存的全部观念相联结而发展起来,并对现存观念作着进一步的加工。"[3]因此,正确的善与美的观念的形

---

[1] 列宁:《哲学笔记》,第203页。
[2] 列宁:《哲学笔记》,第187页。
[3] 恩格斯:《费尔巴哈与德国古典哲学的终结》,第64页。

成，对于个人，对于社会，都有丰富的巨大的意义。

关于美的观念，与之有直接连系的为文学艺术。恩格斯在《反杜林论》中论社会主义时，说到美育问题，他写道：

> 至于美学方面的教育，那么杜林先生不得不将一切重新做起。以前一切的诗，都是不中用的。在一切宗教都被禁止的地方，自然在学校中不能忍受以前诗人所常有的"神话式的及其他宗教式的点缀"。同样的，"例如歌德那样的人所强烈倾向着的诗的神秘主义"，也是同样不中用的。这样，杜林先生自己不得不下定决心为我们写出"和幻想（它是与理性相适应的）的更高的要求相称的"诗的杰作，而描写出"指明世界完美性"的真正理想。只是，请不要迟缓罢！经济公社只有用那种与理性相协调的亚历山大诗的快步，来庄严地前进，才能征服世界呵。[1]

恩格斯把诗列为美学教育的必修课程。而一切唯物主义的美学家，无论车尔尼雪夫斯基或者普列汉诺夫，论美学时都同时论述文学艺术作品。虽然，美学和文学艺术是两门学术，各有与生活同样广阔的范围，但是文学艺术与美有不可分的关系。只有不同于平常一般的作品，美的作品，才能称之为文学的或艺术的作品。文学艺术是社会生活的反映，是经过美的艺术创造的反映，于是从这些作品中，从经过提高创作的艺术美中，人们可以认识了解生活现实中的美，即自然美、社会美，以至于道德美、思想美等。文学艺术作

---

[1] 恩格斯：《反杜林论》，第337页。

品中包含着人类生活和文化的结晶、美的结晶。学好了文学艺术，可以说美就在这里了。

一九五八年十一月北京

集外文存（一）

# 关于国防文学的几个问题

## 一 从现实里孕生的国防文学

为着积极地从迫切的危机中争取中华民族的生存,为着实践地从帝国主义的铁蹄下获得中华民族的解放,在目前,那具有全民族意义的救亡战线,要在广大的人民大众中间开展开去,要坚固地建立起这一战线的伟大力量的基础。这在任何意义上,已成为了确定了的当前的工作了。但,同时,正伴随着这一工作的实践的进行,也就是在开展救亡战线到全民族这个开头的第一个意义之下,在文学的领域里,也正产生了"建设国防文学"这一问题。这一问题,事实上,作为组织大众意识形态,变革大众生活态度底强有力的手段的国防文学,正因着它本身产生的现实的意义,于是也正决定了它的任务。

## 二 国防文学和写实主义文学

曾经给与了中国大众的文学以新生命的新写实主义文学,显然的,在现阶段的半殖民地的中国,由于客观现实的演变,将必然地要发展为"国防文学"的形态。由此,作为新写实主义的国防文学,无疑的,它是要面迎着客观的现实前进,充分地发挥文学底动的小的机能，给与大众以强烈的感动和深切的影响，而完成其任务与使命。由此，国防文学的题材与主题要从人民大众在日本帝国主义者疯狂的屠杀和压迫下的英勇抗争的诸动态着眼，也要从人民大众在帝国主义经济压榨的铁蹄下的生活挣扎诸全面着眼，更要从现存社会内部诸矛盾点着眼，示明着必然的未来的发展道途。

### 三　国防文学和一切流派的文学作家

在"为争取民族生存及解放"这一原则之下，国防文学欢迎着一切文学流派的作者们参加，国防文学邀请着一切文学流派的作家们"面向着现实前进"。因为在本质上，国防文学是全中国人民大众的国防文学，它不属于某一个阶级，也不是拥护任何一个阶级利益的工具。它要在大众中开展、成长、生活……它是全中国人民大众的。因此，国防文学邀请着所有的作家和文学爱好者，甚至于对那曾经尽过欺骗大众、麻醉大众的任务的民族主义文学，国防文学也伸出了邀请的友谊之手。因为国防文学和民族主义文学虽然是属于完全不同的两个集团的文学，但国防文学对于民族主义文学并无任何歧视，并且非常希望它能和国防文学携手同行，尤其在当前的民族生存已临到了极端迫切危机的现阶段。

### 四　国防文学的内容和形式

由于国防文学的任务和使命的要求，国防文学的内容不得不是激情的、紧张的画面。无论小说、诗歌、戏剧，都该是一种现实的有机体的机构。因此，国防文学的题材与主题必要从人民大众在日本帝国主义者疯狂的屠杀和压迫下的英勇抗争诸动态着眼，也必要从人民大众在帝国主义经济压榨的铁蹄下的生活挣扎诸全面着眼，更必要从现存社会内部诸矛盾点着眼，示明着必然的未来的发展道途。

同样，因着国防文学的运动的中核是在人民大众之中，所以国防文学的形式不得不走向具备着集体意义和通俗意义最大的条件——通俗、简素、明快、正确……在这一个意义之下，国防文学要强调化地要求群众戏剧、小调、诗歌、报告文学、墙头小说诸形式，同时也要求着深刻化的、感动力丰富的纪念碑型的长篇作品。并且另外还特地提出"用新文字写作"，"从利用现在流行民间的旧文学形式底实践中去发展新形式"这两个要点。

## 五　国防文学向每个作家要求着

国防文学乃是中国人民大众的国防文学，所以在这一意义上，凡是"面迎着现实前进"的作家，凡是愿意为争取民族生存和解放而写作实践的作家，都是国防文学作家。

国防文学因着它本身的任务和使命，在向着每个作家要求着——手触生活，把握正确的世界观，努力学习。

"手触生活"的意义不仅仅是在社会的实践，更大的意义乃是在从大众中学习，把自己也融和成为大众中间的一个，用大众的语言、思想、感情、心理，来表现真实的现实。而同时，在认清"真实的现实"这一方面，把握正确的世界观是必要的。而且"用大众的语言、思想、感情、心理来表现"这一方面，努力学习和工作，接受遗产和接受批判都是必要的条件。

## 六　怎样建设国防文学

1. 向大众中开展

国防文学是属于全人民大众的，它要在大众中开展、成长、生活……所以，国防文学如果脱离了大众，那就是完全失去了它的意义。因此，这就决定了每个国防文学作者不仅仅要组织成立国防文学会，不仅仅要和其他救亡团体取得联系，并且要努力去写作国防文学作品，向大众中推广新文字，在大众里传诵国防诗歌，公演国防戏剧，组织国防文学会。……一句话，从社会的实践中去开展国防文学。

2. 集体研究和学习

随着国防文学的向大众中的展开，随着它的社会意义的伸长开阔，国防文学作家不能不努力充实自己，锻炼自己；不能不走进集体创作生活——理论的探讨、研究和作品的批评、介绍的研究会、座谈会、读书会……——的内部。就是仅仅爱好文学的人们，也应该组织起来，成立国防文学会。在工厂里，在农村里，在兵营里，在学校里……都成立起来！全国国防文学总会也组织起来！并且，另一方面，每一个国防文学会，都应该有一个发表作品的机关。不管是大刊物、小刊物、报纸副刊、壁报、一页纸……都应该让它出刊。这一出刊，一方面是开展国防文学的一条道路，另一方面也是一种从创作的实践里的学习，这学习对于任何作家，都是必修的课程。

3. 全国作者们联合起来

凡是"面迎着现实前进"的作者们，愿意为争取民族生存和解放而写作实践的作者们,不论是理论家、小说家、戏剧家、诗人、未成名的写作者、爱好文学者……都请听着:在现在,不是国防文学的呼声在邀请着你们,而正是全中国人民大众的呼声在招唤着你们:在一个总的目标——争取民族生存和解放——之下,坚强地拉起手来吧!

(原载《今代文艺》一九三六年第二期,署名倪平)

# 谈谈新写实主义文学

## 一 楔子

记不起是那一天的早晨了，总之，是下过大雪之后没有多久的一个早晨，是一个寒冷的刮风的早晨。

屋外面，风卷着雪粒，在狂暴地呼啸着。冰冻了的雪粒，一阵阵地打在朝北的窗子上，响着簌簌的声音。太阳，仿佛是一颗散了黄子的鸡蛋一样，静静地挂在死灰色的天空上，在散放着微弱的阳光。

就在这样的一个早晨，许久没见过面的李突然地跑来找我了。于是我们就坐在炉子旁边，大谈而特谈起来。

起先是谈天气，后来是时事，后来是刊物，后来是文学，以至于彼此认识的爱好文学的朋友。

"王你知道吗？"李问我。

"知道的，他倒也很喜欢文学的，怎样？"

"哦，那家伙太有味道了。前天我偶然和他谈起新写实主义文学，他就大发起牢骚来。他大骂中国的新写实主义文学作家，他把他们一律称之为'俄国通'，他说什么'新写实主义文学'，那不过是从俄国贩来的一个时髦名词罢了，有什么了不起！"

"这种人在现在倒不多见呢！"我笑了，李也笑了。不过李说，据他所知道的,和王的意见一样,以为中国新写实主义文学是从苏联学来的人并不算少数,不过不像王那么存着个压根儿连瞧都不要瞧的态度罢了。

因为李说起王我又想起刘来了。刘是相信"文学自由"的理论的。他虽然是承认新写实主义文学,但是却很可笑地不敢接受新写实主义文学的理论。他仿佛以为"文学"一和"新写实主义"五个字联接起来写,便不成其为"文学"了。他因为看见苏联是在热烈地欢迎古典的作家,又听说伊里基曾经说过:托尔斯泰的作品里有些东西是"属于将来的",所以他是在做着"中国的托尔斯泰"的幻梦。他完全忘记了他是一个生活在现阶段的半殖民地的中国的青年文学者。他故意地在现实的生活前面闭上了他的眼睛,他假装着没有看见劳苦大众们是怎样地在受着重重的剥削,是怎样地在牛马一样的生活里挣扎着。至于伊里基说过:托尔斯泰在他的作品里"宣传世界上所有一切混蛋东西之中的最混蛋的东西——宗教",这他也没有听人说过;同时他也不想想托尔斯泰因为什么原故才抱住宗教作为他思想上的出路的。他是很满足地和他的"自由文学"一道儿吊在不上不下的半空之中。

当我正在默想着刘的时候,李已经向我说了不少的话了。

"什么,什么?"我赶紧地向他追问着。

"我说,"李停顿了一下,"生活在现阶段的中国的爱好文学的青年们,至少每个人对于新写实主义文学的理论能有相当的认识才好。"

李没有等我的回答,又说下去了:"一般的爱好文学的青年们,因为根本不了解、不认识什么是新写实主义文学,因此,他们就没法去把握新写实主义文学的创作方法,没法去体会新写实主义文学的根本理论，于是当然也就没法创作新写实主义文学的作品了。不过事实上也是难怪，中国目前还没有一本有系统的书来介绍新写实主义文学的理论，而那些从原文翻译过来的理论书籍呢，对于根本没有读过理论书的人又太憋扭了。因为译本的文字都是诘屈聱牙的，外国语气十足的，既不好读，也不好懂。何况现在又闹着什么波格达诺夫是唯心论者。普列汉诺夫理论里存在着孟雪维克主义，布尔乔亚的虚伪的旁观主义。卢那卡尔斯基在有些理论上有唯心论的倾向。但是到底波格达诺夫是怎样的唯心论者，在什么理论上建立了他的唯心论的基础的？普列汉诺夫的孟雪维克主义存在在什么理论里？卢那卡尔斯基的那些理论上有唯心论的倾向？这些重要的根本问题，都还没有看到过一个明确的答案。这一切的问题，真使一个初看理论书的人：手足都不知所措哩！"

李摇了摇头，还想继续发挥下去，但是刚巧，门一开，王跑进来了。于是我们的谈话，就那末无结论地宣告结束了。

虽然和李分别了之后，一直过了许久并没有再见过他一次，但是他所提出来的问题却每天都很清楚地横在我的脑子里。

的确的，李所提出来的几个问题，虽然不是一般的爱好文学的青年的问题，却至少是一大部分人的问题。还有我和李所谈到的王和刘，虽然不是什么典型的代表人物，却至少有一部分人现在还是在那么想着的。因此，我就切实地感觉到，把新写实主义文学的理论作一个有系统的介绍和解说，这种工作实在是颇有必要的。

不过当我动手写这篇东西的时候，我也曾经估量过自己肚子里的货色，我很明白自己算不得个高明的脚色。所以我在这篇文章里，只想把新写实主义文学的理论作一个粗浅的概说；只想使没有读过文学理论书籍的爱好文学者能够知道新写实主义文学是个什么东西；

使王和别的误会了的人们知道，中国的新写实主义文学并不是从俄国学来的，新写实主义文学的产生是有实践性的，是有客观的必然性的。同时也尽可能地希望使刘和他的同道们了解，在阶级的社会里，"文学自由"的理论根本是不能成立的，那是道地的小布尔乔亚的动摇理论。你要是死抱住"文学自由"，那你就只有没落。并且生活在现阶段的中国青年文学者，也只有理解了新写实主义文学的理论，把握了新写实主义文学的创作方法，方才能够去做中国的托尔斯泰，去做一个不致于宣传什么世界上一切混蛋东西之中最混蛋的东西的托尔斯泰（Tolstoy）。

至于怎样使王那样的人也肯理解新写实主义文学的理论；怎样使刘和他的同道们不再去做逃避现实的托尔斯泰的幻梦，而去实践地去努力学习高尔基（Gorky）以及怎样批判波格达诺夫（Bogdanov）、普列汉诺夫（Plekhanov）、卢那卡尔斯基（Lunacharsky）的错误……这许多巨大的工作，鄙人自信能力薄弱，只有请教对于这有高深研究的"理论家"了。

最后，关于这篇东西，我刚刚说过，是想写给没有读过理论书的爱好文学者看的，所以在说理方面、辞句方面，都力求其浅近、明了，力求其通俗化。至于有许多应该讨论但是不易体会的理论，恕我便不在这里提出来讨论了。

## 二　什么是新写实主义文学

A. 什么是艺术——B. 艺术与生活——C. 文学的阶级性——D. 新写实主义文学和布尔乔亚文学——E. 新写实主义文学的任务

"什么是艺术"这个问题，在新写实主义文学的观点上，这是一个很重要的基本问题。因为这个问题的解答,不但是可以指示给我们艺术的本质和新写实主义文学的意义,并且可以使我们了解为什么在历史上各阶段的社会里会产生各阶段的文学,以及为什么劳苦大众也要建设起自己的新写实主义文学。

现在,我们不妨先举个事实上的例子来解述。

读者诸君们,你们大概都曾经听过音乐的演奏的。你们现在一定能够回想起来,当你们听了一种悲哀的音乐的演奏的时候,虽然你们自己并没有什么事值得悲哀的,但是你们和其他的听众们,当时马上就会感到一种莫名的悲哀的情绪,并且这情绪会静静地随着音乐的音节的转变而增高或者降低。假如一位听者本来是正为着一件伤心的事情(例如最亲爱的母亲死了等等)而正在悲伤着的时候,那末,现在再听了这么一样如泣如诉的悲曲,那位听者就很可能地会自然而然地流下泪来。

音乐这东西,我们知道和文学一样,它是艺术的一种。刚刚在上面所说的音乐,这种使没有悲哀的人感到悲哀的情绪,使悲伤的人哭了下来的现象正是在告诉我们:音乐这艺术,是有一种使一个人(演奏者)的感情状态(悲哀的情绪)成为多数人(听众们)的感情状态的能力。这也就是说,音乐这艺术是能够使一个人的感情传染到、影响到多数人的感情。这也就是说,音乐这艺术是有使"感情"那东西"社会化"的能力。

但是事实上,人类乃是社会的动物,人类是有种种的思想的。因此,艺术传播到读者、观客、听众的,决不单是痛苦、快乐、希望、悲、喜、怒、绝望等等的感情,而且还传达着"思想"的。这种意义,尤其在以语言文字来表现自身思想的文学最为显著;此外如音乐、戏剧、绘画等都是有这样的作用的。诸位不信,请看下面的例子。

雷马克（Remarque）的《西线无战事》这部小说，我想谁都看过的，事实上，当我们读过了那本书以后，我们所感觉到的、意识到的，决不单是某种某种的"感情"——决不单是对于帝国主义者的分赃战争发生憎恶和忿怒的感情；决不单是对于那些被布尔乔亚用"爱国"那个好听的名词欺骗了的、无辜地跑上战场去送死的人们发生同情的感情；决不单是对于那些因为战争而变成了骷髅、孤儿、寡妇、残废者、失业者的人们底命运发生悲伤的感情。——不是，决不单是这些单纯的感情的。事实上，虽然雷马克不敢大声地喊出"打倒帝国主义"来，但是我们已经可以得到了一个"思想"。那就是，战争是残酷的、恐怖的，而帝国主义者的分赃战争根本就是一种兽行，一种空前的大屠杀，是人类自己毁灭自己的一种行动。所以，凡是人类的人，都应当去完结这种战争，去攻破这种兽行，去打倒这种战争的制造者。……

从上面，我们已经对于艺术得了一个概念，就是艺术可以传达人类相互间的感情和思想，并且可以把人类的感情和思想社会化。

但是，我们说了半天，还并没有解明到艺术的本质。以为"艺术就是人类的感情、思想社会化的手段之一"，那是布哈林（Bukharin）和普列汉诺夫的见解，那是不深刻的、没有实践性的理论。所以我们是有更进一步地去发展这个理论，重新估价艺术的本质的必要。

我们知道，我们人是"生活"在社会上的，而不是"存在"在社会上的。因此，当我们被某种感情和思想社会化了的时候，就是当我们自己的感情与思想和某种艺术所表现的感情与思想完全同感了的时候，这时候，我们就可以意识到：我们自己的感情和思想是被某种的感情和思想、某种的意识所组织了。换句话说，就是那个某种艺术是在教化了我们，是社会的地位在编成了我们对于世界以及对于其他人群的关系。这也就是说，那个某种艺术在组织了我们的意识形态，并且变革了我们的生活观念。

怎样叫做"变革生活观念"呢？这我需要解释一下。譬如现在有一个普通的穷苦的农民，他脑筋里的生活观念本来只知道拼命地种地，只希望多收获点谷子，只想求个丰衣饱食、不欠租税的日子。但是假如一旦当他的意识被"反封建反帝"这个意识组织起来了的时候，那末，显然的，他的生活观念是要起个大大的变革的。

所以在这里，我们就可以给艺术下个定义，就是"艺术是组织大众意识形态，变革大众生活观念的武器"。

这样一来，我们就可以想到：正因为艺术在本质上是教化的手段，是组织大众意识形态，变革大众生活观念的武器，所以它在阶级斗争的过程中，是自有它的重大的作用和任务的。因此在历史上，我们可以看到，随着一个阶级的勃兴，跟着也就兴起了一个阶级的文学，这决不是一个偶然的现象。

现在，既然我们已经理解了艺术是什么东西以后，那末，我们就可以知道：布尔乔亚的文学，也是布尔乔亚的武器。不过因为随着布尔乔亚的没落，所以布尔乔亚文学也在表现着一种临死的痉挛。我们现在谁都可以看到：布尔乔亚艺术家们都正在那里扬扬自得地把艺术的技术、表现的手段作为艺术的目的，大唱其"艺术至上主义"，"为艺术的艺术"呢！

同时，关于"什么是艺术"这个问题，波格达诺夫的理论是值得注意的。波格达诺夫以为"艺术是可以组织生活"的，这乃是唯心论的见解。因为无论如何，意识是不能组织实质的。不过他这个理论的影响很大，日本冈泽秀虎所编的《苏俄文学理论》里论"艺术的本质"的理论，以及藏原惟人的《生活组织的艺术论》，还有中国钱杏邨以前的理论，都是受了这个理论的影响的。另外，还有伏浪斯基（Voronsky），他因为根本上忽视了"艺术是组织大众意识形态，变革大众生活观念的武器"这一理论，所以结果他就弄出了他的"生活的认识的艺术论"。这一理论，在我们已经了解了艺术的本质的人看来，显然的是错误了的。

最后，我们必须要特别加以注意的，就是我们所说的"艺术是组织大众意识形态，变革大众生活观念的武器"，并不是否定了艺术作品的艺术价值。事实上，只有有艺术价值的艺术作品，才能够感动大众，才能够教化大众，才能够具有组织大众的意识形态和变革大众的生活观念的能力。所以，在这种意义上，新写实主义文学和布尔乔亚的文学是完全不同的。布尔乔亚文学已经是困在技巧主义的尸室之中，谈不上什么艺术价值了。而新写实主义文学呢？新写实主义文学就正是要把艺术从效力布尔乔亚阶段底榨取和娱乐底目的解放出来，努力去创作那属于大众的、有艺术价值的艺术作品；努力去培养那全人类艺术底、鲜艳的花朵底种子。

［原载《台风》（北平）一九三六年第一卷第五号（期），署名倪平］

# 能另外再找出一些吗

是在春天里了：
那从冰块里解放了的金色的小河，
那从雪堆里解放了的碧绿的田野。
然而你能另外再找出一些吗，
从那——满田野的，枯褐色的农人们底脸上？

是在春天里了：
那迎着和风的集镇头上的古庙，
那浴着春水，躺在街心里的石条。
然而你能另外再找出一些吗，
从那——拥挤在市里和空场上的，
忧郁的带着牲畜和谷物的
褴褛的人们底失望的叹息声里？
从那——许多家的，冷落的
呆站在太阳里的古旧的店铺门前？

是在春天里了：
那群扎着红脚带的孩子们底欢欣的跳跃，
那匹伸着舌头的老牛底贪婪的嚼草。

然而你能另外再找出一些吗,

从那——黏满了血汗和泥土的,在炎热的太阳底下

喘息着的黧黑的身体底艰苦的劳动里?

是在春天里了,

然而:是在什么时候呢,是在什么地方呢?

你们,来吧,

把那些糊在身上的脏污的东西打扫干净,

让春天光明起来呀!

〔原载《作家》(上海)一九三六年第一卷第三期,署名倪平〕

## 从塞维尔到格拉拿达
### ——西班牙之歌

一

在伴着
流动的瓜达基维尔河[1]底闹声
飘拂的
夜晚的微风里,

——A. 普希金

从塞维尔到格拉拿达[2],
在黄昏底薄暮里,
铁击铁响着玎珰的声调,
柔美的恋情的夜曲唱起来了。

——A. 托尔斯泰

二

从塞维尔到格拉拿达,

---

[1] 瓜达基维尔河(Guadalquivir River)是西班牙的一条主要的大河,灌溉南方一带,流入大西洋。
[2] 塞维尔(Seville)和格拉拿达(Granada)都是西班牙南部的著名的旧都。现在这两个都市都被叛军占领了,塞维尔并且是叛军南部的军事中心地。

在七月,

西班牙的人民和着自由一同被屠杀了。

在七月,

西班牙的人民被屠杀在工厂,在矿山,

在都市,

在幽静的山地,

在美丽的原野和农庄。

在七月,

在那飘扬着柔美的恋歌的田野,

在那流着瓜达基维尔河底欢乐的闹声的田野,

贵族,主教,法西斯们卷土重来了。

他们被驱使着,

他们驱使着摩洛哥兵,

白手上染着鲜红的血迹,

屠杀开始了——

浓厚的沉重的血流涂红了金色的田野,

涂红了碧蓝的天空,

也涂红了那黄金的十字架和金黄色的旌旗;

屠杀,屠杀,屠杀,

赭色的凝滞着的血泊眩晕了摩洛哥人的昏蛋的肉眼,

也呛塞住了瓜达基维尔河底欢乐的奔流。

三

从塞维尔到格拉拿达,

西班牙的人民和着自由一同被屠杀了。

在德意志的，意大利的炮火之下，

昨天还是繁盛的热闹的都市，

昨天还是自由的安静的田野，

今天是被轰炸了，被残毁了，

又被屠杀洗劫……

血的都市，血的田野……

但是西班牙的人民——

起来了：

从工厂里，从矿山上，

从森林那边的田野里，

从大河上游的山岭上，

握着锄头，镰刀，祖父时代的鸟枪；

起来了，站立在那布满弹穴的荒原上……


起来了——

回答着那些德意志的意大利的野猪，

回答着那些西班牙的人类底叛徒；

西班牙的人民燃烧起了几世纪的愤怒和仇恨，

他们燃烧起了新的天蓝色的葡萄酒的火焰，

他们燃烧起了翻覆地层的炸药和地雷；

在夜晚的微风里，

铁击铁鸣着震天的轰响，

瓜达基维尔河的流声被掩没了；

他们起来了，

在血的都市里，在血的原野上。

## 四

从塞维尔到格拉拿达,
从马德里到巴塞罗纳,
通过全西班牙,
人民大众起来了,
在血的都市里,在血的原野上,
他们——
一百五十万工人和二千万农夫,
全西班牙的人民大众,
为了人的生活,为了人的自由,
还为了人类的明天,
他们英勇地燃烧起了血的战斗。
他们——:
"不让人类的叛徒通过!"

他们,
不让人类的叛徒通过,
他们——
从一切的斗牛场上,
拿下了那石榴花似的火红的布,
缚上了粗大的旗竿,
卷裹着污脏的身躯,
招展着飞卷过一切都市和村庄,
在燃烧着的火一般的自由之歌里,

突破着炮火的浓烟前进,

前进……

五

从塞维尔到格拉拿达,

通过全西班牙,

通过全世界,

迎击着那些德意志的,意大利的贪馋的猪嘴,

迎击着那群人类的叛徒法西斯的兽行,

西班牙的人民大众——

一支冲洗一切星座的血与铁的奔流,

一伙人类底自由的儿子,

他们用血的战斗在催生着黎明的发晓,

他们在走向着全人类的胜利;

他们的队伍里有着一切国籍的战友,

他们战斗,他们歌唱,

他们在用血的战斗完成着自由的西班牙之歌。

(原载《联合文学》一九三七年第一卷第三期,署名倪平)

# 给胡风的信

胡风先生：

当你接着这两篇东西的时候，因着这个陌生的名字和突兀的举动，你会感到惊讶吧？

你是不认识我的，也许还是第一次看见我的名字，不过你的论文对于我是十分熟悉的。你的深湛的文学修养使我感触到一种亲切的印象，并且使我决定了这个突兀的举动。

这两篇东西寄给你，希望你能给我一个无情的、严厉的批评，并且我相信，你是不致于使我失望的。

《论在艺术方法上的鲁迅》这篇，去年十一月便写好了，曾寄给《作家》，十二月退还了。孟十还先生说是因为篇幅不允许。今年一月寄给《文学》，最近因无消息，写信问了两次，于是也退还了。王统照先生也说篇幅长不允许。看样子，这篇文章是很少有希望了，但是这在我这初学写作者，实在是一个不小的打击。在这个打击下，首先使我对于自己感到一种巨大的空虚，其次，对于这篇东西感到一种说不出的怅惘。

……所以我想寄给你看看，以求得到一个最后的判定。不过无论如何，一个文艺习作者是应该有力量充实自己，担负起自己的失败，改正他自己的错误的。因此，我希望你的批评是无情的、严肃的，乃至于苛责的。

《田间与抒情诗》三月里便写了，最近改了一遍。写这篇东西的动机一方面是因为杨骚先生的《感情的泛滥》里的有偏见的批评，另一方面是因为看到有许多诗人的作品完全是在理论的逻辑上构成了他们的艺术形象，而又有许多诗的习作者差不多是在下意识地模仿一些老诗人的格调。因此，我企图在这篇文里指出来：一、田间的诗独创了新形式，不惟是独创了风格、语言，而且也独创了一种表现方法，虽然还远未到完成的境地。二、在现阶段中国诗歌的发展上，田间是一个最初跃过了旧形式的樊篱的诗人。

你写过《田间的诗》，在那篇论文里展开了对于田间先生的诗的正确的全面的评价。因此，这篇东西也要麻烦你看一下。

这两篇东西也许要花费你不少的时间，但是，假若你能替我设想一下，我是怎样地把现在文学理论作家思考过来的时候，你或许可以原谅我来麻烦你的原因吧。

…………

一九三七年四月

（原载《我与胡风·人的花朵——记吕荧与胡风》）

## 在"鬼不生蛋的地方"
### ——农村抗战素描

苦蓬的焦苦的气息,微温的牛粪的臭气,新割下来的稻草的香味,溶和着润湿的泥土的气息,在收割过的寂静而又荒凉的田野上飘浮着。这一片田野,有邱陵、小河、高地、水田……是个偏僻的但是开阔的平原耕种地——这地方,按着乡下的一句土话说起来,是个"鬼不生蛋的地方"。

县城,残破而且污脏。城门圈子低矮,砖头都没落了,像是古老的砖窑的火口。街道狭隘而且泥泞。乡下孩子碰到了城里的孩子,常常是这样地嘲笑他:

远看像个癞大碗呀,

近看像个破猪圈。

围绕着这个"破猪圈"的县城,像是伸出了一条条多筋肉的粗大的手臂,伸展着好几条爬满了野草的乡间大道。在县城的西北面,有一条通达高邮湖的小河。通过这条河的汊港和多尘土的大道里,人们叹息着送出了稻、麦、黄豆、绿豆以及其他的谷物。

在这一片田野里,生活是平静而且安宁,大概将近有一个世纪了,人们没有受过兵灾的蹂躏。但是人们还是穷苦的,因为在这里,偏僻、贫苦,"鬼"是不来"生蛋"的,但是却是兔子似的住满了地主、高利贷者、贪和污的官吏,还有水灾和旱灾。

这地方,打开地图,在安徽省的东北角上,你能够找到它的名字——天长。

这是一个晴朗的夜晚。天空上，繁密的星星闪动着明亮的眼睛，田野里，蟋蟀、纺织娘沙声地唱着苍老的音调。风轻轻地吹过来，有点寒冷。

人们按着几世纪来的生活习惯，正收拾完了晚饭碗，预备钻进那污暗而低矮的茅屋里去了。

突然，在南面的天空里响出了一种沉重的金属性的响声——轰轰轰轰……

接着有一阵轻脆的机关枪的声音——嗒嗒，嗒嗒，嗒……又是一阵，枪声混乱了，密密地响着，像放鞭炮一样。

响声渐渐地近了，到了头顶上了。人们张大着嘴，用惊异恐惧的眼睛在天空上寻觅着，什么也看不见。突然，在天空上深黑深黑的处所，闪出了一点火花，火花闪烁了一下，爆开了，成了一团光亮的火球。火球响着一种恐怖的难听的钢的声音，急速地在落下来。快到树头那么高的时候，又前进了。火的尾巴上拖着一条浓重的烟柱，燃着一大片红光，轰响着，喧嚣着，斜落下去了。

在血一般的火光里，天空被惨淡地照亮了一块。乡村的土墙上映着一团团的光影，人们的衣服像血染似的红色。狗大声地吠咬着，惊慌地在人的四周奔窜着。人们带着阴暗的眼色，在火光里互相看看对面的刷了色的脸，咬着抖颤的嘴唇，回到家里紧紧地把大门关上了。

第二天，在市镇上，人群像无头苍蝇似的在乱撞着，探询着。

许老头子一早就到街上了，他碰到了一个熟人，就愁苦着脸，拖长了他那有点抖颤的声音。

"是的呀，大哥！……你看，我的儿子还要到飞机场上做工去呢!……这个小狗禽的!他还是自愿地报的名,自愿地报的名!"他摇摇他的大而多皱纹的手,"——这不是光着屁股朝火里跳吗?朝火里跳呀!"

在姜盛兴茶馆门口,一大堆人围着一个才从县城来的车夫,他把一只赤着的泥脚跷在板凳上,一只手在空中划着,得意地在演说:

"……飞机一掉就掉在县西门,"他在这里故意地停住了,向四周许多发呆的脸孔上望了一下,又继续下去了,"掉在西门外的芦滩上。轰!飞机上还有一个炸弹,就炸开了。飞机炸得稀散,人也炸得尸骨横飞:有的炸得还剩一条腿、一只膀子;有一个把肚子里炸空了。……后来在水里捞起了七只右腿,才晓得这飞机上有七个人。飞机上还有四架机关枪,县长拿了去摆在衙门里,说是当什么'纪念'。……"

"到底是日本飞鸡还是我们的飞鸡?"一个声音突然地问了。

"怎么你没有带耳朵来?这哪里是我们的飞鸡,说了半天了!"一个人自信地大声地回答他。

"日本的鸡!"

"我们的鸡!"

"日本的!"

"东洋的!"

"这是日本的,东洋的飞机!日本就是东洋!"车夫大声地喊着,轻蔑地站了起来,"真倒霉——跟你们……说到晚也弄不明白,我还是趁早赶我的大路……"

车夫在桌下一把抓起了帽子,人群渐渐地散了。一个老太婆在人丛里像祈祷一般的叫着:

"阿弥陀佛!这是观音老母,大慈大悲的观世音菩萨救的天下。

她用手把飞鸡一托,托了落在芦滩上,连人家稻子都没有糟蹋,阿弥陀佛!"

从街的另外一头,穿过一堆堆挤挤的喧闹的人群,花白头发的老地保敲着一面破锣走过来了,他用他那粗而哑的嗓子大声地喊着:

"乡下老百姓的钱粮赶紧完呀——国家要用呀!不完九月十六就要出差啦!……"

刚刚安静一点的人群又骚动起来,一个保长被围住了,许多声音问着:

"飞机场的事怎么说法呀?"

"听说又要抽壮丁了,有这句话没有?"

"抽去的人上不上前线呢?"

"救国公债,救国公债,"一个尖的声音喊了起来,"……又是怎么一回事呀?"

保长把两只手举在头上,手和头一齐拼命地挡着:

"我不知道,我不知道,诸位……请到区公所里去!"

人群分散一下,又在街角上团聚起来了,这回围住了一个过路的年青的学生。许老头子弯着腰站在他前面,很恭敬地把头伸过去:

"请问你先生,飞机场到底……到底……"他的手慌张地摸摸胡子,干咳了两声,"到底是怎么个说法呀?我的儿子……"

他的话还没有说完,人们向着学生喊了:"先生,你不要理他——这老头子是个废话篓子!……"

"先生,现在外边闹得怎么样了?"

"真弄不明白日本什么事要跟中国这么打法呀?"

"我们这一国的人马'全付'出动了吧?……到底能不能打胜东洋呢?"

"唉唉，不得了呵！……先生，你还出外去吗？不危险？……"

"…………"

初中毕业的年青的学生很想演说几句，但是完全慌了。他记不清他们问了些什么，他把手扬了一下，红着脸，把他的校长讲过的几句老话重复着说。

（"诸位！日本侵略中国，中国的抗战是神圣的——中国不行，就要被它灭了。中国就打得剩了一兵一卒一寸土，也要跟它拼个死活！诸位，我们都是中国人，应该拿起枪来保护我们的国家，国家败了，自己的家乡也保不了。——我们大家一齐齐心干，一定能够打胜日本的，一定能够打胜日本的！……"）

学生的演说还没有完毕，人群便渐渐地散开了。真的，这些话对于他们是很没有兴趣的。

"'一定能够打胜'——光靠嘴说就行了吗？"

"'人民拿起枪来保护国家！'——枪呢？有人抓起枪来还不晓得是那头放呢！"

"唉唉，这也是真的呀——国家败了，家也保不了……"

"还不晓得要闹到什么样子呢！天下要大乱了……"

"…………"

人们议论着，叹息着，渐渐对于这个问题失掉兴趣了，把粗大的手掌遮在额头上看一看太阳，快到中午了，是下市的时候了。走出了街头，看见了广阔的田野，人们开始想着：到了种麦的时候了，这一切的飞鸡和日本，都滚他妈的蛋吧！

在人们的生活里，这个骚动糊糊涂涂地平静下去了。虽然在这"鬼不生蛋的地方""鬼"来"生了蛋"，并且这个"鬼"和人们听着祖宗传说的"鬼""全不相同"。这个"鬼"——凶残、酷虐、野蛮……全然是个贪残的狼一般的兽类。以后也许"鬼兵"亲自到来，不但带着"蛋"，而且带着枪炮、奸淫、屠杀……但是人们不知道，也没有人告诉他们，于是也就不去想这些了。

在"鬼不生蛋的地方"田野是平静的……

一九三七年十月

［原载《抗战周刊》（汉口）一九三八年第一卷第十七期，署名倪平］

集外文存（一）

# 北平之夜

**时间** 一九三七年七月二十九日。

**地点** 北平。

**人物**

李淑英　二十余岁，一个热情的坚强的女性。

李淑贞　约二十岁，一个软弱的年青的知识分子，女性。

李姨太　约三十岁，一个典型的姨太太身份的女性。

张　筒　二十余岁，北平西山游击队队员。

孙家荣　五十余岁，高等汉奸。

王　妈　仆妇。

浪　人

汉　奸　甲，乙。

**布景**

一间中式建筑、西式布置的客厅。客厅偏左的地方放着一张桌子，上面铺着绣花的桌布，还有一些摆饰的东西。客厅里分放着两张沙发。左首有一道通卧室的门，右首有一道出入的门。

**幕**

一个晴朗的静肃的夜。客厅里笼罩着一种柔和澄静的光。淑贞坐在桌子旁边写信，姨太抱着手坐在沙发上，沉思着什么事情。

炮声突然响起来，轰轰，隆……轰隆，轰……淑贞放下笔，姨太不安地站起来。

姨　怎么炮又响起来了！

贞　好像这炮声离城并没有多远。

姨　宋哲元不是走了吗？还打什么呢！（坐下）……唉，孙老伯怎么还不来！他来还可以问他点消息。

贞　孙老伯！哼！今天我看见他神气十足地坐辆汽车进东交民巷去了，汽车上插着个日本旗子，还问他什么消息！（气愤地拿起笔来）

姨　汽车上插个把日本旗子算个什么事呢！他也许为了什么事情非这样子不可呢！只要不是汉奸……

贞　不是汉奸，你瞧着吧！

姨　（生气地站起来）你们这些学生都是这么浮躁，动不动就说谁是汉奸、卖国贼！孙老伯跟你爸爸是顶好的朋友，我还不知道他？孙老伯真是个做大事业的人……

贞　做大事业！我听姊姊说，是成天地跟在松井屁股后头，作揖打恭的！

姨　松井是日本大使？

贞　日本武官。

姨　你别听你姊姊的鬼话。孙老伯会跟一个武官作揖打恭吗？要是大使……（突然收住了）

贞　你根本不懂，日本现在是法西斯蒂政权，大使都得听武官的吩咐！

姨　唔，你别听你姊姊的瞎说，你姊姊的思想很有点左倾呢！

贞　这是什么左倾呢……

姨　（走近贞，亲昵地）淑贞，你得留神点儿你姊姊的行为，你看：她一早上就出去了，一直到现在没有回来。现在学校里的学生，党派花头真多着呢！在这个时候，可真得留神。

贞　（不耐烦地微微点头）唔，我自己知道。不过姊姊……

（王妈端两杯茶上）

王　呵呀！刚刚街上一阵大乱，有人说日本兵进城了，一股风都跑起来了。铺子忙着上门，汽车洋车乱撞……真吓人。大小姐怎么还不回来，晚饭也不回来吃。

姨　谁知道！

（隔室电铃响）

王　（放下茶）怕是回来了，我来瞧瞧。（下，淑英入）

英　你们都没有出去！（把提包横在沙发上，自己重重地倒下去）唉，我真难过透了！头痛……

姨　小姐！你怎么这么晚才回来，街上马上就要戒严了！

英　哼！还戒严，还戒它什么严！现在北平是平安城，你知道吗？大街上麻袋全撤掉了，战壕也填平了；还戒严！……淑贞，我真难受！

贞　姊姊，安静点儿，别太兴奋了。今天的事你说谁不急谁不惧呢？但是这样又有什么用呢？

英　没有用，是的……你在写什么呀，现在还有心情写信吗？

贞　写给哥哥。

英　到南京的信还想寄吗？别做梦了！现在什么路都不通，平汉、津浦、平绥都断了；北平就是个死城，等待着敌人的宰割了！

贞　姊姊，你安静点儿吧！（炮又响）你听，炮又响了。

英　（跃坐起）又响了！要是中央军反攻就好了！先前就响了一阵呢。（倾听）这炮声多近呀！快攻进北平来吧，越快越好！

王　（王妈上，端茶给淑英）小姐，你歇歇吧！没有事在家里歇歇好，出去多惹气，着急，还冒危险。街上真乱呀，刚刚……

英　又来了，讨厌！我不要听。

姨　（教训地）小姐！这也是为你好呀。你想想，成天就忙些什么募捐呀，慰劳呀，这有什么用呢？忙着忙着北平丢了。再说，忙这个的人还多着呢，也不光靠着你一个。你要在街上遭个把流弹，谁管得着！……

英　（不理她，向着贞）几点钟了？

贞　八点十分。

英　（拨手表）表不走了，日子过得这么慢！（站起来，燃着一枝烟，绕着桌子走了一转）烟这么苦！

贞　姊姊，你不是头痛吗？干吗还吸烟呢！

英　不吸，不吸更痛了！……你想，只要是个有热血的中国人，他这个时候怎么忍受得了。（沉痛地）四周全是武装的凶残的敌人，我们被包围在正中间……他高兴怎么处置你就怎么处置你……亡国奴的待遇马上就要来到了！

姨　（冷冷地）我就不相信日本人会怎么样，首先张自忠就是宋哲元手底下的人，还有江朝宗、潘毓桂、你孙老伯他们听说都出来了。只要我们安安稳稳地守在家里做老百姓，他难道会……

（隔室电铃响，姨太兴奋地站起来）

姨　大概是你孙老伯来了！……

王　（入）门口有一个姓张的，说是这儿的亲戚，要找小姐说话。

姨　（失望，生气地）姓张的？叫什么名字？什么亲？（王妈默然）怎么不问明白了？

英　谁呀？就请进来吧。（熄掉烟）

（王妈下，张简入，姨太、淑贞起立）

张　请问那位是李淑英小姐？

英　我……

张　（谦恭地）哦，你恐怕不认识我。我叫张简，家父是张禀城，令尊是我的姑父。

英　哦，哥哥前回跟我提过，那是表哥了。请坐吧。（介绍）这是姨太太（张半鞠躬），这是舍妹淑贞（张半鞠躬坐下）。

英　（向姨太解释）这是大舅舅家的表哥，他们也住在南京的。

姨　（点头）哦！

英　舅舅舅母在家都好吗？怎么不上北平来玩儿呢？

张　托福，托福。家父本来说要来的，后来因为家母有点病，所以没有能来。

英　表哥到北平来是……

张　不，我在这儿读书，就在北京大学。因为到北平来之后，听说姑父去世了，不知道府上是否南迁了，学校里的功课又忙，就没有来过，真是抱歉极了。

姨　北京大学就在沙滩吧，那离这儿不远呀。

张　（谦恭地）是的，是的，很近。

英　表哥在学校里，可听见些什么消息没有？

张　也没有什么消息。昨天夜里的事变实在太突然了，一直到今天早晨我们才知道。学校里的同学都打算要走……

英　走？车还通吗？

张　起先听说平绥路还有车到门头沟，后来也不通了！

姨　（插入一句）今天傍晚不是各城门都关了吗？现在那儿也走不通了。

英　表哥住在学校里，不要紧吗？……

张　是的呢！……今天学校里就派人通知过我们，叫我们赶紧自己想法子走，学校不能负责保护我们的安全。所以……所以现在到这儿来，想在府上借住两夜，一等车通就走；不知道……

姨　（踌躇地）这……我们家里全是女眷……

英　（正义地看着姨太）可以的！姨太，把我那间房子腾出来好了！在现在这个时候……

贞　（同情地）这个时候，学校里真是危险，表哥搬来要好一点。

张　（感谢地笑）真的，谢谢了。不必让房子，客厅里地板上也可以。真的打扰……

英　没有什么，你今天就来住吗？

张　（起立）是的，想就搬来，我现在就回去拿东西，很少的东西，一床毯子，一个箱子。

英　好吧，表哥顶好早点来，现在天已经晚了。

张　马上就拿东西来，真的打扰……再见。（张下）

姨　（抱怨地）淑英！你不想想，现在是个什么时候，留个大学生住在家里！

英　怎么，这难道不应该吗？他是我们的表哥，我们就能让他住在学校里冒生命危险吗？

姨　话不是这样说的！这个时候和平常不同，我们自己还怕顾不了，那能去顾别人。假如连累了我们呢！

英　他是一个强盗吗？（尖声）他是一个汉奸吗？他是一个大学生，一个中国人！中国人要死一起死！

贞　（把信纸、信封都收拾起来）姊姊、姨太都别说了。表哥不说通车就走吗？也住不了多久的。

姨　（气忿地）岂有此理！在家里我都做不得主了。住不了多久！

好，今天晚上有人来查我看怎么办！你们要是留下他住，那我马上搬走，让你们……

（客厅里沉默了一会，英、贞互相看看，没有说话）

姨　（起立）好吧，我搬出去，我让你们！

（孙入，夹着皮包。英、贞都起立。姨太本要走进卧室去，停住了）

孙　你们府上好冷静呀！一进门一点声音也没有，我以为你们都出去了。哈哈哈。

姨　（突然转变笑容，谄媚地）哦，孙老伯来了，怎么这个时候才来呀！没有您来，怎么会热闹呀！

孙　哈哈，我老头子倒是到处都随和的！

英　（勉强地笑）是的呢！老伯今天奔跑得很辛苦了吧。

孙　（坐下，奸滑地）没有什么，没有什么！现在这个局面，谁也不敢出来，他们硬推我的。为了北平一百五十万的民众，我也只好硬着头皮跑跑了！哈哈哈！

英　那末，现在打算怎么样呢？

孙　怎么怎么样？

英　怎样处置这一百五十万束手待缚的民众呢？

孙　嗳嗳，这是什么话！

姨　淑英，你还让孙老伯休息会儿，一谈就是国家大事，真叫人头痛！

孙　哈哈，谈谈也好，闷在肚里也不好受。哈哈哈，谈正事吧，你们打算怎样呢？

姨　（走近孙，故作娇态）怎么怎样，你快告诉我们，有些什么消息呀！

孙　消息呀——明天早上日本兵恐怕要进城，今天夜里就不平安！

你们府上全是女眷，顶好是搬到舍下去。（虚张声势地）这真的危险呀！我告诉你们，浪人比日本武官都难对付，什么事都做得出来！

（王妈入，送茶）

姨　王妈，孙老爷要我们搬到他家去，你看呢！

王　那自然好了！（对孙）有您老人家，真是什么事都没有了。前些时要是搬到南京去……

孙　是呀！你们大少爷又远在南京，我跟你们老爷是世交，怎能看着你们冒着危险呢！大小姐，你看怎样呀！

英　谢谢您，老伯，我想我们在这儿还可以住……

孙　嗳……小姐！你全不明了事态的严重性！我老实告诉你，现在街上的警察都挂着个空手枪盒儿，枪械全被老宋带走了！现在不说别的，来一个强盗你们都没有办法！

英　我不想搬，淑贞，你呢？

贞　我想这条街上住的不止我们一家。并且孙老伯的家里就绝对安全吗？

孙　嗳……你完全不懂我的……（突然收住）我的意思……（电铃声）这是谁来了？

（王妈下，稍停，张简入）

英　我来介绍，这是孙世伯家荣，这是我的表哥张简。

张　孙老伯。（半鞠躬，放下皮箱、毯子）

孙　请坐。张世兄从那里来？

张　从学校里来，今天想暂住在表妹家里。

孙　（点头）呵呵，贵校是……

张　北京大学。

孙　（威吓地）现在这个时候，你们大学生要沉静点儿好。

英　表哥，孙老伯是"地方治安维持会"的一位委员呢！

张　呵，失敬，失敬！老伯的维持治安的方针是……

孙　（官僚架子十足地）这——就是维持地方治安的意思！

张　对于北平的民众预备怎样呢？

孙　当然是保护民众！正因为这样，（咳嗽一声）我们要肃清蓝衣社和共产党！蓝衣社和共产党同是帝国主义的走狗、地方的反动分子、人民的公敌……

张　（紧接着）对于日本人怎样？

孙　呵，那这……那这……有办法的！现在的"冀察政务委员会"办不了的问题我们都可以办！……

（炮声突然轰响起来，连续了很久，房子里沉默了一会儿）

贞　炮又响了。

英　（激奋地）越响越好！

贞　孙老伯，这炮声是中央军反攻吗？

孙　哈哈哈，你可真是孩子！日本好几万大兵，就容南京的军队攻到这儿来吗？日本武官说，要在一星期之内把他们全驱逐到黄河以南去！这炮就是正在肃清残余的炮声。哈哈哈，宋哲元昨天乱发了一气号外：丰台克服啦，廊坊克服啦，通州克服啦，还有中央飞机助战啦……把你们这些孩子骗得都快疯了！

张　孙老伯，对于日本军队占据中国领土，轰炸屠杀中国人民，这个治安维持会怎么办呢？

孙　（得意地）这个问题可大了！你要知道：南京这次进兵河北，是根本违反"何梅协定"的。破坏协定的事，这个责任应该由南京政府负担，不能怪人家日本人，治安维持会也无话可说呀！

英　（痛苦地绞着手）孙老伯，今天您和松井一定谈得很得意吧！

孙　（闪避地）嗳嗳，我见松井也不过为了外交上的事情，外面的许多流言都是靠不住的。

英　外面对于老伯也倒没有什么流言！不过听说有好多人跟松井磕头作揖的，想争得卖国的领导权，老伯今天在松井那儿可看见没有？

孙　（狼狈地）这倒没有！

张　孙老伯，听说日本兵明天要进城，并且听说一位"地方治安维持会"的委员为这个事挨了松井一个耳光，这是真的吗？

孙　这倒没有听说……（故作惊讶）日本兵要进城，这消息你们学生怎么就知道了！

英　（冷冷地）唔，中国人并不全是汉奸！

贞　（不能容忍地）只要几个汉奸就够了！要不是张自忠叛变，北平怎么会失守！

孙　（窘急了，仓忙地站起来）是的，是的！……唔，我还有点要紧的事情，我失陪了。你们不肯搬，那就再谈吧。（转向姨太）姨太太，我看您劝劝两位小姐吧！

姨　（也站起来）孙老伯，我已经决定了。我刚刚和她们说过，她们要是（看看张简）不……不走，我搬出去让他们。您府上怎样呢？

孙　（惊喜地）呵呵！那这样也好，您先到舍下去住，改天再来接两位小姐，那我门口有汽车！

英　孙老伯，祝您伟业成功！

（孙匆忙下，姨太跟着）

贞　（感情激奋地高声叫着）汉奸！奴奸！汉奸！……

张　（急忙拦住她）表妹，他听见了！

英　还有这样的汉奸！（咬牙）这简直那里是人说的话，连做一条中国的狗都不配！

贞　听见还不是听见！姊姊，我的感情压制了一天了，我从来没有这么难受过！我……（兴奋得哭泣起来）

张　是的，谁都是这样的。昨天是疯狂般的欢喜，今天就被悲痛打击到地下去！今天当我出西直门的时候，看着那映在明朗的太阳光里的辉煌的城楼，想起"九一八"沈阳事变的情景，禁不住要流下泪来。

英　"九一八"的时候你在沈阳吗？

张　是的，那时候我在冯庸大学，经历了两度亡国的惨痛的人，是更悲痛的。

英　悲痛，悲痛并不能扼杀了我们！屠杀也不能屈服我们！我们要坚强地生活下去！

（抱着头坐在沙发上，室中沉默片刻）

英　（从皮包里拿出烟来，向着张）你抽烟吗？（张拒谢）对不起，我要抽了。（起立找洋火，看见了孙家荣的皮包。提起来向姨太的房间里扔去）咦！把皮包丢下了！狗的东西，滚到一堆去！

贞　姊姊，你别抽了！你看，快十二点了。今天夜里你又要失眠了！

张　表妹，我们现在应该理智点，要用理智克服我们的感情。

英　是的，但是我……

（客厅门外有一阵大声呕吐的声音，客厅里的人都呆着了，接着有一阵斜乱的脚步声）

英　你听，是谁进来了！

贞　该死的，王妈忘记关门了，这恐怕……

张　别忙，你们静静。(走到客厅门口，大声)谁呀！……是谁？
　　(一个喝醉了酒的浪人歪歪倒倒地进来，汉奸甲、乙跟着，浪人向张简脸上望了一会)

浪　(用力打了张简一个耳光)"扒狗"，亡国奴！(张简退了一步)你嚷我的什么？

浪　(正预备掏出手枪来，忽然看见淑英、淑贞，脸上露出了兽欲的狰狞的笑)哈哈，有这么好的！哈哈哈哈。(向着她们走去，张简要上前拦住他，被两个汉奸抓住了)

奸甲　不许动。

张　(挣扎)你们是些什么人？你们要做什么？

浪　(挥手)带他进去搜查搜查去！
　　(汉奸甲、乙拖张入卧室，浪人向淑英走去，淑英紧倚着沙发站着)

浪　(斜着眼，招招手)来！来！(向淑英进一步，抓着淑英的手。淑英抽脱手，打了浪人一个耳光)

浪　(忿怒地嚷着)唔唔！(一拳，淑英被打倒在地上，浪人又打了两拳，踢了一脚，转身向淑贞走去)

贞　(紧倚着墙，抖颤、惊慌地叫)救命，表哥！

浪　(露着牙齿笑)叫的什么！(抱淑贞过来，按她在沙发上，浪人挨着她的肩膀坐下去)

贞　(挣扎，尖声地叫)你……你……
　　(汉奸拥着张简从卧室里出来，张简鼻子被打出了血。汉奸乙反缚着他的手，汉奸甲拿着孙家荣的皮包)

浪　(看见张进来，不愿意地站起来，凶狠地看着汉奸甲、乙)干什么的！

奸甲　(谄媚地)大尉，这是个反日分子！搜到一皮包文件！

浪　拿来看看！

（汉奸乙抓出皮包里的东西，几张名片掉下来）

奸甲　（拾，读）地方治安维持会委员孙家荣（惊讶地叫出来）哦，呀，孙老头儿的皮包！（转对张）孙家荣是你的什么人！

张　亲戚。……

奸甲　呵，那……（向着浪人，媚声地）大尉，我们弄错了，这是孙家荣的一家人。

浪　（怒）谁的孙家荣，怎不弄清了？（给汉奸甲一个耳光）"扒狗"，亡国奴！

奸甲　（卑贱地笑）大尉，松井武官的孙家荣，您看这片子。

浪　（勉强地）松井的？哼，看松井的面子……（扫兴地）那末，去吧，前去！

（汉奸甲、乙引浪人下。客厅里死一般的静默。张简反缚着手，呆立着。贞伏在沙发上啜泣，英勉强支起半身来，因为软弱，又跌在地上）

英　（挣扎着起来，痛苦的声音）我们，我们只有死了！

张　（惊觉，猛力挣脱了绳子）淑英，不要……不要这么说！……

英　（扑到淑贞坐的沙发上，抱着她）妹妹！（淑贞大声地哭起来）妹妹，不要哭！这不是什么个人的羞辱！现在全北平的妇女都在等待着这样的遭遇，比这更残酷千百倍的蹂躏。这羞辱是加在整个的中华民族身上的！妹妹，止住吧！我们要复仇！（歇斯迭里地）我们要复仇！……呵，我要爆炸了！（沉默了一个很短的时刻，突然想起了什么似的，看手表，转身向着张简，兴奋地跳起来）呵呀，张简，时候不早了，已经十二点半了！

张　真的么？那我应该走了。

英　不，张简，等等我，我要和你一道走！

贞　（惊惧地抓住淑英）走？姊姊，往那儿走？（看看张简，转对淑英）怎么，你以前认识表哥吗？

英　（为难地）妹妹，你……

张　淑贞，我要……我要老实告诉你，（看看淑英的眼色）我姓张，但是并不是你的表哥；我和你的姊姊是认识的。今天我们得到消息，说汉奸要搜查我那个公寓，所以我只有搬到府上来借宿。（沉静地）我……我是西山游击队的队员，明天日本兵就要进城了，我们决定今天夜里一点钟在东城角爬城出去。（看表，看看英）现在十二点四十分了，我要走了。

英　（走向张）张简，我也要去！

张　（拒绝）不，淑英，你不能去。

英　（激奋地）不能去！什么理由？你说！今天武装部发给你两枝枪，为什么我就不能拿一枝！我是女人，但是并不怕死！

张　淑英，你……（突然有枪声，张一惊）呀！恐怕已经发生什么事了！那你……（严肃地）你真有牺牲的决心吗！

英　（冷静地）现在还有什么不能牺牲的，你说吧！

张　好！那你也去吧。他们一定在等着我们这两枝枪去帮助他们……（急忙打开箱子，拿出两枝手枪来）

贞　（抱住英，恐慌地）姊姊，你要去干什么？……

英　（安慰地）妹妹，别怕，我们要分别了……你应该欢喜，我们可以复仇了。去杀我们的敌人！……妹妹，你也跟着我们去吧！

贞　姊姊，我……我行吗？

英　（高兴地）行，怎么不行！妹妹，一齐去干吧！这一切的仇恨和羞辱不是用泪洗得净的，而是要用血来洗的！

贞　姊姊！……

张　淑贞，现在不是迟疑的时候了。我们只有用血和肉去和敌人拼命。在现在，每一个中国人要是不英勇地拿起枪杆来，那就只有任着敌人来屠杀了。

英　妹妹，走吧！

贞　姊姊……（要说什么，又忍住了）让我想想……

（枪声）

张　淑英，走吧！不能再迟了，我们要误了大事的……（藏好枪，走向门口）

英　（拥抱贞）妹妹，永别了。不，会再见的！当我们打退了我们的敌人的时候，我们再见！

张　（在门口）淑贞，我们希望将来在战场上再见！

英　（藏好枪，跟着走到门口，坚决地，扬起手）妹妹，再见！
（张简和淑英下。淑贞迟疑地绞着手，在厅里乱走了几步，又死一般的站定了。眼睛焦急地望着前面，痛苦和疑惧咬噬着她的心。突然一阵炮声响起来）

贞　（突然向着门口跑去，高声叫着）姊姊，等等我，等等我，我也去！

（幕急下）

（原载《战地》一九三八年第一卷第一期，署名倪平）

# 北中国的炬火

一

黎明。杨国材悄悄地牵着马走出了村子。太早了，盹睡着的村庄还没有醒来。澹淡的薄暗的晨光映着村子前面的白杨林子，现出了一片黑渗渗的蒙眬的阴影。零落的鸡的鸣声，仿佛是一根松弛了的金属性的琴弦，在冷寂的打麦场上悠扬地摇颤着。

马不安地踏着蹄子，那是一匹毛色难看的黑色的劣种的马，秋天的寒冷的气流使它兴奋起来，它大声地响着黏着干草料的鼻子，头摇摆着……

"吓吓，畜生！——"

杨国材含糊地喝着马，用手摸着他那付混沌的无光的像羊眼一样的眼睛，终于一颗灰黄色的米粒一样的眼屎被他弄下来了，他放在手里捏了一下，就揩在他补满了补钉的蓝布褂子上了。

"唔，就会好起来的！——队长同志的话：就会好起来的！……他妈的女人居然也明白过来了！这真……这真是见他奶奶大头鬼的事呢！……"

杨国材想着想着，高兴起来了，禁不住在他自己的大腿上拍了一巴掌。……自从他加入了游击队之后，每逢他回家一趟，临走的时候他老婆都是哭着，闹着，拖着的。但是今天他老婆躺在床上，用一种平淡而且安静的声音说："唔，又走了吗？……走吧！"

"她已经明白过来哩！……嘿嘿，你这王八×的畜生！你得什么蹄子呀！"

杨国材当整理马鞍子和缰绳的时候，又一遍地充满了喜悦地想着。他抚抹着马颈上披下来的柔软的鬃毛，像一个孩子一样，支着嘴，露出了黄臭的牙齿笑了。在他的下巴上，一道昨天夜里印下的口水的水痕，冷冷地闪着一种暗灰色的光渍。

杨国材弄好了鞍子、扎口、肚带，预备上马了。他像平时一样的小心，把手伸进那条束在腰里的布兜子里去，想摸摸那封游击队的信。……突然——他呆住了。他那粗黑的马蹄一般的手在兜子里像捉兔子一样的慌乱地摸索着，乱抓着，几乎抖颤起来了。那封信，那封用坚硬的白纸做的洋信封子装着的信不在兜子里了。他像木鸡似的站着，一种惊慌失措的焦急的痉挛歪曲着他那张污脏的脸，显出异常难看的要哭的可怜的神情。

"我×死她奶奶这婊子养的！这烂货！她……她骗了我。……"

杨国材立刻一切都明白过来了，暴怒地骂着，挥着拳头，飞一般地向村子里跑着。

他跑进门的时候，他的汹汹的沉重的脚步声把他老婆惊吓住了。他的老婆像是一颗瘦瘠的田地里长出来的麦子一样，黄瘦而且矮小。她正坐在床面前的破桌子旁边，用一把满积着油垢的木梳子梳着头发。

杨国材气急地冲到她面前，轮起了他那羊一样的眼睛，对着她的脸嚷："你……你跟老子玩这一套！你简直想要老子的命！你……你跟我拿来！"

"拿？拿什么？"

"拿什么×奶奶！你别跟老子装蒜，就是那封信！拿来！"

"什么信？我……"

"狗×的！你拿来不拿来！……"

杨国材暴怒起来，吼叫着，抓住了她的蓬乱的黄毛一样的头发。她突然跳起来，两只瘦而多骨头的手死命地紧握着小褂子的口袋，想挣脱身子，尖声地叫着：

"你干什么！……"

杨国材一句话也不说，从她的口袋里把那封握成一团的信抢过来了。她拼命地扑过来，头在他的胸脯上顶撞着，嘶着声音嚷：

"你……你就不想想我，想想孩子！又是替他们什么游击队送信了！又是……你倒不如让我死了吧！让我死了吧！"

杨国材凶猛地把她推倒在床上，向着地下吐了一口吐沫：

"×你奶奶，要死趁早死，等日本鬼子来再死就嫌晚了！"

"我就死！我就死！反正迟早都跑不了。……我就可怜我的孩子！我的孩子！你好命苦！……"她伤心地抽噎着，抱住那受了惊吓的一岁的孩子，悲痛地大哭起来。

杨国材在屋里站着。他的颊上被她抓破了一条血痕，他的手指抖抖地揩掉了血。他的忿怒和勇气突然都失掉了。他有点困惑地看着那从高粱杆子编成的窗棂上射进来的，照在她那惨淡的黄色的脸上的昏暗的光线；最后他挥了一挥手，把皱成了一团的信小心地舒展开了，放进了兜子，从地上拾起了那顶焦黄了的旧草帽头子，扑掉上面的尘土，向着门口走去了。

在门口他跳上了马。他的脸阴沉着，在暗淡的晨光里，蒙着一层憔悴的浓暗的影子。他忿忿地拉着缰绳，马跑起来了。在白杨林子边上，他回过身来向村子看了一眼；他看见从那倒塌了的土屋的墙角上,他的老婆抱着孩子向着他在跑过来,她的矮小的身子不稳地摇摆着,像是一只被追赶着的母鸭一样。

他模糊地听见她的绝望的带哭的喊声:"国材!你不能走!……你不能走!……"

他的心突然地软了,他大声地向着她喊:"我——还回来的!……"

八月的风吹着,卷着他的喊声和尘土,向着广大的田野飘去了。马驰出了密林,在乡间大道上跑起来了。

在他前面,远远的,在那一片苍然的深红色的高粱的大野上,绕着雄伟的远方的蜿蜒的山岭,升腾起了烟一般的乳白色的潮湿的雾霭。……

"起雾了,×他奶奶的!……"杨国材用一种他自己也听不清楚的声音,喃喃地骂着。

二

杨国材到了游击队驻扎的村子的时候,已经快到吃早饭的时候了。

司令部里正开着干部会议,低矮的狭小的土屋里迷漫着一种土制的强烈的烟草气息。小队长和政治指导员有坐的,有站的,乱七八糟地挤满了一屋子,嘈杂的喧哗和喊嚷时时涌起着。杨国材走进去的时候,一场激昂的辩论刚刚开始,谁也没有注意他。

多胡须的麻脸的小队长王得标像一根白杨树那样挺直地站着,他皱着浓密的眉毛向屋子里的人望了一转,突然捏着拳头向大队长李成嚷着:

"要是像这样子！俺王得标是干不了的！……俺王得标决不吹牛！俺在二十九军干过八年，兵也练过几百几千，可是像他奶奶这样子，俺是干不了的！……你看——俺们那些队员同志！……怎么'疏开'，怎么'攻击'，怎么'防御'，怎么……他奶奶的，这一套已经说得和狗屁一样的臭了！可是他们呢！——一出到操，就像找不着窝的小鸡似的到处乱跑！……俺这个队长，就像个田鸡一样，只能张着嘴叫唤叫唤！……稍微狠一点儿就要批评什么官僚主义，他奶奶的什么主义！……"

大队长李成不知道是被烟气呛着了，还是听得不耐烦了——因为王得标这几句话已经说过两遍了，他咳嗽了一声，用沙哑的嗓子静静地问：

"你说完了么？"

"完啦！这就完啦！他奶奶的——"王得标又转过身来向着新加入游击队的，戴白铜框子眼镜的政治指导员金如松嚷，

"他奶奶的你那一套什么'主义'，俺王得标不懂那些！俺是个老粗！——没有进过学堂，没有念过洋文，没有戴上他奶奶的驴罩子！……"

屋子里的人都哄笑起来，嘈杂的人声里几个二十九军的小队长还嚷着什么。金如松的瘦长的脸上像被打了一拳似的，一直红到了耳朵根子，他被这种粗鲁的难堪的戏辱激怒起来，但是他还保持着他的声音里的平静的腔调：

"驴罩子！——王同志，请你解释解释这是什么意思！……我刚才说你犯了消极的失败主义的错误——事实上正是这样的！……——队员同志的不努力，应该说服，应该批判，甚至于提出来公开地议决惩罚；但是我们自己决不能消极下去，而且决不应

该这样！……并且，我们大家都是抗日的弟兄，抗日的同志！我们……"

金如松在学校里演说惯了，说话的时候常常把手一上一下地挥动着，做着姿势。这姿势，他的眼镜，他那腻人的像是吹着一种使人不愉快的笛子似的声音，文绉绉的腔调……这都是王得标看不惯的，他激忿地接着嚷：

"够了！够了！你那一套'抗日'俺们谁还不知道？俺们二十九军的弟兄们走高粱地里跑出来跟诸位干游击队，不是为了'抗日'是为了什么？……俺们不是像狗一样讨饭吃才来的！……"

王得标的话被打断了。一阵喧哗的鼓掌和叫喊嚷闹起来：

"对啦！对啦！——王麻子很有一套哩！"

"咱们不是像狗一样讨饭吃的！"

"王麻子！说下去，说下去呀！"

"…………"

李成用拳头跟搥鼓一样在桌子上打着，好容易喧嚷平静下去了。他用那锐利的黄色的眼睛看着王得标的脸：

"王同志，请你不要说不相干的话！你还有什么意见没有？"

"这怎么是'不相干的话'，队长同志！"王得标平常是很有点惧这位队长的眼睛的，但是今天他被大声的鼓掌和二十九军的光荣弄得兴奋得糊涂了。他得意洋洋地嚷：

"……俺们二十九军的弟兄们人不多，可是都是干的脚色！……俺们不懂什么错误，什么'主义'！……俺们，俺们大家要是意见合不来，俺们谁也不要勉强谁——俺们是各干各的，各走各的路！……"

王得标的话停了一下，他觉得他的最后的一炮已经放了出去，可以收场了。他向着二十九军的小队长们看着，等待着再有一场鼓掌和叫喊来跟他助威，但是他看见屋子里乱糟糟的人群突然静下去了，所有的眼睛都惊愕地、紧张地注视着他，屋子里一点声音也没有。一道早晨的太阳光从他面前射进来，地上的灰色的尘土的微粒和蓝色的烟草的烟气在金黄色的阳光里飞腾着，跳跃着，眩惶着他的眼睛。

王得标被这意外的严肃的沉默打击倒了，他知道他的话里一定有了什么跟大家不合适的地方，他突然感到狼狈起来，几乎是惶惑地、慌乱地说："俺……俺王得标是兵士出身的老粗，俺……俺演说是干不来的！……俺的意见是——队员同志像这样子俺干不了的！……像俺们队员同志杨国材，昨天派去接消息去了，一直到今天没有回来，那这不是昨天晚上到家里困老婆去了！军队上的连络员能这样子吗？这就是俺们那些队员同志！这……"

"杨国材在这里呢！"谁的声音喊了。

杨国材一进门就想不使人注意他，他远远地贴着墙角站着。听见王得标把他的名字提出来了，他觉得屋子里所有的人都看着他；因为慌张和羞愧，他的污脏的宽大的脸红得像充血的猪肺一样。他昏乱地摘下了那顶破旧了的草帽头子，低着头走过了人群，他胆怯地向着李成走过去，手指笨拙地、用力地在卷着草帽的边子。

李成从杨国材的手里接过了皱得像纸团子一样的信，用他那黄色的老鹰一般的眼睛严厉地看了他一眼。李成看见杨国材的眼睛惶恐地低下去了，他觉得这已经够了，没有说话，把信拆开了。李成第一眼就看见了信里夹着的一张译成中文的日本军队的命令：

大日本华北驻屯军密令第九号

……为彻底一鼓扫荡威胁北京城之匪军……令冈田联队由南口向南挺进，藏本部出北京进击西郊，宫崎联队由涿县北进侧击，务期围剿歼灭，光荣皇军威誉。……

读着信的时候，李成的手不自觉地抖颤起来。他把矮壮的坚实的小牛一样的身子紧靠着桌子站直了，他那沙哑的喉咙竭力高声地一个字一个字地喊着，仿佛是从锈了的铁块上敲出来的声音一样：

"同志们！大家听着——现在我们什么也不要说了，日本鬼子出兵进攻我们了！……"

他热烈地仿佛等待着什么回答似的看着屋子里人们的脸，最初人们惊异地张着嘴，立刻一片巨大的、激奋的、没有法子听清楚的欢呼和喊声爆发了，像是激荡着的浪涛一样，呼吼着，起伏着……

从骚动的人丛里王得标像一只公鸡一样的站在板凳上跳着，举起了他那满是筋肉的粗大的拳头喊：

"拥护——拥护俺们队长同志——干他奶奶的日本小舅子！……俺们赞成的同志请举手呀！"

随着雷一般的欢呼，手举起来了。二十几只表示坚强的战斗意志的手——有的是在犁耙上磨练粗糙了的，有的是扛着杆子长大了的，有的是瘦瘦的弄过笔墨的……都举起来了。

三

当天晚上，游击队就退到山里去了。

半夜的时候，他们到了一个小的山村。沉睡着的村庄被惊醒了。

狗惊惶地吠咬着。村子里的打麦场上、草堆上、空地上,村子四周的疏稀的小树林里、岩谷里……布满了二百多个游击队员——有的是光赤着脚,穿蓝布裋裤的庄家人,有的是穿着污脏的染着泥斑和水渍的军服的兵士,有的是穿着便衣的城市里的学生……

村子里面的人都起来了,用抖索的手开开了门,昏黄的暗弱的豆油灯光照在打麦场上,映着一大堆一大堆的黑的人影。一个白头发的跛脚的老头子胆怯地、吃吃地问:

"你们……你们是些什么人呀!"

"游击队!打日本鬼子的游击队呵!老伯伯!"

"游击队……打日本鬼子?……"老头子吃惊地摸摸他的胡子,眼睛里满是疑虑和惶恐地看着杂色的破烂的队伍,摇着头跛回家去了。

李成说了几句话之后,队伍便解散了。村子里、山谷里、树林子里充满了粗野的欢笑声、嚷骂声和唱歌的声音。在村子旁边不远的山谷里,燎火生起来了。红色的多烟的火焰撕裂了黑暗,熊熊地燃烧着,深黑的寂静的夜仿佛也明亮地燃烧起来了。

王得标的小队在树林子边上也生起了燎火,他们今天便露宿在这个地方。小队的人都围着燎火坐着,谈笑着。王得标蹲在燎火前面,用石块锤着他那支半旧的枪上的弯曲了的铁条,火光映在他那黑色的流着汗的脸上,闪着一种火烘烘的赤铜色的光彩。

"队长!这一回可真的要和日本鬼子干起来哩!"一个庄家人出身的矮子担心地试探着问。

"当然要干了——干他奶奶的!"

王得标连头都没有抬狠狠地挥着石头,沉重的铁和石击撞的声音铿铿地响着,铿铿地滚下近旁的黑暗的山谷里去。

"咱们……咱们的子弹不多呢！枪又不齐！……"另一个歪戴着军帽的说了。

"什么！那怕什么！——就是没有枪没有子弹也得干哩！"王得标大声地、兴奋地嚷着。他扔下了铁条，擦着汗：

"他奶奶的——他们还有手榴弹！枪不齐那要什么紧？……这一回俺们打的是游击战呀！……"

王得标今天晚上显得和蔼而且高兴，他看见把破草帽拉在额上，垂着头心思沉重地坐着的杨国材，他狡猾地睒睒眼睛，带着笑说了：

"喂喂！要睡觉啦！——杨同志！你怎么不开口呀！你在想些什么心思呀！"

坐着的人都哈哈地哄笑起来了：

"——他奶奶的心思可大哩！……"

"又是在想老婆的滋味哩！"

"喂喂，说呀！——脸上那一条血痕是怎么一回事呀！"

"…………"

杨国材像孩子一样的红着脸站起来，勉强支吾地摆着手："没……没有什么心思！……你们——这有什么好笑！"

迎着火光，王得标清清楚楚地看见了杨国材的污脏的蒙憧的脸上的可怜的神情，他突然被一种同情激动着，他亲切地像个老人似的叹口气：

"狠狠心吧——杨同志！我的家里也是有老婆孩子的！……最初我也他奶奶的淌过眼泪，但是日子一久——也就罢了，也就不想了！……"

杨国材转过身子从柴堆上拉了一根树枝子加在火上，没有回答他。他离开了燎火，走进黑暗的树林子里去了。

在黑暗的树林子里他坐了很久。山岭、溪谷、丛草、小径、村庄……都沉睡着，在深远无边的黑暗里溶成一片了。只有一雨处山岩上游击队的燎火还在燃烧着，一朵朵火焰和浓烟腾升着，像是飞舞着的火的蝴蝶一样。树林子安静地躺在黑暗里，夜风吹着白杨树的叶子，发出一种飒飒的秋天的凄寂的响声。

杨国材一点也不渴睡了。他憎恨地向着树林子外边的喧笑的燎火瞪着混沌的眼睛，自己向自己骂着："×他奶奶的八代——是这么高兴！这么样子的高兴！"

忿怒稍稍平息下去之后，他立刻就苦恼地、绝望地想着自己的事了。他的马蹄般的手掌开始在多岩砾的地上茫然地爬弄着。……今天游击队的突然的开拔是他做梦也没有想到的事情。——这怎么办呢？以后是越走离家越远了。这一回还要打仗。打仗！——也许就永远回不来了。……并且他的老婆、他的孩子、他的家——要是日本兵到了他们的村子怎么办呢？……假如自己能够回家一趟，叫老婆到她妈妈家里躲起来，这多么好呢？——这不是什么心思都放下了吗！

他已经像这样子想过十几遍了，但是他一想到最后的一关——他怎样去向李成说呢？……说是告假回家……立刻他的面前仿佛出现了那双严厉惊人的眼睛。他软弱地、长声地叹了一口气，好像他现在唯一所能想的法子，便只有叹气。

最后他终于站起身来。山岩上的燎火已经渐渐地熄灭下去，人们都在忙着睡觉了。他不安地、犹疑地向着村子里走着。他看见李成住的屋子里灯还亮着，他胆怯地站在黑漆漆的打麦场上张望着。一只狗突然向他咬了起来，他在黑暗里躲不住了，他向着门口走过去。

"谁——?"门口的卫兵大声地问了,枪刺瑟瑟地响着。

"我?"

"唔,杨国材!——是你这个混帐王八蛋!你这个时候来有什么事呀,队长听说预备找你哩!"

仿佛立刻就在他面前出现了那双严厉的惊人的老鹰一般的眼睛,这双眼睛紧紧地要吞噬了他似的在瞪着他,杨国材的勇气一下子完全消失了:

"我……我没有什么事。……我走走——睡不着。没有什么事情!……"

杨国材像逃走一样的慌张地跑开了。他回到树林子边上的时候,燎火已经熄了,只剩了一点火星星还在亮着。他在睡倒的人堆里摸着了自己的位子,绝望地、疲乏地倒在那阴冷的有点潮湿的坚硬的山地上。

四

第二天游击队决定在村子里再停一天。为了要侦察日本军队的行动,派出去了很多的斥候。杨国材清早起来就等待着派到他自己。他把一切都想好了——怎样先跑去办了游击队的事,怎样绕路跑回村子里,怎样再抄最近的路跑回来。他把他那匹黑马备上了鞍子,准备随时都可以出发。他想着要是一天不停地跑,马是非喂饱了不可的。他时时抱给它一大堆一大堆的草料,马肚子吃得像是一个熟透了的西瓜一样。但是一直到下午,杨国材不能不感到绝望了。李成好像把他这一个向来是顶刮刮的斥候完全忘记了,甚至于连他这一队的那个马都骑不好的矮子也派出去了,但是始终没有提到杨国材的名字。

太阳已经向西边斜过去了。杨国材沮丧地坐在打麦场边上,看着那匹低着头贪婪地吃草的马头项的鬃毛。一只棕黄色的母鸡跳到马草上来啄虫子,被他用脚踢开了。

那个昨天晚上出现过的跛足的老头子走过来了。他看着马跟前堆着的草料,他的眉头紧蹙着,仿佛他身上什么地方被马吃着似的:

"兄弟!……不能再喂哩……今年天干,草料不多啊!"

杨国材没有理他。老头子点上了烟袋,在他旁边的一块石头上坐下了,又吃吃地说:

"马……马吃多了不好!你,你不骑出去么?"

"不骑出去!"杨国材气愤愤地回答。

"你们不还要打仗么?打,打什么鬼子?"

"打日本鬼子!——他奶奶北平都叫鬼子给占去了!"

"日本鬼子?——这儿到没有听说过呢!……北平不就是早先皇帝的北京吗?那怎么能让鬼子占去呢!……唉唉!你们年青的人!……你家里有些什么人呀?"

"老婆、孩子!"

"丢在家里就放心了么?这真是胡闹呀!唉唉,这种世道!……"

老头子用诚恳的同情的昏花的眼睛凝视着他,使杨国材几乎流下泪来,他的宽大的下巴子抖抖地说:

"没有——法子呀!……"

"唉唉——"老头子沉重地叹着气,默默地抽着竹子做的细长的烟袋。

太阳快要落山了,碧蓝的天空上浮着一片片鸭绒一般的白云,远远的装饰着秋天的深颜色的林叶的山岭浴着淡金色的明亮的阳光，闪映着一种悦目的浅蓝色的光辉。近旁打麦场上人们在打着收割下来的豆藤，一阵阵清新的浓馥的植物的香气发散着；在杨国材和老人的中间，轻柔的烟气绕着他们的脸，顺着风飘浮着，仿佛是一条细薄的云的带子一样。杨国材的眼睛在这种平静的柔和的生活的光辉里眩晕了。他沉在深深的回想里。他贪恋地看着那像巨兽的背脊的庞大的山岭，他看着村子的土屋、稀疏的树林、平整的打麦场……

老头子慢慢地抹着胡子，好像才想起来似的说："……看样子你也是庄家人呢？"

"——是的呀！"这回杨国材垂下了羊一样的无光的眼睛，低声地叹了一口气。

"你是那儿人呢？"

"杨家庄。"

"杨家庄离这儿不远呀！——你干啥不回家张张去？……"

杨国材在和这个老人的谈话里感到一种说不出来的亲切的安慰，他还想说点什么，但是突然——从他跟前扛着枪跑过去的王得标挥着手向他嚷着：

"喂喂！你又在干些什么呀！队里就只短你一个，马上就要演习山地战了！……你简直跟他奶奶老爷差不多哩！——在谈天玩儿哩！他奶奶的这个日子还没有来呢！……"

"唔唔——这不就来了么？你嚷些什么呀！……谁是他奶奶的老爷！……"

杨国材知道派他出去的希望完全没有了。他的混沌的无光的眼睛因为失望而愤怒地大睁着。他怒气冲冲地咕噜着，跳上马，忿忿地把马拉得用后脚站了起来,向着小队集合的山岭上跑过去。

太阳已经落到山后面去了,从山岭上垂落下了黄昏的暮霭。杨国材骑上了山谷,看到平躺在山那边的掩映在落山的太阳的暗红色的光辉里的田野,突然一阵狂大的仿佛见了亲人似的喜悦把他窒息住了。他几乎连想也没有想,急忙把马头掉转了,向着下山的小径上驶去。

在山脚下面的乡间小道上,他迎面碰见了李成和两个卫兵。李成被他的狂暴的急驶惊讶住了。他喊:

"杨国材!有什么事?——站住!"

杨国材已经飞一般的跑过去了,只向他挥了一挥手。在一瞬间,李成几乎要拔出手枪来,但是他的手垂下去了。沿着那条通入广大无边的田野的多尘土的小道,一阵阵马蹄踢起的烟雾腾起着,消逝在蒙眬的黄昏的远方了。

五

游击队第三天早晨又继续向着山里急急地行进。李成接到的命令是用急行军绕出妙峰山,在琉璃河上游的百花山一带山地截击由涿县北上的宫崎联队,粉碎日本军队的围剿歼灭计划。

山里的急行军一连继续了四天,第四天的夜里到了预定的地点,从乡下人的嘴里知道日本军队已经到了山外面了。当游击队的斥候证实了这一个消息之后,李成连夜把歼灭敌军的阵地布置好了。

早晨,沿着一条崎岖的弯曲的山道,游击队在两旁的峭峻的山岭上埋伏下来了。在低矮的丛生的灌木里,在叠积着巨大的岩石的山头上,在掩蔽着小树林子的山地里……人群跃动着,隐伏着。

李成一夜没有睡觉，脸上发着苍黄的颜色，眼睛微微有点陷下去，但是目光更显得锐利而且凶猛了。他站在一堆矗立着的岩石的背后，拿住望远镜向山下面瞭望着。

这是一个晴朗的美丽的秋天的早晨，蔚蓝的天空上飘着白色的云片，没有风。明朗的太阳光照着连绵的山岭、涧谷、岩石的小径、丛生着小树和野草的山地……山里飘荡着一种空旷的死一般的沉寂。

他看见沿着山径，一匹马飞一般的奔驰过来。黑色的毛色难看的马浑身被汗湿透了，喷着沫子，急驶着。杨国材像只猴子似的紧伏在马上，他的破草帽头子不知道在什么时候跑掉了，露出了方剃过的光光的头皮。他那因为紧张而发青的脸上流着汗珠，疯狂一般的驶到了李成的面前。杨国材是第二天连夜赶回队伍的，现在派做斥候兼传令兵了。他急喘着：

"他们……已经出发了！"

李成得了报告，立刻传下了紧急的准备袭击的命令。他看见日本军队昨天宿营的村子起火了，浓烟旋柱一般地在升起来。山麓的满积着尘土的大道上灰土扬起了，能够看见很小的密集人群的黑点在移动着。

在李成的旁边的一堆岩石上，王得标像熊一样的伏着。他看见山下的火柱的时候，他的多胡须的麻脸痉挛着，一种火一般的愤怒和仇恨在他心里燃烧起来了。

## 六

夜。

一个山径的寂静的夜。

战斗已经结束了。游击队伤亡了十几个队员，敌人完全溃退了。游击队集合在那条崎岖的丛生着杂草的山径上，全体静默着，脱下了帽子。

在他们的四周，这片刻以前的血的战场现在是死一般的静寂。地上零乱地躺着炸毁了的大炮、步枪、刺刀、钢盔、汽车……还有成堆的人和马的尸体和血迹……深黑色的暗夜里，飘浮着没有散尽的炮火的气息，悲惨的痛苦笼罩着悲哀的垂着头的人群。

在他们前面，炬火在燃烧着，红色的火光照着一辆炸毁了的翻倒的装甲车。在装甲车的毁裂了的钢甲上，王得标倒着身子倒在上面。他的一只手被炸飞了。他的身上中了五枪，血濡透了他的灰布的军服，凝结成了紫黑色的斑渍。他的多胡须的脸被火药烧灼成了焦黑色。他的眼睛蒙着血污，但是毫无痛苦地、坚强地大睁着，倔强地望着前面——像是在欢慰地望着胜利的同志们的脸，又像是在望着那蜿蜒在黑暗中的远方的无尽的山岭。……

"……他牺牲了他自己……救了我们！我们……要用血的……战斗……纪念他！……"李成竭力使他的沙哑的声音变得坚强点，但是却变成断续的、抖颤的了。

李成话没有说完，便停住了。没有一个人说话。在暗夜里，二百多颗挚热的战斗的心呈现着无限崇高的敬意，静默着。——山和夜也静默着。

杨国材擎着炬火，紧站在王得标的跟前。这种巨大的沉痛的静默里藏着的无边的深沉的悲哀像山一样的压在他头上，他再也忍不住了。他的眼睛被一种金色的火花燃烧着，他伸手摸摸自己的脸，两条热的眼泪顺着颊骨流下了。他抬起头来看看李成，李成的那双锐利的鹰一样的眼睛也变得柔和了，眼角上有两颗圆圆的泪珠在滚动着。

　　李成并没有让眼泪流下来，他把它揩掉了。……他看见王得标的墓上已经覆上了最后的一铲土，于是，仿佛怕惊醒了什么睡熟了的人似的，李成轻轻地把他敬礼的手落了下来。

　　于是，暗夜，静寂。

　　……在暗夜里，在静寂里，向着山岭的深处，一列整齐的行军纵队严肃地移动了，走过了这条洒满了血迹的祖国领土上的山径。

　　远远的——在队伍的前面，燃烧着明焰和光明的炬火。……

一九三八年五月

（原载《七月》一九三八年第六期，署名倪平）

# 退　　却

天刚刚亮的时候，突然一阵沉重的重炮的轰响把我惊醒了。

我把头抬起来留神地听着，这炮声显然不远。我赶紧掀开了灰褐色的军毯，从床上坐起来，和我同床的刘環也醒了，他的矮胖的身躯舒适地动着，伸了一个懒腰。

传令兵匆忙地跑进来，说司令官请我们马上就去。从他的脸上知道一定有什么紧急的事情发生了。

紧密的炮声接连地轰响着，发出一种逼人的威力，窗子上破了的玻璃震得轻声地颤响。我走出去，在晚秋的寒冷的风里，在铺着磷起的碎石的街道上，拥塞着成群的逃难人们的恐惧惊惶的脸，各色各样的手推车、骡车、包袱、箱子、女人和孩子……一队队匆忙的大声呼喝的兵士在奔跑着。

第□战司长官司令部下了准备退却的命令。敌军正集中炮火从邢台进攻沙河的前线。磁州车站上开到了一列车援军，但是专车立刻载着伤兵和司令部的政治工作人员向南开行了。车头沉重地喘息着，汽笛叫出了最后的尖锐的尾声，凄厉地激动着每个人的心弦。

我和刘環因为是政治教官，被留下了，帮着警备司令维持地方治安。警备司令是河北人，粗壮的中等身材，嘴唇上留着浓黑色的两撇胡须。警备司令因为总指挥只给他留一班宪兵和两排士兵做卫队，并且要留在磁州，他非常生气，气忿地在办公室里走着，光亮的马靴沉重地踏在凸翘不平的地板上，骂着："□奶奶这全是那班指挥们干的好事！……友军归路全撤退！……上一次津浦线的军队正由东向西调过来，平汉线的军队却突然向南退了，敌人刚刚从北方下来了！好！一家伙师部的门口跑来了敌人的骑兵搜索部队！噼哩啪啦地打开了，打死了两个参谋、一个副官……现在又撤退了！叫司令官留在磁州！为什么非司令官不可？别的吃闲饭的官儿不多的是！司令官留在磁州又管他妈的□用！前线上只管退退退！……司令官维持地方治安？这真他妈的就是等着敌人来俘虏！……"

司令官还没有骂完，电话响起来了。报告是沙河失守，前线离磁州只有几十里了。

中午的时候，在磁州左后方的四槐树林方面发现了枪声。司令官打电话到前方去，回答是："没有事情。"但是正在这个时候，敌人正面用铁甲车沿着铁路猛攻过来，同时骑兵部队从磁州西北方面沿着山地包抄过来，到了釜河北岸，就折向东方，迂回侧击磁州的据点。

傍晚，北方的深黑色的夜里，狂暴的风怒吼地在激流着的空气里恐怖地回荡着，震击着。

一小时以后我们又增加了援军，炮声渐渐稀疏起来。前线情形似乎稳定一点。我和刘環从司令部到住处的时候，炮声完全停息了。我们想着今天夜里大概不至于有什么事了。

"倪教官、刘教官赶快起来，准备集合出发，司令官的命令……"

我敏感地跃起来，紧密而且临近的炮声不知道从什么时候又响起来。深黑色的夜深里时时闪着火舌一般的炮火的红光，我匆忙地把几件衣服打在包袱里，把昨天从县长衙门里捡来的一部《辞源》、几本唐诗也塞进包袱。当我正对着床上的被褥踌躇着的时候，刘環手抖颤地缠着裹腿，几乎吟呻地、哀求地说：

"老倪，等等我……等等我……"

刘璟打好裹腿，拾衣服，打包袱，却不知道怎么把他的金戒指丢了。灯因为油完，冒着黑烟，一点儿也看不见。刘璟在地上摸索着，我焦急地坐在床上等着集合的号音。

四周是奇怪的死一般的静寂，炮声也渐渐静下去……每秒钟都有一阵寒流从我身上抖颤过去。

最后我不能忍耐了，用急速的跑步跑到司令部去。司令部的办公室的灯还亮着，我的心宽慰地松了一口气。但是办公室的大门大开着，屋子里仿佛遭了抢劫似的，文件和公函撒了一地。在警备司令官的桌子上，放着那颗警备司令部的大印，司令官却不知去向了。

我慌乱地抓住了印，向屋里看了一周，立刻跑到司令部的门口去。门口的岗位已经撤掉了。很显然的，为了不"等着敌人来俘虏"，司令官已经带着卫队"撤退"了，而我和刘璟已经成了司令部的最后的遗留者。

街道上没有一个人影，一排排的房屋静悄悄地站在黑暗里，仿佛是在颤栗；无边的暗夜里仿佛充满了一种恐怖的东西。我痉挛地紧握着自己的拳头，就在车站的方向，清脆的日本轻机关枪点射着："aG—aG—aG—aG……"

刘璟慢慢地勾着背出来了，在他的背上背着一个沉重的庞大的行李卷子。但是听见了连续射击的日本轻机关枪的声音，他抖抖地叹了口气，把它扔在司令部门口了。

我们沿着街巷的墙根快跑着，不平的街道上的石块好几次几乎把我绊跌倒了。包裹在路上散开了，《辞海》和唐诗一本本地掉下去，我们连回顾一下的时间都没有了。

在东城门口，我们碰见了几个司令官的卫队连的落后的兵士，他们走得太忙了，现在已经到了安全地带，才开始打裹腿。从他们的嘴里知道，司令官现在大概已经渡过漳河了。

我们一起出了城。城外，田野的大是广大的，寒冷而静寂。坚硬的沙质的土道无尽长地蜿蜒着，四周的丰茂的高粱默默地看着我们，自己看看影子，看看一片黑沉的凄寂的大地……

突然从高粱地里喊出了一遍巨大的声音：

"站住——手举起来！"

我们被惊吓着了。卫队连的弟兄们喊嚷着，散开了，就地伏在地上，预备开火了。

这时候一个高大的人影从高粱地走出来，他摇着手，高声地喊：

"——是中国的弟兄们，请过去吧！"

我们走近了他，那是一个穿着蓝布褂子的农民。从高粱地里又走出一大群人来，那是强壮的赤着脚的庄稼人，他们有的拿着枪，有的拿土炮、矛子、大刀……还有空着手的。

那个高大的人指引了我们渡漳河的路，带笑地说：

"——我们是游击队……等着日本鬼子哩！"

我们沿着堆积着尘土的悠长的土道走着，天快黎明了，朦胧的晨光在东方隐现着。田里润深的青色的高粱杆子在风里摇摆，映在广漠的黎明的海里，显出一片白茫茫的暗影。我走着，回过头来向农民的队伍出现过的地方望望，呼吸里感到一些激情的温暖的感情。这感情孕育着战斗和光明的火焰，燃烧着我，燃烧着我……

一九三八年七月病中

［原载《新新新闻》（增刊）一九三八年第二期，署名倪平］

# 向着伟大作品的进行

我们的生活,要求着英雄式的诗,要求着深掘出成长中的悲剧意义的那种诗。生活向着诗人们,乃至广泛地向着文学家们要求这样多的东西的事,还不曾有过一次,而对于这样的要求,像今日这样,文学只不过仅仅回答了一点儿的这种时代,也不曾有过一次。

——M. 高尔基

### 突进生活的真实的密林,抓住它!

在论文学上的真实里,当论及艺术上的个别的东西与典型的东西的关系的时候,J.亚里托曼写着一段极可注意的话,这段话也触及了现实主义文学工作者的创作过程与生活过程这一课题,并且给与了我们在这一课题上的本质的理解。

他写着:"艺术家愈将具体的'素材',即愈将斗争着、动摇着、苦恼着或欢喜着的人们的具体的诸形象,作愈深刻的热情的研究、把握、理解、感觉;又,艺术家愈真挚地突进生活的真实的密林,而将其能把现实诸过程和其方向等的真实表现给与我们的那种人物、现象、事件、特征等愈注意地从此密林中选择出来,则此艺术家之典型的艺术的概括,也愈成为灿烂的东西。"

J.亚里托曼并不曾把创作过程与作家的现实生活过程机械地分

立起来看。无论如何，在现实主义文学工作者，这一课题正是最基本的一页。尤其在今天，当着我们的作家们和在战争中成长着的文学习作者们都企图向着伟大的作品行进，企图着写作《毁灭》《铁流》，以至于比这更伟大的史诗来描写这染着鲜血的英勇的民族解放战争的诸生活形象的时候，这一课题的被强调地提出，是应该的。

创作过程在它的根底的意义上决不仅是一种简单的直观的过程，也决不仅是艺术手法上的种种形象的表现的过程。创作过程是作者的思想透进艺术形象底本质的运动，是与现实的理解以及形象的选择和表现等相结合的十分繁复的有机的过程，这一过程在它的活动基础上，是与作者的生活过程紧密地一体联系着的。

我们的文学工作者当阅读高尔基的作品、《毁灭》或《铁流》的时候，不能仅是简单地叹服着内容的丰富与动人就算罢了，我们的文学工作者应该更真实地理解着：在高尔基的艺术作品的基石上，是凝积着几十年的艰苦而且阴暗的流浪生活的；而法捷耶夫和绥拉菇摩维支是曾经用他们写作《毁灭》和《铁流》的手拿着枪，作为一个战士从血的战斗和死亡之中步行过来的。

在现在，我们有许多文学工作者非常不正确地理解着创作过程中的典型的问题。他们仅仅把它作为一个技巧上的问题来理解着。这种态度不仅是要在艺术上招致了可悲的失败，而且往往竟歪曲了作品中的人物的形象，甚至于损害了整个作品的现实的社会意义。

"典型"的创造在表面上虽然是人物的深刻的真实的表现的问题——一个技巧的问题，但是在实质上，任何典型都是生活在现实社会之中的，决不能脱离了现实生活架空地生活着。因此，在"典型"的创造的过程上，我们的作家们只有真实地走进生活之中去，认识了现实的全面，认识了生活的真正的深度和阔度，这样才有可能从生活的密林里选择出一些特征的人物，描写出具体的而在本质上是典型的活的形象。

但是，"生活"——这东西是决不如这两个字这么简单的。它是无边深广的，包含着无限复杂的矛盾和斗争，并且在这矛盾和斗争中无数的各种各样的形象在生活着，发展着，变动着。我们的文学工作者固然能够任意地从现实生活各种各样的形象中选出典型，决定人物的性格以及它在现实过程中的意义，然而这工作并不是幻拟的空想或者是对于生活的肤浅的了解所能完成的。这工作课给了现实主义文学工作者一个必修的课题——真实而且坚苦地从生活学习——"突进生活的真实的密林，抓住它"。

我们的文学工作者必需要理解：在作者的生活过程中成长起来的典型才被体现为浮雕的活的形象。对于现实主义的文学工作者，学习生活虽然十分困难，然而却是最基本的必修的一课。

**单纯化典型化——从概念化烦琐化脱出**

在现在，我们的文学工作者的作品中间有一种十分严重的现象存在着：一般的报告通讯都写述着染着血和泪的故事，写述着可以令人哭泣、愤怒、呐喊、战斗……的故事，但这些故事大多数被写成了沉闷的、无光彩的、缺乏生气和力的东西。全国抗战展开已经有一年多了，但是很少看到优秀的作品。在一般的作品里，概念化的"平铺直叙"和"身边琐事"的描述几乎是唯一的手法。

这种"共通的可悲的缺陷"，我们决不能轻轻地看作一种纯技巧上的问题，这同时也正是一个文学本质上的严重的问题。

一直到现在，我们的作家们很少有人在形式的独创和完成上努力过，更少有人在艺术手法的完成上表现过成绩和收获。中国文学的现实主义的遗产是十分贫弱的，这一切只有等待着我们自己的创造。

在现在，相应着这种可歌可泣的祖国的暴风雨般的现实，我们的文学工作者们必需首先在意识上从公式主义的残渣的"概念化"里说出，必需抛弃一切身边琐事，学习抓取生活中的重点和人物的特征，必需向表现力底贫乏、无生气、无个性作一个艰苦的斗争。

在获得艺术的手法这一点上，我们的文学工作者必需要了解"单纯化"的意义。单纯化的艺术作品是最高的完成的艺术手法的产物。文学作品整体的单纯决不由于文学的质的降低所能达到，相反的，要做到这一步，只有通过真正的精纯的技术。这种单纯决不是意味着使生活变为贫弱、无血色、图样化及片面化……这种单纯应该是极端复杂的生活相的有机的自然的溶和与凝集。在复杂里面达到单纯的艺术手法的文学作品是够得上艺术之名的，因为它，素朴、深刻、明确、简洁。……作为这种作品的最完美的例子，在过去，我们可以举出但丁、莎士比亚、歌德等古典作家。

同样的，在向着伟大的作品行进的过程上，我们的文学工作者也必需把握着"典型化"这一课题，努力创造一种不朽的浮雕的活的典型形象。关于这一课题，高尔基在《我的文学修养》里十分深澈地写着：

"……假使作家能够从二十人、五十人或几百人的小商人、官吏、劳动者中各取出其最有性格的阶层的特征、习惯、趣味、身姿、信仰、动作、语言等等——能够将他们再现、综合在一个小商人、官吏、劳动者身上，则作家可算由此创造出了'典型'——而这才叫做艺术。"

我们在读完了这一段极可宝贵的经验的蓄积之前，我们可以清晰地理解得到：高尔基的话不但替我们拨开了满天的云雾，而且竟好像把我们拉得和"艺术"站立得这么靠近——几乎是一伸手就可以触着了！

**新形式和伟大的作品**

现阶段的我们的文学工作者们在艺术形象化的手段上虽然比较弱，但是我们在现实生活的把握的阔度上却是广大的。尤其是在现在，许多的作家们和文学工作者都在写作着"报告"这一战斗的新的形式。

"报告"，在它的最广泛的意义上，我们是把普通所说的报告速写、通讯、特写等都包括在内了。"报告"这一形式，它的本质的意义上应该是"由语言而来的生活描写的真的艺术"（高尔基）。它要更直接、具体、真实地表现着生活，它扩大了文学的视野和范围，它是最适切地表达着战斗生活的言语艺术的现实的形式。

我们现在有许多文学工作者把"报告"的写作看做是一件简单而且容易的事，这是很不正当的看法。"报告"的写作是必需通过文学的艺术手法的。报告在它的本质上，决不是一种"文学上的比较低级的形式"。关于这，高尔基曾经写了一篇《年轻的文学，报告文学及其他》来论及它。

"报告"这一形式在它的发展和完成上，在达到"高的艺术"形式这一水准点上，它是向着伟大的作品行进着的。在这里，我们的文学工作者能够看见 M. 高尔基底内战史、工厂史，M. 萧洛霍夫底《被开垦的处女地》，J. 李德底震动了世界的《十日间》，A. 玛尔洛底

《征服者》……这些巨大的而且动人的史诗。

在现在,在"报告"的写作上,一种几乎可以说是"坏"的倾向存在着。有些文学工作者往往十分表象地处理着现实的体裁,并且不能深入地、真实地写它。例如当写到关于旧的军队或政治机构的报告的时候,我们的文学工作者就倾其全力用在暴露黑暗和腐败上。这种客观的报告态度本是十分正确的,但是往往竟因此完全疏忽了它在参加战斗的过程中趋向着变革的进步的发展这另一面的事实;并且就在现实的黑暗面的暴露上,往往也只是写出一些表面的肤浅的现象,并不能掘发到它的社会的根柢的所在。甚至于在处理本质上与这完全不同的体裁的时候,我们的文学工作者也犯着同样的不深入不真实的错误。一般的描写第八路军或人民大众的游击队的作品,都是怀有着婆婆妈妈式的歌颂倾向的。在这些作品里,我们只看见用一些赞扬的、美丽的、空泛的辞句,描写他们的英勇、胜利、伟大……然而我们的文学工作者竟把现实过程斗争中的最艰苦的一面——他们在生活和战斗过程中必然遭遇的困难、阻碍、失败等隐蔽起来了。但这在本质上也正是那最值得歌颂的最伟大的一面。

我们的文学工作者首先必需了解与现实生活紧密地结合着的"报告"这一新形式的战斗的任务。在报告现实这一课题上,它是含有着不要粉饰生活,不要隐藏我们战斗着前进的过程中的诸矛盾的现实的批判与教育的重大的意义。战斗的文学形式的"报告"要求着我们的文学工作者真实地写下变动着的,复杂的,矛盾的,有着光明面与黑暗面的,战争与革命的大时代底现实生活;要求着深入地从人民大众的苦难的生活的底层,从血的战斗的内部着眼。我们的报告不怕是片断的一角的生活面,但必需是真实的,深入生活的。

我们的文学工作者在现在无须乎茫然地发问："我们的《战争与和平》呢？我们的《人间喜剧》呢？我们的《毁灭》和《铁流》呢？我们的……"而是应该毫不迟疑地突进现实生活的内部，真实地写作"真实的报告"。并且也只有这样，我们的文学工作者才有可能克服作品内容的空泛，才有可能和技术贫弱作斗争，才能算是在向着伟大的作品行进的途程上踏出了忠实的最初的第一步。

### 现实主义文学工作者的美丽的习语

在今天，我们的文学工作者是在民族革命战争的血的烽火之前站立着，是在一种激情的战斗的时代脉搏中生活着。在祖国的广大的苦难的原野上，血的战斗和艰苦的人民大众的生活向着我们提供着无比丰富的悲壮而惨痛的画幅与题材，预约着一种崇高的具有永久意义的悲剧的伟大史诗，但是无论如何，伟大的作品的创作乃是十分艰苦而且巨大的工程。在今天，我们虽然是在一种强大的炽热的革命战争的热情之中生活着，战斗着，然而我们还得要把这热情溶和进生活里去，把它整体地表达出来——这就是说，要使表现生活和战斗的文学也成为一种含有热情的东西。

我们的文学工作者必需把握着创作过程与生活过程的复杂关系，首先必需要作为一个"真正的战斗者"而生活，而战斗。事实上只有一个"真正的战斗者"才能突进生活的密林。我们知道法捷耶夫写作了《毁灭》，但是假如法捷耶夫最初不是作为一个"真正的战斗者"的战士，而是以一个收集文学材料的旁观者的身份参加了战斗，他一定不能写出这一部成功的《毁灭》，因为他将不能深入生活的内部，而他的旁观的生活态度在事实上要把他从一切深刻的、真挚的、真实感人的形象远隔开了。

我们的文学工作者必需要学习抓住生活的能力，在这样一个大时代的暴风雨中，在这样一面多变的繁复的生活中，时常会有许多可宝贵的东西从我们面前飞逝过去。我们更必需要为明确、深刻、浮雕的语言，为单纯化的艺术手法的获得作斗争，使这大时代孕育着的创造优秀艺术作品的潜在的可能性转化为现实。

我们——现实主义文学工作者，决不逃避生活，决不在现实前面、任何困难前面退缩。我们必需要学习一切伟大作家的艺术手法，学习他们的严肃、真实的突进生活的态度，必需坚苦地战斗、学习、斗争。……

作为我们的伟大的战士、作家的 M. 高尔基曾经这样明确地、夸赞地写着：

"'没有斗争就是灭亡'——伊里奇说过。他常说'必需'——这多么美丽的习语呵！"

——是说："必需！"我们也应该记住这个美丽的习语！

（原载《七月》一九三八年第十一期，署名倪平）

# 给萧白[1]的信（一）

其栋兄：

很久很久就打算给你写信了，可是总没有写成，在北平的时候，因为没有住定，带着两个孩子，身体又坏，所以忙乱之至。想等工作确定后再给你写信罢。初到这里，许多事要安排，又忙乱了一阵，现安定下来了。

近来生活怎样，工作怎样，写作怎样？念念。我想一定是极紧张，极快乐的。同时怕也够忙的。现在要找一个不忙的人，怕不是件容易的事情，我在这里很好，读了一些工人写的剧，想提起笔来写篇东西，这几天忙着译一本苏联青年在战斗和工作中英勇的故事，想拿来献给在战斗中的青年朋友们。

普君在北平曾在一起，现听说他已回到山东乡下写作去了。他结了婚，你想知道了。

有功夫写点什么罢，以你对文学深刻的素养，不写是可惜的，我看索性写些批评的东西，弄弄理论罢。中国现在需要真正的批评家。

有功夫盼来信，寄"大连松山街28号文协"。

祝好！

荧<br>一九四九年十二月四日

---

[1] 萧白，即张其栋。

# 给萧白的信（二）

萧白兄：

读到信，那么长的信，十分的高兴。可是当时很忙，乱七八糟的事一大堆，到今天算告了一段落，才能给你写信。同时也因为想时间空一点，好好地写一封信的原故。

你的工作和生活，那样密切地和战斗结合在一起，也和人民结合在一起，是可贵的，也是重要的，请抓住它并且深入它罢。伟大的作品将从这里生根成长起来。解放前写的那篇小说，看情节的内容是有意义的，不过结尾的自杀，是不是太重了一点，灰暗了一点？让他因为痛恨现实而走向革命的集体，起来反抗，会不会使画面明亮起来？因为中国的革命，广泛的、全面性的、新民主主义革命，对那样的人不能不有影响的。那样现实意义和典型的意义，是不是更大一点呢？我还没有读到小说，只是这样大概地乱说一些，不知能供修改时的参考不能，很希望能早点读到。

前些天魏金枝来信，他在编上海文协的会刊，要我找一些稿子，有功夫写一点罢。小说、批评都可以，请寄给我。本来直接寄去也可以的，不过我望能够先读为快。编报如果人手再少是够忙的，身体也望多加注意，你的身体也不算顶好。

我在这里工作不太忙，还有写作时间，不过时时要给报刊上写应时的文章，把时间全零割掉了。前些天小说上登的一篇论现实主义是在离台前写的,作为那二年和他们争论的总结,所以并没有什么新的意见,不过举了几个具体的例子而已。看后请给我意见。最近打算写一篇关于鲁迅先生的文章和一篇读工人作品的东西。不过我的身体总妨碍我,做不了多少事情。十几年来都在南方生活,并且都在病中。今年一下子迁到北方的寒冬,真受不了。幸好这里御寒的设备还好,很早我就生炉子,不然什么都不做,身体坏到这样,是我自己都未想到的。

王士菁见面想认识,名字记不起了。因为当时我就在病中挣扎,很少和同学往来。冯励青是认识的,我和他一起在四川涪陵教过书,是趋向进步方面的。

近来想把解放前几年写的东西,集成一本书,名字叫《文学的倾向》。将来一定要请你给我意见。本来还想译一点普希金的诗。这里是弄俄文的好地方,可惜的就是没有时间,真是没有法子。盼寄稿来。

祝好!

吕荧

一九五〇年一月二十七日

# 米芾的画

一

米芾的画如何？米氏云山如何？是好还是坏？现在在中国画史上是一个问题。

但是评价米芾和米友仁的画有一个先决的条件，就是要根据他们的原作，然而真正的米画很难看到。正如一位老画家所说："以清故宫中收藏古代名画那样的丰富，可有人在那里看见过一幅米元章山水的真迹吗？"五年之前，我在北京，偶然看到了米画的真迹。在真迹与伪作比较之下，米画立刻大放光彩。因此，可以说，真正的米氏云山和一般的仿米山水完全不同，在中国画史上来说，具有独创的风格，米芾和米友仁都应该归入现实主义画家之列。

这样的说法，是不是跟鲁迅先生说的"米点山水，则毫无用处"发生矛盾了呢？这并不发生矛盾。因为鲁迅先生说的"米点山水"跟"米芾山水"不是一件事情。鲁迅先生的意思不是否定米芾的画，而是批评那些被人"歪曲附会、失去本来面目"的、流行的仿米山水，即一般所谓的"米点山水"。那确实是"概念的、脱离实际的"、形式主义的作品，"毫无用处"，而且有害，应该予以批判。

我所看到的米氏云山的真迹是这样两幅画：一幅是米芾的《溪山雨霁图》，一幅是米友仁的《湖山秋霁图》。

米芾的《溪山雨霁图》是一个手卷，画了远远近近的山六七座。山间有村舍庙宇，罗布树丛，浓荫披拂，带雨欲滴。群山通以溪水，掩以云雾。约略如他在《壮观》一诗中所咏："逶迤猗前征，盘礴猗后驻。""漫漫苍苍穹无所，奕奕巢巢纵奇度。"这是一幅溪山雨霁图，但是值得注意的是画中并未画云雾，只由山色树色笔墨浓淡的掩映，自然呈现出夏雨初霁，积云未散，水汽蒸郁，万物欣荣的景象。表现出大地山川的富饶和美丽，也表现出作者的浑厚壮阔的胸怀，令人向往。这实在是伟大的艺术。

当作者画山的时候，山头多用粗笔横刷（俗名"米点"），写苍山云岭之体；画树的时候，树叶概用晕笔墨团，写浓荫带雨之形。所以不画云雾而有云雾之象，不着彩色而有无穷的彩色。这是大笔的挥洒。但是当作者画到应该清晰可见的近景的时候，从孤舟、小桥、村舍到山势、水涯等等，无不严格写实，加以周密不苟的细笔描写。后来一般仿米的人片面理解米芾的画，只知道模仿他的大笔挥洒，讲求"怪怪奇奇，草草而成"，恣意粗制滥造，把他的细笔写实抛弃掉了。不知道米法是细笔粗笔结合的整体，不可分割。即使是写云雾朦胧的山水，如果没有细笔的近景，大笔挥洒的远景就毫无意义。如果没有细笔写实的工力，大笔挥洒也不可能画好，只能模模糊糊，表现不出雨后大地山川的气氛。所以米芾写山写树的奔放之笔，形似草率的写意，其实也是深刻的写实。

米芾的《溪山雨霁图》告诉我们，他的画是写实的，现实主义的，决不像后来脱离现实的千篇一律的"米点山水"那样，实际上完全相反。至于米芾的画法，那是继承我国绘画史上表现现实的现实主义传统，从前代大家艺术遗产的基础上演变出来的。当他想要如实地描写江南雨后云山的时候，他感到需要用一种适合于表现这一景象和意境的画法，于是独创了一种画法。董其昌所说"米氏父子宗董（源）、巨（然）法"是不全面，不尽正确的。那是因为他和他以前的画家都推崇董、巨为"文人之画"的大师，并且重视仿古、轻视写实的缘故。米法可以说是从"师古人"（融会遗产）、"师造化"（表现现实）而来的，米画与一般的"米点山水"之不同就在于此。

米友仁的《湖山秋霁图》也是写实的，现实主义的。这幅画在左侧崛起远山二峰，下掩云雾，微映日光。近处是一磊山丘，浓荫披拂，山径环绕。丘下溪水激荡，波澜壮阔，丘上树丛底下站着一个隐士，临流观览。米友仁的画大体如米芾，不过略有变化，有他独自的风格。他的笔法和结构显得更谨严，山势更峭峻，水流更湍急，树丛也更秀丽，以卓越的笔力表现出壮丽幽静的山川，清逸潇洒的意境。这幅画不大，虽然跟米芾比较起来，令人有秀俊过之、浑厚不足之感。英气外露，内涵不深（他的字也是如此）。颇多出世的气息，较少与大地共命运的胸怀。但是，颇如董其昌所说[1]："云山皆依侧边起势，不用两边合成，此人所不晓。近来俗子点笔，便自称米家山，深可笑也。元晖（即米友仁）睥睨千古，不让右丞（即王维），可容易凑泊，开后人护短径路耶！"（《画源》）

然而这两幅《溪山雨霁图》和《湖山秋霁图》过去不仅无人重视，甚至于弄得流离失所，落到伪画堆里去了。这是什么原因呢？

这个原因可谓"由来久矣"。概略地说来，这由来是一个历史的社会的过程。因为时代改变了，山水画的风格和理论也随之改变。

---

[1] "颇如"，不尽如之意。因为董其昌说米友仁不让王维，这一点尚待研究，在没有看到王维的真迹以前，不能够同意这个论断。

于是从元代起，逐渐脱离宋代的写实主义的山水，明代加甚了这种情况，最后演变到清代的远离现实，以"仿古"为能事，专讲"笔法"的形式主义的山水，即所谓的"文人画"。山水画这种倾向的产生和发展有它的社会生活的根源，有它的功绩和它的过失，这里不能够详述。一般地说来，这些画家除了画脱离现实的画以外，还宣扬一种"文人画"的理论。以写实为"俗"，以出尘为"雅"，因此以文人的"气韵"代替真实的气韵，视笔法的形式高于真实的形象。他们自称是"直接董（源）巨（然）倪（瓒）黄（公望）衣钵"，以"初落笔便有书卷气"为荣。（见王昱《东庄论画》）并且根据这个看法去评价古今画家的作品，凡是合乎他们这种形式主义理论的为真为雅，不合的为伪为俗。于是米氏云山近几百年来都被了解为"怪怪奇奇""草草而成"的"墨戏"。

南宋邓椿《画继》述米芾的画云：初作古忠贤像，"取顾高古，不使一笔入吴生（吴道子）"。"又以山水古今相师，少有出尘格，因信笔为之，多以烟云掩映树木，不取工细。有求者，只作横挂三尺，惟宝晋斋中挂双幅成对，长不过三尺，縹出乃不为椅所蔽，人行过，肩汗不著。更不作大图，无一笔关仝、李成俗气。然公字札流传四方，独于丹青，诚为罕见。"又述米友仁云："天机超逸，不事绳墨，其所作山水，点滴烟云，草草而成，而不失天真，其风气肖乃翁也。每自题其画曰'墨戏'。"

邓椿关于米芾的记述，完全根据米芾的《画史》，很为信实。到了元代，关于米芾的记述就有了一些附会之辞。如汤垕在《古今画鉴》里面说米芾的画："作画喜写古贤像，山水其源出董源，天真发露，怪怪奇奇，枯木松石，时出新意，然传世不多耳。"这里的"怪怪奇奇，枯木松石"，本是米芾记苏轼的话。《画史》中云："子瞻作枯木，枝干虬屈无端，石皴硬，亦怪怪奇奇无端，如其胸中盘郁也。"米芾如此深知苏轼，其胸中自亦有其"盘郁"，于是元人就把"怪怪奇奇，枯木松石"也归之于米芾了。元人记米友仁的画，大体如邓椿《画继》。夏文彦《图绘宝鉴》云：米友仁"作山水，清致可掬，略变其父所为，成一家法。烟云变灭，林泉点缀，草草而成，不失天真。……每自题其画曰墨戏"。汤垕《古今画鉴》云："友仁字元晖，皆传家学。作山水清致可掬，亦略变其尊人所为，成一家法。烟云变灭，林泉点缀，生意无穷。平生亦珍玩，不轻易予人。"

到了明代，董其昌倡"文人之画"及"画之南北二宗"说，把米氏父子归入南宗，于是在《画禅室随笔》里宣称"米家山谓之士大夫画"。他所谓的"文人之画"，就是重笔法、皴法，摹拟古人以写景物。反对严格、深刻、写实的画法，认为"刻画细谨，为造物役者，乃能损寿"，主张"寄乐于画"，"心如画师，想成国土"。"黄大痴九十而貌如童颜，米友仁八十余神明不衰，无疾而逝，盖画中烟云供养也。"他从这个观点出发去了解米画，于是更进一步地附会其辞，把米芾的画也称之为墨戏。董其昌题《烟江叠嶂图》云："余于米芾《潇湘白云图》悟墨戏三昧，故以写楚山。"《楚中随笔》云："一望空阔，长天云物，怪怪奇奇，一幅米家墨戏也。"但是他不知道米芾从未作过墨戏。米友仁每自题其画曰"墨戏"，自题其字曰"愧无足观""略无可观"（岳珂《宝真斋法书赞》二十四卷），都是自谦之辞，并不是真的墨戏。清代画家去宋已远，多宗元明。许多文人画家奉董其昌为宗师，就又附会他的说法，更进一步地张大其词。结果米芾和米友仁的画就被认为不仅是"怪怪奇奇"的墨戏，而且是"草草而成"的墨戏。甚至认为只有这样的墨戏才是二米的真迹。由于这样一种长时期的"积非成是"的情况，"遂使米氏云山的画法面目全非，冤沉海底"。米画的鉴定也就以伪为真，以真为伪了。

米画的这种情形，可以说是一个具体的例子。它说明了现实主义的作家和作品在反动的封建社会里的不幸的遭遇，表现着绘画艺术的发展与社会历史发展的关系。同时，也说明了脱离现实的形式主义理论如何地曲解现实主义作品，损害了艺术。

二

米芾的《溪山雨霁图》在过去被认为是伪作，除去上述的一般的原因之外，还有一个个别的原因：因为这幅画上的米芾的题字。米芾也是一个大书法家，他画完了这幅画大约很高兴，就在画上题了四行字："元祐戊辰夏五月作《溪山雨霁图》于海岳楼。米芾。"由于有了"元祐戊辰"这四个字，于是根据翁方纲的论断，这幅画就被定为伪作了。翁方纲的论断如下：

"按王子敬帖跋云：崇宁元年五月十五日易跋手装，时以芾字行适一纪。据此云一纪，自崇宁元年计之。是其名写芾在元祐六年辛未也。又按张米庵《真迹日录》载米手柬三帖皆写黻，张跋云：右米公三帖。公传世真墨早年作黻，至立岁外始改芾，此为元祐初书无疑。米庵此跋所考尚未详者，米于元祐六年辛未始书为芾，是时年四十一矣，何云立岁乎？且即以米庵所云，元祐初年犹书为黻，则元祐元年丙寅米公已年三十六矣，岂得谓立岁外改芾哉？此条恐致贻误，故辨之。

"米海岳书画凡有元祐六年辛未以前书作芾者，皆赝迹也。黻在前，芾在后，悉可据此定之。宋时著录米迹莫如相台岳倦翁，所收

米公手柬至六十四幅，而于黻芾前后中间错互不辨，则尚未之详考耳。"（《米海岳年谱》）

翁方纲在清代有书法家之名，同时号称摘抉精审的考订家。他的这个论断近百年来一向被认为是权威之说，对于米芾书画的鉴定成了一个巨大的障碍。例如解放以前故宫博物院印行的米芾字迹，前页大都印有这样一段话："翁方纲《米海岳年谱》云，元章于元祐六年辛未以前书画署名皆作黻，元祐六年以后始署作芾。故凡米海岳书画有元祐六年辛未以前书作芾者，皆赝迹也。"一般讲画的著作也常常引据他的这个论断。根据这个论断来看，《溪山雨霁图》作于元祐三年戊辰，但是署名为芾；画的其他概不用问，单凭这一点就应该断定它是伪作了。

翁方纲的这个论断是否能够成立呢？首先，我们看一看翁方纲的根据——王子敬帖的米跋。

这个跋的原迹久已不存在了。这个跋的记载见南宋岳珂（号倦翁）所作《宝真斋法书赞》中的《王献之苏氏宝帖》[1]。岳珂是岳飞的孙子，爱好书法，尤其笃好米芾的字。他在官居镇江的时期，曾经购买米芾故居的遗址，加以修建，名为砚山园。园中立英光祠，奉米芾像，又刻英光堂帖纪念米芾。他所收集的米芾书简达六十四幅之多，还有其他的诗迹，考订精详审慎。他所记的这个跋应该是可靠的。——这就是说，米芾确实自元祐六年辛未"以芾字行"。考之米芾的生平事迹和字迹，也正符合。但是，在这里有一个问题：米芾所说的"以芾字行"，跟翁方纲所说的"始书为芾"是两回事

---

[1] 王献之字子敬，这个帖原为苏易简家历代收藏，故名。米芾在《书史》里有记载，称为《十二月帖》，并誉为一笔书，天下子敬第一帖。

情。这里的"行",意思是通行,通用。它可能是作者始名始用,但也可能并非始名始用,在以前就已经用过,这时候方才通行通用。凡是"以字行"或者"以笔名行"的人,大都有这两种情形,而以后一种情形更为常见。所以就原文而言,翁方纲的论断在没有其他事实可作佐证的情形下,已经是近乎武断了。

其次,我们再查考一下米芾的生平事迹和字迹,看看他究竟是在元祐六年辛未方才"始书为芾",还是在元祐六年以前就已书为芾了?

米芾是一个大书法家,他的字迹历代保存和记录下来的还不少,很可供我们的考究之用。就以岳珂《宝真斋法书赞》所集的《米元章书简》来看,如《寻屋帖》[1]云:"芾顿首启。知曾赐教,使下失去,感愧异常。知西第已为人货,已遣人去辍,盖一相知也。若人口少,别辍得一位与之,甚幸甚幸。诸处寻屋不得,园中屋得数间,芾亦可居也。且望留意,不敢忘德。草草。芾顿首。太保吾亲。"米芾原来随母亲住在苏州,自无寻屋的必要。这里所说的寻屋,当系丧母之后,从苏州迁居镇江的事。因为米芾想在镇江久居,所以"货"屋,"诸处寻屋",并且希望能有园林,可供观赏。考米芾丧母在元祐元年,迁居镇江在元祐二年。这时候在元祐六年以前,他在书信里已经用芾字了。

此外,黄伯思《东观余论》里著录了《米元章跋秘阁法帖》一文,跋末署名"元祐三年,维扬倦游阁,襄阳漫士米芾元章书"(据"汲古阁"本)。这是一个很著名的跋,明清人间有著录,但是署名

---

[1]《宝真斋法书赞》中米芾书简均无题名,现依题前人书简帖的通例,摘其首要数字名之。

颇有简略，常常略去"芾"字及"维扬"二字。黄伯思的儿子黄䚮在米跋之后写了一个附记，说："米元章礼部所作法帖题跋一卷，真迹藏西洛王晋玉家，径靖康之乱，已散亡矣。"黄䚮附记作于绍兴癸亥冬，可见后来的著录都是转载《东观余论》，未见原文。黄伯思（一〇七九———一一一八）既与米芾同时代，又是一个考古家，他根据原迹所记的文字应该可信。这样，米芾在元祐三年游扬州书秘阁法帖跋的时候已经用芾字了。

我们如果再详考米芾一生的思想和墨迹，可以知道他在元丰年间（三十岁后）已经有不满现实的倦游思想，那时候已有改名的可能。就现存的字迹来看，"始书为芾"是在丧母之后，即元祐二年。因为这时候他无需遵从父母之命，径改"黼黻皇度"的黻为"蔽芾漫士"和"草野小民"的芾了。所以也在这时候他开始署名为"襄阳漫仕米黻"（"漫仕黻"即"芾"）。芾字起初间用于私信和书画，官名仍用黻字，这是黻芾并用的时期。后来米芾在元祐六年辛未入京改官，这时候官名也改黻为芾，于是从这一年起他一概用芾，"以芾字行"了。

岳珂《宝真斋法书赞》所集的《米元章书简》里另一《承教帖》云："黻启。昨日承教，直夜不及答。午间得暇访及，面叙俸钱支使之数，属出外邑五七日。比昼能一游寺乎？草草。芾顿首，上公震太尉台座。"这封信里的署名先黻后芾，就是通知改易官名的。信中叙及"俸钱支使之数"和"出外邑"，可知为米芾元祐六年入京改官时所书，次年米芾即知雍丘。公震太尉即赵士雷，也是一个画家。邓椿《画继》云："士雷，字公震，长于山水，清雅可爱。李錞希声跋其《四时景》绝句，则可知其风旨矣。"

米芾改名的经过约略如此。从这些事实看来，翁方纲只是望文生义地理解"以芾字行"四字,穿凿立论,毫无根据,不能够成立。翁方纲的《米海岳年谱》对于米芾丧母、迁居、改官等事都没有述及,"黻"字的含义也不理解,米芾的重要诗作也没有提到。可见他对于米芾研究不够,他的论断的疏误也就是不可免的了。关于米芾改名的事,明代米芾墨迹鉴藏家张丑(米庵)在《真迹日录》里说,米黻"至立岁(三十岁)外始改芾",这个说法比较翁方纲更接近真实得多。

否定了翁方纲的这个论断之后,我们才能开始对《溪山雨霁图》本身进行真伪的鉴定。这可以从各方面来看这个问题。

第一,就画而言,符合米芾的思想境界和艺术风格,跟他字的风格也是一致的。确实可以说有其人方有其画。这幅画里大气磅礴,咫尺而寓千里,但又严格写实,完全宋人笔墨,决不是元明清画家所能够仿作。后代著名的米氏云山画家,如元代高克恭(房山),明代米万钟(友石),虽然各人都有独创的成就,他们的作品都不能够跟这幅画比较。连米友仁的画也相去甚远。因此可以说,这幅画除去米芾,在中国画史上,找不到适合于它的作者。

第二,就字而言,也是米芾的字迹。米芾的字早年、中年、晚年很有变化。这幅画作于元祐三年戊辰,米芾三十八岁。画上的题字正是中年的风格,跟他在同年八月所写的《将之苕溪戏作呈诸友》(见清代《三希堂法帖》)相同,跟另一本流行的伪帖《蜀素诗卷》完全不同。

第三,就时间地点而言,符合米芾的事迹。米芾元祐元年丧母,元祐二年迁居镇江,三年即作此画,画的正是镇江西南群山的景色和气氛。画上题字云作于海岳楼,即米芾的故居。通常均知米芾故居名海岳庵，不知有海岳楼[1]。自南宋以来，即不清楚米芾何时迁居镇江。元祐三年米芾是否在镇江，翁方纲的《米海岳年谱》也不能确定。这些问题说明了画上题署的时间地点，是伪作者所无从得以想象的。

第四，就绢而言，宋绢，已经残破，有裂口。历时八百余年（元祐三年为公元一〇八八），加之流离失所若干年，应该如此了。赵希鹄《洞天清禄集》[2]里有这样一段记述："米南宫多游江湖间，每卜居必择山明水秀处。其初本不能作画，后以目所见，日渐模仿之，遂得天趣。其作墨戏，不专用笔，或以纸筋，或以蔗滓，或以莲房，皆可为画。纸不用胶矾，不背于绢上作一笔。今所见米画或用绢，皆后人伪作，米父子不如此。"但是这些只是道听途说的话，不足为据。我们如详考米芾一生的事迹，可以知道自熙宁三年（一〇七〇）官桂林朝奉大夫至大观元年（一一〇七）逝世于淮阳军任所，三十七年间，除居家外，均任官职，均居官廨，并无"多游江湖间，每卜居必择山明水秀处"的事。米芾《书史》中曾述及用澄

---

[1] 米芾故居有海岳楼，一般记述米芾的文字均不载。现在详考米芾的事迹和墨迹，可以知道米芾故居有二，初在城西，名宝晋斋海岳楼，即西海岳。元符末北固大火，楼毁于火，迁居城东，始名海岳庵，中有宝晋斋鉴远楼，即东海岳。参看岳珂《宝真斋法书赞》。

[2] 赵希鹄为南宋末人，去米芾之时已远。《洞天清禄集》以元抄本流传，至清时方才刻书，几经篡改增减，不得而已。它的可靠性很有问题。书中述古琴、古砚、古钟鼎彝器、怪石、砚屏、笔格、水滴、古翰墨、古今石刻、古画，凡十门，芜杂浅学，多属古物常识谈荟。如辨古翰墨以苏子美、秦淮海、李龙眠、吴练塘、王逸老与米芾并提，谓"皆比肩古人"。并谓"南宫本学颜，自成一家"。记藏画以王晋卿与米元章并提，均甚浅妄。米字不出于颜。米芾墨迹与米芾画不能与上述诸人相提并论，此人所共知者。又如辨古画云："古画多直幅……横披始于米氏父子，非古制也。"然米芾《画史》中即云："荆浩画，毕仲愈将叔处有一轴，段缄家有横披，然未见卓然惊人者。"可见"横披始于米氏父子"亦道听途说之类也。

心纸及台藤纸背书,并有"玉麟棐几铺云肪"的诗句。《画史》中曾述及"古画至唐初皆生绢,至吴生、周昉、韩幹,后来皆以热汤半熟,入粉捶如银板,故作人物精彩入笔"。"真绢色淡,虽百破而色明白,精神彩色如新。"又云"装背画不须用绢……纸上书画不可以绢背"。《画史》前的短序说:"余平生嗜此老矣,此外无足为者。尝作诗云,棐几延毛子,明窗馆墨卿,功名皆一戏,未觉负平生。……"可知米芾作书画时用毛子(毛笔)、云肪(纸)、真绢,并非"或以纸筋,或以蔗滓,或以莲房",不于绢上著一笔。《洞天清禄集》所说的这些事,既不见于米芾的《书史》《画史》等书,亦不见于同时人的记述,后来研究米迹的专家,如岳珂、张丑、翁方纲等均无著录,毫无任何根据。邓椿《画继》述李公麟云:"平时所画不作对,多以澄心堂纸为之,不用缣素,不施丹粉,其所以超乎一世之上者此也。"米友仁的画,常见的也多为纸本。《洞天清禄集》所云,只是附会他们的事迹的传说而已。同书关于米芾的其他记述,如"若古钟鼎尤脆烂,手触之则糜溃,米元章之言如此","米元章就人借名画,辄模本以还,而取其元本,人莫能辨",云云,都是这一类的无稽之谈。

第五,就印而言,在题字下有"米芾之印"。鉴藏印有南宋皇室的"内府图书"[1],明代徐有贞(一四〇七—一四七二)、祝允明(一四六一—一五二七)、文彭(一四九七—一五七三)、项元汴(一五二五—一五九〇)等人的印记,俱皆真实。

由此看来,画、字、时间地点、绢、印皆真,我们不能不确定

---

[1] 岳珂《宝真斋法书赞》19卷跋《米元章书简帖》云:"是帖多天上本,间有'内府图书'及'绍兴'宝玺在焉。"

它是真迹。确定了《溪山雨霁图》是米芾的真迹之后，我们就可以知道，米氏云山并不如明清的"文人画"家们所说，仅仅只是画些"无根树，懵懂云"，作怪怪奇奇、草草而成的"墨戏"而已，实在是严肃的现实主义的作品。它反映真实的现实，而且表现出作者的思想意境，创造了卓越的艺术的形象。于是，我们从这里又可以明确一个问题，我国绘画艺术的优良传统，并不是后来所谓的"不求形似，但求神似"的文人画，而是要求"形神俱似"的现实主义画。甚至注重抒写意境的米芾、米友仁也是如此。事实上，绘画是形象的艺术，一个形象首先已不形似，如何能够神似，能够感动人？我国绘画在南北朝和唐宋时代放出灿烂的光辉，就是因为画家们遵守着"形神俱似"这个现实主义创作原则的缘故。而宋代以后绘画艺术日趋衰落，就是因为"不求形似，但求神似"的缘故。当画家们以形似为"低"为"俗"，不求形似，自然也就轻视研究现实。既经脱离现实，但求神似，那就只有单纯地讲求笔法、墨法、皴法、章法等等，走到形式主义的道路上去，并且以此为"高"为"雅"了。

我国绘画的光荣传统是现实主义，并非形式主义或者意象主义。元明清的大画家之所以能有杰出的成就，也还是因为他们努力坚持现实主义的创作道路，寓神于形的缘故。形亡则神亡，形似才可以神似，他们都很了解这一点。他们所反对的是"但求形似，不求神似"的自然主义作品。我们今天的国画已经有了基本的改变和巨大的发展，这也是由于画家们打破了"文人画"的理论和画法，不再闭门作画，向壁仿古，力求深入生活表现现实的缘故。

我国古代的绘画遗产十分丰富，伟大的现实主义画家很多，米芾只是其中之一。当明确了我国绘画的现实主义传统之后，我们对于古代作品就可以弃其糟粕，取其精华。例如取唐代佛画的灿烂、线画的空实和明快，取宋代院画的周密不苟，舍其萎靡柔媚，等等，继承历代伟大画家的形神俱似的现实主义原则和各种画法（自然，也应该借鉴和吸收西洋画的成就）。同时坚决地、毫不可惜地抛弃掉明清以来许多脱离现实的形式主义理论和教条，彻底解除所谓"文人画"的束缚。由此前进，在空前未有的伟大的现实生活中创造空前未有的伟大的艺术作品、社会主义现实主义的作品，一定是可以实现的。

一九五七年六月北京<br>（原载《美术研究》一九五八年第四期）

集外文存（一）

# 关于"美"与"好"

美与好的问题是美学上的基本问题之一。论到美，论到美的本质，就不得不论到这个问题。在美学史上，深思的哲学家和美学家都在这个问题上作过解答的努力。

例如，在古代，柏拉图在他的《对话集》里论述过美与好的问题。他说："美就是有用的，有益的，有能力产生善的。"又说"有益的就是美的"，"美是好（善）的原因，好（善）就是美所产生的"。但是柏拉图犹豫了，他不能下确定的结论，终于说"美不就是善，善也不就是美"，"我恐怕我们的美就是有用的，有益的，有能力产生善的那一套理论实在都是很错误的"。[1]

在近代，康德在他的美学著作《判断力批判》里最初就论到美与好的问题。他说："人人必须承认，对于美的事物之判断，如带有极轻微的利害兴趣，即为很偏颇的，亦即非纯粹的趣味判断。"因此，他规定了"趣味判断之喜悦与一切利害关系无关"，也就是说，美的判断之喜悦与一切利害关系无关。但是他认为"对于'好的事物'之喜悦伴随利害兴趣"，即与利害关系有关。康德认为"凡属依赖理性仅仅依据概念以表述其自身之价值者是为'好的'。仅仅如一工具使人发生快感者，吾人称之为'对于某事是好的'（有用的）；

---

[1]《文艺对话集》，第237—272页。

但以其自身之原因使人发生快感者，吾人称之为'本身是好的'。在此二种情形中均包含一种目的之概念"。但是纯粹的趣味判断，即对于美的事物之判断则不根据概念。他说："首先，必须牢牢记住，由于趣味（对于美的事物）的判断，对于一个对象之喜悦应视作'人人'均如是观，然而此喜悦并不根据概念（因为否则即为好的事物）。"[1]

美与好是人对于事物的评价，论美，论美与好，论及人与事物的关系，就必须考虑到人与事物的实际上的联系，就必须考虑到人的生活。离开了人的生活而谈美与好的人，是无法说明美与好的。因此，当哲学家或者美学家脱离了生活来看美，离开了社会生活来讨论美的问题，设定美的定义的时候，结果就不得不走向玄虚的唯心主义的美学。

柏拉图论美之所以犹豫，就在于他在美与善的问题上脱离了生活。美与善是生活中的问题，他看成是推理上的问题。于是他认为"美是好（善）的原因，好（善）就是美所产生的"。终于他只有认为他的这种理论恐怕是很错误的，于是他才论到"恰当是否就是美的本质"，"美就是由视觉和听觉产生的快感"等问题，这些论点后来为近代的唯心主义的美学家所喜，就成为一些新的唯心主义的美学，如物理学的美学、美感论的美学等的依据。

康德论美并无犹豫，他在他的美学里关于美的判断作了明确的规定，他认为趣味判断，即美的判断不根据概念，与一切利害关系无关。他明白地说明他是脱离了生活，脱离了客观现实来论美与好的关系，来论美的。

---

[1] 康德：《判断力批判》，英译本，第42—75页。

康德在《判断力批判》一书前面的《导言》里说："在吾人之高级认识诸能力中,在悟性与理性之间更有一中间项。此即'判断力'是也。"判断力所包含之原理"为一'先天的'仅属主观的原理"。康德认为"心灵之一切能力,或才能,可化分为三……即'知识之能力''快或不快之感情''欲望之能力'"。"在知识之能力与欲望之能力之间为快或不快之感情,正如判断力为悟性与理性之间之中介。"[1]因此,康德的美学是他的"形而上学"体系中的一部分,他的美论是在他的"形而上学"的哲学理论的基础上论理来进行的。于是康德在《判断力批判》里确定"趣味判断为美感的",他说:"设若吾人意欲辨别一物究竟美或不美,吾人并不借助悟性以该物之表象诉诸客体,且无认识之意,吾人但借助想象(或许连同悟性作用)以该表象诉诸主体及其快或不快之情感。因而,趣味判断并非一认识判断,故非论理的而为美感的——此即云,此种判断之决定根据'不能不是主观的'。表象之一切陈诉可以是客观的,即使感觉之表象(在此种情形中表示一种经验表象中之实在)之陈诉。但有一例外,即快或不快之感情是也。此种感情毫不表示客体中之事物,而为主体自身所有之一种感情,及主体为表象所感动之状况中之一种感情。"[2]在这一论理的基础上,康德又进一步把"美感的理念"归结为"一'直觉'(想象之直觉)",称之为"想象(在其自由的游戏中)之一种'不可说明的'表象",又称之为"象征"[3];并且宣称美感判断、趣味判断的原理是一个"谜"[4]。这样的康德的美感

---

[1] 康德:《判断力批判》,英译本,第15—17页。
[2] 康德:《判断力批判》,英译本,第41—42页。
[3] 康德:《判断力批判》,英译本,第210—223页。
[4] 康德:《判断力批判》,英译本,第6页。

论的美学就不得不是主观主义的,甚而至于是心理学的主观主义的。

列宁在《黑格尔〈逻辑学〉一书摘要》里写道:"批判哲学把'三项'(我们、思维、事物)之间的关系设想成这样:思维处在事物和我们的'中间',这个居中者不是'结合'而是'隔离'我们与事物。"[1]"在康德那里,认识把自然界和人分隔(隔离)开来;而事实上认识是把二者结合起来的。"[2]"康德的自在之物是'空洞的'抽象,而黑格尔要求的是和'实质'相符合的抽象:'事物的客观概念构成事物实质本身'——按照唯物主义的说法,就是和我们对世界的认识的实际深化相符合的抽象。"[3]康德的哲学"限制'理性'和巩固'信仰'"[4]。在康德的美感论的美学里我们也看到同样的情形。

美与好,这是人对客观事物的判断和评价,也是人对客观事物的一种认识。"认识是人对自然界的反映。但是,这并不是简单的、直接的、完全的反映,而是一系列的抽象过程,即概念、规律等等的构成、形成过程,这些概念和规律等等(思维、科学='逻辑观念')有条件地、近似地把握着永恒运动着的和发展着的自然界的普遍规律性。在这里'的确'客观上是'三项':(1)自然界;(2)人的认识=人的头脑(就是那同一个自然界的最高的产物);(3)自然界在人的认识中的反映形式,这种形式就是概念、规律、范畴等等。"[5]这样,论美与好,论人对自然界的认识,能够脱离人在其中生活的那个自然界,能够脱离人在其中生活的那个社会,能够脱离人的社会生活来立论吗?

在人的社会生活里,我们都知道,通常称"好看"为"美观",

---

[1] 列宁:《哲学笔记》,第65页。
[2] 列宁:《哲学笔记》,第66页。
[3] 列宁:《哲学笔记》,第66页。
[4] 列宁:《哲学笔记》,第75页。
[5] 列宁:《哲学笔记》,第167—168页。

在这里美与好是当作同义语使用的。

在人的社会生活里,"美"与"好"有很密切的关系。平常所说的"美",显然是从"好"("善")发展而来的。人把非常之好的东西称之为"美的东西",例如非常之好吃的东西名之曰美味,非常之好看的人名之曰美人,非常之好的道德名之曰美德,非常之好的理想名之曰美好的理想。人所说的"好"或"善",它是在人的一定生活状况下的"好"或"善",是与人的生活,与人的概念有关的,它包含着对于人有用、有益的意思,即与人的利害关系有关。与人有害的事物人决不称之为"好"或"善",而称之为"坏""恶""丑"。"美"也是同样的情形,也与人的生活,与人的概念,与人的利害关系有关。《说文》里训古代的美字为"美与善同意",就是一个很好的说明。

中国古代的学者和哲学家没有作过专门讨论美的著作,但是关于美的事物、美的道德有过不少的论述。例如我们都知道,孔子说:"里仁为美。"又说:"尊五美,屏四恶,斯可以从政矣。"这里所说的五美就是,"君子惠而不费,劳而不怨,欲而不贪,泰而不骄,威而不猛"(《论语》)。孟子认为仁义是美的,他说:"王何必曰利?亦有仁义而已矣。"又说:"齐人无以仁义与王言者,岂以仁义为不美也?其心曰'是何足与言仁义也'云尔,则不敬莫大乎是。我非尧舜之道,不敢以陈于王前,故齐人莫如我敬王也。"(《孟子》)至于老子则说:"兵者不祥之器,非君子之器,不得已而用之,恬淡为上。胜而不美,而美之者,是乐杀人。夫乐杀人者,则不可以得志于天下矣。"(《道德经》)庄子认为"游心于物之初"是"至美至乐也。得至美而游乎至乐,谓之至人"。"圣人者,原天地之美而达万物之理。是故至人无为,大圣不作,观于天地之谓也。""若正汝形,一汝视,天和将至;摄汝知,一汝度,神将来舍。德将为汝美,道将为汝居。"

他认为"夫虚静、恬淡、寂漠、无为者，万物之本也。……静而圣，动而王，无为也而尊，朴素而天下莫能与之争美"。(《庄子》)墨子则说："尧舜禹汤文武……从事兼，不从事别。……上利乎天，中利乎鬼，下利乎人，三利无所不利，是谓天德。聚敛天下之美名而加之焉，曰：此仁也，义也，爱人利人，顺天之意，得天之赏者也。"(《墨子》)

这些思想不同的学者和哲学家所说的论述美的事物、美的道德的话说明了：他们并没有把美看成与人的生活，与人的概念无关。这是一方面。在另一方面，他们的美论则表现着他们的不同的政治社会思想，表现着他们的不同的哲学思想和美的观念；各各认为不符合他的思想和学说的是为不美。他们的美与好的思想，各各有其社会生活的根据和内容，这也是很明显的。

正如列宁所说："概念和事物的一致'不是'主观的。"[1]"每一概念都处在和其余'一切'概念的一定'关系'中、一定联系中。"[2]"当逻辑的概念还是'抽象的'，还具有抽象形式的时候，它们是主观的，但同时它们也反映着自在之物。自然界既是具体的又是抽象的，既是现象又是本质，既是瞬间又是关系。人的概念就其抽象性、隔离性来说是主观的，可是就整体、过程、总和、趋势、泉源来说却是客观的。"[3]"如果要研究逻辑中主体对客体的关系，那就应当注意具体的主体（＝人的生命）在客观环境中存在的一般前提。"[4]那就应当注意："(1)'主观的整体性'和'漠不关心的''客观性'，(2)主体和客体的统一。"[5]

---

[1] 列宁：《哲学笔记》，第179页。
[2] 列宁：《哲学笔记》，第182页。
[3] 列宁：《哲学笔记》，第195页。
[4] 列宁：《哲学笔记》，第189页。
[5] 列宁：《哲学笔记》，第189页。

显然，研究美与好的概念的时候也必须如此。

列宁写道："真理的标准（概念和实在的统一）。"[1] 又写道："这里重要的是：（1）辩证法的特征：自己运动、活动的泉源、生命和精神的运动；主体（人）的概念和实在的一致；（2）最高程度的客观主义。"[2]

因此，不是偶然的，从古代希腊的柏拉图起，两千多年来，那些唯心论的哲学家，那些认为"物自体"不可知而拒绝研究真理的二元论的哲学家，那些以不同的理论出现然而认为美的评价和判断与人的利害关系无关，认为美与好无关，离开了社会生活来看美的问题的美学家，始终没有能够正确地解答美的问题，没有能够正确地解答美与好的问题，也就是美与善的问题。

不了解美与好的关系，不以美与善为实践的目的，怎样实现美与善的目的呢？

无论是哲学上的论证，无论是美的事物的本身的研究，都说明了美学家只有正视人的生活，面对客观现实，面对一切美的事物以及丑的事物，在具体的人的社会生活的基础上而不是形而上学地在主观主义的玄想的美的定义的基础上来研讨美的问题，才能丰富辩证唯物论与历史唯物论的美学，才能使美学更好地参加社会主义社会的建设工作，创造对于人有用的、有益的、新的、美的事物，更好地参加创作社会主义现实主义的、伟大的、新的文学艺术作品。

一九六二年九月十六日

---

[1] 列宁：《哲学笔记》，第217页。
[2] 列宁：《哲学笔记》，第217页。